国家社科基金
GUOJIA SHEKE JIJIN HOUQI ZIZHU XIANGMU
后期资助项目

新时代思想政治教育创新问题研究

侯　勇　等著

学习出版社

图书在版编目（CIP）数据

新时代思想政治教育创新问题研究 / 侯勇等著. -- 北京 : 学习出版社, 2024. 10. -- ISBN 978-7-5147-1281-0

Ⅰ. D64

中国国家版本馆 CIP 数据核字第 2024J7B240 号

新时代思想政治教育创新问题研究

XINSHIDAI SIXIANG ZHENGZHI JIAOYU CHUANGXIN WENTI YANJIU

侯 勇 等著

责任编辑：沈潇萌
技术编辑：胡 啸
封面设计：杨 洪

出版发行：学习出版社
北京市崇外大街11号新成文化大厦B座11层（100062）
010-66063020 010-66061634 010-66061646
网 址：http://www.xuexiph.cn
经 销：新华书店
印 刷：北京市密东印刷有限公司

开 本：710毫米×1000毫米 1/16
印 张：21.25
字 数：359千字
版次印次：2024年10月第1版 2024年10月第1次印刷

书 号：ISBN 978-7-5147-1281-0
定 价：46.00元

国家社科基金后期资助项目

出版说明

后期资助项目是国家社科基金设立的一类重要项目，旨在鼓励广大社科研究者潜心治学，支持基础研究多出优秀成果。它是经过严格评审，从接近完成的科研成果中遴选立项的。为扩大后期资助项目的影响，更好地推动学术发展，促进成果转化，全国哲学社会科学工作办公室按照“统一设计、统一标识、统一版式、形成系列”的总体要求，组织出版国家社科基金后期资助项目成果。

全国哲学社会科学工作办公室

序

前不久，我读过冯刚教授主编的《思想政治教育学科中青年学者成长之路》（团结出版社，2023年版）一书，该书收录了42位思想政治教育青年学者代表以第一作者的身份讲述自身学术成长的历程，畅想对思想政治教育学科发展的未来理想和继续追寻。读过年轻学者们的叙述，我感到由衷的高兴。侯勇也是其中之一，他的叙述让我倍感欣慰。侯勇已经从一名思想政治教育专业学生，成长为一名思想政治教育学科教授，活跃在思想政治教育学界，博士毕业后撰写出版数部专著，初步形成自己的学术主张，成为思想政治教育学界新生学术力量。这次，他嘱我为《新时代思想政治教育创新问题研究》一书作序，我非常高兴。

我通读《新时代思想政治教育创新问题研究》一书，被全书强烈的问题意识、明确的研究对象、突出的时代气息所吸引，多方面给我留下印象。这些印象又归结为一点，正如书名所标示的，全书内容和形式具有行动化的“创新”活力。就是说，该书虽然是一个体系，内容丰富而全，所述问题聚焦而多，观点新颖而广，但有一个共同特征，就是“创新”。

第一，提出了新时代创新的新特征。本书开门见山指出：“当今世界正经历百年未有之大变局，中华民族正处于伟大复兴的战略全局，承担意识形态功能的思想政治教育学科建设面临新形势、新机遇、新挑战和新任务。”著作特别指出新时代是“社会现代化转型”推动了“思想政治教育系统分化”，由此构成新时代社会带动新时代思想政治教育的总特征。这一总特征带动思想政治教育发展与变化、专业化与精细化、离散化与整合化的时代特征，加上信息技术的发展与应用，构成思想政治教育学科的时代性、发展性、创新性。由此揭示了一个重要事实和特征：思想政治教育已经进入新时代，与以往比有了明显的新社会特征。在这个时代背景下，本书围绕思想政治教育创新主题，提出和论证了守正创新的课题。思想政治教育学科设立40年来，伴随社会发展和时代变化，正在进入一个新时代和新阶段。这是思想政治教育学科所处的社会背景和社会环境，构成思想政治教育的社会母体，强调新时代思想政治教育创新研究要有社会视野。

第二，阐释了新时代创新的新内容。所谓新内容是指思想政治教育创新的对象、问题所指涉的内容是新的，体现创新的特征。过去几十年中探讨思想政治教育问题多为思想政治教育的概念、起源、学科、本质、价值、矛盾、规律、载体、方法、队伍、条件、环境、现代性等，这些成为思想政治教育学界研究创新的主要专题。本书分为导论和十章，所论思想政治教育创新专题多为新问题，这些问题虽然在近几年已经进入思想政治教育学界视野，但作为学术著作做系统阐述和分析，还是第一次。这些问题诸如制度、话语、形态、系统整合、数智、学科交叉、三大体系（学科体系、学术体系、话语体系）等，都为全新的论题。这些论题还处于思想政治教育学术探索的前沿，有待推进和深化。能够在开端阶段做系统的梳理、分析、揭示，无论是总结已有学术研究，还是引导未来深化研究，都有重要意义；无论对思想政治教育学科建设，还是对思想政治教育学者研究实践，都有理论及应用价值。

第三，运用了新时代创新的新方法。人类任何活动都必然要运用方法，而方法的科学性、先进性在一定程度上决定了成果的科学性和先进性，也将决定成果的实践性、实效性。本书具有一个突出的特点是作者提出并实际运用一系列新方法，具有鲜明的个性标识。作者的博士学位论文题目是《思想政治教育系统研究》，毕业后出版的第一部专著是《社会视野中的思想政治教育系统研究》（人民出版社，2016年版）。系统的观点是人类思维的基本观点，源于人类存在及依赖的世界基本特征，这就是马克思主义哲学强调的世界有两个基本特征，即普遍联系和永恒发展。将系统作为基本世界观和方法论，进而作为基本方法并实现理论化、系统化、知识化，还是一个有待推进和深化的方法体系。我们党将“必须坚持系统观念”写进党的二十大报告，进而成为习近平新时代中国特色社会主义思想的世界观和方法论，也成为需要坚持好、运用好贯穿其中的立场观点方法的重要组成部分。本书在以往研究和运用的基础上在理论上有深化，在实践上做出进一步尝试，将系统思维及系统分析用于全书，不仅丰富了思想政治教育系统方法，还对其他领域有参考和启发意义。全书在贯穿系统观念和系统思维中，彰显了现代社会的分化与整合双重结合特征，反映了对社会现代性的风险性和挑战性的自觉。这一特征在各章都有具体体现，在第一章提出从六个维度解“思政”、第二章对理论创新“四维分析”、第四章话语“三元结构”分析，直到最后一章提出“一体推进”的观点尤其明确，为读者指明了方向和思路。

第四，提出了新时代创新的新问题。多年来，经常听到思想政治教育专业博士生说，撰写博士学位论文，选题是一个难题，已成为每个博士生必须面对的挑战。确实如此。博士学位论文对于博士生来说，选题不仅事关攻博阶段的科学研究和学术训练，还将影响未来，甚至影响学者一生的学术道路。本书的书名是《新时代思想政治教育创新问题研究》，有人可能以为这仅仅是研究思想政治教育创新，其实不尽然。如上所述，该书以“思想政治教育创新”为对象进行阐述，不仅对思想政治教育创新的问题进行研究和阐述，还提出了一系列“创新问题的问题”。这些“创新问题的问题”，既是书中面临的当下需要研究的课题，也在阐述中提出了需要进一步研究的问题，这是“创新中的创新问题”。书中所说数智思想政治教育本身就是一个新问题新课题，它进入社会及思想政治教育领域才起步，尚处于思想政治教育与数智接触阶段，学术研究还在尝试阶段。即使思想政治教育制度建设看上去是一个实践应用课题，实际上伴随着市场化、制度化、法治化、智能化、智慧化，思想政治教育与制度、思想政治教育制度建设与制度建设的关系，从应用到理论、学术同样具有挑战性，也是一个新课题。没有思想政治教育制度理论及学术研究的深化和突破，思想政治教育制度通常停留于概念化、口号化，外于思想政治教育系统外部，造成思想政治教育制度外部化的存在，无法实现思想政治教育包括思想政治教育制度在内与其他领域结合、融合，要实现“一体推进”更是不可能。正是这个原因，多年来存在思想政治教育外部化，如思想政治教育的生命线实际上仅仅是不断重复和强调的概念或命题，无法进入其他社会领域、工作领域实现“结合”“融合”，这是思想政治教育观尚未形成，不能实现“生命线”落地落实的原因所在。这表明，《新时代思想政治教育创新问题研究》本身提出了一系列研究问题，值得人们重视。

既然是创新，必然具有“新”的特征。任何新问题，都具有新现象、新因素、新特征，也必然包含稚嫩的特征，内含发展的可能和必然。思想政治教育学科设立才 40 年，与其他学科，特别是那些经典学科相比，思想政治教育学科还处在青少年阶段，还十分稚嫩。新时代思想政治教育创新既是思想政治教育创新课题，又是新时代的思想政治教育创新课题，必然是一个新兴课题，必然有新规律需要探讨。希望作者对所列问题做系统研究和持续研究，不断深化和系统化，不断产生高质量的学术成果。对此，思想政治教育学者应有自知之明，更希望青年学者对此有长期奋斗、创业的准备，终生志业于思想政治教育学科发展。我希望本书提出的思想政治教育创新问题成为思想政治教育学科的一个节点，在欣喜此书成绩的同时，不满足于此，不断探索，不断推进，为思想政治教育学科创新发展贡献力量。

孙其昂

2024 年 3 月 30 日于南京秦淮河畔清江西苑寓所

目　　录

导　论　新时代思想政治教育守正创新…………………………（1）
一、研究缘起和研究的问题意识…………………………（1）
二、研究的内容框架和研究方法…………………………（5）
三、研究创新点和主要学术观点…………………………（7）
四、研究理论价值与实践意义…………………………（9）

第一章　新时代思想政治教育创新研究动态分析…………………（11）
一、相关概念辨析…………………………（11）
二、近年来思想政治教育创新研究的知识图谱分析……………（18）
三、近年来思想政治教育创新研究的整体性图景………………（32）
四、新时代思想政治教育创新研究的逻辑进路…………………（43）

第二章　新时代思想政治教育理论创新…………………………（47）
一、新时代思想政治教育理论研究现状评估……………………（48）
二、新时代思想政治教育理论创新的内容体系…………………（56）
三、新时代思想政治教育理论创新的四维分析…………………（63）
四、新时代思想政治教育理论创新的实践路径…………………（69）

第三章　新时代思想政治教育制度建设创新………………………（77）
一、思想政治教育制度的内涵阐释…………………………（77）

二、思想政治教育制度建设存在的问题…………………………（78）
三、思想政治教育制度建设存在问题的原因分析………………（84）
四、思想政治教育制度创新实践逻辑……………………………（87）
五、新时代思想政治教育制度创新的实践路径…………………（89）
六、新时代思想政治教育制度创新的实践机制…………………（93）

第四章 新时代思想政治教育话语创新…………………………（97）
一、话语创新研究缘起与问题意识………………………………（97）
二、思想政治教育话语创新的时代境遇…………………………（100）
三、信息技术对思想政治教育话语的现代性解构影响…………（107）
四、新时代思想政治教育话语创新的结构分析…………………（111）
五、新时代思想政治教育话语创新的运行机制…………………（116）

第五章 新时代思想政治教育形态发展创新……………………（125）
一、思想政治教育形态研究论域概观……………………………（125）
二、思想政治教育形态研究的评估反思…………………………（132）
三、思想政治教育形态发展存在的问题及影响因素……………（135）
四、新时代思想政治教育形态发展的创新逻辑…………………（139）
五、新时代思想政治教育形态发展的实践进路…………………（143）

第六章 新时代思想政治教育学科系统整合创新………………（151）
一、思想政治教育学科系统整合研究的评估……………………（151）
二、思想政治教育学科系统整合的现实境遇……………………（158）
三、思想政治教育学科系统整合的制约因素……………………（165）
四、新时代思想政治教育学科系统整合的结构优化……………（170）
五、新时代思想政治教育学科系统整合的运行机制……………（176）
六、新时代思想政治教育学科系统整合的动力源泉……………（181）

第七章 新时代数智思想政治教育创新…………………………（188）
一、数智思想政治教育的发生学阐释…………………………（189）
二、数智思想政治教育研究的价值意蕴…………………………（192）
三、数智思想政治教育研究的现状概观…………………………（194）
四、人工智能时代思想政治教育研究整体性图景……………………（196）
五、数智思想政治教育研究的鲜明特征与存在问题…………………（199）
六、新时代数智思想政治教育研究创新路径………………………（202）
七、新时代数智思想政治教育的现代性发展………………………（206）

第八章 新时代思想政治教育研究方法创新…………………………（216）
一、思想政治教育研究方法的前提澄清…………………………（217）
二、思想政治教育研究方法的知识图谱与存在问题…………………（220）
三、新时代思想政治教育研究方法体系发展………………………（228）
四、新时代思想政治教育研究方法的个案应用……………………（233）
五、新时代思想政治教育研究方法创新进路………………………（243）

第九章 新时代思想政治教育学科交叉研究范式创新………………（247）
一、思想政治教育学科交叉研究范式概念澄清……………………（247）
二、思想政治教育学科交叉研究范式之研究概观……………………（248）
三、思想政治教育学科交叉研究范式的生成逻辑……………………（250）
四、思想政治教育学与系统科学交叉研究的个案创新………………（254）
五、推进新时代思想政治教育学科交叉研究范式创新………………（262）

第十章 新时代思想政治教育学自主知识体系创新…………………（269）
一、推进中国特色的思想政治教育学科体系创新……………………（269）
二、推进中国特色的思想政治教育学术体系创新……………………（273）
三、推进中国特色的思想政治教育话语体系创新……………………（276）
四、系统推进新时代思想政治教育现代化创新………………………（280）

参考文献……………………………………………………………（289）

索　引………………………………………………………………（310）

后　记………………………………………………………………（318）

Contents

Introduction Ideological and Political Education in the New Era: Guarding Integrity and Innovation ………………… (1)

1. The Origin of the Study and the Problem Consciousness of the Study ……………………………………………………… (1)
2. Content Framework and Research Methodology of the Study ……………………………………………………… (5)
3. Innovative Points and Main Academic Opinions of the Study ……………………………………………………… (7)
4. Theoretical Value and Practical Significance of the Study ……… (9)

Chapter 1 Analysis of Research Dynamics of Ideological and Political Education Innovation in the New Era ……… (11)

1. Analysis of Related Concepts ……………………………………… (11)
2. Knowledge Mapping Analysis of Ideological and Political Education Innovation Research in Recent Years………………… (18)
3. Holistic Picture of Ideological and Political Education Innovation Research in Recent Years …………………………… (32)
4. The Logical Progression of Ideological and Political Education Innovation Research in the New Era ………………… (43)

Chapter 2 Theoretical Innovation of Ideological and Political Education in the New Era …… (47)

1. Assessment of the Current Situation of Ideological and Political Education Theory Research in the New Era …… (48)
2. Content System of Ideological and Political Education Theory Innovation in the New Era …… (56)
3. Four-dimensional Analysis of Ideological and Political Education Theory Innovation in the New Era …… (63)
4. Practical Path of Ideological and Political Education Theory Innovation in the New Era …… (69)

Chapter 3 Innovation of Ideological and Political Education System Construction in the New Era …… (77)

1. Connotation of Ideological and Political Education System …… (77)
2. Problems in the Construction of Ideological and Political Education System …… (78)
3. Reasons for the Problems of Ideological and Political Education System Construction …… (84)
4. Practical Logic of Ideological and Political Education System Innovation …… (87)
5. Practical Path of Ideological and Political Education System Innovation in the New Era …… (89)
6. Practical Mechanism of Ideological and Political Education System Innovation in the New Era …… (93)

Chapter 4 Discourse Innovation in Ideological and Political Education in the New Era …… (97)

1. The Origin of Discourse Innovation Research and Problem Awareness …… (97)

2. The Situation of Discourse Innovation in Ideological and Political Education in the New Era …… (100)

3. The Influence of Information Technology on the Deconstruction of Modernity in Ideological and Political Education Discourse …… (107)

4. Structural Analysis of Discourse Innovation in Ideological and Political Education in the New Era …… (111)

5. The Operation Mechanism of Ideological and Political Education Discourse Innovation in the New Era …… (116)

Chapter 5 Development and Innovation of Ideological and Political Education Forms in the New Era …… (125)

1. An Overview of the Research Field of Ideological and Political Education Forms …… (125)

2. Evaluation and Reflection on the Research of Ideological and Political Education Forms …… (132)

3. Problems and Influential Factors in the Development of Ideological and Political Education Form …… (135)

4. Innovation Logic of Ideological and Political Education in the New Era …… (139)

5. Practical Approach to the Development of Ideological and Political Education Forms in the New Era …… (143)

Chapter 6 Systematic Integration and Innovation of Ideological and Political Education Disciplines in the New Era …… (151)

1. Assessment of Research on System Integration of Ideological and Political Education Disciplines …… (151)

2. The Real Situation of System Integration of Ideological and Political Education Disciplines …… (158)
3. Constraints on the System Integration of Ideological and Political Education Disciplines …… (165)
4. Structural Optimization of Ideological and Political Education Discipline System Integration in the New Era …… (170)
5. Operation Mechanism of Ideological and Political Education Discipline System Integration in the New Era …… (176)
6. The Power Source of Ideological and Political Education Discipline System Integration in the New Era …… (181)

Chapter 7 Innovation of Digital Intelligence Ideological and Political Education in the New Era …… (188)
1. The Occurrence Explanation of Digital Intelligence Ideological and Political Education …… (189)
2. Value Implications of Digital Intelligence Ideological and Political Education Research …… (192)
3. Overview of the Current Situation of Digital Intelligence Ideological and Political Education Research …… (194)
4. Research on Ideological and Political Education in the Age of Artificial Intelligence as a Whole Holistic Picture …… (196)
5. The Distinctive Characteristics and Problems of Digital Intelligence Ideological and Political Education Research …… (199)
6. The Innovative Path of Digital Intelligence Ideological and Political Education Research in the New Era …… (202)
7. The Development of Modernity of Digital Intelligence Ideological and Political Education in the New Era …… (206)

Chapter 8 Innovation of Research Methods of Ideological and Political Education in the New Era ······················ (216)

1. Clarification of Prerequisites of Ideological and Political Education Research Methods ······································ (217)
2. Knowledge Mapping and Problems of Ideological and Political Education Research Methods ··························· (220)
3. Development of Research Methods System of Ideological and Political Education in the New Era ··························· (228)
4. Case Practice Application of Ideological and Political Education Research Methods in the New Era······················ (233)
5. Innovative Progress of Ideological and Political Education Research Methods in the New Era ································· (243)

Chapter 9 Cross-disciplinary Research Paradigm Innovation in Ideological and Political Education in the New Era ································· (247)

1. Conceptual Clarification of Cross-disciplinary Research Paradigm in Ideological and Political Education ··············· (247)
2. Research Overview of Cross-disciplinary Research Paradigm in Ideological and Political Education ··············· (248)
3. The Generative Logic of Cross-disciplinary Research Paradigm in Ideological and Political Education ··············· (250)
4. Case Innovation of Cross-Research between Ideological and Political Education and System Science ····················· (254)
5. Promoting the Innovation of Cross-Research Paradigm of Ideological and Political Education in the New Era ············ (262)

Chapter 10 Innovation of Autonomous Knowledge System of Ideological and Political Pedagogy in the New Era ······ (269)

1. Promoting the Innovation of Disciplinary System of Ideological and Political Education with Chinese Characteristics ······ (269)
2. Promoting the Innovation of Academic System of Ideological and Political Education with Chinese Characteristics ······ (273)
3. Promoting the Innovation of Discourse System of Ideological and Political Education with Chinese Characteristics ······ (276)
4. Systematically Promoting the Innovation of Modernization of Ideological and Political Education in the New Era ······ (280)

References ······ (289)

Indexing ······ (310)

Afterword ······ (318)

导论　新时代思想政治教育守正创新

思想政治工作是党的优良传统、鲜明特色和政治优势。习近平总书记在全国高校思想政治工作会议、学校思想政治理论课教师座谈会等会议上多次强调，要落实立德树人根本任务，构建新时代思想政治教育自主知识体系，推进学术理论创新，构建中国特色哲学社会科学。思想政治教育学科不仅有“术”，也有“学”，更有“道”，既需要推进工作方法研究，也需要推进中国特色的思想政治教育学创新研究，运用系统观念一体推动学科体系、教学体系、人才培养体系等体系化建设，服务立德树人与治国理政需要。

一、研究缘起和研究的问题意识

当今世界正经历百年未有之大变局，中华民族正处于伟大复兴的战略全局，承担意识形态功能的思想政治教育学科建设面临新形势、新机遇、新挑战和新任务。“现代化作为一个世界性的历史过程，是指人类社会从工业革命以来所经历的一场急剧变革，这一变革以工业化为推动力，导致传统的农业社会向现代工业社会的全球性的大转变过程，它使工业主义渗透到经济、政治、文化、思想各个领域，引起深刻的相应变化”。[①] 社会现代化转型推动了思想政治教育系统分化，既大大促进了思想政治教育系统内部专业化与精准化，也在一定程度上带来了思想政治教育理论、学科、工作子系统碎片化、离散化等问题，影响思想政治教育系统整体功能的涌现。同时，信息技术的快速发展与应用，极大地推进思想政治教育理论研究与

① 罗荣渠：《现代化新论——中国的现代化之路》，上海，华东师范大学出版社 2013 年版，第 12 页。

实践发展创新。习近平总书记指出："人工智能是引领新一轮科技革命和产业变革的重要驱动力，正深刻改变着人们的生产、生活、学习方式，推动人类社会迎来人机协同、跨界融合、共创分享的智能时代。"[①] 数智社会对新时代思想政治教育理论与实践发展提出了新的要求，"智能思想政治教育学"可能会成为学科的重要分支，实现人工智能思维、技术、方法等与思想政治教育深度融合，成为新时代思想政治教育创新的现实诉求。

思想政治教育创新问题是本书聚焦的研究对象，涉及"新时代思想政治教育创新是什么、怎么样、怎么办"的重要理论与实践问题。概念的明晰非常重要，必先明晰思想政治教育创新内涵是什么，才能进一步探究创新学科研究理论与实践形态。根据对"思想的前提批判"思维逻辑层次跃迁思路，首先，要对"思想政治教育创新是什么"这个前提性问题进行澄清；其次，要对思想政治教育创新的新时代境遇进行解答，包括外部社会环境，如中国特色社会主义进入新时代、中国式现代化是中国现代化进入新时代以及新时代思想政治教育创新的社会背景和时代课题等，特别是思想政治教育学科设立 40 年，进入现代化发展新要求的阶段性转换时期；最后，要对新时代如何继续在传统思想政治教育基础上进行创新研究，社会现代化发展阶段、时代背景与思想政治教育学科发展迫切需要研究新时代思想政治教育创新与现代转型这一重大理论与实践前沿问题。

思想政治教育学的时代性、发展性和创新性是中国共产党思想政治教育的时代品质呈现。"守正创新的发展是新时代赋予中国共产党思想政治教育时代品质的核心内涵，具体体现在与时俱进的理论品质、辩证系统的思维品质以及初心不移的实践品质等方面。"[②] 中国式现代化"从标明价值取向、引领使命任务等方面赋予高校思想政治工作创新发展强劲动力，必须对标中国式现代化的中国特色、本质要求和重大原则，创新高校思想政治工作体系的目标内容要素"[③]。

从时间维度理解"思想政治教育创新"，主要是以改革开放以前中国共产党在新民主主义革命、社会主义革命和建设中形成的思想政治工作理论与实践。随着社会现代化进程不断深入，思想政治教育经历着从"经验""理论"到"学说""学科"的转型，在推进思想政治教育学科科学

---

① 习近平：《向国际人工智能与教育大会致贺信》，《人民日报》2019 年 5 月 17 日。

② 董雅华：《中国共产党思想政治教育的时代品质》，《思想理论教育》2021 年第 11 期。

③ 黄蓉生：《中国式现代化视域下完善高校思想政治工作体系论析》，《思想理论教育导刊》2023 年第 8 期。

化、学科化、专业化建设的同时，迫切需要推进思想政治教育学科理论和实践的现代化发展与创新。

从空间维度理解“思想政治教育创新”，主要是指具有现代性特点的思想政治教育学科理论和实践创新，在改革开放和中国特色社会主义发展进程中，思想政治教育学科创新蕴含在社会现代性、人的现代性和教育现代性之中。从实践维度理解“思想政治教育创新”，就是服务于党和国家意识形态建设和现代化建设的需要、服务于人的全面自由发展的需要。新时代思想政治教育立德树人根本任务和使命担当凸显，思想政治教育工作对象特征日益多元复杂，思想政治教育价值地位和方法方略提出了新的时代要求，思想政治教育“三全育人”机制提出了新要求。要抓住机遇，应对挑战，化解矛盾，其根本之策就是推进思想政治教育理论与实践的守正创新。思想政治教育“守正创新”，至少包括以下几个维度的理解。

“守正”，第一，从理论逻辑来看，要体现坚持思想政治教育的政治立场与政治方向，体现意识形态性。王永贵总结中国共产党领导意识形态工作坚持“抓点”“牵线”“植面”“筑体”，多维度、全覆盖、一体化协同推进，其中精准着力、贯穿融入、强化阵地建设、系统布局是成功密码。[①]第二，从学术研究来看，要体现思想政治教育研究方法的科学性，以学术讲政治。要运用科学的研究方法和系统观念推动思想政治教育学科体系、学术体系和人才培养体系创新发展。第三，从实践工作来看，要体现思想政治教育实效性。要遵循“因事而化、因时而进、因势而新”的要求，服务于实现中华民族伟大复兴中国梦的时代使命，“把创新高校思想政治工作融合发展模式作为亟待抓好的大事，从而通过把握好高校思想政治工作的事、时、势，推动我国高等教育事业取得更大发展”[②]。冯刚总结把握思想政治工作的发展规律。[③]陈秉公给王学俭团队新著《新时代思想政治教育基本问题研究》所作序言中给予高度评价：“坚持‘扎根基础、直面问题，联系实际、走在前’的宗旨，显现出研究站位高、探索创新思、真诚做学术、分析显情怀、理论指向实等鲜明特征，能够为建构以马克思主义中国化理论为指导，与中国特色社会主义经济基础相适应，与

---

① 王永贵、尤文梦：《百年大党领导意识形态工作的成功密码》，《教学与研究》2022 年第 8 期。

② 李艳艳：《深刻把握高校思想政治工作的时、势、事》，《思想理论教育导刊》2017 年第 6 期。

③ 注：坚持党对思想政治工作的全面领导；坚持以人民为中心的价值导向；坚持扎根中国大地推进思想政治工作，把解决思想问题与解决实际问题相结合等。（冯刚：《思想政治教育研究热点年度发布（2021）》，北京，团结出版社 2022 年版，第 1~9 页。）

中华优秀传统文化相衔接，与人类优秀文化相联系的思想政治教育基础理论铺石、筑路和奠基。”[①] 新时代思想政治教育创新要注重理论基础和基础理论的一体互构、宏观与微观研究取向的一体同构、理论与实践相统一的一体推进，总结历史经验，掌握学科建设和实践工作规律，一以贯之地坚持中国特色社会主义，服务社会主义现代化强国建设。

“创新”，即思想政治教育学是继承性与发展性、传统性与现代性相统一的社会科学，遵循守正与创新相统一的逻辑，继承传统思想政治教育理论体系与理论框架基础之上进行理论创新与理论创造，推进思想政治教育理论形态、学术形态与实践形态的与时俱进。张耀灿认为，要“在坚持马克思主义的立场、观点和方法之上，坚持史论结合，运用统筹兼顾的根本方法，推进思想政治教育学科建设、专业建设和学科理论的创新发展，提升思想政治教育质量”[②]。这为科学把握传统思想政治教育的优势与经验基础，以及进行新时代学科理论、基础理论、研究方法等提供了方法论启示与历史基础。傅安洲等强调“始终坚持理论的自主性与科学性的统一，注重强化马克思主义理论学科意识，注重将揭示思想政治教育的特殊规律与普遍规律、理论自主性诉求与提升对话能力、继承性与时代性、理论研究与教育实践统一起来”[③]。在具体的实践工作体系方面，从发展目标来讲，需以培养担当民族复兴大任的时代新人为目标，“服务于中国共产党长期执政和中华民族伟大复兴、服务于改革开放和社会主义现代化建设”[④]，建构好“新思想”的内容体系，以德智体美劳全面发展的社会主义建设者和接班人为重要遵循；在思维方式方面，需坚持系统观念和全面立体的系统思维，运用高瞻远瞩的战略思维、革故鼎新的创新思维、对立统一的辩证思维、公平正义的法治思维、以古鉴今的历史思维、居安思危的底线思维；在内容创新方面，需不断充实和更新内容体系，推进政治理论教育、理想信念教育、核心价值观教育、爱国主义教育、道德规范教育、廉洁教育和国防安全教育等；在基层基础工作上，需发挥好“软治理”的治理优势，维护好基层社会既充满活力又安定有序的良好局面；在方法渠

① 王学俭等：《新时代思想政治教育基本问题研究》，北京，人民出版社 2021 年版，序言。

② 万美容：《中国共产党百年历程中思想政治教育的守正与创新——访华中师范大学马克思主义学院张耀灿教授》，《马克思主义理论学科研究》2021 年第 12 期。

③ 傅安洲、李战胜：《建设自主科学的中国特色思想政治教育理论》，《国家教育行政学院学报》2017 年第 5 期。

④ 王学俭：《新时代国家治理与思想政治工作创新发展》，《马克思主义研究》2021 年第 8 期。

道力量上，需树立好“大思政”的工作理念，“切实推动形成部门健全、体系完善、环节配套、反馈有序、监测到位、评估科学的思想政治工作体制机制”[①]，构建起“上下互通、横向联合、齐抓共管的工作格局”[②]；在实践运作上，需转变观念系统，调适知识系统，变革话语系统，改进方法系统，“坚持以人民为中心的原则方法，加强人文关怀，提升思想政治教育的针对性和亲和力”[③]。

新时代思想政治工作既要守得住正，坚持正确的方向，发扬传统思想政治教育优势与典型经验；又要与时俱进地创新发展，没有创新，就失去了生机和活力，就是僵化、陈旧和不合时宜的；甚至可以说，守正的目的就是创新，没有创新，守正就不能称为守正，而只能被看作眷恋于旧有一切的保守。新时代思想政治教育坚持守正创新，是对中国共产党思想政治工作优秀经验的一以贯之地坚持，又是与时俱进地创新发展，是在新的历史方位和新的发展条件下对既有实践的重新审视和考量，把握推进中国式现代化这一最大政治，进一步提升“三全育人”工作实效和完成立德树人根本任务，服务于强国建设和民族复兴。

二、研究的内容框架和研究方法

本书以新时代思想政治教育创新问题为研究对象，秉持理论基础、历史演进、现实境况、体系创新、实践发展等的研究思路，聚焦包括新时代思想政治教育研究的动态分析、理论创新、制度创新、话语创新、形态发展创新、学科系统整合创新、研究方法创新等理论与实践前沿问题，坚持历史与现实、理论与实践、定性与定量、宏观与微观相结合，阐明思想政治教育创新“是什么”“怎么样”“为何创新”“如何创新”的问题，旨在阐明新时代思想政治教育理论与实践创新的重要意义，阐明推进新时代思想政治教育学科体系、学术体系、话语体系创新，以期能够为思想政治教育学科现代化和人才培养现代化提供参考借鉴。具体内容如下。

第一章　新时代思想政治教育创新研究动态分析。本章主要围绕思

① 王学俭：《新时代国家治理与思想政治工作创新发展》，《马克思主义研究》2021 年第 8 期。

② 张智：《新时代加强和改进思想政治工作论略》，《思想理论教育导刊》2021 年第 9 期。

③ 骆郁廷、项敬尧：《论新时代思想政治教育创新发展的基本遵循》，《思想理论教育》2018 年第 4 期。

想政治教育创新这个“题眼”作为切入点，运用 CiteSpace 对 2012 年以来《思想教育研究》《思想理论教育》《思想理论教育导刊》这 3 个 CSSCI 专业期刊上刊发的研究文献进行量化实证分析，把握思想政治教育创新的基础理论、制度建制、学术支持、方法发展与实践应用等问题。

第二章　新时代思想政治教育理论创新。结合习近平总书记关于思想政治教育系列重要论述研究现状，从理念创新、目标任务、基本方略、政策框架、组织运行、队伍建设、体制机制等方面总结分析新时代思想政治教育理论创新的内容体系，分析理论创新的哲学意蕴与理论特点，提出从理论阐释路径、认知认同路径、实践操作路径。

第三章　新时代思想政治教育制度建设创新。在阐明思想政治教育制度内涵及结构基础上，结合高校辅导员制度和思想政治理论课教师队伍建设制度为个案进行分析，把握思想政治教育学科学术制度内部化建设不足、专业制度科学化建设不足、工作制度执行率不足的问题，提出思想政治教育学科制度创新的实践逻辑、实践方略和实践机制。

第四章　新时代思想政治教育话语创新。依据话语创新问题意识，结合思想政治教育话语创新的现实境遇，特别是信息技术对思想政治教育话语的现代性解构影响，把握话语创新的结构分析与运行机制。

第五章　新时代思想政治教育形态发展创新。把握形态研究现状，科学分析形态发展的现代性，分析思想政治教育形态发展存在问题、逻辑理路与实践路径。

第六章　新时代思想政治教育学科系统整合创新。总结梳理学科系统整合的研究现状、现实境遇及归因分析，提出思想政治教育学科系统整合的结构优化、运行机制、动力源泉等问题。

第七章　新时代数智思想政治教育创新。运用 CiteSpace 计量分析软件分析数智思想政治教育研究的相关文献，并进一步梳理评价与反思其研究现状，分析数智思想政治教育研究创新和现代发展，丰富数智思想政治教育理论创新与实践应用。

第八章　新时代思想政治教育研究方法创新。在分析思想政治教育研究方法诸概念辨析基础之上，从文献研究与实证分析维度把握思想政治教育学科研究方法存在问题及影响因素并提出对策建议。

第九章　新时代思想政治教育学科交叉研究范式创新。本章聚焦提出思想政治教育学科交叉研究范式这一命题，聚焦思想政治教育学科交叉研究范式，从理论、历史、实践等维度分析其生成逻辑，运用思想政治教育学与系统科学交叉内化形成的系统分析个案，提出新时代思想政治教育学科交叉研究范式创新的对策建议。

第十章　新时代思想政治教育学自主知识体系创新。推动中国特色的思想政治教育学科知识体系建设，推进中国特色思想政治教育学是服务治国理政的需要。要着力在理论体系、学科体系、学术体系、教学体系和话语体系等方面充分体现中国特色、中国风格、中国气派。

在研究方法应用方面，本书采用的研究方法主要有以下几种。

第一，运用文献统计学研究方法。如在第一章创新研究动态、第七章数智思想政治教育研究创新、形态研究、研究方法等专题进行文献统计分析，通过文献统计调查分析总结思想政治教育研究现状、动态及存在的问题。

第二，坚持系统研究方法。运用思想政治教育系统思维是思想政治教育系统方法论的根本要求，是本书研究的根本方法。运用系统论观点分析和研究思想政治教育，从历史与社会的角度阐述思想政治教育学科制度创新、形态发展、交叉研究范式创新等。具体而言，创新思想政治教育系统研究方法既要注重运用经验论、唯理论和实践论进行方法论层面的阐释，也要对具体方法的形成、变化和发展规律进行分析。科学把握研究方法发展的规律和趋势，通过借鉴内化、理论转化和实践应用等方法创新发展途径，全面推进思想政治教育系统研究方法的理论创新和在实践中的发展。

第三，强调社会研究方法。“社会视野”是社会方法论的基本思维角度，也是本书的基本立场。从思想政治教育与社会互动关系中考察思想政治教育学科理论与实践创新问题。坚持社会视野，将思想政治教育学科创新置于社会现代化视野，推进社会视野中的思想政治教育学科理论与实践创新。

第四，运用多学科交叉分析法。综合运用多学科理论知识和研究技术，如社会学中的“结构功能主义分析”、系统科学中的“系统分析”等分析思想政治教育学科制度创新、整合创新、形态创新等问题，揭示新时代思想政治教育创新研究的重要论域和前沿问题。

三、研究创新点和主要学术观点

本书是聚焦探讨新时代思想政治教育学理论与实践创新的学术专著。

笔者从事思想政治教育学科学习研究20年，从事思想政治教育学科元问题研究，前期已出版《社会视野中的思想政治教育系统研究》（人民出版社，2016年版）、《思想政治教育学前沿问题研究》（中国社会科学出版社，2018年版）；现已完成第三部思想政治教育学科的著作——《新时代思想政治教育创新问题研究》，以期为思想政治教育本科专业建立40周年献礼，为推进思想政治教育学科创新提供参考借鉴。本书强调以“思想政治教育创新”作为本书的研究主题、主线和主旨，将思想政治教育创新研究做历史考察与现实分析，围绕新时代思想政治教育学科创新问题、创新规律和创新态势等展开专题研究，发现创新规律和揭示创新发展的前沿性、基础性命题，为学科建设、专业发展和实践工作提供参考借鉴。本书的研究创新点主要体现在以下3个方面。

第一，提出深化思想政治教育学科创新问题研究，推进思想政治教育学原理创新。本书问题意识鲜明，揭示思想政治教育学科创新内部化研究论域。运用结构功能主义和系统分析方法进行逻辑架构，综合运用多学科知识分析思想政治教育的理论、制度、实践、话语、形态、研究范式、研究方法创新等重点问题，对于推动思想政治教育理论发展、学术创新、学科建设与实践工作等具有积极作用。

第二，提出深化思想政治教育学元理论研究，推进宏观思想政治教育学建设。本书聚焦思想政治教育元理论创新问题，既面向思想政治教育学科本体论研究，又聚焦学科建设重点问题。从社会视阈中运用系统论对思想政治教育学科创新的形态、整合、方法、制度、研究范式、自主知识体系建构等进行专题分析，为推进思想政治教育学科理论发展与宏观思想政治教育学创建提供参考借鉴。

第三，提出补齐研究方法“短板”，破学科理论“内卷”，推动学科与专业协同建设。由于缺乏相对成熟的方法论意义的内在建制，经常面对来自学科内外的学科诘问和合法性质疑。本书从中观、宏观维度聚焦学科研究方法的起源、本体、发展及前沿趋势等问题，补齐学科研究方法“短板”。通过以思想政治教育创新发展问题的发生学、历史演进、现实境遇和创新发展为研究思路，深化对新时代思想政治教育创新发展的规律性认识，力图打破研究方法和理论研究“内卷”，更好服务学科建设与本科专业建设。

本书的主要研究观点有：

（1）坚持习近平总书记关于教育系列重要论述指导，聚焦新时代思想政治教育创新热点、焦点和前沿问题论域，运用结构功能主义分析方法，主要从理论基础、基础理论、学科建设、话语理论、制度建设、形态发展、研究范式、研究方法等创新，一体推进思想政治教育学科体系、学术体系、话语体系创新，为构建体现中国特色、中国风格、中国气派的思想政治教育学自主知识体系提供参考借鉴。

（2）提出运用社会视野这一宏观研究取向推进新时代思想政治教育创新问题研究。本书从中观、宏观维度聚焦学科研究方法的起源、本体论阐释、方法发展、个案应用及前瞻展望等问题，提出创新研究方法的丰富理论体系、培养学术团队、强化研究方法规训、推进方法应用等，补齐学科研究方法“短板”，以破研究方法“内卷”之嫌。

（3）强调坚持系统思维，以推进新时代思想政治教育创新的历史演进、现实境遇、创新发展进路等为研究思路，深化对新时代思想政治教育创新的时代性、体系性和规律性，一体推进思想政治教育理论基础、基础理论、学科建设、研究方法等研究，更好服务学科建设、本科专业和实践工作高质量发展。

四、研究理论价值与实践意义

在研究理论价值与实践意义方面，主要体现在以下几个方面。

第一，拓展新时代思想政治教育社会研究视野。本书从社会视域对思想政治教育创新的基本理论、学科创新、制度建设、形态发展、话语创新、研究方法等元理论和热点问题进行探索。将思想政治教育学科重点问题置于中国共产党领导的革命、建设与改革的大背景和社会结构变迁乃至全球化视域中展开分析，从历史、社会、交叉学科的角度阐述新时代思想政治教育学科创新问题，拓宽学科社会研究视野。

第二，提升新时代思想政治教育学科的科学性。学科基础理论是思想政治教育学理论体系的基础部分，研究对象如何进一步科学规定、基本原理如何进一步科学完善、时代创新发展与现代转型等，都是基本理论研究的前沿问题。本书突破传统思想政治教育将教育学范式作为基本线索和理论分析框架，从社会视阈中运用系统论对思想政治教育学科理论创新、制度创新、话语创新、整合创新、研究方法创新、自主知识体系创新等重点理论与实践问题展开分析，有利于深化思想政治教育理论创新，创新思想政治教育系统研究方法，提升思想政治教育理论与实践的科学性。

第三，推进新时代思想政治教育研究范式创新。本书从系统论观点出发，运用系统分析方法，探讨现代思想政治教育学“元理论”问题，助推思想政治教育理论基础与基本理论发展。思想政治教育理论基础以马克思主义为主，以多学科理论为辅，马克思主义理论基础在不断与时俱进，如何以中国化时代化的马克思主义为具体指导，如何以马克思主义中国化最新成果指导思想政治教育理论与实践现代化发展与创新，这是一个迫切需要解决的问题。

第四，推进思想政治教育学科体系、学术体系和话语体系创新。本书以习近平总书记关于教育系列重要论述的原理依据，关注思想政治教育学科研究创新动态，运用结构功能主义方法进行内容建构与逻辑展开，围绕思想政治教育理论创新、学科建设、制度创新、话语创新、教学创新、学科整合创新、研究范式创新、研究方法创新等重点内容，从学科史、文献文本与实践维度等进行内部化分析，具有较强的前沿性、学术性和系统性，以期为思想政治教育学科建设和专业发展提供参考借鉴。

第五，推进思想政治教育学科现代化。中国式现代化视野中思想政治教育学科现代化既是一个全面、深刻的现代化变革过程，也是一个系统整合运行的过程，主要包括 5 个方面的内容。一是思想政治教育学科理论的现代化，夯实思想政治教育学科理论基础和基础理论，推动基本原理、历史发展、方法体系和治理理论等理论体系现代化；二是推进学科平台建设现代化，加快推进思想政治教育学位点、本科专业、学术研究、专家队伍和平台建设等；三是推进思想政治教育学科工作体系的现代化，综合运用现代科学和数字化信息技术，推动新时代思想政治教育工作体系化和时代化；四是推进思想政治教育学科治理现代化，思想政治工作作为治国理政的存在方式、优良传统和重要优势，思想政治教育学科要发挥推进治理体系和治理能力现代化的作用，发挥服务社会主义现代化建设强国建设需要；五是推进思想政治教育学科思维方式的现代化，即运用新发展理念，扎实推进系统观念应用，加强党对思想政治教育的全面领导，创新思想政治教育规律，更好承担立德树人根本任务，服务社会主义现代化强国建设。

第一章　新时代思想政治教育创新研究动态分析

本章主要围绕思想政治教育创新研究这个“题眼”作为切入点，运用CiteSpace对2012年以来《思想教育研究》《思想理论教育》《思想理论教育导刊》这3个CSSCI专业期刊刊载的学科研究文献进行量化研究和动态分析，从学理支撑、理念导引、学术支持、方法指导、实践应用等维度提出推进思想政治教育学科创新发展的对策建议。

一、相关概念辨析

1984年本科专业化建设以来，学科建设“经历了初步探索、正式确立、深入发展和系统建设四个阶段”[①]。随着经济全球化、社会信息化、文化多样化发展，思想政治教育方式、内容、方法、环境等也必将发生相应变化，呈现科学化、现代化、综合性、系统性、互动性创新发展特点。从思想政治教育和思想政治教育学科创新研究概念相关阐释来看，呈现出以“历史”解“思政”、以“马”解“思政”、以“政治”解“思政”、以“社会”解“思政”、以“学术”解“思政”、以“工作”解“思政”等研究阐释进路。

（一）历史传统阐释思想政治教育——以“历史”解“思政”

从人类发展史来看，在人类进入政治社会之前，就存在着多种多样原始形态的类似思想政治教育的礼仪规范、习俗禁忌、秩序意识教育等。人类社会进入政治社会后，思想政治教育也随之产生，融入人类政治生活

① 冯刚：《思想政治教育学学科发展新论域》，广州，中山大学出版社2022年版，第1页。

之中。

从历时态来看，任何一个社会统治阶级都力图用本阶级的思想意识来教化、影响和规范社会成员的思想与行为。统治阶级为了实现政党利益和政治统治，需要赢得民意，汇聚社会力量，必须通过相应的宣传、鼓动和教育等多种形式，以争取社会成员的广泛认可和同意，给政治实践行为“盖上社会普遍承认的印章”[①]。然而，西方社会没有思想政治教育这一名称，更没有形成完善的思想政治教育组织运行系统，而只有在社会主义革命和建设实践中才逐渐创立了思想政治教育学和组织系统，而这就是我们所称的思想政治教育。在西方，苏格拉底提出了著名的“苏格拉底法”，柏拉图提出了“理想国”的建构图景，亚里士多德强调重视公民教育，西塞罗认为全部教育的最高目的是培养政治家，昆体良认为教育的基本目的是培养善良而精于雄辩术的雄辩家。文艺复兴和宗教改革揭开了近代社会序幕，产生了马丁·路德、夸美纽斯、洛克、卢梭、杜威等一大批重要的思想家和教育家。西方社会也有许多诸如“价值教育”“公民教育”“宗教教育”“道德教育”等相关学问和流派。在东方的古代中国，包含极为丰富的“教化”“德教”“德治”思想，成为中华优秀传统文化的显著特征。如孔子主张德政；孟子认为人性本善，提出“四端”说；董仲舒提倡德治教化；宋代朱熹重涵养心性，知行结合；康有为、梁启超强调教育的救国图存、培养人才的重要作用等。

从共时态来看，思想政治教育具有一般性，不仅存在于社会主义社会，而且同样存在于其他社会形态中，虽然其内容方法称谓存在差异性，但是其实质都是为政治服务的意识形态政治。从古希腊的斯巴达教育、英国宗教教育和美国精神教育，再到东方孔夫子设教传播儒家思想、孙中山的“三民主义”和“三政”教育，思想政治教育贯穿人类社会发展的全部历史进程，作为意识形态政治的思想政治教育的社会实践活动普遍存在。

作为“特殊的政治实践活动、教育实践活动，并不独存于我们党领导中国革命、建设和改革的进程之中，而是人类进入政治社会之后便广泛存在的实践活动”[②]。现代西方国家开展的公民教育、宗教教育、国民精神教育等，实则都蕴含着思想政治教育的意蕴。可见，统治阶级在利用国家调和社会利益关系的同时，也重视将代表阶级利益的思想上升为社会主流意

① 《马克思恩格斯选集》(第四卷)，北京，人民出版社 2012 年版，第 123 页。

② 沈壮海等：《新编思想政治教育学原理》，北京，中国人民大学出版社 2022 年版，第 2 页。

识形态，需要通过多元途径将执政理念、伦理要求、主张和政策推行，争取社会认可和同意，从而巩固其“占统治地位的思想”[①]过程。可见，思想政治教育是人类社会共有、共同的政治社会化实践活动。

（二）马克思主义经典作家阐释思想政治教育——以“马”解“思政”

马克思主义经典作家阐释思想政治教育主要是从马克思主义文本梳理思想政治教育概念的历史线索和内涵外延。虽然马克思、恩格斯在指导工人运动过程和著述中使用了许多诸如“宣传工作”“理论武装”“理论教育”和“政治教育”等类似概念，阐明了思想政治教育在实现历史使命过程的重要作用。政治是经济的集中表现，意识形态是对经济基础的反映，意识形态也具有明显政治倾向性，马克思所说的“时代的思想的生产和分配”[②]蕴含着思想政治教育意蕴。19 世纪 40 年代，马克思、恩格斯从事社会主义运动伊始，就使用了“宣传”和“宣传工作”等概念，“宣传是使他们的事业更加深入人心的一种手段”，做了大量政治宣传和政治思想工作。在 1847 年的共产主义同盟的章程就已提出“宣传工作”概念，强调盟员条件要“具有革命毅力和宣传热情”，“抓住时机创立了德意志工人协会，从而开始了实际的鼓动工作”[③]。1894 年，恩格斯在《法德农民问题》中又提出“社会主义的宣传”概念。1902 年前后，列宁在创立布尔什维克党时，就论述了政治宣传工作的重要性，“不能让教育工作不联系政治”[④]，提出了“政治教育”概念，强调政治教育不能脱离具体的政治活动和政治斗争。斯大林提出的“思想工作”“政治思想工作”等概念，提出“政治思想领导问题”[⑤]，并阐述了政治思想工作基本内容，强调“在党的一切环节中加强思想工作”，阐明了政治工作与组织工作和经济工作的辩证关系。马克思主义经典作家提出的多种概念是在研究阐发科学理论并指导工人运动和革命运动中提出来的，经历了马克思、恩格斯创立马克思主义宣传教育工作，列宁、斯大林创立布尔什维克党的政治思想工作，阐明了一系列关于思想政治教育的基本观点和重要论述，为发挥思想政治教育在宣传、教育和组织群众方面的重要作用。

---

① 《马克思恩格斯选集》（第一卷），北京，人民出版社 2012 年版，第 178 页。
② 《马克思恩格斯选集》（第一卷），北京，人民出版社 2012 年版，第 179 页。
③ 《马克思恩格斯选集》（第三卷），北京，人民出版社 2012 年版，第 329 页。
④ 《列宁全集》（第三十九卷），北京，人民出版社 2017 年版，第 400 页。
⑤ 《斯大林选集》（下卷），北京，人民出版社 1979 年版，第 330 页。

（三）中国共产党传统阐释思想政治教育——以“政治”解“思政”

从中国共产党历史来看，中国共产党人的话语体系中，“政治教育”“政治工作”“政治宣传”“宣传鼓动”等被广泛使用。可以说，思想政治教育概念是“中国共产党根据马克思主义的基本原理、总结中国革命和建设中思想政治教育工作的实践经验而提出的概念”[①]。

在中国共产党的思想政治教育史上，最先使用的是政治工作、政治教育概念。如1922年5月，中国社会主义青年团第一次全国代表大会制定的《中国社会主义青年团纲领》中，就把政治教育划分出来，与社会教育和学校教育相区别。毛泽东在1927年3月的《湖南农民运动考察报告》中对湖南农民运动中的政治宣传、政治教育给予高度评价，提出要对农民进行政治教育和政治宣传。毛泽东在《井冈山的斗争》中说：“经过政治教育，红军士兵都有了阶级觉悟”[②]。1927年“三湾改编”时“支部建在连上”成为党建和思想政治教育重要经验。1934年2月，中国工农红军第一次全国政治工作会议召开，周恩来在会上提出“政治工作是红军的生命线”论断。1940年，陈云在延安抗大第五期毕业大会讲话中强调：“维护党的统一，不靠刀枪，要靠纪律；同时，加强思想政治工作，端正路线和方针、政策。”[③]毛泽东在论及反对主观主义和宗派主义问题时，强调“掌握思想教育是我们第一等的业务”。[④]可见，中国共产党创建初期就非常重视政治工作并强调政治工作的重要性。新中国成立后，1951年，刘少奇在第一次全国宣传工作会议上提出了“思想政治工作”概念。毛泽东也强调：“思想政治工作，各个部门都要负责任。”[⑤]这就强调思想政治教育工作的领导建制与体制机制，强调多部门协同，强调依靠全社会共同来做。在《关于建国以来党的若干历史问题的决议》中正式提出“关于思想政治工作是经济工作和其他一切工作的生命线”的思想，成为毛泽东思想的内容之一。1980年，理论界提出“思想政治工作是否是一门科学”，由此展开了广泛讨论，呼吁建立这门德育学。在1984年高校设立思想政治

---

① 武东生、余一凡：《经典作家关于“思想政治教育”的思想述要》，《高校理论战线》2008年第2期。

② 《毛泽东选集》（第一卷），北京，人民出版社1991年版，第64页。

③ 《陈云文选》（第一卷），北京，人民出版社1995年版，第196页。

④ 《毛泽东文集》（第二卷），北京，人民出版社1993年版，第375页。

⑤ 《毛泽东文集》（第七卷），北京，人民出版社1999年版，第226页。

教育专业后，在高校领域内关于“思想政治教育”提法逐渐多起来。随着广大干部、群众和理论工作者的长期实践，党采取了“思想政治工作”概念，高等学校采用了“思想政治教育”这一概念，在宣传系统基本采用“宣传思想工作”概念。可见，对思想政治教育概念的命题史演进分析，为把握思想政治教育学科史、发展史和创新实践提供了一条概念史线索，有助于了解思想政治教育形成发展脉络，了解不同时空背景下思想政治教育实践。需要指出的是，“思想政治教育”概念更多指称具有明确教育形态的实践活动，在学校和教育领域使用较多；而“思想政治工作”概念使用广泛得多。

（四）社会视野阐释思想政治教育——以“社会”解“思政”

近年来，学界逐渐兴起思想政治教育社会学研究，思想政治教育社会学作为一门分支学科而得到不断发展创新。思想政治教育社会学建设，既是学科交叉与交叉学科建设细化的重要呈现，也是理论研究和学科实践的实现彰显，更是体现学科研究方法的拓展延伸。2009 年，笔者正在攻读博士学位期间，刚好听到应邀而至河海大学讲学的张耀灿先生主旨报告，张先生在谈到思想政治教育学科建设时，他提出除了思想政治教育学基本原理以外，还应有若干分支学科体系建设，其中就包括思想政治教育社会学建设。当时，笔者的博士生导师孙其昂教授就主动向张先生请缨，决定加紧努力，尽快在现有学科团队基础、教材基础之上把思想政治教育社会学筹建起来。回望十余年来，以孙其昂教授为代表的“河海思政社会学派”关注思想政治教育社会学论域，聚焦思想政治教育研究的“社会视野”，逐渐形成了以“社会”来阐释和解释思想政治教育的代表性研究论域，出版了《思想政治教育社会学概论》等教材，运用社会学理论知识与研究方法来分析研究，拓展思想政治教育社会视野，揭示思想政治教育与社会之间的互动关系。主要体现在：一是开设思想政治教育社会学研究方向和课程，在 2005 年思想政治教育专业博士学位授予权基础上开设思想政治教育社会学研究特色方向，开设思想政治教育社会学硕博士生课程；二是开展思想政治教育社会学理论研究和硕博士生培养，获得“社会现代化视野中大学生思想政治教育系统整合研究”“思想政治教育现代化转型研究”等国家级、省部级科研项目立项，指导硕博士优秀学位论文《思想政治教育互动研究》（2000 年）、《思想政治教育系统研究》（2012 年）、《思想政治教育社会整合研究》（2013 年）、《思想政治教育分化研究》（2018 年）等；三是出版了一系列代表性著作和研究论文，其中主要代表作是 2002 年中国物价出版社出版的《社会学视野中的思想政治工作》、2016 年河海大学出版社出版的《思想政治教育社会学的理论探索》、2023 年科学出版社出版的《思想政治教育社会学概论》，后其博士毕业生出版了一系列代表性成果，如《社会视野中的思想政治教育系统研究》（人民出版社，2016 年版）、《社会之镜——思想政治教育社会整合研究》（上海人民出版社，2018 年版）、《思想政治教育的社会视界》（广西师范大学出版社，2020 年版）等。主要代表性观点：一是从学科交叉研究的维度，运用社会学理论与知识研究思想政治教育理论与实践问题；二是从分支学科建设的维度，研究思想政治教育社会学这一分支学科建设的历史发展、研究对象、学科论析、内在机制、研究方法、应用研究等；三是将“社会”作为研究思想政治教育的一种视野和解释原则，探讨思想政治教育与社会之间的互动关系，关注思想政治教育社会现象、社会互动、社会群体等论题，推动思想政治教育社会学知识体系建构。“社会不仅构成思想政治教育的背景、条件、中介，而且成为审视思想政治教育的思维方式”[①]，成为思想政治教育研究的研究视野和解释原则。可见，以“社会”解释“思政”视野研究论域和研究成果的推进，对于形成思想政治教育社会学的分支学科建设提供了参考和借鉴作用。

（五）学理传统阐释思想政治教育——以“学术”解“思政”

从多学科视角研究思想政治教育概念的运用。在 1984 年高校设立思想政治教育专业，“思想政治教育”提法逐渐多起来，之后陆续建立专科、本科、硕士、博士点 4 个层次专业体系，思想政治教育学科化和科学化趋势日益发展和成熟，涌现出一大批思想政治教育专家，从学术史、学科发展史、学术研究史等维度对思想政治教育的研究更加学理化、系统化和科学化。从学科发展角度来看，有必要从党建、伦理学、教育学、政治学等多学科视角和研究进路来考察思想政治教育概念变化。一是“党建解思政”，思想政治工作是中国共产党治国理政的政治优势，强调政治任务和政治目标，政治性强，其对象是军人、干部、学生、党员和群众，党建色彩浓厚。思想政治工作的目的是调动积极性，培养新人，采取日常思想政

① 叶方兴：《社会之镜：思想政治教育社会整合研究》，上海，上海人民出版社 2018 年版，第 5 页。

治工作和企业文化建设等方式。二是“德育解思政”，德育的对象主要是学生，德育即思想政治和品德教育，强调道德教育，属于伦理学科范畴。思想教育对象则是所有人，强调对人们进行以政治为核心的思想教育和道德教育，属于教育学和政治学范畴。三是“管理学解思政”，管理行为科学对人的思想、精神、心理的管理日益重视，企业文化成为思想政治教育的一个重要方面和形式，管理心理学、行为科学、教育科学应运而生，为思想政治教育概念界定提供了思想借鉴和研究方法。四是“政治学解思政”，关注政治权力运行和政治价值实现过程中，针对政治权力运行过程中展现出来的思想宣教、意识形态、政治哲学、政治制度、政治心理、政治行为和政治系统等政治社会化实践。五是“教育学解思政”，将思想政治教育作为一种特殊的教育实践活动，将教育学范式借鉴移植到思想政治教育领域，担负着培养社会主义事业合格的建设者与接班人的重任。六是以“生态学解思政”，邱柏生、戴锐、杨增岽等运用生态哲学、生态分析等分析思想政治教育理论与实践。七是“以伦理学解思政”，强调借鉴和运用伦理学知识体系，开启思想政治教育伦理学交叉学科建设，代表作是《思想政治教育伦理学》《伦理学与思想政治教育》。八是“以传播学解思政”，围绕思想政治教育传播途径、过程、载体、渠道、效度等展开研究，代表作是《思想政治教育传播学》等。九是以“思想解思政”，着眼于思想政治教育对人的思想观念、意义世界的变革作用，代表性观点主要散见于关于思想政治教育研究的“思想”[①]“思想关系”[②]“思想咨商”[③]“精神本体”[④]等研究之中。可见，通过多学科交叉研究初步形成了思想政治教育分支学科体系，思想政治教育交叉学科建设极大丰富和推进了思想政治教育概念研究的深度与广度。

（六）以实践形态阐释思想政治教育——以“工作”解“思政”

以“工作”解“思政”主要是指从思想政治教育不同实践形态来分析思想政治教育。笔者认为，以实践形态阐释思想政治教育可以归结为3种

① 孙其昂：《论思想及思想政治教育内生机制》，《思想政治教育研究》2014年第3期。

② 余仰涛：《论思想政治工作科学的研究对象——思想关系》，《江汉论坛》1992年第9期。

③ 王习胜、杨晓帆：《思想政治教育方法探索的面相描画与取向审思》，《安徽师范大学学报（人文社会科学版）》2021年第6期。

④ 叶方兴：《精神世界的政治呈现——思想政治教育的精神本性初论》，《思想理论教育》2018年第10期。

形态。第一种形态是主要针对党政机关、企业、农村、社团、社区等领域进行的思想政治教育，其理论更多地源于对思想政治教育工作实践经验的总结。第二种形态是学校思想政治教育，更多地强调以学生为对象的思想政治教育，进行以立德树人为根本任务，以政治思想教育为重点的，思想教育、道德教育、心理教育和安全教育等一体的综合教育实践。具体又体现为涉及的组织建制、知识体系、学术研究、教学科研、专业建设、意识形态建设、学生工作、人才培养等多元工作形态。第三种形态是军队思想政治教育，更多地关注军队思想政治教育工作，其理论源于军队思想政治教育思想和工作实践经验，以实现党对军队的绝对领导，加强对新思想和习近平强军思想的知行合一教育。

二、近年来思想政治教育创新研究的知识图谱分析

思想政治教育学科化建设以来，学科研究与实践应用进入系统化和规范化发展阶段。中国特色社会主义进入新时代赋予了思想政治教育新使命新任务新要求，思想政治教育进入了新的发展阶段，在时代定位、目标任务、矛盾化解、关键对象、方法手段上做出整体性应对，并由此展现出了新的面貌。纵观近 10 余年，思想政治教育发生了翻天覆地的变化，思想政治教育研究也因此取得了重要成果。基于此，本研究运用 CiteSpace 软件对 2012 年 1 月 1 日至 2023 年 12 月 31 日发表在《思想教育研究》《思想理论教育》《思想理论教育导刊》这 3 个 CSSCI 专业期刊上的相关文献进行可视化分析，把握研究热点的演进脉络和重要主题，为找准学科创新研究取向和前沿主题奠定基础，以期为新时代思想政治教育高质量发展作出贡献。

（一）研究方法与数据来源

1. 主要研究方法

CiteSpace 是一款多元、分时、动态的文献可视化分析软件。CiteSpace 软件具有强大的文献词频分析、聚类分析、引文分析、社会网络分析等功能，可以将某个研究领域的整体状况清晰呈现出来，帮助研究者更好地理解所从事的研究领域，并在此基础上展开更深入的研究。值得强调的是，笔者阅读了大量使用 CiteSpace 来做可视化分析的文献，发现其中存在很

多“误用”“滥用”情况，为避免这些错误，笔者系统地阅读了陈超美发表的关于 CiteSpace 的文献，详细掌握了该工具的方法论功能，以期在本书的使用中达到一个理想的分析效果。

2. 数据来源

CSSCI 核心期刊目录中马克思主义理论类别共收录 20 多种期刊，其中仅有《思想教育研究》《思想理论教育》《思想理论教育导刊》《教学与研究》《马克思主义理论学科研究》《马克思主义研究》《马克思主义与现实》《教学与研究》等刊物在 10 余年中相对常态化设置了思想政治教育研究相关专题栏目，但前 3 个刊物对于思想政治教育研究相关文献的刊载数量较多，且栏目设置也相对固定。而根据“文献计量学中的‘布拉德福定律’表明，某学科的大量论文相对集中地发表在一定数量的专业期刊上，而剩余部分则依次分散在其他大量的相关期刊上”[①]。因此，本研究以《思想教育研究》《思想理论教育》《思想理论教育导刊》这 3 个期刊上 2012 年以来思想政治教育研究相关文献作为此次分析数据的来源。文献统计时间为 2012 年 1 月至 2023 年 12 月，《思想教育研究》《思想理论教育》《思想理论教育导刊》这 3 个期刊的总文献量（不包含致谢、稿约、启事、勘误等资讯类文献）分别为 3851、3378、4392 篇，其中思想政治教育研究相关文献 3 个期刊的刊载量分别为 1524、984、1303 篇。本文将运用 CiteSpace 对总计 3811 篇文献进行量化研究和可视化分析，以深入掌握 10 余年新时代思想政治教育研究热点和前沿问题。

（二）2012—2023 年思想政治教育研究创新的可视化分析

1. 文献的年度趋势分析

文献数量的年度走势一定程度上可以反映该领域研究在一定时期的受关注程度和发展速度。从图 1–1 可知，2012 年以来，3 个期刊关于思想政治教育研究主题论文的数量处于相对稳定的状态。在 2017 年、2023 年有小幅的增长，经核查论文发现，这与中共中央、国务院印发相关文件有密切关系。总体而言，在马克思主义理论一级学科迅猛发展的态势下，思想政治教育作为其下属二级学科，学界的研究热度保持稳定，研究动力和研究兴趣不减，思想政治教育也在持续不断产出成果的滋养下成长着。

---

① 王军：《思想政治教育学科期刊高被引论文分析》，《思想教育研究》2014 年第 8 期。

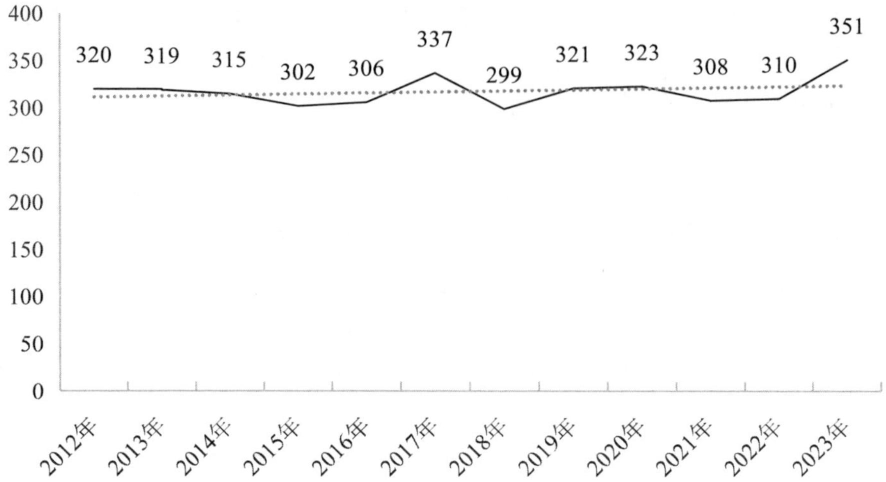

图 1–1　文献发表数量（篇）与发表时间关系

2. 文献发表的核心机构分析

通过对 10 余年来发文作者的机构来源分析，以进一步了解该学科领域的学术聚落和机构的地域分布情况。本研究选取了在目标时间范围内，发表文章数量在 50 篇以上的单位，结果如图 1–2 所示。可以看出，发表文献机构主要是我国各高校的马克思主义学院，并且这些高校马克思主义学院在全国具有一定影响力，大多数有着悠久的学科研究历史。在发表文献机构中，河海大学作为其中理工类见长的高校，在思想政治教育学科建

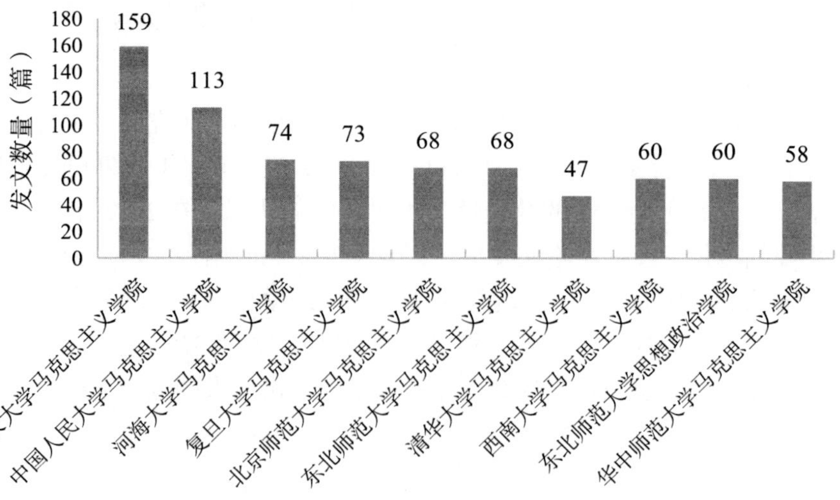

图 1–2　核心研究机构分布

设与研究方向具有自身鲜明特色和重要地位，这也说明做好思想政治教育研究并不局限于高校的固有定位，而是要依据自身优势，形成特色鲜明的思想政治教育研究团队。综合类、师范类高校的马克思主义学院要继续发挥其优势资源与研究条件，做好新时代思想政治教育研究排头兵，发挥好领跑带头作用；理工类高校马克思主义学院也可以发挥自身独特资源，打造特色鲜明的思想政治教育交叉学科研究，为新时代思想政治教育研究贡献力量。

3. 核心作者的相关分析

通过对作者发文数量的统计分析，进而把握当前学科研究方面的代表性专家和重要学术观点的研究进展情况。由表 1–1 可知，发文量较多的作者大多是国内思想政治教育学界的著名学者。通过具体分析 20 位刊载文献数量≥ 10 的作者在上述 3 本思想政治教育核心刊物已发表的文献可以发现：冯刚教授研究的重点落在把握思想政治教育研究热点、质量评价以及学科建设等重大问题；孙其昂教授研究的重点聚焦在基础理论、学科发展以及思想政治教育社会学研究等；佘双好教授聚焦高校思想政治理论课、学科基本原理问题研究、思想政治教育心理学等；郑永廷教授聚焦思想政治教育学原理研究以及学科建设论域研究；白显良教授聚焦高校思想政治理论课、大中小思政课一体化建设，以及思想政治教育学科建设中的马克思主义相关问题等；王学俭教授聚焦思想政治教育学科研究范式、基本原理研究、思想政治教育学科建设、高校思想政治教育研究等；杨威教授聚焦思想政治教育发生学、思想政治教育社会学研究；刘建军教授的研究聚焦在解读习近平总书记的系列重要论述、思想政治理论教学与实践、思想政治教育基础理论等；骆郁廷教授主要研究领域集中在思想政治教育实践；王树荫教授聚焦中国共产党思想政治教育史论域；沈壮海教授主要集中在思想政治教育学科建设、思想政治工作体系；董雅华教授主要研究思想政治教育基本问题、思政课教学。当然，根据数据统计和学科研究影响力来看，这些专家学者深耕于自己的研究领域，形成具有代表性研究论域或“思政学派”。

表 1–1　2012—2023 年目标期刊上刊载文献数量排名前 20 作者

序号	作者	数量（篇）	序号	作者	数量（篇）
1	冯刚	27	11	王学俭	13
2	孙其昂	23	12	郑敬斌	13

续表

序号	作者	数量（篇）	序号	作者	数量（篇）
3	黄蓉生	23	13	杨威	13
4	佘双好	21	14	李忠军	13
5	王树荫	15	15	刘建军	13
6	郑永廷	14	16	骆郁廷	13
7	白显良	14	17	马建青	12
8	金林南	14	18	王树荫	11
9	叶方兴	14	19	沈壮海	11
10	王习胜	14	20	董雅华	10

4. 高被引文献分析

文献计量学并没有对被引用频次多高才算“高被引文献”制定一个统一的量化标准，这需要研究人员依据本科学研究的实际情况来定。根据本文所选的 3 个期刊的总体被引用情况，笔者选定被引用频次大于等于 20 次作为高被引论文的筛选标准，得出高被引文献总 1350 篇。被引次数≥ 50 次的文献共有 411 篇，被引次数≥ 100 次的文献共有 148 篇，被引次数≥ 200 次的文献共有 41 篇。本研究对被引用频次≥ 400 次的 15 篇文献进行个案分析，如表 1–2 所示。这些高被引文献的研究主题大多具有浓郁的问题意识和时代主题，一定程度上代表了 10 余年来思想政治教育研究的热点领域。

表 1–2　2012—2023 年在目标期刊上高被引文献分析（N ≥ 400）

序号	作者	篇名	刊名	刊期	被引（次）
1	高德毅、宗爱东	课程思政：有效发挥课堂育人主渠道作用的必然选择	思想理论教育导刊	2017（1）	2897
2	邱伟光	课程思政的价值意蕴与生成路径	思想理论教育	2017（7）	2683
3	陆道坤	课程思政推行中若干核心问题及解决思路——基于专业课程思政的探讨	思想理论教育	2018（3）	2209
4	邱仁富	“课程思政”与“思政课程”同向同行的理论阐释	思想教育研究	2018（4）	970
5	刘林涛	文化自信的概念、本质特征及其当代价值	思想教育研究	2016（4）	950

续表

序号	作者	篇名	刊名	刊期	被引（次）
6	石书臣	正确把握“课程思政”与思政课程的关系	思想理论教育	2018（11）	910
7	郑永廷	把高校思想政治工作贯穿教育教学全过程的若干思考——学习习近平总书记在全国高校思想政治工作会议上的讲话	思想理论教育	2017（1）	667
8	何玉海	关于“课程思政”的本质内涵与实现路径的探索	思想理论教育导刊	2019（10）	657
9	刘承功	高校深入推进“课程思政”的若干思考	思想理论教育	2018（6）	525
10	王海建	“00后”大学生的群体特点与思想政治教育策略	思想理论教育	2018（10）	520
11	肖香龙、朱珠	“大思政”格局下课程思政的探索与实践	思想理论教育导刊	2018（10）	503
12	成桂英	推动“课程思政”教学改革的三个着力点	思想理论教育导刊	2018（9）	445
13	骆郁廷、郭莉	“立德树人”的实现路径及有效机制	思想教育研究	2013（7）	438
14	闵辉	课程思政与高校哲学社会科学育人功能	思想理论教育	2017（5）	428
15	刘建军	论“时代新人”的科学内涵	思想理论教育	2019（2）	416

从15篇高被引的文献来看，以“课程思政”为主题的文献共有10篇，占比67%，由此可以看出此话题为近年来思想政治教育研究的热点。为进一步证实该结论的可靠性，笔者将在CNKI数据库中采用主题词检索，将主题词限定为“思想政治教育”，文献来源为CSSCI期刊，对排名前15位的高被引论文进行整理，结果如表1–3所示。排名前15位的高被引文献中，有10篇与“课程思政”主题高度相关，占比67%，且有3篇集中发表于2017年。这一方面反映出思想政治教育研究能够密切回应社会发展关切，另一方面基本确证“课程思政”为近年来思想政治教育研究的热点之一。

表 1-3　2012—2023 年 CSSCI 期刊“思想政治教育”主题高被引文献

序号	作者	篇名	刊名	刊期	被引
1	高德毅、宗爱东	从思政课程到课程思政：从战略高度构建高校思想政治教育课程体系	中国高等教育	2017（1）	4471
2	高德毅、宗爱东	课程思政：有效发挥课堂育人主渠道作用的必然选择	思想理论教育导刊	2017（1）	2897
3	陆道坤	课程思政推行中若干核心问题及解决思路——基于专业课程思政的探讨	思想理论教育	2018（3）	2209
4	王学俭、石岩	新时代课程思政的内涵、特点、难点及应对策略	新疆师范大学学报（哲学社会科学版）	2020（2）	1913
5	檀传宝	劳动教育的概念理解——如何认识劳动教育概念的基本内涵与基本特征	中国教育学刊	2019（2）	1613
6	何红娟	“思政课程”到“课程思政”发展的内在逻辑及建构策略	思想政治教育研究	2017（5）	1054
7	石书臣	正确把握“课程思政”与思政课程的关系	思想理论教育	2018（11）	910
8	徐长发	新时代劳动教育再发展的逻辑	教育研究	2018（11）	906
9	班建武	“新”劳动教育的内涵特征与实践路径	教育研究	2019（1）	814
10	郑永廷	把高校思想政治工作贯穿教育教学全过程的若干思考	思想理论教育	2017（1）	667
11	何玉海	关于“课程思政”的本质内涵与实现路径的探索	思想理论教育导刊	2019（10）	657
12	张大良	课程思政：新时代立德树人的根本遵循	中国高教研究	2021（1）	640
13	杨晓慧	高等教育“三全育人”：理论意蕴、现实难题与实践路径	中国高等教育	2018（18）	625
14	刘鹤等	课程思政建设的理性内涵与实施路径	中国大学教学	2019（3）	550
15	刘承功	高校深入推进“课程思政”的若干思考	思想理论教育	2018（6）	525

（二）文献视图分析

为深度挖掘 10 余年来思想政治教育研究的热点内容、演变历程以及前沿议题，笔者运用 CiteSpace 对总计 3811 篇文献进行关键词共现、频数及中介中心性分析、突现度检测、关键词聚类、时区图与时间线图绘制等操作，通过生成的图谱实现对思想政治教育研究现状的解释与未来前景的预见。

1. 关键词的聚类视图分析

通过 CiteSpace 对思想政治教育学科研究成果的关键词进行共现分析，能够清晰地呈现思想政治教育研究的热点、焦点和前沿问题。关键词所在节点图形形状越大表示该关键词研究热度越高；关键词所在节点颜色越丰富，表示该关键词研究持续时间越长；节点间的连线为共现频次，出现的次数越多，则表明这些关键词之间的联系越紧密。由图 1-3 可知，“思想政治教育”“思想政治理论课”“大学生”“高校”“新时代”作为图中最大的 5 个节点，与其他关键词间连线数较多，并且节点的颜色丰富，表明对于主题词研究的关注度比较集中，成为研究热点和焦点论题。

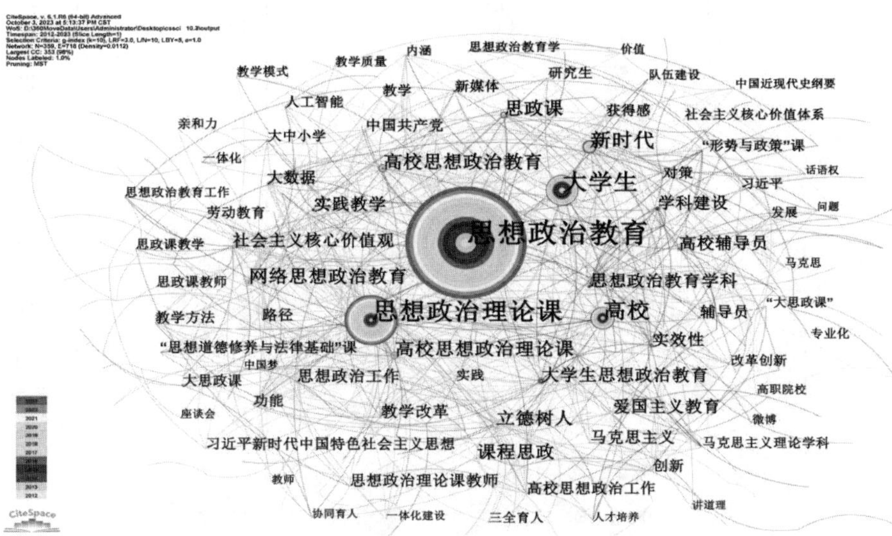

图 1-3　思想政治教育关键词聚类视图

2. 演进历程视图分析

时间线视图，既凸显出该研究热点的静态聚类，又展示出该研究内容的动态演进。根据 CiteSpace 分析得到关键词聚类后按时间线视图（如图 1-3 所示），自动生成了 10 个关键词聚类，分别是：思想政治理论课、思想政治教育、网络思想政治教育、高校思想政治理论课、课程思政、学科建设、大学生、思政课教学、对策、精神。图 1-4 中所示的这些聚类的

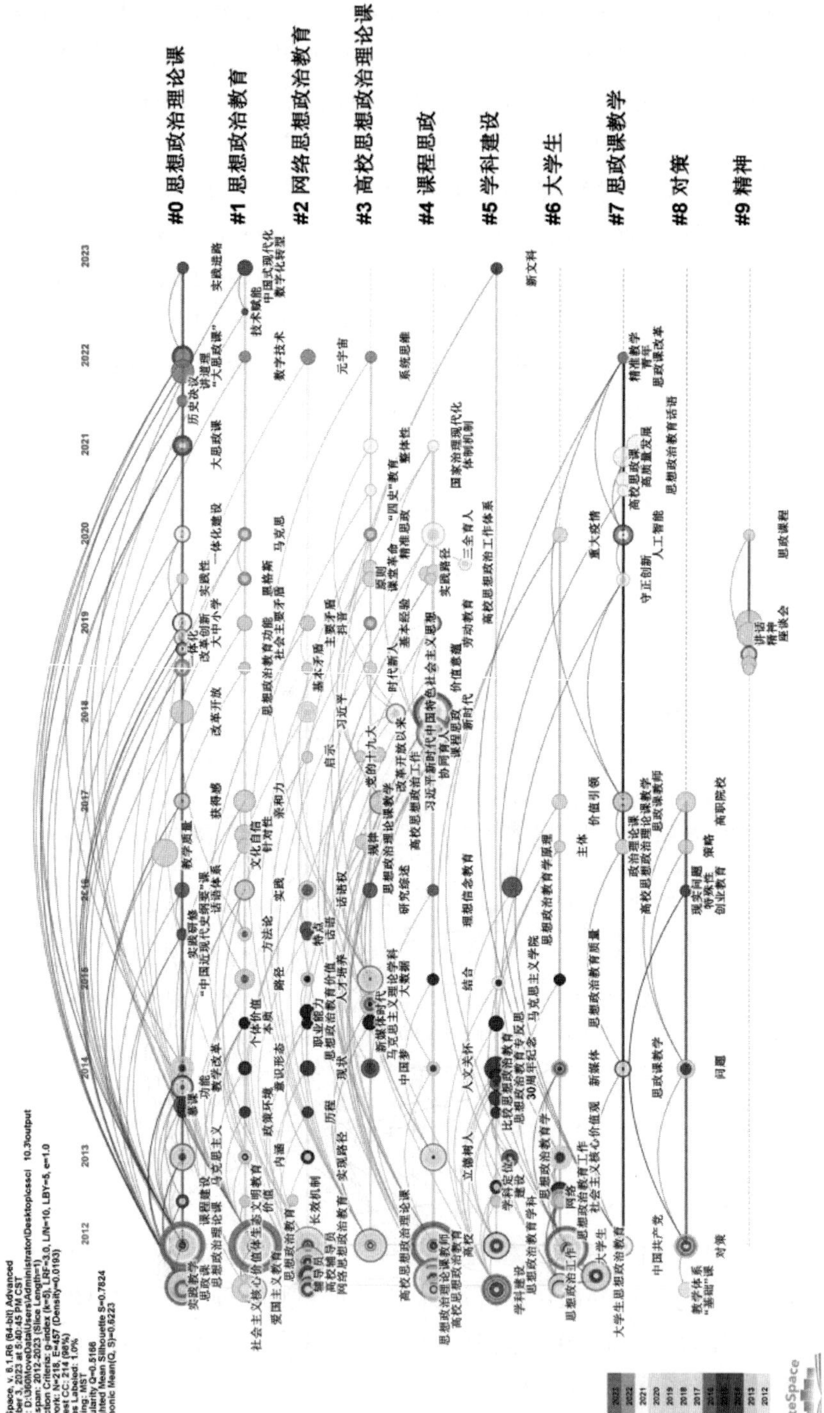

图 1-4　思想政治教育研究时间线视图

相关研究从 2012 年以来就一直处于研究热点和焦点，在思想政治教育学科研究中处于学界关注热点和重点。时间线视图 1–4 清晰地展现了 10 余年研究热点的动态演变状况。例如自动生成的“#0 思想政治理论课”，具体观察可知，2012 年形成了 3 个节点——思想政治教育、思想政治理论课、高校，大学生，且相互之间呈现强相关。

3. 时区视图分析

关键词时区图以时间为横轴，显示出关键词在这一时间段内的热点关注情况，其中大小节点之间的连线表达出关键词的演化与演进轨迹。由图 1–5 可知，“思想政治教育”“思想政治理论课”“大学生”“高校思想政治理论课”“网络思想政治教育”“思政课”“实效性”“高校思想政治理论课”“高校辅导员”“爱国主义教育”等作为突现关键词，自 2012 年起就一直与多个关键词存在共现关系；“立德树人”“社会主义核心价值观”等作为 2013 年突现关键词，印证了思想政治教育研究紧跟时代发展脚步的特质。“课程思政”“获得感”“思政课教师”作为 2017 年突现关键词，“新时代”“习近平新时代中国特色社会主义思想”作为 2018 年突现关键词，在思想政治教育研究中表现出了较强的延展性和关注度。此外，“劳动教育”“大中小学”“改革创新”为 2019 年突现关键词，“人工智能”“一体化建设”为 2020 年突现关键词，“大思政课”为 2021 年突现关键词，“讲道理”“数字技术”“元宇宙”为 2022 年突现关键词，“中国式现代化”“数字化转型”等为 2023 年突现关键词。思想政治教育研究中多数关键词出现在 2012 年，其中大部分随着时间推移能够继续保持其生命力，但其中也有一部分随着时间的推移逐渐被新的话题所替代，体现出核心议题主要是随着时代主题和理论研究需要而不断与时俱进，具体主要集中于思想政治教育的理论基础、理论内容、基本原理和实践中热点论题，也体现了思想政治教育守正创新的典型特征。

4. 突发关键词分析

运用 CiteSpace 的关键词突现度探测功能，通过分析思想政治教育学科研究成果的关键词在频次的落差程度，以期对研究热点和前沿趋势进行分析与预测。突现图 1–6 所展示的突现词的演变情况可以发现，2012 年，“社会主义核心价值体系”的突现率较高，这表明其在 2012 年是思想政治教育研究关注的前沿；2013 年，“立德树人”“社会主义核心价值观”“思想政治教育工作”这些突现词成为思想政治教育研究的最新研究前沿。“新时代”“课程思政”“大思政课”“立德树人”“人工智能”“思政

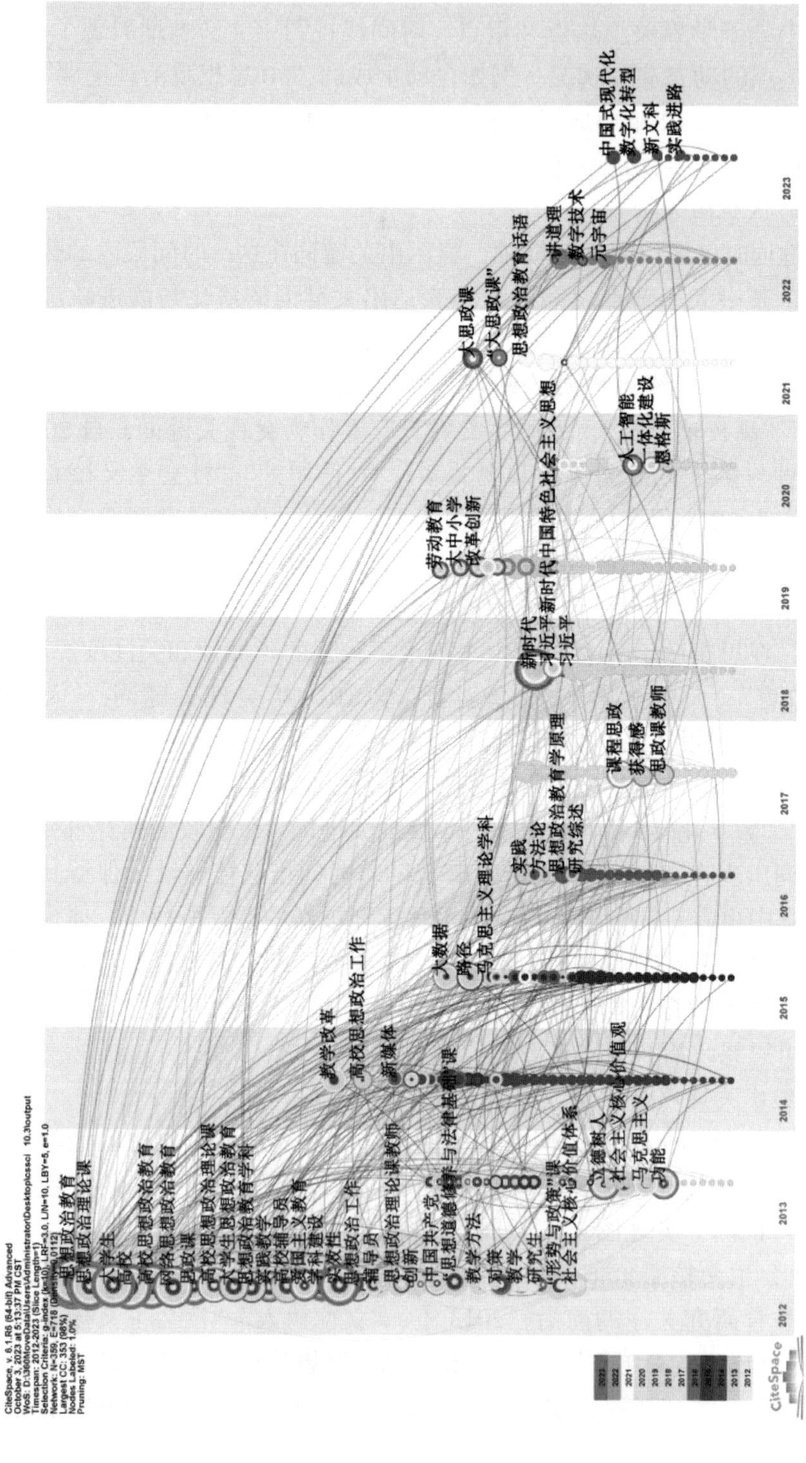

图 1–5　思想政治教育研究时区视图

课”“习近平新时代中国特色社会主义思想”“大中小学”这些突现词持续到了 2023 年，其中“新时代”的突现率最高，强度值达到了 32.1，这体现了思想政治教育研究深深立足于“新时代”这个时代背景和历史方位。

Top 25 Keywords with the Strongest Citation Bursts

Keywords	Year	Strength	Begin	End	2012 - 2023
新时代	2018	**32.1**	2018	2023	
课程思政	2018	**18.81**	2018	2023	
大思政课	2021	**13.66**	2021	2023	
立德树人	2013	**12.82**	2020	2023	
学科建设	2012	**12.52**	2013	2015	
爱国主义教育	2012	**11.08**	2020	2021	
社会主义核心价值体系	2012	**10.57**	2012	2013	
思想政治教育学科	2012	**9.79**	2014	2015	
人工智能	2020	**9.7**	2020	2023	
思政课	2012	**9.59**	2021	2023	
高校思想政治工作	2017	**8.69**	2017	2019	
三全育人	2020	**8.64**	2020	2021	
劳动教育	2019	**8.42**	2020	2023	
亲和力	2017	**8.31**	2017	2018	
社会主义核心价值观	2013	**8.22**	2014	2017	
新媒体	2014	**7.9**	2014	2016	
习近平新时代中国特色社会主义思想	2018	**7.49**	2018	2023	
大中小学	2019	**7.07**	2019	2023	
马克思主义理论学科	2015	**6.7**	2015	2016	
习近平	2018	**6.64**	2018	2021	
辅导员	2012	**6.5**	2012	2014	
“思想道德修养与法律基础”课	2012	**6.48**	2012	2014	
改革创新	2019	**6.42**	2019	2023	
获得感	2017	**6.39**	2017	2018	
思想政治教育工作	2013	**5.62**	2013	2015	

图 1–6　思想政治教育研究关键词突现图

（三）主题词分析

1. 主题词聚类图谱

通过按照关键词进行聚类分析，得到思想政治教育学科研究的聚类图谱，分析揭示研究热点主题之间的关系。由图 1–7 可知，聚类图谱中形成 10 个主要聚类，分别为：#0 思想政治理论课、#1 思想政治教育、#2 网络思想政治教育、#3 高校思想政治理论课、#4 课程思政、#5 学科建设、#6 大学生、#7 思政课教学、#8 对策、#9 精神。这些聚类图谱显示出思想政治教育研究动态的聚焦和热点问题，体现出学科研究论域的重点论题，也体现出思想政治教育实践形态发展中遇到的新的论题和理论研究的增长点。

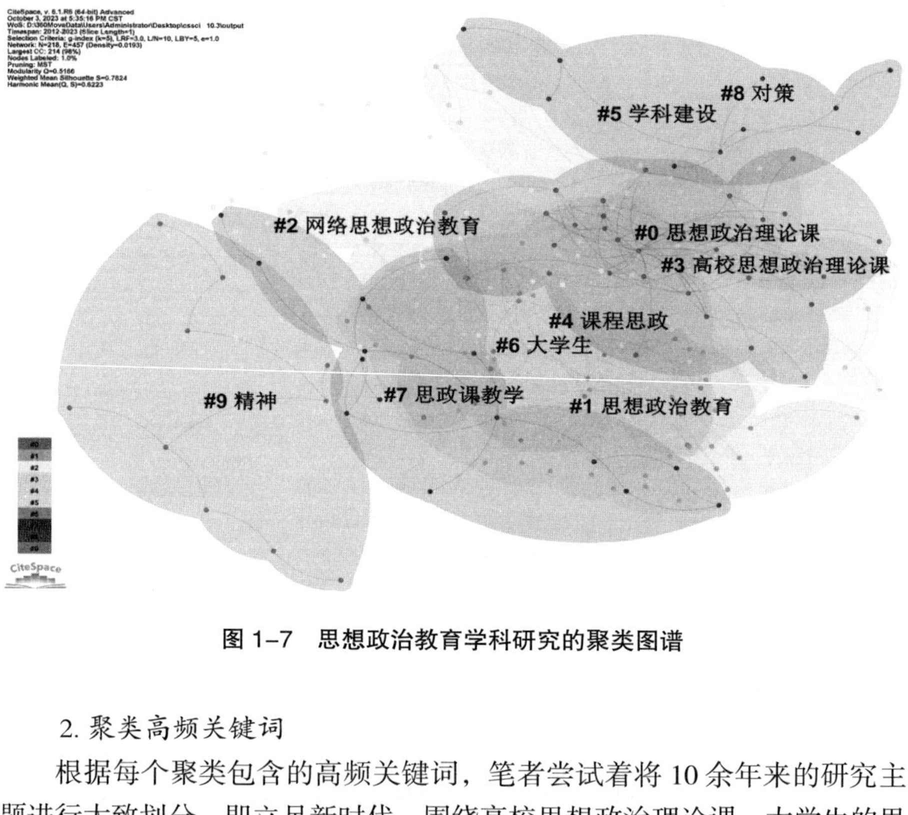

图 1–7　思想政治教育学科研究的聚类图谱

2. 聚类高频关键词

根据每个聚类包含的高频关键词，笔者尝试着将 10 余年来的研究主题进行大致划分，即立足新时代，围绕高校思想政治理论课、大学生的思想政治教育和作为二级学科建设的思想政治教育学进行分析与研究。

表 1–4　聚类内的高频关键词

聚类编号	关键词数量	可信度	聚类内高频关键词（基于 TF–IDF 加权算法）	聚类内高频关键词（基于对数似然率算法）
# 0	34	0.815	思想政治理论课；思想政治教育；实践教学；教学改革；教学	双主体；本科生；教材论；课程内容；体系建构

续表

聚类编号	关键词数量	可信度	聚类内高频关键词（基于 TF-IDF 加权算法）	聚类内高频关键词（基于对数似然率算法）
# 1	33	0.846	思想政治教育；思想政治理论课；路径；爱国主义教育；亲和力	应用思想政治教育；形象德育；基础性；主流意识形态建设；全面发展
# 2	25	0.688	网络思想政治教育；信息技术；媒介化生存；“Z 世代”大学生；互联网 + 高校辅导员；人才培养；职业能力；思想政治教育专业；话语权力	网络思想政治教育；高校辅导员；辅导员；队伍建设；话语权
# 3	23	0.726	高校思想政治理论课；基本经验；改革创新；历史发展；未来展望高校思想政治工作；思想政治理论课；课堂教学；协同效应；理论基础	高校思想政治理论课；大数据；思想政治工作；思想政治教育；马克思主义理论学科
# 4	23	0.768	立德树人；三全育人；育人载体；高校精准家访；实践路径；课程思政；高等教育；实践路径；五育并举；育人载体	课程思政；立德树人；高校；新时代；高校思想政治教育
# 5	20	0.749	学科建设；思想政治教育；30 周年纪念；学理指向；思想政治教育学原理；思想政治教育学科；比较思想政治教育；理论反思；学术视野；学理指向	学科建设；思想政治教育学科；30 周年纪念；思想政治教育专业；思想政治教育学科建设
# 6	20	0.777	思想政治教育；社会主义核心价值体系教育；实践路径；人生价值；国民教育；质量提升；社会主义核心价值观；思想政治工作；大学生思想政治教育大学生成长	大学生；大学生思想政治教育；社会主义核心价值观；新媒体；创新
# 7	16	0.756	思政课教学；中国共产党；中流砥柱；抗日战争；高校思想政治理论课教学；人工智能；思想政治教育；高校思想政治理论课教学；精准教学；学习教育	思政课教学；思政课教师；中国共产党；人工智能；政治理论课；情景教学模式；智能化
# 8	10	0.829	思想政治理论课；高职院校；教学质量；网络圈群；教材体系；“基础”课；教材体系；教学体系；思想政治教育；独立学院	对策；问题；现实问题；法治教育；“基础”课
# 9	10	0.931	思想政治理论课；高职院校；教学质量；网络圈群；教材体系；“基础”课；教材体系；教学体系；思想政治教育；独立学院	精神；讲话；座谈会；政治性；主体性

（注：不包含已被命名为聚类名称的关键词；选取具有代表性的关键词，并非全部）

综合上述研究可以看出，思想政治教育学科研究的视野和深度逐步扩展，由经验性研究逐渐向理论性研究过渡，不再是学科热点与学科创新研究的简单经验描述，逐渐开始从整体性结构维度进行把握，为思想政治教育系统发展奠定基础和提供重要启示。学界已关注比较研究、量化研究、实证研究等研究方法，借鉴吸收社会学、教育学、心理学等多学科知识体系和交叉学科研究方法，研究视野不断开拓，研究层次不断深入、研究方法不断提升。现有研究成果越来越注重研究的宽度、广度和深度，逐渐从经验总结范式向理论建构范式跃迁，呈现出经验总结和理论探索并存、理论话语和政治话语、生活话语和学术话语交融，且从经验总结范式向理论建构范式的态势不断增强。

三、近年来思想政治教育创新研究的整体性图景

思想政治教育学科随着时代发展而不断实现与时俱进，肩负起新时代新使命。学界学者在思想政治教育学的理论基础、基础理论、基本原理、历史演进、方法论、比较研究等方面进行了深入研究，实现学科的新发展、新突破。

1. 思想政治教育学科基础理论发展研究

基础理论是学科的立根之本，既是一门学科形成的标志，也是一门学科深化发展的基础。中国特色社会主义进入新时代，学术界就思想政治教育基础理论创新进行探索，提出一些具有重要价值的思想观点，在建构思想政治教育学科的科学知识体系的基础上推进学科基础理论的进一步深化。目前，基于不同的研究视角，学界关于思想政治教育基础理论创新研究的观点主要有以下 3 方面内容。

一是从马克思主义基本原理出发探究基础理论创新。有学者认为新时代完善思想政治教育基础理论研究要走回归马克思主义经典著作的“返本”之路[①]；要坚持马克思主义思想政治教育观，即“从人类客观存在的思想政治教育实践出发，对思想政治教育做出实质性的理解”[②]；“运用哲学思维开展理论研究是思想政治教育理论创新的路径，要及时‘反思’，

① 李维军：《返本、对话、实践、创新：完善思想政治教育基础理论研究的四条路径》，《教育理论与实践》2021 年第 3 期。

② 叶方兴：《坚持马克思主义思想政治教育观》，《思想政治教育研究》2020 年第 6 期。

注意‘对象化’和‘结构化’”[①]。

二是以热点研究为导向探究基础理论创新。有学者提出“坚持思想政治教育热点研究的实践导向，提升基础理论研究的敏锐度和现实解释力”[②]；而思想政治教育热点研究分为基础理论热点研究和现实热点研究，现实热点问题作为思想政治教育领域的重点难点问题，对其研究不仅可以促进基础理论的深化、拓展与创新，而且能提升思想政治教育的实效性。[③]

三是在跨学科视域下探讨基础理论的创新路径。有学者认为跨学科是思想政治教育基础理论研究创新的重要方式，要坚持“‘以问题为中心’的跨学科研究，坚持思想政治教育的基本学科立场，加强思想政治教育跨学科研究的组织和队伍建设”[④]；跨学科视域下的思想政治教育基础理论研究，可以实现在学科话语、学科论据、学科方法、学科范式等方面的创新[⑤]；“以跨学科的视阈分析该学科、以创新的思维发展该学科是提升思想政治教育的有效途径”[⑥]。

上述观点从 3 个维度阐述了思想政治教育学科基础理论的创新研究，为本研究提供了重要研究基础和参考借鉴。

2. 思想政治教育学元理论问题的研究

近年来，学界关于元理论问题的研究集中体现在概念、本质、范畴等基本原理创新方面。

一是思想政治教育概念[⑦]的创新。关于思想政治教育概念的界定，1984 年建立思想政治教育本科专业以来存在较多理解和争论。

二是思想政治教育与思想政治工作概念的理解。思想政治教育落脚点在教育，主要运用在教育领域，是一项具有教育意义的实践活动，高等学校采用了“思想政治教育”这一概念；而思想政治工作是一个应用科学概念，既包括思想政治工作的理论，又包括思想政治工作的实践。除思想政

① 冯刚：《深化新时代思想政治教育基础理论研究》，《思想政治教育研究》2020 年第 1 期。

② 李维军：《返本、对话、实践、创新：完善思想政治教育基础理论研究的四条路径》，《教育理论与实践》2021 年第 3 期。

③ 李春华、刘爱玲、林敏：《思想政治教育现实热点研究述论》，《广西社会科学》2020 年第 9 期。

④ 叶方兴：《论思想政治教育学科交叉研究中的“学科本位”意识》，《学校党建与思想教育》2021 年第 1 期。

⑤ 孙清华：《跨学科视域下思想政治教育基础理论创新的机遇与要求》，《思想理论教育》2019 年第 8 期。

⑥ 王仓、孟楠：《思想政治教育的跨学科创新研究》，《广西社会科学》2019 年第 4 期。

⑦ 侯勇等：《“思想政治教育”概念学科辨析与新认识》，《学术论坛》2010 年第 5 期。

治教育外，还包括许多组织工作、管理实践活动，蕴含着两层含义："一是思想政治教育的专业化活动，二是思想政治管理的专业化活动"[①]，可以理解为思想政治教育和管理的"软硬性"工作的结合。可见，思想政治工作相对于思想政治教育来说也是属与种的关系，思想政治教育是思想政治工作的基本内容，而不是思想政治工作的全部，它是受政治制约的思想教育和侧重于思想理论方面的政治教育，包括思想教育、政治教育和道德教育。思想政治工作外延更宽广，它除思想政治教育外，还包括许多组织工作、实践活动，因而不能简单地等同于思想政治教育。[②]

三是思想政治教育概念诸理解之辨。思想政治教育研究者从不同角度，对思想政治教育概念、定义、范畴、活动、文化等视角进行思想政治教育表达。关于思想政治教育概念研究的经典表述的代表性观点如表 1–5 所示。

表 1–5　思想政治教育定义的代表性观点[③]

作者	思想政治教育定义
邱伟光	培养、塑造一定社会新人思想道德素质的教育实践活动，受社会经济政治文化的制约和影响，包括思想教育、政治教育、道德教育。
王礼湛	社会有组织地定向引导人们形成符合特定社会和时代以及人类自身发展要求的思想政治观点和行为品格的教育工程。
陆庆壬	一定的阶级或政治集团，为实现一定的政治目标，有目的地对人们施加意识形态的影响，以期转变人们的思想，进而指导人们行动的社会行为。
袁礼周	用无产阶级的政治思想、政治理论、政治观点，教育人民群众，解决人们的政治思想、政治观点和政治行为问题，提高人们认识世界和改造世界的能力，为当前和长远的目标而奋斗的社会实践活动。
陈秉公	一定阶级或政治集团，为了实现其政治目标和任务而进行的，以政治思想教育为核心和重点的，思想、道德和心理综合教育实践。
张耀灿	一定的阶级、政党、社会群体用一定的思想观念、政治观点、道德规范对其成员施加有目的、有计划、有组织的影响，使他们形成符合一定社会、一定阶级所需要的思想品德的社会实践活动。
孙其昂	指一定政党或社会团体要求，有目的、有组织地采用多种手段对人们进行思想品德教育，培育新人，动员大家为当前和长远目标而奋斗的社会实践活动。

① 张蔚萍：《思想政治工作学教程》，北京，中共中央党校出版社 2008 年版，第 13 页。

② 张耀灿、郑永廷、吴潜涛、骆郁廷等：《现代思想政治教育学》，北京，人民出版社 2006 年版，第 49~50 页。

③ 侯勇、孙其昂：《思想政治教育概念学科认识的三维路径》，《探索》2012 年第 6 期。

续表

作者	思想政治教育定义
王　勤	一定的阶级或政治集团，为实现一定的政治目的，有目的地对人们施加意识形态的影响，以期转变人们的思想，塑造人们的品德，进而指导人们行为的社会实践活动。
杨生平	一个阶级或集团为了建立或巩固其政治统治而进行的符合本阶级或集团根本利益的、包括一定的政治、法律、哲学、道德、艺术和宗教思想的意识形态理论的教育。
陈立思	思想政治教育是政治工作的一部分，它是指一定的阶级、政党、社会集团，为实现自己的政治目的，通过教育活动，对所有社会成员施加某种思想影响，使其接受并形成一定的政治观念和行为意识，从而支配他们自觉地去行动实践活动。
秦在东	一定的社会政治集团或政治组织机构，为实现其特定的政治目标，通过一定的精神方式和相应的物质载体，对所辖区域内的民众施加有计划和有组织的意识形态影响，使之具备较高思想政治素质的社会教育活动。

从上述观点来看，按照不同的角度或标准，学者们对思想政治教育的概念论述可以分为几种研究观点：第一，从功能角度来定义，如陆庆壬、王勤从"实现目标，转变思想，指导行为"的功能角度的定义；第二，从认识和内容角度来论述，如陈秉公、邱伟光等主要从内容角度认为思想政治教育应包含思想教育、政治教育、道德教育和心理教育等内容；第三，从目的角度论述，如秦在东等主要从目的角度即"具备较高思想政治素质的社会教育活动"来论述，孙其昂"以政治为核心的思想教育，培育新人，动员大家为当前和长远目标而奋斗的社会实践活动"，袁礼周从"解决问题，提高能力，为当前和长远目标而奋斗"的目的角度进行论述；第四，从主客体价值关系来论述，张耀灿从主客体需要的满足关系的价值角度进行论述，即为实现"符合一定社会、一定阶级所需要的思想品德的社会实践活动"。这些观点推动思想政治教育概念的讨论深化与实践发展，进一步澄清"何谓思想政治教育"这一前提性反思问题。此外，新时代以来关于思想政治教育概念研究的一些代表性观点主要有：沈壮海等提出一种新的理解，"思想政治教育便是这样一种的社会实践活动，它以自己的方式，致力于相应意识形态的构建、维护和发展，担负着培养人的思想政治素质的重任"①；万美容等从学科基础维度分析，提出从"发生基础（发生论）、本质特征（本质论）、价值属性（价值论）和主客体关系（互动

① 沈壮海等：《新编思想政治教育学原理》，北京，中国人民大学出版社 2022 年版，第 4 页。

论）”[1] 等维度界定思想政治教育概念；史宏波等强调实践立场的思想政治教育概念，提出“思想政治教育研究范式应当从体系化向实践化转向”[2]。

四是思想政治教育本质研究创新。学界就本质的研究较为广泛，“意识形态论”“价值主导论”“人的社会化论”“灌输论”等都属于“一元本质论”；有人认为思想政治教育本质是“工具性本质和目的性本质的有机统一”[3]“党性和人性的有机统一”[4] 等的“二元本质论”；还有专家将“思想政治教育本质特征概括为政治性、教育性、导向性”[5]；还有人认为思想政治教育的本质是“目的性、超越性、实践性三者有机统一”[6]“政治维度、伦理维度、社会维度、个体维度等构成的多维度立体”[7] 的“多元本质论”。

五是思想政治教育范畴研究创新。关于思想政治教育范畴的概念创新，由最初的“等同于哲学范畴”[8]，到“是对思想政治教育的本质和规律的概括”[9]，再到是对思想政治教育所研究的特殊领域的各方面进行概括[10]。关于思想政治教育范畴的体系创新，有学者提出分为“基本范畴、重要范畴、具体范畴”[11]、有学者根据高低层次不同提出划分“核心范畴、基本范畴、一般范畴和具体范畴”[12] 等。

3. 思想政治教育学科建设发展历程

党的十一届三中全会之后，我国开展了思想政治工作规范化、科学化研究，催生了思想政治教育学科。从中国共产党思想政治教育历史考察，大体分为 4 个阶段：第一个阶段是思想政治教育实践阶段，主要是指 1978

---

① 万美容、贺钟霖：《科学界定思想政治教育概念的学科基础论析》，《思想理论教育》2023 年第 7 期。

② 史宏波、谭帅男：《“思想政治教育”概念重述与研究范式的转向》，《思想教育研究》2021 年第 10 期。

③ 李合亮：《解析与建构：当代中国思想政治教育的哲学反思》，北京，人民出版社 2010 年版，第 136 页。

④ 刘基、汪玉峰：《“人性”还是“党性”——分层视域下对思想政治教育本质的追问》，《理论与改革》2011 年第 6 期。

⑤ 沈壮海等：《新编思想政治教育学原理》，北京，中国人民大学出版社 2022 年版，第 7 页。

⑥ 郑永廷：《论思想政治教育的本质及其发展》，《教学与研究》2001 年第 3 期。

⑦ 李辽宁：《解读思想政治教育本质的多重维度》，《思想理论教育》2007 年第 21 期。

⑧ 岳忠强：《思想政治工作学原理》，北京，解放军出版社 1989 年版，第 78 页。

⑨ 范吉雨、宋连群：《思想政治工作学教程》，上海，上海人民出版社 1991 年版，第 8 页。

⑩ 徐志远：《现代思想政治教育学范畴研究》，北京，人民出版社 2009 年版，第 42~43 页。

⑪ 郭春娥：《思想政治教育学范畴层次性探微》，《高等函授学报（哲学社会科学版）》1997 年第 1 期。

⑫ 徐志远：《现代思想政治教育学范畴研究》，北京，人民出版社 2009 年版，第 52~56 页。

年到1984年的前学科阶段的研究时期；第二个阶段是1984年到1996年以科学化为主题的研究阶段；第三个阶段是1997年到2005年以学科化为主题的研究时期、2006年以来以体系化为主题的研究时期和以精细化为主题的研究时期。主要的标志性事件和成果主要体现在：1980年提出“思想政治工作是一门科学”；1983年提出培养思想政治教育专家；1984年设立思想政治教育本科专业；1988年设立思想政治教育硕士点；1996年设立思想政治教育博士点；1997年设立马克思主义理论与思想政治教育博士点；2005年设立思想政治教育二级学科。具体而言，有4件事值得称道：一是培养思想政治工作专家。1983年，中共中央批转的《国营企业职工思想政治工作纲要（试行）》提出：“现有的全国综合性大学、文科院校，各部、委、总局所属的大专院校，有条件的都要增设政治工作专业或政治工作干部进修班”，培养思想政治工作专家。二是设立思想政治教育本科专业。1984年教育部发文在南开大学、复旦大学、武汉大学等12所高校设立思想政治教育专业，开办思想政治教育本科、第二学士学位班和大专起点本科班[①]。三是招收思想政治教育研究生。1990年，国务院学位委员会第九次会议通过文件，“在法学门类政治学一级学科下设硕士学位授权点。1996年，在武汉大学、清华大学设立马克思主义理论教育和思想政治教育”博士学位授权点。[②]四是设立思想政治教育学科。2005年12月23日，国务院学术委员会把思想政治教育调整到新设立的马克思主义理论一级学科下，成为独立的二级学科。2021年，国务院学术委员会增列学科博士点，马克思主义理论一级学科博士点（含二级学科博士点）超过107家。

在思想政治教育学科建设历史经验研究方面代表性观点主要有：

第一，在特定历史节点总结历史经验。王炎认为党的历史经验是在坚持“生命线”地位的基础上，围绕中心、服务大局，以人为本[③]。坚持辩证唯物主义的基本观点，坚持以人为本、实事求是、开拓创新，形成了思

① 注：武汉大学率先创办思政本科专业，中国高等学校思想政治教育研究会在上海成立。1988年，中国人民大学、武汉大学等10所院校开始招收思政专业硕士生。

② 注：1997年6月，《授予博士、硕士学位和培养研究生的学科、专业目录》把马克思主义理论教育、思想政治教育两个学科整合，在法学门类政治学一级学科下设置“马克思主义理论与思想政治教育”专业，被授予法学硕士、法学博士学位。

③ 王炎：《中国共产党九十年思想政治教育的历史回顾与宝贵经验》，《思想教育研究》2011年第7期。

想政治教育的全方位工作局面。[①] 冯刚总结 40 年学科建设经验指出："不断深化理论基础，优化政策制度设计，增进发展内生动力，推动内涵式发展，在理论、制度、发展动力和发展模式上系统增进科学化。"[②] 在改革开放 40 周年时，黄蓉生等认为"学科积极回应时代发展新问题、推进学科健康发展、有效传播马克思主义中国化成果、彰显学科的中国特色"[③]。

第二，对特定历史时期的经验总结。一是在延安时期，党继承和发扬党的政治工作传统，坚持马克思主义指导，巩固"生命线"地位，秉持密切联系群众的工作方针，坚持原则性与灵活性相统一的原则和方法；[④] 也有学者分析了这一时期党的思想政治教育开通文化渠道 [⑤] 和运用典型教育方法 [⑥] 的历史经验。二是在中央苏区时期，根据思想政治教育特点总结出经验教训，"坚持思想政治觉悟同改善群众实际生活有机结合、教育者要以身作则、发挥隐性教育的渗透作用"[⑦]。三是从中国共产党重大时间节点来看，王树荫认为中国共产党 90 年经验有"认清基本国情和教育对象、坚持以人为本、健全组织机构和规章制度、实现思想政治教育育人"[⑧]。中国共产党百年思想政治教育的基本经验主要包括：党的领导与指导思想与时俱进、实践探索与理论创新良性互动、组织机构与队伍建设协调推进、教育对象与内容方法辩证统一、服务大局与人的发展同向同行。[⑨] 冯刚指出中国共产党在百年奋斗历程中，"始终坚持对思想政治教育的领导，坚持理论创新，强化整体谋划，突出问题导向，不断用马克思主义中国化最新成果武装群众"。

---

① 张晓昀、颜吾佴：《中国共产党思想政治教育的历史经验浅议》，《北京交通大学学报》2012 年第 3 期。

② 冯刚：《思想政治教育学科 40 年创新发展的历程与经验》，《南京大学学报》2023 年第 4 期。

③ 黄蓉生、颜叶甜：《改革开放 40 年思想政治教育学科发展的历史演进、宝贵经验与前行路径》，《思想理论教育导刊》2019 年第 4 期。

④ 戴艳军、张社争：《党在延安时期思想政治教育工作的历史经验与当代启示》，《思想理论教育导刊》2011 年第 10 期。

⑤ 王东维、张欣：《延安时期党开通思想政治教育文化渠道的历史经验与启示》，《思想理论教育》2014 年第 6 期。

⑥ 张连侠、王东维：《延安时期党运用思想政治教育典型教育方法的历史经验》，《思想理论教育》2011 年第 7 期。

⑦ 卢忠萍、周珊、曹京燕：《中央苏区思想政治教育的历史经验与启示》，《思想理论教育导刊》2015 年第 4 期。

⑧ 王树荫：《论中国共产党 90 年思想政治教育的基本经验》，《思想理论教育导刊》2011 年第 8 期。

⑨ 王树荫：《中国共产党百年思想政治教育基本经验》，《教学与研究》2021 年第 5 期。

4. 思想政治教育学科形态创新研究

大数据的发展将人机协同推向了实践工作与理论研究的前沿，关于人工智能与思想政治教育的协同成为新形态发展的突破点。沈江平认为人工智能的应用必须重视其背后的意识形态本质，把握背后的资本逻辑及对人的异化的可能。[①] 杨仁财认为大数据技术手段推动了思想政治教育理论课的发展，舆情检测与管理，思想宣传的精准化、个性化和差异化。[②] 刘建华认为智能思政是思想政治教育在人工智能时代的范式转化与变革。[③] 崔建西等认为智能思政“是指人工智能时代的思想政治教育与大数据、深度学习、强算力等智能技术有机融合，衍生出的能够推动思想政治教育过程、步骤、要素等智能化发展的思想政治教育新形态”[④]，这一定义肯定了“大数据算法→多中心溯源→价值互联网”[⑤] 的技术逻辑在思想政治教育中的应用价值，是对智能思政形态的界定。吴慧娟认为智能思政以大数据运用的“可计算性”为内核，主要包括思政教育教学设备教学理念、方法手段的智能化。[⑥] 袁周南认为智能思政的构建必须实现思想政治教育学习分析、适应性反馈、人机协同 3 种智能应用形态的融合。[⑦] 在大数据背景下，从“人与技术、人与社会、人与自我的理论维度分析”[⑧]，关注大数据背景下教育主客体关系的转型、规范性约束的消融以及意识形态领域的把控是优化思想政治教育新形态，推动大数据与思想政治教育协同的应有之义。

5. 思想政治教育学科研究范式发展

“思想政治教育研究范式是指思想政治教育的研究成员与研究活动所共有的基本的学科传统、理论信念、价值旨趣、规范框架、概念体系、认知原则、研究指南、思维脉络、观察角度、探索视域、方法背景、分析模

---

① 沈江平：《人工智能：一种意识形态视角》，《东南学术》2019 年第 2 期。

② 杨仁财：《人工智能赋能高校思想政治教育的挑战与应对》，《国家教育行政学院学报》2020 年第 5 期。

③ 刘建华：《论智能思想政治教育的可能与限度》，《思想理论教育》2022 年第 4 期。

④ 崔建西、白显良：《智能思政：思想政治教育创新发展的新形态》，《思想理论教育》2021 年第 10 期。

⑤ 吴凯：《区块链赋能思想政治教育的技术逻辑、风险挑战与实践策略》，《思想教育研究》2021 年第 6 期。

⑥ 吴慧娟：《智能思政的目标指向和价值实现》，《中学政治教学参考》2021 年第 43 期。

⑦ 袁周南：《人工智能嵌入思想政治教育：背景、依据与路径》，《思想理论教育》2020 年第 8 期。

⑧ 王新宏：《“人工智能 + 思政教育”：面向未来的高校思政教育新模式》，《学校党建与思想教育》2021 年第 6 期。

型和话语系统。”[①] 近年来，关于思想政治教育范式研究的创新研究主要涉及两个方面。一是研究范式的视角创新。研究范式发展历程从“单一研究范式”发展到“多元化研究范式”，其中交叉学研究发展尤为突出。思想政治教育交叉学科研究视角是融合借鉴了教育学、政治学、伦理学、心理学、传播学、美学、社会学、生态学等相关内容，以多学科的视角审视和研究思想政治教育，对拓宽学科视野、凸显学科自觉、完善学科机制等具有重要意义，当前呈现学术版图显现、研究论域聚焦、研究范式创新的特征。二是研究范式的转换创新。自“范式的人学转换”问题提出后，学界开始出现了“社会哲学范式”与“人学范式”的学术之争，除此之外，还有“主体间性”的范式转换、“由物本研究到人本研究”范式转换等，但都尚未达成共识。对此，有学者提出，尽管很多学者都在主张探究“范式转换”，但有学者主张慎言“范式转换”。

6. 思想政治教育方法论发展

思想政治教育方法论在思想政治教育学科中占据重要的地位，是思想政治教育知识体系中的核心内容。目前，学界就思想政治教育学方法论层面的研究主要分为以下 3 个维度。

一是学科研究方法论创新。针对思想政治教育研究方法存在研究深度不足、实际应用困难、缺乏学术共识的问题，有学者提出“强化思想政治教育研究方法意识，丰富思想政治教育研究方法内容，完善思想政治教育研究方法体系”[②]；针对研究方法失范的问题，有学者认为“以学科属性作为反思研究方法的出发点，以研究旨趣和研究主题作为选择研究方法的具体依据，综合借鉴实证与非实证方法各自的优长”[③]，有学者认为“思想政治教育研究应以马克思主义哲学方法论为指导，倡导思辨研究和实证研究相融合，主张量化与质性相结合，并在方法的选择运用过程中应做到多元、适切、规范”[④]。

二是学科具体研究方法的创新。习近平总书记“以典故传道育人”的基本方法在体现中国传统艺术文化底蕴的基础上实现了思想政治教育方法

① 王学俭：《郭绍均．思想政治教育研究范式：体系、问题与建构》，《思想理论教育》2015 年第 3 期。

② 司忠华：《思想政治教育研究方法研究述评》，《思想政治教育研究》2017 年第 3 期。

③ 张一苇、赵野田：《实证还是非实证？——论思想政治教育研究方法的选择与运用》，《思想教育研究》2018 年第 5 期。

④ 张瑜：《近 10 年来思想政治教育研究方法的新进展》，《思想教育研究》2019 年第 5 期。

论的拓新。[①] 有学者提出，“将思想政治教育方法创新与社会主义核心价值体系的建构相结合，发挥其在引领大学生树立正确的价值观中的积极作用”[②]“必须将思想政治教育融入日常生活，在微观层面实现思想政治教育与日常生活的融通”[③]，从认知、情感、意志、实践 4 个维度入手，实现思想政治教育与日常生活对接；大数据时代下，有学者提出将大数据与思想政治教育传播相结合，借助大数据的复杂性和动态性实现思想政治教育方法的科学性与现代化。[④]

三是学科方法论体系的建构。学科方法论体系的建构在深化学科研究与促进理论发展中起到至关重要的作用。有学者认为，思想政治教育方法论是“由诸种方法所构成的科学体系”[⑤]，是关于思想政治教育方法的理论体系，偏重于具体方法的建构；但也有学者认为，“思想政治教育方法论体系研究，需要从方法的内涵与外延两个方面去深化和拓展研究内容”[⑥]，即理论拓展和结构设想，从自身理论和具体方法进行建构方法论体系。在上述观点的基础上，有学者提出要建构“思想政治教育研究方法论、方法本身的理论和具体方法论一体”[⑦] 的思想政治教育方法论体系，偏重于从理论逻辑思路进行建构；此外，也有学者提出思想政治教育方法论体系建构要基于复杂的系统论，实现从过程论向认识论的发展。[⑧] 综上所述，学界学者的创新观点丰富发展了研究方法论和具体方法论的内容，但在方法论体系上仍各抒己见，难以构建统一的方法论体系，且相对于具体方法论的研究，学者对研究方法论及其体系建构的研究较少。

综合上述分析，可以得出以下结论。

第一，学科体系更加完善。学科系统的分化与整合是学科系统自我完

① 胡艺华、杜敏：《论习近平用典艺术对思想政治教育方法的拓新》，《理论月刊》2020 年第 9 期。

② 孙红艳：《社会主义核心价值体系与高校思想政治教育方法创新研究》，《思想教育研究》2014 年第 9 期。

③ 王学俭、刘珂：《融入日常生活：思想政治教育的微观建构》，《思想教育研究》2015 年第 2 期。

④ 崔建西、邹绍清：《论基于大数据的思想政治教育信息传播方法创新》，《学校党建与思想教育》2017 年第 1 期。

⑤ 郑永廷：《思想政治教育方法论》，北京，高等教育出版社 2010 年版，第 4 页。

⑥ 祖嘉合：《思想政治教育方法研究中的基本概念及理论体系刍议》，《思想政治教育研究》2010 年第 5 期。

⑦ 孟婷、张澍军：《思想政治教育方法论体系刍议》，《思想教育研究》2014 年第 9 期。

⑧ 邹绍清：《思想政治教育方法论体系建构研究——以复杂系统论为视角》，《思想理论教育》2016 年第 1 期。

善的表现，是学科从单一式发展到多元化、系统化发展的必经之路。思想政治教育学科系统中的实践要素、理论要素、专业要素、主体要素的完善与发展，是现代化转型发展背景下学科系统发展的动力部分。当前，思想政治教育学科系统更加注重以实践要素为切入点，以突破思想政治教育学科建设难关，发挥学科系统中诸要素的联动效应，为整个学科建设与优化提供动力。思想政治教育学科系统的理论要素以学科理论的形态出现，学科理论的科学化、专业化充实了学科的治理系统，维持了学科的整体性框架。尤其是当前一大批涉及学科体系、理论、范式、形态、分支学科研究等著作的出现，使思想政治教育学科更加饱满，学科的科学性、专业性体提升。此外，思想政治教育学科的转型发展紧紧抓住了专业要素这一重要抓手，更加注重学科专业人才的培养，学科对主体队伍建设的更高要求推动了学科人员组织在质量、数量以及结构方面的完善，人员组织水平整体提升。

第二，思想政治教育研究方法多样化。社会现代化转型视野中的学科分化与整合的螺旋式上升对研究方法提出了更多的要求，不仅要求坚持学科研究立场，采用普遍、一般的哲学社会学研究方法，而且要求研究方法的运用结合思想政治教育学科实际以及其他学科的研究方法，充实研究技术和手段，为学科创新提供新视角、新思维。如将考察学科整体性发展趋势的宏观论证同审视学科结构中各层次要素的微观调整以及诸要素的关系的微观证明相结合；运用学科理论层面的规范研究与依靠翔实的实证材料开展的实证分析方法，研究学科发展的真实状况；打破学科研究壁垒，借鉴吸收人文科学与自然科学的研究方法，如人文科学的描述法、元理论分析、经济分析以及自然科学的数学方法、建模方法等。

第三，思想政治教育学科分化日益明显。交叉学科发展成为学科发展趋势。现代化背景下，随着社会分工的细化以及社会发展对知识的需求，思想政治教育学科分化与整合成为学科发展的两种基本形态。（不同学科之间的知识与资源的互通融合以及交叉性研究手段的运用，不仅体现在思想政治教育学科与其他哲学社会科学、自然科学学科的融合。）而思想政治教育系统作为社会系统的重要组成部分，社会的发展必然会带动交叉学科和学科交叉发展。为解决学科发展问题，破解学科发展瓶颈，思想政治教育学科发展也必然会借鉴其他学科的研究方法、思维视角、学科理论等，走多学科交叉融合的道路。

可见，思想政治教育学科建设发展经历了“正式成立—深入发展—系统建立—深化创新”这一历程，并按照“是什么”“为什么”“怎么办”这一逻辑确定了学科的基本问题，实现了从“科学化—学科化—系统化”的发展。尽管思想政治教育在理论基础、基础理论、方法论、研究范式上取得了创新突破，但仍存在基础理论研究“悬浮化”、方法论研究“繁而待荣”、范式研究有待完善等问题。

四、新时代思想政治教育创新研究的逻辑进路

（一）推动新时代思想政治教育研究思维方式创新

一是立足系统思维方式。系统思维作为一种现代思维范式，与形而上学、片面的思维方法根本对立。系统思维的整体性要求是将学科基础理论作为体系进行考察，在历史反思和现状分析的基础上开展体系建设，共同推进思想政治教育学科基本原理、方法论、史论、比较研究等主干学科以及分支学科的原创性发展；并树立“系统层次思维”①，从学科基础理论体系内部深入考察各主干学科及分支学科，在把握其复杂性的同时运用分析与综合统一实现学科理论体系各要素、结构的全方位协同，形成整体最大合力。

二是立足创新思维方式。创新思维推动思想政治教育学科纵深发展，可以更好地应对社会发展的新情况、新问题。针对基础理论研究态势“固化”的问题，亟须进入基础理论体系内部寻找问题根源，打破学科基础理论体系“内卷化”僵局，跳出“移植化”“表层化”“碎片化”怪圈，以思想政治教育学科特有的创新思维方式审视外部世界，从实践中汲取理论创新的灵感，在否定之否定的辩证中观察、分析思想政治教育现象，以强烈的创新责任与学科自信清晰界定学术体系内部要素，推动思想政治教育理论基础、基础理论和应用理论的贯通融合。

三是立足交叉思维方式。交叉思维即开放思维，是思想政治教育学科对文化学、传播学、叙事学、生态学等相关学科的借鉴、消化或转化。思想政治教育学科的创新发展是在分化研究的基础上，整合其他学术知识形成新的研究内容、研究方法或研究思维；加强交叉研究人才队伍建设，集

① 侯勇：《社会视野中的思想政治教育系统研究》，北京，人民出版社 2016 年版，第 35 页。

相关学科研究领域的学科力量共同参与解决重大理论和现实问题，并以学科协同意识增强不同学科队伍的对话与交流，在不同学科队伍的合理流动中组建多学科研究团队，共同搭建学科协同研究平台，凝聚协同合力；立足交叉思维实现学科理论体系创新发展，既要强调“引进来”，又要注重“走出去”，以本学科视角参与相关学科的话题探讨与理论研讨，主动进入广阔的学科交流平台。

（二）推动思想政治教育研究创新的理念和方法

第一，历史与逻辑相统一的分析方法的运用。一方面，遵从习近平总书记关于思想政治工作系列重要论述产生发展的历史客观进程与逻辑存在相一致的原则，将其置于中国共产党的思想政治教育思想史视野中去审视与评判，善于将历史事实作符合逻辑的学术理论提升；另一方面，习近平总书记关于思想政治工作系列重要论述是在丰厚的历史和文化积累、丰富的改革开放和社会主义现代化实践基础上逐渐形成发展的，要大胆理论想象和科学求证，根据思想政治教育历史发展和社会存在，从整体性视野中对习近平总书记关于高校思想政治工作相关理论的地位作用、理论源泉、时代背景、要素结构、话语表达、价值功能、推进路径等进行研究，形成理论体系的科学论述和权威表达。

第二，跨学科聚焦与多学科研究的整合。随着哲学社会科学的理论知识和研究方法要求跨学科和综合化，交叉学科范式已初露端倪，需要实现习近平总书记关于思想政治工作系列重要论述的多学科聚焦和多学科方法交融。一方面，需要坚持马克思主义立场观点方法，需要坚持中国本位的研究方法运用，关注新时代中国特色社会主义实践的中国经验、中国体验，把学术研究与现实关照结合，理解高校思想政治工作经验和实践的逻辑；另一方面，从历史学、社会学、哲学、政治学、教育学、历史学、思想史等维度开展习近平总书记关于思想政治工作系列重要论述的研究，在学科体系、学术体系、话语体系和人才培养体系等方面建设有中国特色、中国风格、中国气派的思想政治工作学说。

第三，理论与实证研究的一体互促。经验总结范式中思想政治教育现代转型研究源于社会实践活动，针对性和应用性较强，但缺乏理论思辨性和长效性，而理论建构范式中现代转型理论研究具有较强的理论性学术性，但由于概念化和抽象化，容易与现实脱离开来，缺乏应用性。因此，思想政治教育研究创新，必需把经验总结与理论建构统一起来，把学术研究与现实关照结合统一起来，凸显思想政治教育实践转型与理论研究创新时代性。突出做好理论研究与实际应用的紧密结合，把实践工作中遇到的应用问题转化为理论研究课题，把经验上升为理论，切实把理论研究与实践应用紧密联系在一起。既从思想政治教育系统与社会、政治、经济、文化等社会环境系统的密切联系开展整体性研究，又从整体性视野中运用系统观念对思想政治教育系统要素、结构、功能、特征等进行研究，进一步形成思想政治教育学术共同体的被接受和认可的学术的系统研究方法和行动的系统思维范型。

（三）推动新时代思想政治教育研究内部化创新

第一，以实践哲学思维为考量。传统思想政治教育学科理论体系与现实社会实践存在隔阂，且缺乏深度的互动。以实践哲学思维审视学科理论体系的构建，让学科理论体系成为动起来、用起来的知识理论。将学科理论体系置于思想政治教育实践系统中，在实践中确定理论基础、基础理论、应用理论这 3 部分理论内容的功能及其相互关系，以推翻原有的形式化的具有自洽性的学科逻辑体系，避免陷入自闭、教条、僵化的思想政治教育活动中。应以思想政治教育理论基础与基础理论为学理支撑，明晰思想政治教育概念范畴和研究对象，澄清其政治性本质属性和本质规定。一方面，应以概念研究为基础，通过澄清思想政治教育“史”、“论”、“方法”和“比较”等，明晰学科理论研究的边界，阐明学科理论的本体研究，如学科理论研究对象、研究方法、历史演进与前沿趋势等，为学科理论研究提供学科依据与研究方向。具体体现在两个方面。一是回答“怎样干”的问题，即回答如何做好思想政治教育工作的问题。要实行正确的教育方针原则，创造良好的教育环境，遵循科学的教育程序，运用有效的教育途径、方法和艺术，以提高教育效果，形成“方针原则论”“环境影响论”“科学程序论”“方法艺术论”等一套应用理论体系。二是回答“谁来干”的问题，即回答思想政治教育由谁来做和谁来领导的问题。要加强党对思想政治教育工作的领导，建立健全在党委统一领导下、党政同心协力、专职队伍与兼职队伍相结合、党政工团齐抓共管、全体党员干部都做思想政治工作的领导体制机制，形成诸如“党的领导论”、“政工队伍建设论”、思想政治教育政策执行研究、制度运行研究等。因此，思想政治教育基础理论研究同应用理论研究相辅相成、相互促进。

第二，促进体系内部互动共生。思想政治教育学科理论体系由理论基础、基础理论、应用理论 3 部分组成，理应构成各司其职却又彼此互动的有机系统。有学者认为，思想政治教育研究成果一定程度上出现了“‘非成熟观点’、‘共识性观点’和‘成熟观点’的‘中间疲乏，两端繁荣’的”[①]现象。一方面，以学科为体系内部互动的中介关联。思想政治教育学科理论体系内部是存在互动关系的。其互动性体现在以学科为中介、以课程教学与教材为媒介、以知识和价值为内容、以原理规律和方法论知识的呈现为目的，解决现存的学科理论知识“空场”的问题。另一方面，以教学为体系内部互动的实践环节。实践教学是理论体系内部互动的重要环节。在具体的、特殊的实践活动中，教学结合实践者特有的个性，将哲学思维与原理知识从原有的信念和知识理论形态内化为受教育者的专业素养和本领能力。理论体系就是在专业人才培养中完成了体系的内部互动，这个环节实质上也是理论与实践相结合、思想与行为相协调的过程，是生成思想政治教育理论体系和实践智慧的过程。

第三，构建体系外部实践平台。学科理论体系创新发展既要有理论层面的高知，也要有实践层面的亲知。一方面，要提高专业人才培养质量。思想政治教育学科涉及板块多且广，对研究者的学术功底与专业素养提出了高要求，不仅要快速适应迅速发展变化的时代和研究对象，更要有高度的学科自觉，在学科融合中坚持本学科的学科自信与学科优势。除此之外，区别于普通的“参与式活动”，推动思想政治教育学科理论体系化建设需要研究者进行集体组织、攻坚克难，以“团体协作”代“个体自由”，以“集聚”代“离散”，在推动队伍的专业化建设的同时实现理论研究的专门化与精深化。另一方面，构建实践协同平台。实践协同平台是集各种社会资源于一体、畅通思想政治教育实践者与社会各领域、群体、部门、行业联系的有效渠道。理论研究者通过积极参与实践协同平台，在与实践工作者的密切联系中加强对实践的理性思考，在良好的实践氛围中对社会现象进行合理化、系统化分析、探寻问题的化解之道，形成“教书育人、科研育人、实践育人、管理育人、服务育人、文化育人、组织育人长效机制”[②]。

---

① 史宏波、谭帅男：《思想政治教育学高质量发展的学科身份反思》，《马克思主义理论学科研究》2023 年第 8 期。

② 《中共中央　国务院印发〈关于加强和改进新形势下高校思想政治工作的意见〉》，《人民日报》2017 年 2 月 28 日。

第二章　新时代思想政治教育理论创新

党的十八大以来，习近平总书记围绕思想政治教育工作作出了系列重要论述，深刻阐明了新时代思想政治教育理论创新的目标任务、根本原则、基本方略和实践要求，创造性回答了新时代“为谁培养人、培养什么样的人、怎样培养人”的根本问题；创新性地回答了“推进什么样的思想政治工作”“怎样推进思想政治工作”等重大问题，集中反映了我们党对思想政治工作规律的新认识，具有重大的现实意义和深远的历史意义。习近平总书记关于思想政治工作的重要论述进一步拓宽了中国特色的思想政治教育学科理论创新[①]的理论基础和基础理论，是我们推进思想政治工作的理论指南和思想指引，是中国特色社会主义理论体系新发展的重要体现。需要指出的是，要从系统整体性角度来观照习近平总书记关于思想政治工作的重要论述的思想定位和原创贡献，不能孤立割裂、静止地看，而要历史地从其形成、继承与发展过程出发，更能体会其核心要义，融会贯通，知其然亦知其所以然，掌握其内在的思想、观点和方法。[②]

① 注：关于思想政治教育学科理论而言，学界尚存在研究不足且现有研究还存在争议，尚未形成权威共识。本书认为，学科理论主要包括思想政治教育理论基础、基础理论、基本原理和实践应用理论等内容体系，理论基础是思想政治教育理论涉及的理论依据、多学科知识体系支持和学术资源。基础理论则包括思想政治教育的本体论、认识论、方法论、知识论、价值论等居于基础地位。应用理论则主要是由开展思想政治教育实践工作的具体目标内容、途径方法、体制机制、政策评价等组成的理论体系与方法研究等。

② 侯勇、张腾飞：《新时代高校思想政治教育理论的创新发展》，《河海大学学报》2019 年第 6 期。

一、新时代思想政治教育理论研究现状评估

（一）研究论域概观

1. 思想政治教育学科理论基础的创新研究

学科成立之初，学者探讨“有没有及该不该有理论基础”这一问题，陆庆壬、张耀灿、王礼湛等提出的“理论说”共同构建了思想政治教育学科的理论基础。至今，学界仍围绕“要不要坚持马克思主义理论基础，该如何坚持马克思主义理论”系列问题展开探讨。一是从“马克思主义理论”出发探究理论基础。有学者提出，新时代理论创新要坚持“返本”，即回归马克思主义经典著作，坚持学科底线不偏离。[①]但学科理论基础并非一成不变，有学者提出要在科学掌握习近平新时代中国特色社会主义思想的精神实质、理论意义和实践意义的基础上深化理论基础。[②]二是吸收借鉴“多学科知识”发展理论基础。思想政治教育学科广泛吸收多学科知识先后经历了“多学科”“交叉学科”“跨学科”3种视域。有学者提出对其他知识的借鉴要“在理论基础中更多地发挥‘量’的延拓作用”[③]，但也要对“被借鉴”的知识进行鉴别，只有“提供了最基础的知识体系，对新学科的建立具有指导意义的理论，才能作为学科的理论基础”[④]。综上，思想政治教育学科理论基础的创新研究既是遵循了马克思主义的理论依据，也是顺应了未来学科分化、整合、交叉、融合的总体趋势。

2. 思想政治教育学科基础理论的创新研究

以原理、方法论、史、比较研究及交叉分支学科研究为主要标志的理论形态共同构建起思想政治教育学科基础理论体系框架。一是思想政治教育学科基本原理“再审视”。有学者从理论形态角度出发，提出构建理论

---

① 李维军：《返本、对话、实践、创新：完善思想政治教育基础理论研究的四条路径》，《教育理论与实践》2021年第3期。

② 刘宏达：《新时代思想政治教育的历史使命、理论基础与实践要求》，《学校党建与思想教育》2017年第23期。

③ 王爱莲、康秀云：《思想政治教育学理论基础的建构逻辑探究》，《黑龙江高教研究》2018年第5期。

④ 李维昌：《现代思想政治教育学理论基础微探》，北京，中国社会科学出版社2015年版，第7页。

硬核、中层理论和表层理论的原理体系结构，以明晰和优化原理和基本范畴的内涵。[①] 二是思想政治教育学科方法论“再思考”。在方法论体系结构研究上，不同学者先后提出“主次关系层次结构说”[②]“内外关系层次结构说”[③] 等。在方法论创新路径探究上，有学者提出着眼于现代性新视域，实现方法论学理基础、理论目标、研究内容、过程方法和体系结构的现代性。[④] 三是思想政治教育学科史的“再展望”。理论史研究是学科理论创新发展的基础性工作。有学者提出，构建完善“史”特有研究范式、把握开发“史”资源、着重发觉“史”的重要作用、着力发挥“史”研究的检验评价功能。[⑤] 也有学者提出，拓深理论史研究要秉持有“理论”、有“文本”、有“问题”、有“情境”四大理念。[⑥] 四是思想政治教育学科比较研究“再深化”。有学者从思想政治教育哲学、原理、实践 3 个维度探究比较研究的三重学理根据[⑦]，也有学者提出推动比较方法朝系统思维、辩证思维、理论构建思维转换。[⑧] 综上，思想政治教育学科基础理论的主干学科创新发展势头较好，其余分支学科也在不同程度上实现创新突破。

3. 习近平总书记关于思想政治教育系列重要论述研究

（1）习近平总书记的思想政治教育观研究

第一，从习近平总书记系列重要讲话精神维度对内容结构的分析。主要是宏观维度的分析，曹中秋认为，习近平总书记关于教育工作的观点主要包括教育发展观、教育任务观、教育公平观、教育改革思想、教育开放思想和尊师重教思想等。[⑨] 李庚全，范博华认为，习近平总书记关于思想教育的理念组成部分包括：把党员干部和青年学生作为思想教育的主要对象，把培养合格的“圆梦人”作为教育的主要任务，并通过集体会议

① 邱柏生：《思想政治教育学原理体系优化的学理抉择》，《思想理论教育》2016 年第 4 期。

② 孟婷、张澍军：《思想政治教育方法论体系刍议》，《思想教育研究》2014 年第 9 期。

③ 胡心红、王习胜：《思想政治教育方法论：层次结构与功能阈限》，《湖北社会科学》2016 年第 5 期。

④ 马超、娄淑华：《思想政治教育方法论现代性探析》，《思想教育研究》2016 年第 7 期。

⑤ 冯刚、张欣：《中国共产党百年思想政治教育史研究的经验与展望》，《重庆大学学报》2020 年第 4 期。

⑥ 叶方兴：《推进思想政治教育理论史研究的方法论省思》，《马克思主义理论教学与研究》2022 年第 3 期。

⑦ 金林南、刘娟：《思想政治教育比较研究的三重学理根据》，《思想理论教育》2018 年第 8 期。

⑧ 李远杰、高峰：《比较方法的探索与创新——比较思想政治教育比较方法研究回顾与展望》，《思想理论教育导刊》2019 年第 9 期。

⑨ 曹中秋：《习近平教育思想研究》，《学校党建与思想教育》2017 年第 4 期。

学习、个人读书学习、榜样力量感召、社会实践锻炼等多条途径来贯彻落实。[①] 陈桂花等从原则、内容、方法艺术等维度分析了习近平总书记系列重要讲话的思想政治教育元素，认为习近平总书记提出了新时期搞好思想政治工作需要遵循的方向原则、渗透原则、物质利益原则、分类指导原则；在内容方面，创新了“理想信念与中国梦教育、社会主义核心价值观教育、中华优秀传统文化教育、党史国史教育”等内容；提出了“读书学习法、道德修养法、知行统一法、批评与自我批评法、文化熏陶法、榜样示范法等思想政治教育方法艺术”[②]。石书臣认为，习近平总书记关于青少年学生德育工作的论述体现在：把青少年学生德育工作放在更加重要的位置、增强青少年学生德育内容的民族性时代性针对性、创新和改进青少年学生德育方式方法、完善青少年学生德育工作的运行机制等方面。[③]

第二，从习近平总书记论著维度分析其思想内容。主要是中国人民大学刘建军教授团队成员的系列分析。张智认为，《习近平谈治国理政》一书“对新形势下思想政治教育的重要地位、根本任务、核心内容、基本原则和方法艺术提出了新观点”[④]，从思想政治教育的重要地位角度强调“意识形态是一项极端重要的工作”，明确了新形势下思想政治教育“两个巩固”的根本任务；确立了新形势下“社会主义核心价值观宣传教育”的核心内容，强调了新形势下思想政治教育“坚持党性和人民性相统一”的基本原则，论述了思想政治教育“抓典型、树榜样，在落细落小落实上下功夫”的方法艺术。董静认为，记录习近平总书记在宁德地委工作时的《摆脱贫困》一书蕴含丰富的思想政治教育意蕴[⑤]：思想政治教育要传导“弱鸟先飞”的理念，要葆有“水滴穿石”的精神，要施行“正面教育”的原则，要下得“深入心坎”的功夫。孙清华分析了《干在实处　走在前列》中蕴含着习近平总书记对思想政治工作原则的认识：第一，虚功实做，虚实结合；第二，因人制宜，分类说服；第三，正面引导，反面批判；第四，相信群众，换位思考。[⑥] 曹金龙分析了《之江新语》“包含的丰富思

① 李庚全、范博华：《习近平思想教育理念及其特点探析》，《辽宁师范大学学报（社会科学版）》2016 年第 1 期。

② 陈桂花、王东维：《论习近平系列讲话中的思想政治教育元素》，《思想政治工作研究》2014 年第 8 期。

③ 石书臣：《论习近平治国理政的青少年学生德育工作思想》，《教学与研究》2017 年第 1 期。

④ 张智：《〈习近平谈治国理政〉蕴含的思想政治教育理论》，《北京教育》2015 年第 10 期。

⑤ 董静：《〈摆脱贫困〉中的思想政治教育意蕴》，《北京教育》2015 年第 10 期。

⑥ 孙清华：《〈干在实处，走在前列〉中的思想政治工作原则》，《北京教育》2015 年第 10 期。

想政治工作思想，把握了重点作用、重点对象、明确了根本宗旨，提出有效的思想政治教育方法策略”[①]。

（2）习近平总书记关于思想政治教育思想创新观点的研究

顾海良认为，党的十八大以来习近平总书记系列重要讲话阐发的思想政治教育思想对思想政治教育学科建设具有重要意义，“实现增强国家精神力量”进一步认识学科发展目标，形成学科建设总体布局，坚定学科建设的根本任务；形成学科建设的中国风格、中国气派新样式[②]。索春艳、张耀灿认为，党的十八大以来，习近平总书记高度重视思想政治工作，以理想信念教育为核心，用中华优秀文化和社会主义核心价值观凝心聚力，提升了思想政治教育主导性的新格局；强调问题意识与导向，强化思想政治教育主导性的实践指向；丰富思想政治教育内容、方法与载体要素，有效发挥思想政治教育主导性。[③]

习近平总书记关于高校思想政治工作创新观点的研究，李进付从“因事而化、因时而进、因势而新”的角度进行分析。[④]王光彦认为：“习近平总书记在全国高校思想政治工作会议讲话精神是加强和改进高校思想政治工作的强大思想武器，以‘四个服务’为根本要求坚定不移走中国特色社会主义高等教育发展道路；以‘四个坚持不懈’为根本遵循牢牢把握社会主义办学方向；以‘四个正确认识’为根本任务教育引领大学生思想政治素质提升；以‘四个统一’为根本导向切实加强教师队伍建设。”[⑤]王永贵提出：“以遵循规律、提高工作能力和水平为前提，以坚持问题导向、推进改革创新为重心，以加强队伍建设、实现工作协同为保障，实现对高校思想政治工作主导权的有效掌控。”[⑥]佘双好将 2005 年和 2016 年召开的全国思想政治工作会议进行比较，总结了一些新的变化：在时代方位上从全面建设小康社会到实现中华民族伟大复兴；在聚焦主体上，从大学生为主体到以高校为主体；在治理问题上从大学生思想政治教

① 曹金龙：《〈之江新语〉中的思想政治教育意蕴及启示》，《北京教育》2015 年第 10 期。

② 顾海良：《思想政治教育学科建设的新起点》，《教学与研究》2014 年第 9 期。

③ 索春艳、张耀灿：《习近平思想政治教育主导性思想研究》，《学校党建与思想教育》2017 年第 3 期。

④ 注：“因事而化”的基本要义是抓住事务、解疑释惑、化解难题；“因时而进”的基本要义是抓住时机、锐意进取、谋求发展；“因势而新”的基本要义是抓住大势、与时俱进、创新发展。参见李进付：《“因事而化、因时而进、因势而新”的内在意蕴及方法论意义》，《思想教育研究》2017 年第 5 期。

⑤ 王光彦：《加强和改进高校思想政治工作的强大思想武器》，《中国高等教育》2017 年第 1 期。

⑥ 王永贵：《掌握高校思想政治工作主导权的现实思考》，《思想理论教育》2017 年第 4 期。

育到高校思想政治工作；从解决方法上从思想政治工作内部环节建设到外部环境营造转变。在高校思想政治工作的新观点上，要强化思想理论教育和价值引领；各类课程要与思想政治理论课同向同行；高校思想政治工作是全体人员所开展的工作。在高校思想政治工作的新趋向上从首位拓展到中心地位；从局部拓展到整体；从国内拓展到国外；从专门拓展到全员，为高校思想政治工作乃至整个高等教育发展指明了发展方向。① 冯刚强调："在凝聚价值理念中坚定理想信念的精神引领，在完善制度安排中凸显科学制度的价值导向，在关注学生的日常养成中注重成长体验，在创建和运用文化载体中发挥文化育人优势。"② 张宝强认为，要坚持中国立场，坚持马克思主义方向，坚定中国特色社会主义共同理想；要坚持世界眼光，培养学生开放思维，提升学生家国情怀，拓宽大学生思想政治教育视野；要坚持历史视野，挖掘传统文化底蕴，彰显传统文化价值，加强传统文化传播，继承大学生思想政治教育传统；要坚持时代精神，突出国家认同和使命担当，不断强抓发展机遇，紧扣大学生思想政治教育主题；要坚持以人为本，突出心理疏导和人文关怀，改进大学生思想政治教育方法；要坚持面向未来，牢牢把握意识形态主动权，牢牢占领网络思想政治教育阵地，研判大学生思想政治教育形势。③

（3）习近平总书记关于思想政治工作路径创新观点的研究

一是"育人"论。陈秉公强调"综合运用理论方向育人、理论魅力育人、理论整合育人、理论人格育人形式推进理论育人"④。冯刚强调要"坚定理想信念的精神引领，凸显科学制度的价值导向，在关注学生的日常养成中注重成长体验，在创建和运用文化载体中发挥文化育人优势"⑤。刘建军认为，以立德树人为核心的思想政治工作全面育人战略思想体现和落实在高校工作中，形成了包括教书育人、科研育人、自我育人等"十育人"多维育人的格局⑥。

二是"理念创新论"。程美东强调"以大视野把握高校思想政治工作，运用立体化的大思政工作理念和方法，把政治信念、科学精神、人文精神

① 佘双好：《高校思想政治工作的新变化、新观点和新趋向》，《青年发展论坛》2017 年第 1 期。

② 冯刚：《增强高校思想政治工作的文化力量》，《思想理论教育》2017 年第 7 期。

③ 张宝强：《发挥哲学社会科学思想政治教育功能应把握的六个关键》，《思想教育研究》2017 年第 5 期。

④ 陈秉公：《探索哲学社会科学育人的规律》，《马克思主义理论学科研究》2017 年第 2 期。

⑤ 冯刚：《增强高校思想政治工作的文化力量》，《思想理论教育》2017 年第 7 期。

⑥ 刘建军：《论高校思想政治工作的育人格局》，《思想理论教育》2017 年第 3 期。

的培育融为一体”[①]。杨晓慧等提出：“‘为人民服务’体现坚持人民至上的价值取向，‘为中国共产党治国理政服务’体现自觉维护党对高校的领导权威，‘为巩固和发展中国特色社会主义制度服务’保证高校办学的社会主义方向，‘为改革开放和社会主义现代化建设服务’要求聚焦人才培养的核心任务。”[②]

三是“协同论”，王永贵从“以遵循规律、提高工作能力和水平为前提；以坚持问题导向、推进改革创新为重心；以加强队伍建设、实现工作协同为保障”维度提出掌握高校思想政治工作主导权。[③]张雷声强调要推进“以德育人与以德立身同、专业教育与思想教育、知识教育与信仰教育、教学方式与教学内容、学科建设与课程建设相协同”[④]。上述观点提出了多元实现路径，为新时代推进思想政治教育工作研究和具体方法研究提供了参考借鉴。

（4）习近平总书记关于青年思想政治教育观点研究

崔燕认为，仍在不断发展中的习近平总书记关于青年观的论述在现阶段的核心要义主要体现在认知逻辑、时空逻辑与实践逻辑紧密结合 3 个层面，即基于青年时代价值赋予的青年认知观、基于青年时代价值养成的青年成才观、基于青年时代价值实现的青年工作观。[⑤]徐建平、赵盈分析了其战略性和系统性、历史性与科学性、时代性与前瞻性特征，提出以中国梦、社会主义核心价值观教育为核心，引领青年立志修德。[⑥]黄蓉生等认为：“习近平对青年特点、青年地位与作用、青年教育、青年成长成才、青年工作等作了深刻论述，丰富了中国共产党青年思想内容。”[⑦]毛俊等认为，习近平发展了青年的时代价值观，丰富了青年的全面发展观，完善了青年的工作观。[⑧]韩喜平等认为：“习近平继承并发展了马克思主义青年

---

① 程美东：《以大视野把握高校思想政治工作》，《人民日报》2017 年 2 月 13 日。

② 杨晓慧、张泽强：《“四个服务”：高校思想政治工作新理念》，《中国青年社会科学》2017 年第 3 期。

③ 王永贵：《掌握高校思想政治工作主导权的现实思考》，《思想理论教育》2017 年第 4 期。

④ 张雷声：《在改进中加强思想政治理论课建设的协同研究》，《思想理论教育导刊》2017 年第 7 期。

⑤ 崔燕：《习近平青年观与高校青年马克思主义者培养》，《思想教育研究》2016 年第 1 期。

⑥ 徐建平、赵盈：《以习近平青年观为指引开拓高校思政工作新局面》，《高校辅导员学刊》2017 年第 1 期。

⑦ 黄蓉生、石海君：《党的十八大以来习近平青年论述浅析》，《思想教育研究》2016 年第 8 期。

⑧ 毛俊、双传学：《论习近平的青年观及启示》，《江苏师范大学学报（哲学社会科学版）》2015 年第 1 期。

思想，赋予青年历史使命；强化青年价值观的社会导向功能和作用，重视青年在基层实践中成长成才，打牢青年互信的国际基础。”[①]

（二）研究评估

1. 研究特点

第一，研究主题较多。学界现有研究成果，在内容方面，主要围绕世界观、人生观、价值观及道德观教育开展研究，在思想政治教育的实施方法及一般方法这两个方面进行了研究。这些为广大学者系统学习和进一步研究习近平总书记关于青年思想政治教育的相关论述奠定了良好的基础。

第二，研究重要性日益凸显。研究成果的不断涌现呈现出学界对这一理论创新问题的关注，同时也反映出这一研究前沿热点的重要性。已逐渐形成将文件话语转化为制度话语、将政治话语转化为学术话语的研究自觉，逐渐从中国特色社会主义治国理政的高度、高等教育发展的高度来认识和反思习近平总书记关于思想政治工作的重要论述“是什么”“怎么样”“怎么落实”等前提性反思。

第三，研究关注度高。从研究方法来看，研究人员主要采用文献研究法，大都与习近平总书记关于思想政治教育的讲话、著作、新闻报道来展开。从研究内容来看，大都沿用以“地位意义—内容—结论”的分析模式，首先，对习近平总书记关于思想政治工作的重要论述的地位、重要性进行说明；其次，对习近平总书记关于思想政治工作的重要论述的内容、任务、目标、原则进行剖析或以条目的方式进行研究；最后，在分析论证的基础上得出结论和启示。这些研究既丰富和创新了习近平总书记关于思想政治工作的重要论述，又进一步促进其学术阐释与工作认同，为学习贯彻习近平总书记关于思想政治工作的重要论述奠定基础。

2. 研究不足

目前仍然有一些问题还需要进一步深化研究。

一是对习近平思想政治工作的理论渊源、实践基础、时代背景和现实依据等问题有待加强。已有研究成果涉及内容原则、方针方法、实现路径、队伍建设等方面的研究，但对习近平总书记关于思想政治教育系列重要论述的生成、演进、任务、特点、规律及其对毛泽东、邓小平、江泽民、胡锦涛思想政治教育理论的继承和创新、理论渊源、现实依据

① 韩喜平、周颖：《习近平关于青年成长思想研究》，《思想教育研究》2016年第3期。

等，有待进一步深入展开。

二是研究同质化多，而体系化尚未形成，现有成果大都沿用“含义—目标—内容—方法—途径”等常见成果叙述模式，或者是就习近平总书记关于思想政治工作的重要论述的某一层面作的成果较多，而从其内部要素、结构、功能、历史生成、贯彻落实、优化路径等研究体系化不足，易造成习近平总书记关于思想政治工作的重要论述整体性研究的缺失。

三是多学科研究还有待丰富，现有研究成果大多是从教育学、青年学、马克思主义理论学科角度探讨，而从心理学、社会学、伦理学等视角进行研究的成果有待突破，指导具体教育实践、人才培养、学科建设的对策研究还有待系统化。

3. 研究不足的“诊断”

第一，缺乏研究的基本理论框架。目前研究呈分散化、碎片化的成果较多，文件精神解读、工作话语阐释多，而对习近平高校思想政治工作理论的基本理论框架缺乏权威论述，其研究的本体论、价值论、哲学论、方法论等体系化研究缺乏回应。习近平高校思想政治工作理论是一个总体性概念和分析工具，具有内在的要素组分、结构体系、重要意义等，因而需要形成一个基本的理论分析框架。

第二，历史维度分析尚未纳入研究视野。新时代思想政治工作理论是一个逐渐成长、不断完善成熟的过程，是具有历史继承性与时代发展性的理论体系。而历史维度的分析，可以理解为两个方面：一是思想政治工作理论的理论来源分析，如与马克思主义关于思想政治教育理论的继承与创新关系，特别是与中国化马克思主义思想政治工作理论的历史溯源、文化传承创新研究，需要进一步分析；二是思想政治工作理论的历史嬗变与演进轨迹的研究。这方面，佘双好尝试着做了一个分析：“习近平在宣传思想工作会议讲话是习近平对思想政治工作的全面展开；社会主义核心价值观培育和弘扬、中华民族优秀传统文化的继承和创新等，标志着习近平思想政治工作思想的深化。”[①] 这在一定程度上揭示了习近平总书记关于思想政治教育的系列重要论述从萌芽到全面勾勒的发展过程，但还有待进一步争鸣与形成共识。因此，要结合理论来源和理论演进等方面来研究其历史发展与时代创新。

---

① 佘双好：《习近平关于思想政治工作思想形成过程探析》，《思想政治教育研究》2016 年第 5 期。

第三，缺乏研究的社会基础和方法论自觉。思想政治工作理论产生、发展离不开发展和坚持中国特色社会主义这个实践主题，需要从其思想产生、发展的社会空间、时代方位、阶段特征、社会文化等加以分析，从历史与现实、理论与实践、国内与国际的结合分析，揭示研究的社会基础和时代背景。但同时，研究存在着教条式运用历史唯物主义方法论，缺乏应有学科筛选与前提澄清，从而导致研究的重复性和碎片化，缺乏研究的整体性视野和系统性思维。

二、新时代思想政治教育理论创新的内容体系

（一）深入把握习近平总书记关于“为谁培养人、培养什么样的人、怎样培养人”的重要论述，不断增强贯彻落实的责任感使命感紧迫感

党的十八大以来，习近平总书记高度重视高校思想政治工作的地位与作用，阐明了高校思想政治工作“为谁培养人、培养什么样的人、怎样培养人”的根本任务和根本要求，为新时代高校思想政治工作明确了历史使命和现实要求。这既强调高校思想政治工作是坚持先“立德”后“树人”，坚持育人为本和培养德才兼备的全面的发展的人，解决了“培养什么样的人”的问题；也强调了高校思想政治工作是涉及学生、老师、党政领导等多元主体的大事，必须贯彻教育教学全过程理念，构建全员、全过程、全方位育人格局；更是从推进伟大事业、建设伟大工程、进行伟大斗争、实现伟大梦想的高度，强调坚持把立德树人作为中心环节，树立以学生为中心的工作导向，承担立德树人的职责，“让学生成为德才兼备、全面发展的人才”。“立德树人”是在传统思想政治教育目标基础上对高校思想政治工作目标的新阐释，是对“育人为本，德育为先”理念的深化，体现思想政治工作科学化的基本要求，其“总体性关切体现在全社会的视野、生命全程的关怀、真正的全面发展”①，高校思想政治工作的地位体现与作用实现都依赖于立德树人任务的顺利完成。

① 戴锐、曹红玲：《“立德树人”的理论内涵与实践方略》，《思想教育研究》2017 年第 6 期。

（二）深入把握习近平总书记关于坚持“因事而化、因时而进、因势而新”的重要论述，明确思想政治工作改革创新的前进方向

习近平总书记强调把握高校思想政治工作的“事”“时”“势”，强调“因事而化、因时而进、因势而新”推进思想政治工作理念思路、体制机制、内容方法、途径载体、环境生态等方面的创新。第一，要将化育人心的工作与大学生学习生活就业创业等实际工作结合起来，具体问题具体分析，提升针对性和实效性。通过有的放矢地开展工作，将思想政治工作落到具体的“事”中，融入高校教学管理、学术研究、社会服务之中，实现全员育人、全程育人、全方位育人。第二，必须切合社会发展时代需要，富有时代性和创新性，特别是要在工作中回应大学生关心的热点疑点难点问题，不能总是“老调重弹”“固步自封”，要顺应时代，与时俱进创新，坚持“三贴近”原则开展思想引导和价值观内外化实践。第三，习近平总书记强调高校思想政治工作的“因势而新”，要求把握规律性和方向性，不断创新工作理念，根据形势发展变化而不断深化改革，善于将高校思想政治工作置于世界发展与中华民族复兴的大趋势、统筹推进中国特色社会主义“五位一体”总体布局和协调推进“四个全面”战略布局的新形势、意识形态斗争的新趋势、开创思想政治工作新格局，应势而动，顺势而为。

（三）深入把握习近平总书记关于中国特色高等教育发展坚持“四个服务”的重要论述，增强落实思想政治工作任务的自觉性坚定性

习近平总书记强调独特的历史、文化和国情，决定了我国高等教育发展要坚持“为人民服务、为中国共产党治国理政服务，为巩固和发展中国特色社会主义制度服务，为改革开放和社会主义现代化建设服务”[①]的重要论述，深刻阐明了高校在推动强国建设、民族复兴全局工作中肩负的责任和使命担当。党的十八大以来，习近平总书记提出“四个全面”战略布局，体现了党中央治国理政的新思路，对引领高校思想政治工作改革与发展具有十分重要的现实意义。“四个全面”战略布局与思想政治教育工作是双向互动的辩证关系。全面建成小康社会及全面推进社会主义现代化国家建设为高校思想政治工作开展奠定了坚实的物质基础，建设了良好的系

① 《习近平在全国高校思想政治工作会议上强调　把思想政治工作贯穿教育教学全过程　开创我国高等教育事业发展新局面》,《人民日报》2016 年 12 月 9 日。

统生态；全面依法治国为高校思想政治工作奠定了坚定的法治保障，为坚持德法并治提供了重要支撑；全面从严治党为思想政治工作提供了坚实的党建引领，为高校思想政治工作提供了坚强领导核心；全面深化改革为思想政治工作奠定了坚实的动力支撑，推动了思想政治工作体系高质量创新发展。高校思想政治工作要坚定人民立场，以人民为主体，紧紧围绕以人民为中心，做到全心全意为人民服务；高校思想政治工作要为巩固和发展中国特色社会主义提供理论支撑、智力支持和精神动力。

（四）深入把握习近平总书记关于加强和改进思想政治工作“五个坚持”原则的重要论述，阐明新形势下思想政治工作的基本遵循和历史使命

习近平总书记特别强调要围绕学生、关照学生、服务学生，他们处于习近平总书记所言的人生成长的“灌浆”期，“在自我认知上表征出弥散的思想特点与个性取向，在情感交往上反映出传统的思想特点与集群行为取向，在行为习惯上显露出率真的思想特征与戏谑行为取向”①，如何帮助大学生扣好“人生第一粒扣子”解决“怎样培养人”的问题。《关于加强和改进新形势下高校思想政治工作的意见》确立了加强和改进高校思想政治工作的基本原则：坚持党对高校的领导；坚持社会主义办学方向；坚持全员全过程全方位育人；坚持遵循教育规律、思想政治工作规律、学生成长规律；坚持改革创新。②这既是习近平总书记关于高校思想政治工作基本原则的创新论述和时代要求，也是对高校党政人员、党员干部和教师提高“三全育人”质量和水平的原则遵循。因此，高校思想政治工作要落实全面从严治党要求，防范意识形态风险，创新理念思路、改进方法手段，遵循教书育人规律，把握大学生成长规律，关注大学生成长过程中的思想问题、生活问题、就业问题等，缩短与学生之间心灵距离，坚持不懈地培育和弘扬社会主义核心价值观，牢牢掌握党对高校工作的领导权、对思想政治工作主导权、对社会主义事业建设者和接班人培养的主动权。

（五）深入把握习近平总书记关于思想政治工作内容的体系化阐释，明确思想理论教育内容和价值引领

人的自由全面发展是建立在人摆脱自然经济条件下对“人的依赖性”

---

① 冯培：《思想政治教育该如何面对今天的95后》，《北京教育（德育）》2017年第1期。

② 《中共中央　国务院印发〈关于加强和改进新形势下高校思想政治工作的意见〉》，《人民日报》2017年2月28日。

和摆脱商品经济条件下对“物的依赖性”而实现个体的高度自由自觉。习近平总书记强调必须抓好思想教育这个根本，推动人的自由全面发展教育。具体在内容教育方面提出了新要求。一是强化马克思主义观教育。站在贯彻落实党的教育方针要求的高度上，高校思想政治工作要加强马克思主义理论教育，全面贯彻党的教育方针，依托中央“马工程”、中国特色社会主义理论体系研究中心、习近平新时代中国特色社会主义思想研究中心、马克思主义学院和报刊网络理论宣传阵地等理论平台，广泛开展思想建党和理论强党的理论武装实践，加强马克思主义理论研究、宣传、教育和成果应用，从理论的真理性、彻底性、科学性、人民性等角度，提升话语亲和力、吸引力和说服力。二是强化理想信念教育。习近平总书记强调：“理想信念不坚定，精神上就会‘缺钙’，就会得‘软骨病’。”[①] 高校思想政治工作要把理想信念教育放在首位，通过道德教育和道德修养，使道德认识转化为道德情感，融入师生意志，坚定中国特色社会主义“四个自信”，养成自觉的道德习惯和自觉实践。三是强化社会主义核心价值观教育。社会主义核心价值观培育和践行取得了理论和实践的一体推进，“经历了从‘广泛弘扬‘到’广泛传播‘再到’广泛践行’的发展演变历程”[②]。习近平总书记强调，“要通过教育引导、舆论宣传、文化熏陶、实践养成、制度保障等”[③]。引导广大师生做坚定信仰者、积极传播者和模范践行者。习近平总书记指出：“用社会主义核心价值观铸魂育人，完善思想政治工作体系。”[④] 从教育内容角度强调高校思想政治工作是把社会主义核心价值观教育作为主要内容的价值观生产实践活动，将文化育人与社会主义核心价值观宣传教育结合起来，树立、提升当代大学生的价值自觉和价值自信。四是强化社会主义文化教育。要弘扬习近平文化思想教育，帮助、引导新时代大学生树立、提升文化自觉和文化自信。同时，强调将国家意识、法治意识、国家安全教育等内容纳入高校思想政治工作教化体系之中，丰富和拓展思想政治教育内容体系，有利于促进大学生个体的自由而全面的发展。

---

① 《习近平谈治国理政》(第一卷)，北京，外文出版社 2018 年版，第 15 页。

② 吴潜涛、潘一坡：《新时代社会主义核心价值观建设的成就、经验与展望》，《社会主义核心价值观研究》2023 年第 2 期。

③ 《习近平谈治国理政》(第一卷)，北京，外文出版社 2018 年版，第 164 页。

④ 《习近平著作选读》(第一卷)，北京，人民出版社 2023 年版，第 36 页。

（六）科学把握习近平总书记关于思想政治工作方式方法的重要论述，明确新时代思想政治教育工作方法路径

新时代优化思想政治教育方法要“沿用好办法，改进老办法，探索新办法”，改进工作方式、提高工作实效。

第一，发挥思政课程与课程思政教学主渠道作用，强调课堂教学改革、师资、教材、课程体系、环境等方面创优建设，一体化推进大中小学思想政治理论课教学改革创新，统筹思想政治理论课“主阵地”和网络思想政治教育新阵地，统筹思想政治工作和学生工作、思想政治教育和校园管理、各类课程与思想政治理论课同向同行，形成协同合力。

第二，注重以文化人、以文育人，注重显隐性教育相结合，抓住重要时间节点和重点群体，重点关注入学和毕业两个时间节点，利用开学典礼、毕业典礼、入党仪式等重要节点，开展仪式教育和殿堂教育，点面结合提升思想政治教育亲和力和针对性。

第三，实践养成法。要重视实践育人，提升思想政治工作实践温度，抓好第二课堂建设。社会实践、社会活动以及校内各类学生社团活动作为学生成长成才成人的第二课堂。坚持教育同生产劳动和社会实践相结合，理论武装与现实体认相结合。整合课堂教学与日常思想政治教育、学生党建与心理健康教育、网络平台与社会实践、创新创业教育与校园文化育人等渠道载体，拓宽教育途径，创新教育方式，形成协同效应。

第四，网络育人。移动互联时代背景下，如果高校思想政治工作沿用老一套、老办法，那么工作实效就有可能难以达到应有的工作实效。要运用新媒体技术使工作活动起来，运用“互联网 +”创新载体方法，将“键对键”的网上舆论引导和“面对面”的网下思想工作相结合，拓展网络思想政治工作空间，以虚拟空间工作效果的提升带动高校思想政治工作整体效果。

第五，注重榜样示范。模范人物和榜样力量是重要的思想政治工作资源。习近平总书记强调要“充分发挥道德模范的榜样示范作用，讲好道德模范的感人故事，学习践行道德模范的高尚精神，加强对道德模范的关心关爱”①。要通过多种途径发扬大学生榜样的精神力量，让大学生榜样的鲜活形象吸引他们的关注，开展朋辈群体教育和自我教育。

① 《习近平会见第八届全国道德模范及提名奖获得者》，《人民日报》2021 年 11 月 6 日。

第六，家教家风熏陶。习近平总书记强调言传身教，强调家风家教的重要性，“要重言传、重身教，教知识、育品德”[①]。一方面，注重个体道德和政治社会化的启蒙作用；另一方面，强调弘扬优良家风、注重家教，对于塑造良好社会风气，弘扬传统美德具有重要作用。这为高校思想政治工作空间从公共空间拓展到个人空间，在正确处理公共性与私人性关系中发挥家庭的政治社会化作用。

（七）深入把握习近平总书记关于教师队伍“师德师风”的重要论述，明确思想政治工作教师队伍建设要求和角色实现

教师是立教之本、兴教之源。习近平总书记强调要加强高校思想政治工作教师队伍和党务工作队伍建设，形成专职为主、专兼结合、数量充足、素质优良的专业力量。

第一，阐明教师主体素质标准。习近平总书记多次围绕教师素质与标准等作出重要指示批示，强调坚持师德师风第一标准，勉励广大教师要牢固树立中国特色社会主义理想信念、树立终身学习理念、树立改革创新意识，落实立德树人根本任务，培养形成具有理想信念、有道德情操、有扎实学识、有仁爱之心的优秀教师队伍。2019 年，习近平总书记在学校思政课教师座谈会上进一步强调提出“六个要”“八个统一”[②]的新要求。2023 年，习近平总书记深刻阐释教育家精神[③]的丰富内涵和实践要求，要求广大教师大力弘扬教育家精神，牢记为党育人、为国育才的初心使命，潜心教书育人、培根铸魂。这进一步明确新时代思想政治理论课教师的职业素养和主体素质要求。

第二，明确教师角色期待，提出了广大教师要“做学生锤炼品格的引路人、做学生学习知识的引路人、做学生创新思维的引路人、做学生奉献

---

① 习近平：《动员社会各界广泛参与家庭文明建设　推动形成社会主义家庭文明新风尚》，《人民日报》2016 年 12 月 13 日。

② 注：2019 年，习近平总书记在学校思想政治理论课教师座谈会提出“六个要”，即政治要强、情怀要深、思维要新、视野要广、自律要严、人格要正；“八个统一”即坚持政治性和学理性相统一、价值性和知识性相统一、建设性和批判性相统一、理论性和实践性相统一、统一性和多样性相统一、主导性和主体性相统一、灌输性和启发性相统一、显性教育和隐性教育相统一。实际上就是进一步强调要处理好政与理、道与知、立与破、知与行、一与多、师与生、教与学、显与隐的关系。

③ 注：2023 年 9 月 10 日，习近平总书记代表党中央向全国广大教师及教育工作者致以节日的问候和诚挚的祝福，提出了教育家精神，即具有心有大我、至诚报国的理想信念，言为士则、行为世范的道德情操，启智润心、因材施教的育人智慧，勤学笃行、求是创新的躬耕态度，乐教爱生、甘于奉献的仁爱之心，胸怀天下、以文化人的弘道追求。

祖国的引路人”的角色期待。在价值观角色定位，强调教师工作是塑造灵魂、塑造生命、塑造人的工作，把社会主义核心价值观同师生教学和学习紧密联系起来，践行“坚定信仰者、积极传播者、模范践行者”的角色期待。

第三，提出教师“以德立身、以德立学、以德施教”的师德师风要求，完善教师评聘和考核机制，引导教师“坚持教书与育人相统一、坚持言传与身教相统一、坚持潜心问道与关注社会相统一、坚持学术自由与学术规范相统一”[①]，成为学高为师、身正为范的践行者和言为士则、行为世范的自觉者。习近平总书记将教师地位与作用、角色与标准的认识提到了新的高度，并要求各级党委和学校领导要高度重视这支队伍的建设，有利于思想政治工作队伍建设。同时，广大思政课程教师和课程思政教师也需要树立坚定的职业理想和职业信念，掌握好职业教师本领，明确教师职业责任，恪守教师职业道德，遵守教师职业要求，大力弘扬教育家精神，承担教书育人，为推动中华民族教育事业的发展作出贡献。

（八）深入把握习近平总书记关于“努力构建中国特色的哲学社会科学体系”的重要论述，推动中国特色、中国风格、中国气派的思想政治工作学建设

习近平总书记强调要加快构建中国特色哲学社会科学学科体系和教材体系，创新学术话语体系，加快自主知识体系建设。这就从治国理政的高度对创新中国特色的思想政治教育学提出了方向要求，强调在指导思想、学科体系、学术体系、话语体系等方面充分体现中国特色、中国风格、中国气派。

第一，在“中国特色”方面，强调坚持以中国化时代化的马克思主义为指导，坚持中国共产党的全面领导，坚持着眼于当前中国的发展阶段、国情和发展道路，“强化政治意识，坚持以马克思主义主导哲学社会科学话语体系建设；强化使命意识，加强构建中国特色哲学社会科学话语体系”[②]。第二，在“中国风格”方面，强调形成中国自身的学术话语体系和解释路径，以中国的理论研究解读中国实践，用中国的实践贯穿学

① 《习近平在全国高校思想政治工作会议上强调把思想政治工作贯穿教育教学全过程　开创我国高等教育事业发展新局面》，《人民日报》2016 年 12 月 9 日。

② 王伟光：《加快推进中国特色哲学社会科学话语体系建设巩固马克思主义思想舆论阵地》，《国家行政学院学报》2017 年第 3 期。

科建设、人才培养、学术研究、课程设置、教材编写等系列环节，彰显马克思主义理论本质的“中国经验”、贯穿科学社会主义基本原则的“中国模式”、反映当代社会历史发展规律的“中国道路”。第三，在“中国气派”方面，在构建中国特色中国风格的思想政治工作学基础上建构“中国气派”，一方面，要明确学科定位、发掘学科资源，拓宽学科视野，构建学科、学术、学生为一体的学科体系；另一方面，要树立中国立场、世界眼光、国际意识，解决中国实际问题，向世界展示和宣传中国特色社会主义理论的包容性、超越性，为解决人类面临的共同危机提供有益借鉴，为推动人类命运共同体建设提供中国方案，发挥思想政治工作学科的世界价值。

三、新时代思想政治教育理论创新的四维分析

（一）认识论：回答“如何深化”的问题[①]

第一，辩证唯物论的深刻把握。从思想政治工作的社会运行结构来看，包括 3 个层次。一是宏观维度的思想政治教育，主要是党中央领导全国思想政治工作，对思想政治工作做出全局性规划、协调和指导，通过有关决议、决定和下发的中央文件。二是中观维度的思想政治教育，主要是指各级党委会按照中央精神，主持制定区域性的理论性系统性思想政治教育工作的规划、计划和重要制度，保证党和国家的方针、政策的贯彻执行。三是微观维度的思想政治教育，主要是指基层党政工团等组织协调行政、群众团体的力量，开展经常性的思想政治教育实践活动和日常生活世界的思想政治教育。习近平总书记关于思想政治教育的系列重要论述深刻阐明了加强新时代思想政治教育的方向性、根本性问题，明确了新时代加强和改进高校思想政治工作的重大意义、目标定位、主要任务、角色要求和原则理念等内容，为从宏观维度推进中观和微观层面的顶层设计提供了根本遵循。

第二，唯物辩证法的科学运用。唯物辩证法认为，事物发展的根本原

① 部分内容参见侯勇：《新时代高校思想政治工作理论创新的哲学向度》，《思想理论教育导刊》2018 年第 9 期。

因在于事物内部的矛盾性，必须坚持用发展的眼光看问题。要遵循思想政治工作规律、教书育人规律和学生成长规律，坚持“因事而化、因时而进、因势而新”的指导原则。要抓住思想政治工作的主要矛盾，紧扣立德树人根本任务，贯穿教育教学全过程，实现当前思想政治教育育人事业的发展同国家发展的现实目标和未来方向相结合。习近平总书记关于高校思想政治工作的系列重要论述坚持生活决定意识的原理，针对思想政治教育工作存在的“失语”“失声”等现象和教学实践等现实问题，坚持唯物史观的立场、观点和方法，系统、具体、历史地分析思想政治教育存在的现实问题与困境，把握对立统一规律，牵住“牛鼻子”，坚持发展地、全面地、系统地把握高校思想政治工作存在的问题与矛盾，紧紧扭住立德树人这一中心环节，解决高校思想政治工作的主要矛盾和矛盾的主要方面。

第三，历史唯物主义群众史观的集中体现。以习近平同志为核心的党中央坚持历史唯物主义群众史观的立场、观点和方法，坚持人民群众是历史的创造者，系统、具体、历史地分析思想政治教育的问题。习近平总书记关于思想政治教育的系列重要论述坚持办人民满意的教育事业，坚持教育发展靠人民、教育目的为人民服务，强调做好思想政治工作“要树立以人民为中心的工作导向”①，要自觉坚持以马克思主义为指导，坚持“人民主体论”、“人民中心论”和“人民至上论”，坚持党性和人民性的统一，尊重人的主体地位、坚持教育服务人民、实现人的全面发展。

（二）价值论：回应“为什么”的问题

1. 意识形态指向性：治国理政的重要方式

组织建制的目标达成在于通过思想政治教育组织建制实现对精神生产的导向和调节，引导公众政治舆论方向，满足精神发展需求，“在治党治国中发挥着显著的社会动员优势、政治引领优势、思想教育优势、文明培育优势和自我革命优势”②。一是统一思想的保证。理想信念是实现中国梦的“精神之钙”，习近平总书记从统揽“四个伟大”的高度，以理想信念培育为中心，回应了新时代高校思想政治工作“怎么看、怎么样、怎么办”的问题，回答了高校思想政治工作“为谁培养人、培养什么样的人、怎么培养人”的问题，阐明了提升青年学生理想信念教育实效性的路径机

① 《习近平谈治国理政》（第一卷），北京，外文出版社 2018 年版，第 154 页。

② 张智：《论思想政治工作是治党治国的重要方式》，《思想理论教育》2021 年第 10 期。

制，提出了帮助他们解决世界观人生观价值观的“总开关”问题，提高他们的思想道德素养和能力水平。思想政治教育能够引导人们深入理解、掌握和应用马克思主义立场、观点、方法，坚定马克思主义信仰、社会主义信念和实现强国建设、民族复兴的信心，把改造客观世界和主观世界统一起来，为新时代“进行伟大斗争、建设伟大工程、推进伟大事业、实现伟大梦想”提供思想保证。二是价值共识的保证。思想政治教育能够引领人们深入理解习近平新时代中国特色社会主义思想中蕴含的鲜明的人民立场、实事求是的思想方法、砥砺实干的担当意识、唯物辩证的思维方法等内在品质，对巩固马克思主义在意识形态领域的指导地位发挥着重要作用，用社会主义核心价值观来构筑当代中国的精神支柱、建设中国人精神家园，凝聚中国智慧和中国力量，不断巩固治国理政的价值基础。三是行动统一的保证。思想政治教育能够引导人们深入理解治国理政的整体性设计、全面从严治党新实践和中国特色大国外交战略布局，推进依规治党和依法治国，坚持思想建党和制度治党相结合，夯实党的领导基础，为坚持和发展中国特色社会主义服务，为坚定中国特色社会主义“四个自信”提供舆论引领作用。通过思想政治教育发挥道德的教化作用，正确引导高校师生深入理解新时代中国特色社会主义基本理论、基本路线和基本方略的意义和价值，科学认识新时代坚持和发展中国特色社会主义的“十个明确”和“十四个坚持”的内涵和作用，深刻把握习近平新时代中国特色社会主义思想“为人民谋幸福，为民族谋复兴，为人类谋进步，为世界谋大同”的思想精髓，明确中国共产党作为领导力量、主导力量和核心地位的历史、现实缘由，为推动党的自我革命引领伟大社会革命提供动力支持和人才支持，巩固党的执政地位。

2. 国家治理体系性：系统推进“五位一体”总体布局

思想政治教育系统作为一种结构化社会建制，能够传播政治意识、引导政治行为、造就政治人才、和谐政治关系。思想政治教育是党和国家的重要政治优势和治国理政的存在方式，不仅影响社会领域内的社会行为和政治行为，而且承担着维护社会政治稳定、促进社会政治发展的功能。要把思想政治教育贯穿党的建设全过程，融入推进“五位一体”总体布局和“四个全面”战略布局的国家治理各领域之中，落实到企业、农村、机关、社区、学校等基层工作之中。通过思想政治教育系统整合，整合发展其经济功能，思想政治教育可以激发人的主体意识、竞争意识、创新意识，帮助人确立公平效率观念，调动积极性和创造性，促进经济工作和业务工作的开展，推动社会经济高质量发展。通过整合发展其文化功能，思想政治教育可以培育和弘扬社会主义核心价值观，推进马克思主义与中华优秀传统文化结合，充分运用中华优秀传统文化蕴含的社会理想、治理思想、家国情怀、精神追求、生态理念、哲学理论和思维方法等宝贵资源，发挥思想政治教育文化储藏、选择、传播、规范、创造功能，调节社会文化冲突，“在新的起点上继续推动文化繁荣、建设文化强国、建设中华民族现代文明”[①]。通过整合发展其生态功能，思想政治教育可以帮助人们树立绿色发展理念，弘扬传承习近平生态文明思想，树立正确的生态观念和生态保护责任，适应引领经济新常态，促进形成绿色可持续发展观念。通过思想政治教育帮助人们树立正确“三观”，引导人与自然和谐相处，发挥生态功能统筹推进中国特色社会主义“五位一体”建设。

3. 强国复兴的导向性：协调推进“四个全面”战略布局

在思想政治教育活动实施过程中，发挥理想信念导向、奋斗目标指引、行为方式规范作用，实现人的全面发展和社会进步的双重目标。一是理想信念导向。理想信念是实现强国建设、民族复兴的“精神之钙”。“‘为人民服务’要求坚持人民至上的价值取向，‘为巩固和发展中国特色社会主义制度服务’要求保证高校办学的社会主义方向。”[②] 二是奋斗目标指引。通过高校思想政治工作传播主流意识形态，在党的领导下确保将建设社会主义现代化强国、实现中华民族伟大复兴的奋斗目标转化为全体人民共同的奋斗目标，凝聚价值共识和促进行稳致远。三是行为规范约束。依法治国是党领导人民治理国家的基本方略，以德治国是推进“四个全面”战略布局的基本方略。“坚持依法治国和以德治国相结合，强调法治和德治两手抓、两手都要硬。”[③] 道德和法纪是实现“四个全面”的保证，具有规范性特性。通过思想政治教育发挥德治“润物细无声”的教化和伦理制约作用，在道德体系中体现法治要求，将法治规范上升为道德追求，协调各利益主体多元化的利益追求，增强依规治党依法治国自觉性，为推进社会主义现代化强国建设、民族复兴和人民幸福提供强大精神动力、思想保证。

---

① 习近平：《在文化传承发展座谈会上的讲话》，《求是》2023 年第 17 期。

② 杨晓慧、张泽强：《“四个服务”：高校思想政治工作新理念》，《中国青年社会科学》2017 年第 3 期。

③ 习近平：《坚持依法治国和以德治国相结合推进国家治理体系和治理能力现代化》，《人民日报》2016 年 12 月 11 日。

4. 立德树人实践性：服务教育强国建设

教育是党之大计、国之大计。中国特色的教育强国建设强调以立德树人为根本任务，以服务中华民族伟大复兴为重要使命，以教育理念、体系、制度、内容、方法、治理现代化为基本路径[①]。社会主义教育的根本性任务在于立德树人，高校立身之本在于立德树人，学生成长成才在于立德为先，把立德贯彻树人全过程，树人过程强调立德的重要性。思想政治教育的育人功能是通过提高人们的思想政治素质，满足人的精神需求，培养德智体美劳全面发展的社会主义建设者和接班人来推进教育强国建设。通过思想政治教育加强党对教育工作的全面领导，坚持社会主义办学方向，坚持以人民为中心的根本政治立场，推进大中小学思想政治教育一体化建设，将社会主义核心价值观与中华优秀传统文化融入“三全育人”全过程，构建网络化、数字化、个性化的思想政治教育体系，引导学生树立坚定的理想信念，服务于教育强国、科技强国和人才强国建设需要。

（三）话语论：回答“怎么说”的问题

习近平总书记关于思想政治教育系列重要论述在话语表达上以“接地气”为主要特征，富有吸引力，饱含感染力，为新时代高校思想政治工作话语表达提供了遵循范式。

第一，话语表达的大众化。习近平总书记善于运用生活语言和群众语言等大众化话语来表达深刻的思想内涵，如“用中国梦激扬青春梦”“守好一段渠、种好责任田”“扣好人生第一粒扣子”“打铁还需自身硬”“莫用三爷，废职亡家”等大众化话语娓娓道来，简洁明了，富有深意。习近平总书记还善于呼应民谚俗语生动亲和，如在新年致辞中使用网络语言“蛮拼的”，发表讲话时运用“跬步江山即寥廓”寄语青年人要奋发有力、勇毅奋进，接受采访借歌词说事“时间都去哪儿了”等，具有贴近性和亲和力，引发广泛情感共鸣。在对习近平语言艺术研究上，陈锡喜、张智、凌继尧、邱吉等众多学者聚焦习近平语言艺术的表现手法、金句典故、自身经历等方面，强调在推动马克思主义大众化、推动思想政治教育话语创新、实现高校思政课教学话语改革等方面具有重要意义。

第二，话语表达的形象化。明确习近平语言艺术与思政课教学话语存在的内在逻辑关联，如从以理服人（金句）、以文化人（用典）、以情动

① 习近平：《扎实推动教育强国建设》，《人民日报》2023 年 9 月 16 日。

人（讲故事）等维度，剖析习近平语言艺术对思政课教学话语创新的重要价值，以期为思政课教学话语创新提供致思取向。一是善用名句紧扣主题发人深省，如强调将学习作为一种乐趣时引用孔子的“知之者不如好之者，好之者不如乐之者”，强调文艺工作的渐进、渐悟、渐成的过程时引用王国维的三境界，强调从要我学、到我要学、再到我爱学的境界提升，强调“蓦然回首，那人却在，灯火阑珊处”的领悟升。二是善用比喻是习近平总书记语言艺术的鲜明特征，习近平总书记用“总开关”“总钥匙”来借喻世界观、人生观、价值观的重要性；用“盐融于水”来比喻社会主义核心价值观生活化、社会化、图像化、数字化和隐性化传播路径。三是善用中华经典体现文化自信，如在外交场合引用“己所不欲，勿施于人”“智者求同，愚者求异”“一花独放不是春，百花齐放春满园”“计利当计天下利”等典故名言来体现中华文化博大和强调文化自信。

第三，话语表达的生活化。习近平总书记善于用简单的语言和生活语言讲清楚深邃的理论，如多次强调“以百姓之心为心”“当官之法，惟有三事，曰清、曰慎、曰勤”“照镜子、正衣冠、洗洗澡、治治病”等生活话语来表达价值理念、精神追求和涵养浩然正气。习近平总书记语言艺术和话语表达具有鲜明的大众化、形象化和生活化特点，形成独具个性的“习式风格”，也更富有“人情味”“亲和力”“感染力”。新时代要从话语内容、话语表达、话语空间、话语魅力、话语效度等维度，聚焦思想政治教育话语表达、话语设计、话语传播等，运用多学科理论与方法在理论与实践层面回答习近平语言艺术融入思政课教学话语创新路径，从而更好地服务于学科建设与课程教学。

（四）方法论：回答“怎么做”的问题

习近平总书记关于思想政治教育的系列重要论述阐明了实现“立德树人”根本任务的领导体制、运行机制、载体渠道、队伍保障和育人环境等具体实践路径。习近平总书记关于思想政治教育的系列重要论述逐渐构成开放创新的科学体系，蕴含着丰富的思想方法和工作方法。一是坚守原则目标。围绕“为谁培养人、培养什么样的人、怎样培养人”这个根本问题，回答了新时代加强思想政治教育的根本目标，强调坚定理想信念补足“精神之钙”的重要性。强调思想政治工作的人民性，提出的“三因理念”“四个服务”“五个坚持”的重大论断，为进一步加强和改进高校思想政治工作科学水平和实现高质量发展提供了基本遵循和原则要求，为推动高校思想政治工作改革创新发展指明了方向。二是健全体制机制。牢牢把握高校意识形态工作领导权和思想政治工作主导权，坚持党委领导核心地位，完善党委领导下的校长负责制度，加强高校基层党组织建设，构建党委统一领导、党政齐抓共管、宣传部门牵头协调、相关部门分工负责、各级党组织上下联动、广大干部师生共同参与的领导体制。三是整合渠道阵地。杨晓慧阐明主渠道和主阵地的统一性，“主渠道重在说理，把道理讲清、讲深、讲透；主阵地重在体验，通过日常思想政治教育的活动和载体，把理论具体化、形象化、生活化”①。在主渠道方面，做好思政课程和课程思政的整体规划和落地落实；在教学方法上注重生活化，促进教学方式的社会化、沉浸式教育应用。在主阵地方面，加强思想政治理论课之外进行的包括社会实践、大学文化建设、网络思想政治教育等多种形式的教育活动与日常管理，加强校内校外结合、主流文化与学校文化结合、线上与线下结合，把思想工作贯穿教育教学全过程。

四、新时代思想政治教育理论创新的实践路径

新时代思想政治教育理论体系的创新在理论基础、基础理论、应用理论 3 部分之间相互生成、运动的过程中不断实现创新与发展。

（一）加强对习近平总书记关于思想政治教育系列重要论述研究创新的前提反思

习近平总书记关于思想政治教育系列重要论述是一种历史生成和不断完善成熟的体系化过程，具有内在的问题意识、生成逻辑、理论源泉、时代背景、要素结构、话语表达、价值功能、推进路径等。这迫切需要学术共同体进行理论回应、学科反思和工作推进，进一步推进思想政治工作的理论研究、学科专业协同、实践工作创新等具体对策、运行机制、实现路径等研究。

第一，习近平总书记关于思想政治教育系列论述的理论圈层包括 3 个结构：一是习近平总书记关于思想政治教育系列论述的基础理论研究，即从结构功能主义维度分析其基本原理、范畴、内容、本质、方法等；二是

① 杨晓慧：《加强高校党委在思想政治工作中的顶层设计》，《思想理论教育》2017 年第 3 期。

习近平总书记关于思想政治教育系列论述的政策基础研究，即开展对思想政治工作建设方略与政策执行方案等方面的学术研究，为思想政治工作落地落实的制度政策提供理论基础和学术支撑；三是思想政治工作制度运行的对策建议、政策研究，包括政策制度设计、政策制度认同和政策制度运行效果的评价等。

第二，习近平总书记关于思想政治教育系列论述研究的横向内部要素结构的研究共识与权威阐述。一是从本体论维度阐明“是什么”的问题，需要进一步研究思想政治工作理论的要素、内部化结构。习近平思想政治工作理论具有哪些要素？是按传统的目标理念、任务内容、原则方法等要素架构，还是有其他的内容结构？其内部化结构要素的分析，解决“是什么”是当前亟待解决的问题，不解决这个问题，其他很多问题都难以真正追问反思下去。二是价值论维度阐明“为什么”的问题，“是”与“应当”的统一，即回应习近平总书记关于思想政治教育系列重要论述的知识存在问题与其正当性问题，反映习近平总书记关于思想政治工作理论体系的知识合理性与价值合法性问题，回应习近平思想政治工作理论的重要地位、价值意义。三是方法论维度阐明“怎么办”的问题，从理论研究、学习宣传、认知认同维度推进习近平思想政治工作理论具体有效的贯彻落实。当前对习近平总书记关于思想政治教育系列重要论述要素与内容分析较多，且以文件或讲话的角度进行解读类成果较多，而对如何贯彻落细落小落实的运行机制、“进教材进课堂进头脑”机制、认同内外化机制等研究还有待进一步丰富。同时，需要指出的是，习近平总书记关于思想政治教育系列重要论述具有鲜明的针对性，是对高校思想政治工作出现的问题提出的顶层设计和路径方略，并不是说要忽视其他领域的思想政治工作，应注意勿“窄化”思想政治工作内涵与空间而忽略学校之外广阔的思想政治教育实践领域。

（二）夯实新时代思想政治教育理论基础研究

科学、系统、完备的理论体系是增强学科理论定力的前提，以保证为学科发展提供充足的理论供养。返“元典之本”是加强理论基础研究的重中之重，而相关学科的“营养之本”则要以明确学科依托为前提。理论基础是学科知识体系的基础，是学科建立和发展创新的前提条件，是基础理论的基础。夯实理论基础既是满足学科研究对象对科学理论体系的客观要求，也是满足科学理论体系自身的科学建构性活动的实际需要，要坚持用马克思主义立场、观点、方法指导学科研究与理论体系建设。理论基础是按照一定的内在结构所形成的，具有更强统摄力的理论知识体系和科学研究基础。理论基础是学科建立的基础，相关学科知识体系为学科发展提供营养和支持。“思想政治工作学是以马克思主义哲学、政治经济学、科学社会主义特别是党的学说作为理论基础的。”[①] 思想政治教育学的理论基础“是理论体系的外部理论资源，也包括基础理论在内的基础依托和理论营养”[②]。基于这样的理解，笔者以为，思想政治教育理论基础至少由两部分内容组成：一是马克思主义理论基础，即马克思主义基本原理以及中国化时代化的马克思主义理论、党的路线、方针、政策等；二是相邻学科的交叉学科理论知识体系借鉴，即强调思想政治教育学从其他学科借鉴内化成为学科领域内建构性、解释性、适应性、探索性活动所形成的相关理论基础。借助相邻学科交叉思想政治教育学科理论研究必须坚持马克思主义研究方向，坚持本体论、实践论、价值论的借鉴准则，结合形态学的理论知识，扎实推进思想政治教育学科理论研究。

第一，坚持以马克思主义理论作为理论基础。习近平总书记强调，以马克思主义为指导，是当代中国哲学社会科学区别于其他哲学社会科学的根本标志，必须旗帜鲜明加以坚持。[③] 思想政治教育不能脱离马克思主义理论的完整性和系统性，防止和克服教条主义与实用主义等不良倾向，要坚持从马克思主义原著“再读”中寻找“学科自信”，在原著中找寻提升解决实际问题的能力，“不让马克思主义在学科中‘失语’、教材中‘失踪’、论坛上‘失声’”[④]。思想政治教育学的理论基础，不仅包括始终坚持整体性的马克思主义科学体系，更是要以与时俱进的马克思主义中国化的伟大成果作为理论基础和内容基础。其中包括兼顾梳理党和国家领导人关于思想政治工作的重要论述及政策文件，全面探讨中国特色社会主义理论体系关于思想政治教育的重要理论成果，并加以淬炼、宣传，以构筑学科阵地应对西方思想文化、意识形态的反渗透。要坚持马克思主义理论基础的指导作用，“马克思主义学科范式统领和指导思想政治教育学科范

---

① 张蔚萍：《思想政治工作学教程》，北京，中共中央党校出版社 2008 年版，第 22 页。

② 孙其昂：《论思想政治教育基础理论研究再出发》，《扬州大学学报》2021 年第 4 期。

③ 习近平：《在哲学社会科学工作座谈会上的讲话》，《人民日报》2016 年 5 月 18 日。

④ 黄蓉生：《新时代思想政治教育学科创新发展若干思考》，《思想理论教育导刊》2018 年第 3 期。

式”[①]。因而，必须接受学科统领与指导，在马克思主义理论学科论域中开展，利用现象与本质的关系原理辅助阐释思想政治教育学科理论的动态表现与价值彰显，从而实现元理论研究与实践性的过程现象的衔接。

第二，推进思想政治教育学自主知识体系建设。学科依托是“建立在相关学科发展创造的资源、奠定的基础、形成的高度之上，以相关学科的建设与发展为支撑、为动力、为资源，谋求本学科的长足发展”[②]。区别于学科交叉对学科间相近地带的侧重，学科依托更侧重于对相关学科成就的借鉴，而跨学科视域下的学科依托只有保持学科自信才能在博采众长之中实现我们的理论创新。一方面，要坚定学科特有理论根基不动摇，以本学科独特的底气和自信实现学科间交流、合作、互赢的自然转向，在学科范畴内保持学科特色，打破学科壁垒、实现理论整合。要积极借鉴形态学理论，运用多学科知识体系，明确思想政治教育学科理论的本体性概念及差异化的外显形态。形态学旨在基于研究对象系统的运行规则开展现象描述，分析系统整体性的曲折变化与运行态势。坚持形态学应用于思想政治教育学科交叉研究，必须以马克思主义基本原理为指导，围绕研究对象、内容、主体、组织、管理、途径等密切相关的心理学、社会学、伦理学、系统科学、传播学等多学科知识体系和方法，加强思想政治教育学科理论本体研究。另一方面，要紧密结合学科自身的特色与需要，通过合理转化与适当消化，建立学科特色话语体系，以清晰明确的话语体系传达本学科相关知识，“转换研究范式、创新研究方法，拓展研究领域、深化学科群建设，加强理论研究与实践领域的联动机制建设”[③]，以学科化促进科学化，推动学科自主知识体系建设。

（三）夯实新时代思想政治教育基础理论

一是把握基础理论内部结构。基础理论是在理论基础指导下得出的结论。基础理论即思想政治教育学科体系中阐述研究对象的本质、规律等基本理论知识系统，“在思想政治教育学科理论体系中起基础性作用并具有稳定性、根本性、普遍性特点的理论原理”[④]。张耀灿提出：“思想政治教

---

① 王学俭：《新时代思想政治教育基本问题研究》，北京，人民出版社 2021 年版，第 154 页。

② 倪素襄：《思想政治教育元问题研究》，北京，中国社会科学出版社 2014 年版，第 9 页。

③ 董雅华、舒练：《建构中国特色思想政治教育学科自主知识体系论析》，《思想理论教育》2023 年第 2 期。

④ 郑永廷：《思想政治教育基础理论研究进展与综述》，《思想教育研究》2014 年第 4 期。

育的形态、本质、范畴、规律、理论体系结构、研究范式和研究方法等，都属于思想政治教育的元理论。”[①] 思想政治教育学科理论的基础理论，是在理论体系中起基础性作用并具有稳定性、根本性、普遍性特点的理论原理，包括基本概念、基本范畴、基本规律、基本特征、理论基础和理论体系及其发展史等内容体系。思想政治教育基础理论研究“需要正确处理好政治性与学术性、整体规划与个体探究、基础理论与应用对策、思想政治教育学与其他相关学科的关系”[②]。思想政治教育学科化、科学化发展是以思想政治教育本体性研究为基础的，尤其离不开思想政治教育概念与本质研究。因此，思想政治教育学科理论研究的开展应以基础理论与理论基础为学理支撑，明晰思想政治教育概念范畴和本质，坚持澄清前提和划清界限，在充分科学论证的基础上实现对这一概念的严谨理论界定。对本学术领域的基础理论进行“新思考”，需要注重研究基础理论中的前瞻性和根本性问题，以廓清理论基础研究作为关键点，在把握学科交叉发展趋势的基础上推动形成新的学科基础理论。

二是廓清基础理论研究边界。明确学科边界的核心在于明确学科研究范围。思想政治教育基本原理研究，要打通宏观与微观的界限，实现从“微观视野”向“宏观视域”的转变，将对思想政治教育具体活动的关注转向对教育活动的社会性、整体性的宏观把握；思想政治教育方法论研究，要开拓微观方法论域，反思学科方法论的基本问题，解决方法论研究中“概念混同”“元理论弱化”等问题，以“元”视角对方法论研究进行剖析阐释；思想政治教育史研究，要突出历史思维，加大力度充分挖掘、研究党的百年奋斗历史以及百年来思想政治工作取得的重要成就和历史经验，同时还需着眼关注古今、中外思想政治教育发展的思想史、制度史、实践史；思想政治教育比较研究，要深化古今中外思想政治教育的历史、发展、规律等研究，切准规律、把握趋势、拓展视野。

三是加强对思想政治教育基本原理研究。通过对思想政治教育诸概念辨析、澄清与科学定义，阐明本体论研究及其边界，如研究对象、研究方法、历史演进与前沿趋势等，为学科理论研究划分研究范围，善于运用价值性维度、过程性维度、工具性维度来开阔思想政治教育学科理论研究视角。学科发展呈现分化和整合趋势，思想政治教育学科应分化、细化更多

---

① 万美容：《中国共产党百年历程中思想政治教育的守正与创新》，《马克思主义理论学科研究》2021 年第 12 期。

② 冯刚：《深化新时代思想政治教育基础理论研究》，《思想政治教育研究》2020 年第 1 期。

的分支领域或分支学科，以深化学科理论体系的新论域。学科交叉发展已成为世界学术的主流发展方向，思想政治教育学科要充分利用自身交叉优势，在强化自身主体意识和主体能力的前提下，以开放心态对不同学科资源进行积极吸纳，有效利用不同学科的外部资源进行“观念转换”，以多视野、多角度实现思想政治教育研究范式的转换升级，在聚焦思想政治教育原理、方法论、历史、比较研究等主干领域的同时，建设例如与人工智能深度融合的新的分支学科。此外，通过借鉴其他学科的理论和方法，解决当前思想政治教育基本理论和方法不足以应对实践中新问题的矛盾，实现思想政治教育工作范式的转换升级，以解决更复杂的实践问题和现实问题。加强思想政治教育本质研究，为思想政治教育理论的深入研究提供清晰的本质认识。要善于以教育实践和相关理论成果为现实抓手，避免出现“悬浮”“越轨”。另外，要推进理论形态的创新发展。余仰涛提出：“思想政治工作理论的形态是不断变化发展的，经历过思想工作的原始思想形态、思想形态、系统化形态、学科化形态、学科群体化形态、方法化形态。这些思想政治工作理论形态具体表现为原始思想工作思想、思想政治工作思想、思想政治工作论、思想政治工作学原理、思想政治工作学学科群、思想政治工作学研究方法论。”① 可见，思想政治教育理论形态创新发展需要进一步推进理论形态体系要素与结构、机理与规律等研究，进一步推动运行机制、历史演进、前沿趋势、分化整合与转型发展创新研究。

（四）夯实思想政治教育理论的应用理论研究

“应用理论”是在“理论基础”的指导下，面向现实生活中实际问题，对“基础理论”在实践上的具体操作和应用，但也区别于仅限加强理论与实践的联系并发挥理论的指导作用。有学者将应用性知识定位为“思想政治教育学原理运用到具体情境性条件的产物”②，或是“在思想政治教育实践情境和个人行动中生成的实践知识”③。但也有学者把思想政治教育学科应用理论窄化为思想政治教育方法论，包括各种显性方法理论或隐性方法理论。④ 思想政治教育实施方法在学科应用理论中占了较大比重。“实

① 余仰涛：《思想政治工作学研究方法论》，武汉，武汉大学出版社 2006 年版，第 25 页。

② 金林南、赵文静：《思想政治教育学科知识理论体系的实践性建构》，《思想理论教育》2020 年第 9 期。

③ 蔡如军：《思想政治教育应用型知识的定位与生成》，《思想理论教育》2021 年第 5 期。

④ 孟婷、张澍军：《论思想政治教育理论与方法的辩证关系》，《思想理论教育》2018 年第 2 期。

践教育方法”被引入具体应用研究层面后，有学者从定性、合理性、应用性三重进路开展探究。[①] 也有学者在专业方法的研究上提出“质性研究”，认为其作为学科应用理论的一部分能实现思想政治教育从理论形态转化为实践形态。[②] 思想政治教育应用理论应用要以遵循思想与行为变化规律、思想政治工作规律、人的知情信意行转化规律为前提，坚持思想政治教育方法论与具体应用方法的统一。

加强思想政治教育应用理论创新研究。思想政治教育学的应用理论，是指在这门科学理论体系中起着应用性作用并具有实践性和操作性特点的基本原理，体现为思想政治教育工作理论应用层次。具体体现在两个方面。一是回答“怎样干”的问题，即回答如何做好思想政治教育工作的问题。要实行正确的教育方针原则，创造良好的教育环境，遵循科学的教育程序，运用有效的教育途径、方法和艺术，以提高教育效果，形成“方针原则论”“环境影响论”“科学程序论”“方法艺术论”等一套应用理论体系。二是回答“谁来干”的问题，即回答思想政治教育由谁来做和谁来领导的问题。要加强党对思想政治教育工作的领导，加强队伍建设，建立在党委统一领导下、党政同心协力、专职队伍与兼职队伍相结合、党政工团齐抓共管、全体党员干部都做思想政治工作的领导体制机制，形成诸如“党的领导论”、“政工队伍建设论”、政策执行研究、制度运行研究等。因此，思想政治教育基础理论研究同应用理论研究相辅相成、相互促进。

突出思想政治教育理论的实践应用。“理论在一个国家实现的程度，总是取决于理论满足这个国家的需要的程度。”[③] 思想政治教育学科作为一门应用性学科，在实践中诞生、发展。基础理论的创新发展需要自觉吸收实践领域中的新前沿、新需求，寻找基础理论新基点，在对应用研究升华的基础上实现学科的科学化发展。增强学科理论应用意识，不仅要在本体论层面强调“思想政治教育实践的第一性”，更要在方法论层面强调构建实践研究方式，即通过应用理论实现本体论与方法论的联结，将理论成果转化到具体的工作中，在实践中验证和运用理论成果。同时，增强应用意识要积极应对思想政治教育实践中多种多样的存在形态，从现实存在形态中对不同形态的思想政治教育进行充分研究，以此保证对学科对象的精准

① 吴育林、赵悦彤：《思想政治实践教育方法研究的三重进路》，《思想政治教育研究》2017 年第 3 期。

② 李红：《思想政治教育质性研究及其应用》，天津，天津人民出版社 2018 年版，第 5 页。

③ 《马克思恩格斯选集》（第一卷），北京，人民出版社 2012 年版，第 11 页。

把握和学科理论的建构。

总之，新时代思想政治教育理论创新，要坚持理论与实践相结合，以理论基础为基石，以“基础理论”为桥梁和纽带，推进应用理论研究的创新发展，一体推进应用理论研究与基础理论、理论基础研究的协同并进，从多维度构建思想政治教育理论体系和知识体系。

第三章 新时代思想政治教育制度建设创新

制度建设是具有根本性、长远性、规范性意义的建设。党的十八大以来，以习近平同志为核心的党中央十分重视思想政治教育制度建设，召开系列会议，颁布系列文件，以期推进思想政治教育走向科学化、现代化和规范化。聚焦思想政治教育制度研究，分析思想政治教育制度化建设存在的问题及深层原因，探索思想政治教育制度化建设途径，是创新思想政治教育制度建设的应有之义。

一、思想政治教育制度的内涵阐释

由于研究角度相异和研究方法分殊，学界关于思想政治教育制度研究主要有 3 种代表性观点。第一，“制度系统说”。马关生等认为思想政治教育制度是由“规则内容、特定对象、内在理念、实现载体等四大要素构成的系统”。[①] 第二，“制度规范说”。孙其昂等认为思想政治教育制度“是借助权力、利用正式和非正式组织制定相关的思想政治教育政策、法律、规则及程序等建立的规范的实践体系”。[②] 第三，“制度空间说”。王学俭等认为“制度安排空间是制度作用下所产生的空间网络，制度安排空间的建设有利于思想政治教育活动的实践”。[③] 综合上述观点可以看出，主要呈现出两种不同的研究范式，即“结构主义”分析范式和“功能主义”分析范式。其中，“结构主义”分析范式主要是从要素与结构维度将思想政治教育学科制度理解为思想政治教育管理制度、行政制度、体制机制、政策、监督考核制度等。而“功能主义”分析范式对思想政治教育学科制

① 马关生、张世洲:《思想政治教育制度分析的哲学探析》,《思想教育研究》2011 年第 4 期。

② 朱其东、孙其昂:《思想政治教育本质论的制度分析》,《探索》2011 年第 3 期。

③ 王学俭、张哲:《多维空间视域下的思想政治教育研究》,《马克思主义研究》2014 年第 4 期。

度的理解则有所不同，强调以思想政治教育学科发展进程中具体管理、教育、知识制度等具体制度形态为基点，以思想政治教育制度对实践运行中诸关系的协调为中心，构建制度体系研究的分析框架。

综合之，思想政治教育制度包括：一是思想政治教育领导制度，主要由组织机构设置、各级行政机构的隶属关系及相互之间的职权划分等构成；二是思想政治教育治理制度，包括思想政治教育组织建制、管理结构、治理机制等。笔者以为，思想政治教育制度是领导、组织、管理、运行、评价等要素组成的组织建制、专业设置、制度运行、资源配置和学术评价等学科共同体建设的体制机制。就思想政治教育制度这一宏观系统的内部建构而言，可将其概括为学术制度、学科制度、工作制度 3 部分组成的耦合结构，其通过作用于思想政治教育主体交互关系、运行机制、文化生态等，发挥制约高校思想政治工作实效、保障思想政治教育运行的功能。当前，思想政治教育工作组织制度、管理制度、责任制度、评估制度等制度体系建设已经初见成效，但在制度的建构以及制度的落实等方面仍然面临着现代性挑战。

二、思想政治教育制度建设存在的问题

思想政治教育学科化建设以来，关于思想政治教育学科制度、体制、机制的建设得到不断完善与调整，然而仍然不可忽视思想政治教育学科制度化建设中存在的一些问题。

（一）思想政治教育学术制度“内部化”建设问题

思想政治教育学科的学术制度是以制度形态彰显并发挥作用的，对思想政治教育知识生产、学术建制、学术规范、学术资源分配等方面存在外在规约形式。思想政治教育学术制度在支撑、保障、约束思想政治学科发展过程中，对思想政治教育自身发展的实际约束力以及掌控力不足，导致“制度”与“思想政治教育学科发展”呈现不相适应的状况。具体表现为以下两个方面。

一是学术制度的“内卷化”现象凸显。在思想政治教育学科体系的完善及其与其他多学科知识的融合发展的前提下，思想政治教育学术制度体系也随之形成了以马克思主义理论和政治学为主干，融合了教育学、心理

学、社会学、管理学等多学科的知识制度体系。但作为一个“年轻的学科”，在构建知识制度体系时，原理发展、框架结构的“内卷化”现象逐渐呈现。受思想政治教育原有的知识框架的约束，关注点仍聚焦在红头文件、领导讲话等政治性内容，其知识内容的形式表达上较为枯燥，不能适应新时代思想政治教育学科学术知识体系发展需要。同时，思想政治教育学术制度的构建忽视了思想政治教育学科的学科交叉性与复合性特征，对学科交叉与交叉学科的知识融合与发展的制度建设力投入不足。

二是学术制度体系整体性建设不足。作为知识准入规则与学术创造秩序的表征，思想政治教育制度在学术研究过程和成果转化中发挥支撑保障作用。随着思想政治教育学科的发展，其对学术制度的规范性与整体性提出了更高的要求。但是，当前学术制度模式尚未成型，导致学术制度的有效性发挥受限。尤其是在思想政治教育学术管理、监督、考评、职业规范方面的具体制度的划分与明确以及各个制度的衔接方面存在问题，致使学术制度内部存在结构“无序”和“内卷”的状态。

（二）思想政治教育学科制度的科学化建设问题

思想政治教育学科制度的基本内容分为思想政治教育学科知识制度、教学制度和管理制度。[①] 其中，学科管理制度是对学科的运行和发展进行管理的相关制度。思想政治教育学科制度体系主要包括思想政治教育学科管理、专业建设、课程制度建设为主体的制度体系。

一是学科管理制度。早在 1984 年，教育部就印发《关于在 12 所院校设置思想政治教育专业的意见》，2004 年中共中央、国务院颁发《关于进一步加强和改进大学生思想政治教育的意见》，到 2015 年中央宣传部、教育部《普通高校思想政治理论课建设体系创新计划》等文件颁布，思想政治教育相关文件规范和促进了高校思想政治理论课教育学科制度体系建设，思想政治教育课程制度的指导思想、建设原则、内容体系、发展方向等得到了确立和稳定，但是存在的问题和制约因素仍不容忽视。虽然诸高校将“立德树人”“加强思想政治工作”等作为学校综合改革方案和中长期发展规划中的重点内容，但是在具体专业建设、学科发展、人才引进、职称评聘等方面落地落实仍然存在“虚化”和“替代”现象。

二是学科专业建设制度的“刚性”执行效果有待进一步彰显。思想政

① 宇文利：《论现代思想政治教育学的学科制度》，《思想理论教育》2012 年第 9 期。

治教育专业自设立以来就获得了政治权力的支持和政策支持，这为思想政治教育制度化建设奠定了坚实的基础。但是刚性的条规在灵活具体的教育实践中的贯彻性与操作性不足。在思想政治教育专业设置与课程制度建设中，高校大都有按教育部门要求编制的培养方案，尽管思想政治教育课程在编目名称是一致的，但具体开设的课程却有较大差别。如有的学术共同体内部，因为师资水平、学习态度、功利选择、条件保障等因素影响思想政治教育学科制度建设效果，容易出现主管部门所要求的原理与方法、比较与借鉴、思想政治教育史等专业课程被一些公文写作、心理咨询、经济管理等课程模块所替代的情况。

三是课程制度化建设的“柔性”规定效果有待进一步呈现。第一，课程制度教学实施过程中实效性待提升。按照课程设置的制度化建设，文科研究生必修《新时代中国特色社会主义理论》和《马克思主义与社会科学方法论》两门课程，理工科研究生必修《新时代中国特色社会主义理论与实践》和《自然辩证法概论》两门课程。但在众多高校教师教学时，教师在课堂中过分强调政治内容，侧重理论说教，脱离研究生实际生活，缺乏感染力和实效性，缺少心理关怀和情感关照。“教师讲、学生听”的“填鸭式”灌输方式和“独白式”教学形式，在一定程度上给教育对象带来心理上的抵触，以致教师在讲台上苦口婆心地教导，讲台下研究生在看小说、玩手机、用电脑，影响研究生思想政治理论课教学实效。第二，思想政治教育课程考核制度的短板影响课程制度规训效用。部分理工科学生有繁重的实验任务，时间紧张，加上少部分理工科教师轻视文科专业，主动给学生批假条，同意学生缺席研究生思想政治理论课，也影响思想政治教育课程制度权威。在课程考核时，部分教师布置的题目缺乏新意，大都能在互联网上查到相关文献或资料，导致部分学生直接复制粘贴，上交的作业不仅缺乏创意，也没有结合自身实际，写出自己的体会，甚至出现众多学生上交的作业雷同现象，也容易导致课程制度实效式微。在课程制度推进中，也存在一些问题，具体表现在当前思想政治教育课程编排、教学内容、课程考核等制度的设定没有做到具体问题具体分析，对不同专业、不同学科性质的受教育者的差异化的教育需要考虑不足。在教学形式上仍采取“填鸭式”“独白式”的政治性内容灌输形式，在课程考核形式上固定题目与答案，忽视受教育者的发散创新思维，这种忽视受教育者主体性的教育与考核制度容易减损制度的权威。

（三）思想政治教育工作制度存在“稻草人”现象

“稻草人”是中国农业生产实践过程中农民为保护庄稼不被鸟类偷吃而在地里放置扎成人形的稻草人以发挥恫吓的作用。稻草人对防止鸟类偷吃的作用经历着威慑恐吓作用明显到形同虚设的式微过程。思想政治教育工作制度主要是指承担大学生思想政治教育工作的党团学工为主体的实践工作制度体系。制度功能的发挥过程正是制度执行与落实的过程。习近平总书记强调，“好的法规制度如果不落实，只是写在纸上、贴在墙上、编在手册里，就会成为‘稻草人’”①。当前，思想政治教育工作制度功能发挥受限主要原因在于陷入了制度执行的“稻草人”困境。具体而言主要有以下几种表现。

第一，制度参与度有待提升。思想政治教育制度运行涉及制度制定、制度认同、制度参与、制度反馈等具体的制度运行环节与机制。然而由于多元主体之间存在利益冲突、思想观念差异等，容易产生“各自为政”的现象，在缺乏明确的实践利益指向的前提下，多重矛盾导致多元主体不能有效参与学科工作制度建设过程。以高校思政课教师队伍建设②的考核评价制度为例，前些年，多数高校在对思政课教师的考评中仍采取与其他学科教师相同的评价模式；近年来，越来越多的高校根据中央政策要求，进行职称评审学科单列，受到思政课教师的普遍欢迎。但具体的制度执行过程仍然需要进一步健全和完善，符合高校思政课教师特点和实际情况的特色评价标准和彰显高校思政课教师队伍特殊性的激励保障制度也需要进一步完善。如以我国高校辅导员制度化建设为例，辅导员制度建设专业化、职业化和内涵式发展的嬗变轨迹，在具体的制度建设过程中面临着冲突和张力。辅导员受学校行政部门和院系党政的双重领导和多头管理，要做多种多样的日常事务性工作、学生工作、行政工作等繁杂事务。在制度化运

① 中共中央视文献研究室编：《习近平关于全面从严治党论述摘编》，北京，中央文献出版社2016年版，第180~190页。

② 2020年1月，教育部在《新时代高等学校思想政治理论课教师队伍建设规定》中对高校思政课教师队伍建设的相关制度进行规划分类，分为“选聘配备制度”“培养培训制度”“考核评价制度”“激励保障制度”4部分。“选聘配备制度”是高等教育选拔教师的普遍方法，是对符合条件、要求的教师采以聘用的方式，这是对教师资源进行有效合理利用。“培养培训制度”作为高校教师发展制度的重要一部分，其最终目标是培养一支德才兼备的教师队伍，而教师的专业化发展始于教师培训，具体而言，是指培训的模式、内容和要求。“考核评价制度”是用以评估和衡量思政课教师的教学与科研成效，并对激励教师从事创造性学术活动至关重要。“激励保障制度”是对教师福利待遇方面所作出的规定和准则，主要解决的是教师的工资收入、住房安排、医疗保险以及相关福利等问题。

行过程中，辅导员工资待遇由各个学院发放，而他们的培训、考核工作由学校学生工作部门负责，这样的双重管理和双线考核制度安排会影响辅导员工作状况，容易加剧辅导员的职责泛化、角色冲突和增加工作压力，并不利于高校辅导员队伍的长远发展。

第二，制度执行有待提升。制度的价值与生命力就在于制度的实现，也正是制度的执行和实施才能产生牵引力和规范力，才能发挥制度的刚性效力。制度执行的形式化导致国家层面制定的相关制度成为摆设，即使被执行也仅限于部分被执行，甚至出现没有扎实执行、执行效果不佳的情况。由于高校以及学院发展水平的不同，在思想政治工作制度建设、队伍保障、资源投入等方面存在差距，甚至部分高校及学院思想政治教育队伍配备不全、兼职化现象常态、资源投入得不到有效保障，严重削弱了思想政治教育制度效果。如在高校辅导员制度化建设方面，辅导员选聘标准较模糊，配备标准难落实。按照文件规定专职辅导员需有 1∶200 的配备标准，但实际上经常是 1∶400 的配备状态，这样就意味着工作量的失衡，影响辅导员角色丛之间的角色冲突，进而会影响辅导员工作角色扮演和角色实现，影响工作效果。

第三，制度效益有待提高。一方面表现为形式主义减损工作实效。当前思想政治教育存在着“无用”“无为”“无位”“轻视”等偏差认识仍不同程度地存在。如在高校思政课教师队伍建设制度方面，2008 年，中宣部、教育部重新明确本专科思政课教师比例，“总体上不低于师生 1∶350～400 的比例配备”[①]；2017 年，《高等学校马克思主义学院建设标准（2017 年本）》中规定“按照师生不低于 1∶350 的比例设置专职教师岗位”；2019 年，《关于深化新时代学校思想政治理论课改革创新的若干意见》也对此提出要求。然而在具体执行过程中，因为供给与需求的矛盾，为达到高校思政课教师“1∶350”的配比要求，部分高校大量扩充培养思政课后备人才，但由于硕博培养年限较长，相关专业硕博研究生短时间内无法填充数量缺口，而部分高校人才引进困难、流失严重等问题导致思政课教师队伍建设质量。另一方面表现为制度化水平影响工作实效。从思想政治教育工作制度建制来看，高校校级思想政治教育组织归属与权责划分较为明确，但是院级层面的组织建设不完善。例如对于高校辅导员

① 教育部社会科学司组编：《普通高校思想政治理论课文献选编（1978—2014）》，北京，知识产权出版社 2015 年版，第 375 页。

的管理方面，由于辅导员管理制度的不完善，导致教师或行政工作人员的身份选择权并没有掌握在辅导员手中，而这种双重身份的规定也使得辅导员在两种身份中游离。此时，制度的不完善导致制度的效果式微。如在对高校思政课教师考核评价制度方面，中央多次出台文件以平衡“教学”与“科研”在考核评价中的关系，但在实际的高校评价制度体系中，“重科研轻教学”的现象仍然存在，基于科研成果对学校资源获取、声誉获得、生源吸引都有好处的前提下，多数高校都以科研成果作为考核评价导向的硬性指标。同时，对部分教师而言，做科研能带来“名利双收”，而投入大量精力在教学上，对考核、职称评定、激励政策等评价反馈有限。

（四）思想政治教育制度规约作用发挥欠佳

思想政治教育制度是高校思想政治工作系统协调运行的根本保证，它以整合并制约要素的方式存在。当前，由于思想政治教育工作系统内部各要素之间以及系统与社会有效联动的工作制度格局的零散、缺位现象的存在削弱了各个要素的“在场”效应，加剧了思想政治教育系统的“封闭化”，阻碍了思想政治工作制度在应对异质化思潮过程中保障作用的发挥。

从宏观上看，思想政治教育制度的编排忽视了与社会大系统之间的耦合性。思想政治教育系统以亚系统的形式存在于社会系统中，并以社会要素为支撑展现其独特价值，社会发展水平决定了思想政治教育发展水平。当前，思想政治工作制度覆盖面窄化状况凸显，在“对外协同”领域缺乏制度规定与整合引导，在关注思想政治教育系统内部要素建设的同时，对社会转型发展带来的政治、经济、文化、生态尤其是社会价值观领域的深刻变革置若罔闻，使思想政治工作制度建设呈现出封闭化趋势。思想政治工作系统与社会大系统的联动制度建设存在缺口，主要表现在高校思想政治工作话语转化制度、高校思想政治工作主体与社会主体协同联动制度、工作目标与社会发展需要导向制度建设等方面建设力度不足。由于高校思想政治工作系统与社会系统对接化的制度机制的缺失，二者之间的横向与纵向的信息、资源的流通以及工作效果的彰显受阻，阻断了思想政治工作系统发展动力。

从微观上看，思想政治教育系统内部制度呈现出“碎片化”“离散化”的布局。思想政治教育师资队伍建设制度不完善、不科学、随意化等问题突出，在人员选拔、培训、待遇、管理等方面缺乏长效机制。思想政治教育理论课教师以及辅导员聘用缺乏相对较统一的标准和规则，存在照顾、随意化倾向，加之对思想政治教育人员的待遇与未来发展缺乏明确的制度规定与完善的制度保障，阻碍了队伍建设的系统性、协同性运行。同时，规定党政主体、教学院系、专任教师、服务保障等部门主体工作任务与责任要求的责任制度体系不完善，由于工作权责不清，各部门主体在育人过程中易相互扯皮、推卸责任，致使育人环节缺失。如在具体的研究生工作制度中，相对于本科思想政治教育工作制度而言，存在一些问题需要引起重视。一是管理制度形式主义减损工作实效。当前研究生思想政治教育存在着“无用”“无为”“无位”“轻视”等偏差认识，“党委重视，行政忽视”“专职重视，专业轻视”“上级重视，下级漠视”的现象仍不同程度地存在。甚至还存在着专门组织机构异化的现象，研究生思想政治教育工作也正在被简单地以校园文化建设、学生事务管理等置换，致使工作流于形式化和替代化。二是管理制度建制的“真空化”影响工作实效。从相关制度建设来看，大部分高校研究生思想政治教育组织机构设置、各级行政机构的隶属关系及相互之间的职权划分等组织管理制度建制比较完善，但在院级层面的研究生德育工作组织建制不太整齐完善。一些在院校两级研究生管理的科层化建制当中，有的大院系、大学科发展走在前列，研究生工作制度建设、队伍保障、资源投入有保障，而有的小院系、小学科的工作制度建设、条件保障却容易被忽视，导致队伍配备不全、兼职化现象常态、资源投入得不到有效保障，研究生导师和辅导员两个研究生思想政治教育主体缺乏激励、监督、评估等系列稳定的制度运行机制，在一定程度上造成研究生思想政治教育制度的“稻草人”化的制度效益式微。此外，思想政治教育协同目标管理制度不完善，存在工作目标不统一、监督考核走形式、激励制度缺失等问题。思想政治工作协同目标管理制度包括针对教育主体的激励、评估、监督等硬性规定。当前，由于多主体工作目标模糊，导致多主体沟通协商机制与教学研讨制度建设效果不佳，多元主体之间的协作效果式微。

三、思想政治教育制度建设存在问题的原因分析

（一）思想政治教育知识体系供给失衡

一是思想政治教育学科知识生产的制约。立足于实践需要，当前思想

政治教育理论知识多遵循理论化的逻辑表达，在理论上聚焦于政治文本解读、意识形态宣传等，并呈现出演绎化的经验主义色彩严重的知识体系，而忽视了现实性的社会需要性内容，致使学科知识生产的动力不足。此外，立足于思想政治教育学科发展需要，思想政治教育学科与政治学、教育学、管理学等其他社会科学知识的融合力度不足，即多学科知识的“内化”力度不足，没有有效实现向思想政治教育原理性知识的转化，思想政治教育知识生产不足。思想政治教育知识形态的有效供给及其价值性彰显不足是思想政治教育工作制度失灵的重要原因。因而如何实现现代化进程中思想政治教育知识体系转型发展成为当前研究的重要课题。二是思想政治教育学科的认同焦虑。社会主体的分化、意识形态的多元化、科学技术的智能化都对思想政治教育学科知识带来了巨大的冲击。随之而来的是现代化变革对思想政治教育学科制度的冲击，挑战了原有的学科知识制度及其内部的建构，极易导致其失去社会认同力。在教育实践中，部分高校为“迎合”社会发展趋势出现了“面子工程”，即注重发展专业特色、打造学科品牌，而忽视了最根本的教育知识与管理制度的建设，此时，学科认同焦虑油然而生。

（二）思想政治教育学科制度内部化建设瓶颈

第一，思想政治教育学科制度的协同性问题。在学科共同体内部化建设中，思想政治教育学科建设存在的课程制度设置合理性不强、学术研究共同体规范性不强、学科专业化条件保障不全、学科制度化管理不当等问题成为影响学科共同体知识生产的重要瓶颈。这些问题的存在正是学科制度建设不完备、制度建设存在缺口的重要表征。第二，思想政治教育管理体制机制的封闭性因素影响。思想政治教育制度建设呈现出了自上而下的“领导—组织”实体，制度的强化与执行完全依赖于组织领导与行政命令。在科层管理体制运行过程中，涉及思想政治教育管理层级、信息传播与话语表达、工作主体素养与理念价值等多方面因素，特别是面对智能社会大学生思想政治教育工作社会环境、社会空间、社会关系等快速变化的社会生态，高度集中的自上而下的工作制度容易造成传播信息失真、主体能动失位等现象，在一定程度上影响工作制度的效益。随着社会的转型发展，这种单项式的管理在职权划分与机构设置上存在问题较多，极易导致工作部门繁多、职能重叠、办事效率不高等问题显现，影响制度执行效益。第三，思想政治教育工作主体的角色冲突。当前，根据实践需要以及人的发展规律，高校将教育者划分开来，使其分别扮演教书育人、思想引领、事务管理、就业指导、心理疏导等角色功能。但是在思想政治教育工作制度运行过程中，存在角色冲突。专业课教师重业务轻思想而导致育人角色式微、辅导员的事务管理者角色替代思想引领者角色、思想政治理论课教师教学方法与教学内容偏差导致其教书育人角色式微、大学生主体自我教育管理的缺位导致自我教育角色扮演失败，影响工作实效。

（三）思想政治教育制度内外部因素制约

思想政治教育学科作为一个独立学科建制进行学科化建设，学科制度建制日益精致完善，学科地位明显提升，这为思想政治教育知识生产和学科共同体建设提供了保障。然而，外部性问题和内部化建设仍然是制约思想政治教育学科制度化的重要因素。第一，推动知识生产的条件保障、社会氛围、资源配置等是制约思想政治教育学科制度建设的外部性因素。思想政治教育制度架构是典型的科层管理模式，一般是校、院两级“显性”制度与组织运作，涉及领导关系、机构设置、制度规范、行为方式和资源配置等因素，纵向上按照校、院两级进行工作布置与管理，横向上按照各个职能部门和工作主体承担各自的责任和义务。针对思想政治教育学科管理体制建设、运行机制建构情况、相关政策的支持力度、相应的社会文化心理气氛、充沛的条件支撑与资源配置等成为重要制约因素。第二，在学科共同体内部化建设中，“思想政治教育学科在建立初期出现了过度关注数量增长、借用其他学科导师、研究视野狭窄等问题，造成了当前思想政治教育学科建设缺乏长远规划、缺少高端人才、缺失宏观视野的发展困境”[①]，思想政治教育学科建设存在课程制度设置合理性不强、学术研究共同体规范性不强、学科专业化条件保障不全、学科制度化管理不彰等问题，成为影响学科共同体知识生产的重要瓶颈。思想政治教育制度缺乏配套的社会评价与监督机制。虽然思想政治教育管理与宣传等部门都有评估与监督的要求，但是在实践中，具体的监督制度以及考核条例的设置不健全，甚至不能满足当下的实际需要。在评估与监督的制度设置上存在评价共识缺乏、监督执行松散、形式主义突出等问题，阻碍了监督评价的实际价值的彰显，影响思想政治教育制度化建设水平。

① 沈壮海：《思想政治教育发展报告 2014—2015》，北京，高等教育出版社 2016 年版，第 91 页。

四、思想政治教育制度创新实践逻辑

（一）健全思想政治教育学科制度规范

制度能够提供行为规范、整合社会资源、凝聚社会共识功能，制度化是组织和程序获取价值观和稳定性的重要手段。从规则体系角度研究，可将思想政治教育制度看作为协调思想政治教育要素关系，整合多元制度体系以及法律程序等构建起来的规则体系。思想政治教育制度是依据一定的程序由社会性正式组织制定、颁布实施并受到社会权利机构强力保障，具有普遍约束意义的思想政治教育的规范，其在思想政治教育系统运转中成为各个要素之间及其与外部系统之间有效交流与沟通关系构建的重要支撑与保障。思想政治教育制度要素有显性与隐性之分，由明确的组织及部门制定的约束性条例为正式制度；而在社会关系的构建中形成的风俗习惯、伦理道德、信仰信念等行为规范则为非正式制度。在高校场域中构建完善的学科制度可从两个方面入手：首先，要确立学校党政主要领导对大学生思想政治教育系统工作的责任制度，明确各个层级主体的教育与管理职责，在保证思想政治教育环节流畅的同时，实现思想政治教育工作与高校教学、科研、后勤、组宣等工作的有效协同，规范全程育人的学科制度；其次，确立以高校党政职能部门工作人员、思想政治理论课专任教师、学生专职辅导员和学生兼职班主任为主体的思想政治教育工作制度，确立学校、家庭和社会“三位一体”的大学生思想政治教育系统工作制度，为全方位育人提供制度保障。

（二）优化思想政治教育学科制度执行

思想政治教育制度的落实是维护和规范领导行为、健全组织形式和结构的实现途径。思想政治教育制度为实现政治领导权与组织决策确定价值、规范、方向和目标，有利于提高思想政治教育管理机制的科学化水平，调整和纠正思想政治教育活动中的偏差。思想政治教育树立“大德育”思想观念，构建齐抓共管、科学高效的思想政治教育工作制度是提升制度执行力的前提。要建立统一的高校党委领导思想政治教育工作的制度，建立健全领导科学决策，各部门精心协调，院（系）部负责、辅导员和班主任为主、教职工全员参与的齐抓共管的工作机制。在思想政治教育工作中实行“金字塔”形的层级管理体制，完善各个层级之间的协同合作制度，突破以往扁平化管理中纵向管理的局限，在保证层级之间以层级内容部门的协作的同时，实现完善的组织网络体系的构建。思想政治教育体制有一套固定的规则、规定或组织章程，它是基于制度化或法律化的规定所确立起来的管理体系。高校要抓好思想政治教育规章制度建设，通过建立思想政治教育组织与运行、监督与评价、考核与激励制度推动思想政治教育工作迈向制度化、规范化，以此强化思想政治教育制度的真正落实和贯彻。

（三）完善思想政治教育学科制度规训

制度规训是思想政治教育体制机制运行的关键。制度规范的核心对权限的规定包括领导权限、人员配备权限、机构设置与变动权限、管理权限、活动权限等。制度规约主要体现为一种行业的规范和约束，表现为有形的法规、要求、规章等，也可表现为无形的约定俗成的风俗、潜在活动规则等，如在家庭表现出家规家风，在学校与工作单位表现为各种行为守则、规章制度等，在公共活动领域主要以各种活动秩序和游戏规则体制。同时也反映一定的政治要求、法律规范、道德命令等，通过各种方式从强制到自觉认同，规范和培养社会成员良好的思想行为习惯。① 在某种意义上讲，思想政治教育制度规范就是依据法律、规章、纪律对人与人之间的关系进行调适、对人的行为进行规范的过程。法律、规章、纪律构成不同层面的思想政治教育体制。宏观层面的思想政治教育体制包括党、国家以及社会的思想政治教育体制等。中观层面的管理制度如企业的思想政治教育体制、学校的思想政治教育体制等一般由规章、纪律所构成。微观层面的制度规范是指对独立的或相对独立的思想政治教育体制的组织系统进行规范、支撑、指挥、约束等思想政治教育活动的具体制度或体系，它用严格的制度保证思想政治教育活动的完整性、一致性、稳定性和连贯性。一方面，思想政治教育规章制度、教育制度、评价制度、社会建制等制度化过程发挥思想政治教育制度系统作用；另一方面，制度化的思想政治教育系统又在社会系统中以多样化形态彰显其自身的价值，并达到思想政治工作教化效果。

---

① 邱柏生:《高校思想政治教育的生态分析》，上海，上海人民出版社 2009 年版，第 33 页。

五、新时代思想政治教育制度创新的实践路径

（一）推进思想政治教育学科制度体系化建设

思想政治教育学科制度的结构优化主要包括制度空间、制度层次、制度参与、制度关系等系统化运行。一是思想政治教育学科制度空间的系统化，实现思想政治教育学术制度、学科制度、工作制度的多层次、多领域的整体性建构与系统性设计；二是思想政治教育学科制度系统中的学术制度、学科制度、工作制度等体系化发展，建构思想政治教育制度的多结构、多功能、多形态的结构化运作机制；三是思想政治教育学科制度层次的多级化，实现思想政治教育学术制度、学科制度、工作制度上层有决策、中层有执行、微观层面有实施；四是思想政治教育学科制度参与的全员化，主要是思想政治教育主体制度化创新，包括大学生思想政治工作部门、大学生思想政治工作者和进行自我思想政治教育的大学生个体；五是思想政治教育学科制度关系的网络化，垂直领导与横向联系，做到全覆盖。

具体而言，要健全思想政治教育知识制度、学科制度与实践工作制度的耦合机制。第一，在思想政治教育知识制度方面，推进思想政治教育基础理论的生长与丰富，通过学科交叉融合与学科自觉，提升思想政治教育知识形态的时代性。第二，在学科制度方面，围绕思想政治教育学科专业化建设，形成以思想政治理论课教学科研为主体的马克思主义理论学科组织、以高校思想政治教育实务工作队伍为主体的党建与思想政治教育研究组织、以学生工作事务管理与服务的职能部门组织为主的学术共同体建设，将大学生思想政治教育理论与实践相统一。在学科专业建设方面，针对方向发展不够稳定、特色不够明显的现状，增强学科队伍的更替和以学科建设诉求的学科自觉意识，结合学科队伍现状和已有的学科积累来设置学科研究方向和专业特色，形成一些成熟、稳定且能够代表本学科特质的科学研究方向。第三，在工作制度方面，加强思想政治教育专门的领导决策和工作执行机构，成立思想政治教育领导小组，由学校主要领导牵头，协调组织部、宣传部、研究生院、团委、马克思主义学院、人事处等职能部门资源和力量齐抓共管，共同促进思想政治教育工作制度。

（二）推进思想政治教育制度整合化建设

思想政治教育制度整合是一项系统工程，涉及思想政治教育的领导关系、机构设置、制度规范、行为方式、资源配置等要素，是制度相互作用、相互配合形成的工作体系。一是理顺思想政治教育领导关系，即整合思想政治教育系统与上级管理行政部门的关系、与横向的党政（党群、党社、党团）等关系、与大学生思想政治教育系统内容党委集体领导与职能部门负责人分工协作关系。如在管理制度建设方面，成立由学校主要领导牵头，协调组织部、宣传部、研究生院、团学、马克思主义学院、人事处等职能部门的资源和力量，齐抓共管共同促进大学生思想政治教育工作实施。二是整合大学生思想政治教育领导决策机制、职能业务组织、群团组织、行政组织、研究咨询机构等相关机构组织建制。三是整合大学生思想政治教育制度规范体系。在大学生思想政治教育知识制度方面，鼓励和支持思想政治教育知识与其他学科知识交叉发展，加大挖掘学科知识理论的深度；在学科制度方面，加大思想政治教育学术共同体建设。在思想政治教育工作制度方面，加强制度整合建设，将其纳入高校日常教学管理和考核机制中，调动广大师生参与到大学生思想政治工作之中。四是统筹构建全员育人的格局。整合大学生思想政治教育工作主体力量，以发挥高校党组织的主体责任为首要条件，整合组织、宣传、二级单位党委、基层党组织、教学科研部门、共青团和研究生会、学生会组织化运作力量，发挥二级院系专业教师、马克思主义学院思想政治理论课公共课教师、辅导员和班主任等专兼思想政治工作队伍的合力作用。

（三）强化思想政治教育学科制度责任优化

习近平总书记指出，“高校党委对学校工作实行全面领导，承担管党治党、办学治校主体责任”。①思想政治教育制度创新性的前提性工作是健全高校党组织在思想政治教育工作的核心地位和主体责任。具体而言，在组织体系中党组织处于核心地位，在工作活动中党组织处于领导地位，在思想理论中党组织处于灵魂地位，要健全党领导思想政治工作的实施制度和实现形式，并用制度规定其地位、作用、职责和工作条件。针对当前存在的制度建设滞后、制度执行力低、制度效益不高等问题，要强化

① 《习近平谈治国理政》（第二卷），北京，外文出版社 2017 年版，第 379 页。

思想政治教育制度执行力。第一，发挥制度保障作用。围绕高校教育综合改革的新要求和大学生身心特点发展需要，特别是2016年全国高校思想政治工作会议精神及“31号文件”精神，修订完善高校思想政治工作规章制度体系，发挥制度规训作用。第二，强化制度运行。结合思想政治教育制度运行体现系统整合性、人的能动性等特点，建立资源共享、系统联动、相互协作的思想政治教育组织运行机制，形成信息系统、咨询决策系统、执行系统、监督系统、条件系统、反馈系统的系统化运作，提高制度工作的执行效率。第三，确保主体执行到位，继续加大高校思想政治工作队伍建设力度，努力建设“六要八统一”的高素质思想政治工作队伍；加强大学生党支部建设，通过抓制度、抓阵地、抓实践，提高大学生党建工作实效，确保思想政治教育面更宽、渠道更多。具体而言，针对强化制度执行力方面，要在4个层面强化责任制。一是高校思想政治工作党委领导主体责任制。确立高校党校思想政治工作中的核心地位和全面责任，“建立党委统一领导、党政齐抓共管、有关部门各负其责、全社会协同配合的工作格局”，贯彻落实高校坚持社会主义办学方向、落实立德树人根本任务、落实思想政治工作的主体责任。二是部门责任制，主要是指高校思想政治工作具体职能部门职责与权利的划分与确定，实现定任务、定编制、定责任、定权力。三是岗位责任制，即高校思想政治工作岗位的个体负责制，根据不同的岗位、职务规定不同的岗位责任要求，“强化党政关系中高校党委的核心领导责任、强化上下关系中党组织的主导联动责任、强化党群关系中党组织的思想引领责任、强化德才关系中党组织的铸魂育人责任”[①]。四是完善自组织制度建设。加强思想政治教育专门的领导决策中心和执行机构，成立正式组织形式、人员编制和制度规范的组织体系，加强党团组织建设、服务载体建设，建构全员育人、信息沟通、激励保障、齐抓共管的组织机制，形成健全的组织系统、高效的组织机制。发挥朋辈群体自我教育作用。学生会作为大学生自我管理、自我教育、自我服务的重要组织，与大学生日常思想政治教育有着千丝万缕的联系。学生会各职能部门负责人应定期组织大学生思想政治教育活动，摸清大学生思想状况和心理状况，组织开展相关活动并融入日常活动中，发挥潜移默化和润物细无声的作用，推动大学生思想政治教育自组织制度化建设。鼓励学生社团开展思想政治教育工作，广泛开展思想政治教育类、文化体育类、科技创

---

① 骆郁廷：《论高校党组织思想政治工作的主体责任》，《思想理论教育》2017年第3期。

新类、志愿服务类、社会实践类和就业创业类等社团活动，通过学生社团的自组织模式开展思想政治教育工作，将其作为思想政治管理部门、思想政治课教师和辅导员工作的补充，促进大学生思想政治教育制度的良性循环和提升工作实效。

（四）思想政治教育学科制度环境优化

思想政治教育学科制度的生态良性运行需要的是思想政治教育工作系统与组织内部、外部形成良好的动态平衡关系。第一，社会经济环境。具体表现为经济系统的物质力量支撑。要坚持全面深化改革，坚持新发展理念，构建新发展格局，大力提升发展质量和效益，为思想政治教育系统提供良好的经济环境和生产力基础。第二，社会政治生态环境。围绕高校教育综合改革的新要求和大学生身心特点发展需要，特别是按照习近平总书记关于教育的重要论述，修订完善高校思想政治工作规章制度体系，强化思想政治教育制度内部化运行。一方面，健全思想政治教育组织制度、管理制度、责任制度、民主制度、激励制度、评估制度等，发挥思想政治教育制度的规训作用；另一方面，建立资源共享、系统联动、相互协作的思想政治教育制度化运行机制，形成信息系统、咨询决策系统、执行系统、监督系统、条件系统、反馈系统的内部化整体性运作，提高制度工作的执行效率。第三，文化价值生态环境。主要表现为坚持“两个结合”，加强对中华优秀传统文化的时代转化与传承弘扬，使中华民族优秀文化基因与时代文化相适应相协调，推动中国特色哲学社会科学学科体系、学术体系和话语体系，为推动中华民族现代文明提供生态环境支持。通过精英文化、草根文化、网络文化等媒介传播和弘扬社会主义核心价值观，继承创新传统优秀文化，弘扬革命文化和社会主义文化，通过中国特色社会主义制度文化的引领推进思想政治教育制度“以文化人”的实现。第四，社会层面多元行动主体力量支持。行动者包括个体、组织化群体、市场、组织和国家等，是思想政治教育系统建设的多元行动者主体。要发挥思想政治教育制度整合作用，整合以家庭、学校、社会、网络空间的单位行动力量，依靠全社会共同来做思想政治教育，发挥思想政治教育对于社会发展的保证、服务、引导作用。

六、新时代思想政治教育制度创新的实践机制

（一）健全良性规约机制

从顶层设计和科层层级健全思想政治教育制度体系化建设，中央政策有要求，具体的高校层面也要有针对性地贯彻制度执行，从制度层面明确思想政治教育体系创新的“校党政—院（系）党政—多元工作主体”具体制度规范，明确高校党委组织部、宣传部、共青团、研工部等党委领导主体和主体责任；高校马克思主义学院执行主体、学生处、研究生院、后勤处等校行政领导主体和主体责任；发挥高校思想政治理论课教师、辅导员、班主任、专业课教师、导师等多元主体合力开展思想政治教育工作。

第一，发挥意识形态工作责任制的协同引领作用。在高校思想政治工作系统中，要明确自上而下，自宏观到微观的意识形态工作协同，发挥计划与目标的指引功能。高校思政工作系统的正常运作离不开多主体之间的协同。因此，要通过明确规定多主体部门的思政工作职责，细化工作分工，界定职权范围，来避免各工作人员与部门之间“相互扯皮”，预防思想政治工作过程出现“缺失”与“遗漏”区域，通过外在约束的工作责任机制改善“各自为政”的工作格局。明确的职责定位保障了思想政治工作系统内部组织结构的优化整合，为高校思想政治工作多元主体协同配合提供了组织指引。同时，完善的责任分配与协同工作的安排能有效推动各主体之间力量的聚合，形成可支配高校思政工作在管理、教育、服务育人等方面的序参量，推动各组织人员朝着“立德树人”的教育目标前进。

第二，发挥监督机制的协同督促作用。监督是通过对主体施加外部压力，从而达到约束主体行为的目的。协同监督是通过对要素整合效果以及聚合效应进行考察，外在督促思政工作子系统协同的行为。一是明确思想政治教育监督工作的内容体系。“立德树人”是高校思想政治工作的目标，而协同监督实践是目标实现的外在约束力。高校思政协同监督要摒弃传统形式化、工具化的监督内容，不仅考察主体工作的“量”更要注重“质”，将高校思政工作协同计划纵向执行效果、“教书”与“育人”协同、思政课程与课程思政协同、实践工作与价值形态之间转化衔接等内容作为监督的方向与内容。二是创新监督形式。由于高校思想政治工作是一个动态发

展的系统，因此，在监督过程中，要立足于子系统自身的动态性，将阶段性监督反馈与结果性反馈相结合，坚持民主原则，对思想政治教育协同过程中各要素进行评估反馈，对工作运行与目标之间的偏差及时纠正，以达到监督的目的。

第三，健全系统运行的物质协同保障机制。一是加大思想政治工作队伍建设培训保障。高校思想政治工作系统的发展性要求思想政治工作者自身知识结构、能力水平、思维方式、工作方式与教育手段的创新与发展。通过建立健全教师培训的资金保障制度，为教育者定期、定向的培训提供保障，解决多渠道、多方式的教师培训形式创新的动力问题。二是设立专项思想政治教育协同平台建设资金。思想政治教育工作协同性的发挥离不开“软件”与“硬件”设备。一方面，注重校园建筑文化建设，用和谐的校园环境影响、熏陶学生，使学生在美的体验中感受校园文化；另一方面，加大对思想政治教育协同平台建设的资金投入，建设学生信息资源库与信息资源交流平台，通过开发软设施为多主体之间的协作与资源共享提供渠道，同时，为学术研讨、学科交流、工作进度交流会、讲座等会议以及假期社会实践活动设立专项基金，为协同工作的推进提供资金支持。

（二）健全制度认同机制

一是制度认同主体注意与感受。思想政治教育的关键主体是党政领导主体、思想政治教育智能主体以及思想政治教育教师，在制度的构建与执行中特别要重视主体的认可度，在认可的基础上落实主体责任。同时，要“以战略思维谋全局、以辩证思维解症结、以系统思维聚合力、以创新思维增实效、以底线思维防风险”[①]，使习近平总书记关于思想政治教育的相关论述引起教育主体的注意与感受。二是制度认同主体分析与理解。主体利用自己的经验对已经形成的感受与表象加以分析，加深对外部刺激的认知程度，形成初步的思想品德认识。要坚持原原本本的学习，通过认认真真地读原著、学原文、悟原理，精读深读，研机析理，掌握思想科学内涵和精神实质，坚持融会贯通，通过理论逻辑的应用整体把握其内在精神要领，实现零散的知识与学科理论的结合，并在概念、判断、推理的基础上彰显理性认识的特质，领悟其思想精髓，防止片面化、碎片化、简单化的学习。三是制度认同主体选择与接受。教育对象在获得初步的思想品德认

① 张智：《新形势下做好思想政治教育工作的科学思维》，《中国高等教育》2017 年第 5 期。

识基础上进行判断和选择，决定是否接受，是否将其纳入思想品德结构之中。建议围绕贯彻落实思想政治教育体系化为主要内容，利用多样化宣传手段，拓展宣传空间，增强高校思想政治体系化的文件政策的知晓度。

（三）健全制度执行机制

一是要发挥好高校党委的领导核心作用。高校党委的领导是思想政治教育制度化推进的根本领导力量。需要高校党委立足于思想政治教育工作运行的实际情况，对本校的工作进行全面领导，积极履行主体职责，领导好班子成员做好顶层设计工作。高校党委能以高站位、全方位的视角从思想政治教育系统出发，切实考量系统的要素、结构以及功能，从体制机制运行层面实现对思想政治教育工作的“一体化设计、专业化运行、动态化管理”①。通过成立统一的思想政治教育工作领导小组，强化相关的宣传部、教务处、学生处、研究生处、马克思主义学院等部门的功能整合。二是要进一步发挥院（系）党委（党总支）的政治核心作用，选优配强教师、学生党支部书记，发挥好高校基层党支部的战斗堡垒作用。在系统性顶层设计的宏观指导下，高校基层党组织必须牢牢占领主渠道与主阵地，尤其要重视高校思想政治理论教育与日常思想政治教育的协同管理。当前，“大思政”格局的构建仍面临着教育资源离散、教育要素分化以及教育部门衔接不当等问题，此时，思想政治教育制度的全方位构建为这些问题的解决提供了基本思路。因此，必须坚持党委统一领导，发挥高校基层党组织的灵活性，合力探索实施“顶层设计、统筹推进、协同联动、合力运行”的工作机制，创新“因事而化、因时而进、因势而新”的教育方式。

（四）健全协商共治机制

思想政治教育践行立德树人根本任务，全面提高人才培养能力，推动教育强国建设，需要解决思想政治教育工作的合力问题。一是建议成立以党委书记亲自负责的思想政治理论课建设领导小组，发挥思想政治教育领导小组的宏观指导与组织协调职责，综合考量思想政治教育学术、教育、工作中的实际情况，把握思想政治教育系统运行中要素价值实现的条件，整体规划、构建、调整思想政治教育系统内部制度体系。在时间与空间上

① 杨晓慧：《加强高校党委在思想政治工作中的顶层设计》，《思想理论教育》2017 年第 3 期。

实现对思想政治教育各种资源要素的全方位管理与调度，保障思想政治教育系统协调运行。二是整合思想政治理论课堂教学主渠道和日常思想政治教育主阵地，统筹多场域、多空间的教育功能，构建思政课程与课程思政的有效联动。同时，注重实现“课堂—家庭—社会”的协同，真正发挥理论与实践教育的实效性。三是完善多部门信息沟通协商平台管理制度，为部门间的沟通扫清障碍，以实现各部门的规划、进展、成果的共享。同时，必须完善多部门协商与沟通机制，为不同利益部门之间的统一目标达成提供指导与规范。

（五）健全评价考核机制

加强思想政治教育学科制度评价考核机制。围绕高校思想政治理论课建设标准设计的评价指标进行考核，加强对教学体系、学科发展体系以及学科队伍体系的评价反馈。增强阵地意识，有坚定的政治意识、明确的问题意识、科学的对象意识；创新方式方法，推进思想政治理论课改革创新，利用课堂教学主渠道，创新课堂教学方式，整合教学资源，加强师德师风建设；推进高校校园文化改革创新，推进高校网络空间建设改革创新；健全平台机制，构建大思政工作机制，构建思想政治教育平台，拓展思想政治教育理论课阵地，统筹思想政治工作和学生工作、教育工作和管理工作、服务工作和育人工作；抓住重要时间节点和重点群体，重点关注入学和毕业两个时间节点，利用开学典礼、毕业典礼、入党仪式等重要时间和殿堂，开展仪式教育和典礼教育，经常开展形式多样的活动，点面结合；整合学生、家长、学校、政府以及社会等力量构建立体化思想政治工作主体合力，完善高校思想政治工作保障机制。

第四章　新时代思想政治教育话语创新

当今世界正经历百年未有之大变局，承担意识形态功能的思想政治教育话语面临诸多新形势、新机遇、新挑战和新任务。话语体系是国家软实力的集中体现，加强话语体系建设是新时代我国巩固和提升话语权的基础。党的十九大报告明确提出，要“不断增强意识形态领域主导权和话语权”[①]。习近平总书记也多次强调，要建立具有中国特色和国际视野的学术话语体系。每个时代有每个时代的精神和价值观念，每个时代也应有反映并作用于其时代精神和价值观念的话语体系。高校作为建构意识形态话语权的重要阵地，其思想政治教育话语不仅蕴含着丰富的思想政治教育理念与内容，更是建构教育主客体间交互关系的政治社会化实践活动，对于大学生世界观、人生观和价值观的形塑具有重要影响。

一、话语创新研究缘起与问题意识

当前中国正处于世界百年未有之大变局，面对意识形态领域话语权之争、社会现代化转型带来的困惑与挑战、讲好中国故事、传播好中国声音的现实需求以及传统思想政治教育话语吸引力、亲和力、影响力等方面存在的问题，使思想政治教育话语的“因事而化、因时而进、因势而新”成为一种内在诉求和时代要求。近年来，“思想政治教育话语”研究是一个热门且具有一定前沿性的选题。解决这一问题不仅要把“思想政治教育话语”这一研究对象放在世界百年未有之大变局视野中加以探讨，也要从社会现代化视域下推动传统思想政治教育话语创新入手，推动思想政治教育话语权力实现。

① 《习近平谈治国理政》(第三卷)，北京，外文出版社 2020 年版，第 18 页。

（一）把握现代化进程对思想政治教育话语带来“现代性后果”

经济全球化和社会现代化是思想政治教育话语理论研究和实践创新的时代背景与现实场域。当下，西方多元社会思潮、西方社会意识形态和价值观念影响和渗透着思想政治教育话语。诸如新自由主义思潮、历史虚无主义思潮、极端个人主义思潮、享乐主义、拜金主义等西方社会思潮冲击着主流意识形态话语权的建构。同时，在“实现中华民族伟大复兴”和“全面推进中国式现代化”的时代语境中，“加快构建中国话语和中国叙事体系”对于建构社会主义主流意识形态话语权，推进思想建党、理论强党和舆论兴党，为全面推进社会主义现代化国家建设提供舆论引领和话语权力具有重要意义。

社会的现代化是一个基于科学技术重大进步、生产力迅速发展，在生产、生活、社会治理和社会面貌各方面发生深刻变革和不断提升的历史进程。[①] 社会现代化不仅意味着生产力的巨大提升，还意味着人的思维方式的更新变革。“社会现代化的过程，同时也是社会现代性的过程，现代性与现代化相伴产生，但也衍生出现代性风险，这些因素促生了人的现代性课题，提出了思想政治现代化的要求。”[②] 随着现代化信息技术的发展，人的思想和行为关系发生了巨大变革，如何科学把握思想与行为变化规律，正确处理思想与行为互动关系，回应工具理性僭越与宰制、公共性话语式微与窄化、信息化技术挑战与异化等问题，成为亟待推进与解决的问题。

（二）整体性应对思想政治教育话语创新的时代要求

话语是具有鲜明意识形态性特征的言说符号系统，思想政治教育话语“包括思想政治工作知识传播空间、学术交流空间、教育教学活动空间等运用的政治理论话语、学术话语、实践话语的三元结构化存在”[③]。当下思想政治教育话语实践中存在政治理论话语“边缘化”、学科研究学术话语“内卷化”、实践生活话语“式微化”等现象。

一是从政治理论话语维度来看，思想政治教育学科话语体系凸显出以强国建设、民族复兴为鲜明特征的话语特征。在政治理论话语维度中，当

① 冯虞章：《探究人类社会现代化进程的历史逻辑》，《红旗文稿》2023 年第 8 期。

② 孙其昂：《思想政治教育社会学概论》，北京，科学出版社 2023 年版，第 4~5 页。

③ 徐海楠：《论新媒体境遇下高校思想政治工作话语的转型》，《学校党建与思想教育》2017 年第 11 期。

前思想政治教育政治理论话语以社会主义主流意识形态话语传播、教化为主要功能，通过自上而下的运行，将党和政府的路线、方针、政策通过政治社会化传导进青年学生群体之中，一系列的政治话语、文件话语等呈现在高校思政课程与课程思政教学话语、学生工作话语中，为保证传导效果，需要进一步将政治话语和文件话语和转化成学术话语、生活话语，推动理论武装与理论认同，坚定话语自信和实现话语目标。社会现代化给思想政治教育带来机遇的同时，也给思想政治教育话语创新带来多重挑战，话语主体面临可能存在的能力不足和时代新要求的挑战，话语内容面临西方多元社会思潮的挑战，传统话语传播方式面临网络新媒体挑战，受教育者面临西方敌对势力渗透争夺的挑战，部分思想政治教育话语在实践过程中对青年学生世俗世界的忽视或漠视，致使受教育者在价值理性和工具理性的冲突中、在世俗世界和精神世界的对抗中出现困惑和迷茫，最终影响政治理论话语的认知认同。

二是从学术话语维度来看，思想政治教育学科在快速发展的进程中，其学术话语体系框架和元理论“内卷化”特征明显，思想政治教育学术话语的科学性发展和合法性认同仍显不足。同时，社会对思想政治教育学术话语的认知还存在非此即彼的片面思维认识，思想政治教育学科学术话语面临的合法性危机、科学性危机等，使得社会大众对思想政治教育话语存在“审美疲劳”和“心理排斥”感。[①] 在学术话语传播过程中，思想政治教育学术话语存在内容圈层化、表达抽象化、语境刻板化等现象，用学术的语言讲政治、阐释现实热点问题等，因为话语弊端的影响，思想政治教育学术话语的影响力下降，传播效果受到影响。

三是从实践话语维度来看，思想政治教育话语创新同样面临一定的挑战和机遇，主要表现为：第一，时代快速发展需要思想政治教育话语与时俱进。党的二十大强调把教育、科技和人才发展置于重要地位，深入贯彻实施科教兴国、人才强国和创新驱动发展战略，对思想政治教育话语转型、现代化发展与时代化创新提出了新的要求。要科学把握坚持教育优先发展、科技自立自强、人才引领驱动的现代化战略安排，夯实人力资源、科技创新与巩固人才发展优势的整合协同。这对思想政治教育在发挥教育、科技和人才建设的保障和支撑作用维度提出了更高的要求。第二，思

① 徐海楠:《论新媒体境遇下高校思想政治工作话语的转型》,《学校党建与思想教育》2017 年第 11 期。

想政治教育主体间性提升的内在要求也对思想政治教育话语创新提出了一定的机遇和挑战。主体性思想政治教育存在主体单一、目标整齐划一、脱离社会生活等困境，而主体间性思想政治教育是对其困境的超越与突破。主体间性思想政治教育强调主体与主体之间的民主、平等、包容的交往对话关系，强调教育者与受教育者主体间的双向交往活动，重新确立新时代思想政治教育的主体性。第三，应对思想政治工作实践话语式微的内在要求。思想政治工作实践话语的产生是因一定的教育目标而出现的，需要达成既定的教育效果，面对新的时代背景，特别是信息化技术快速发展与应用，要想达到既定的教育效果，需要借助新媒体信息技术与平台的广泛应用。同时，也应考虑到全媒体时代多样化的话语内容、资本化的议题设置、娱乐化的话语特点、多元化的话语需求、广泛的话语主客体等新特点，都给思想政治教育话语带来了挑战，话语传播的特点由以往的传统思想政治工作者的主导式向辐射式转变，如何把握好新媒体传播速度“快”的优势，破解其带来的“浅”阅读、议题不聚焦等弊端，成为思想政治教育实践话语创新的时代必然。

二、思想政治教育话语创新的时代境遇

新时代思想政治教育话语创新的时代境遇涉及思想政治教育社会存在上，如社会、历史、文化、科技、教育等多个方面的变革，涉及世情、国情、网情等宏阔时代背景和微观叙事。

（一）全面推进中国式现代化是思想政治教育话语创新的叙事场域

从邓小平提出的“中国式的现代化”[①]到新时代习近平总书记提出的“中国式现代化”的时代演进，体现了社会现代化是思想政治教育话语创新的时代场域。所谓社会现代化，就是指从传统社会向现代社会的变迁，是一个基于科学技术重大进步、生产力迅速发展在生产、生活、社会治理和社会面貌各方面发生深刻变革和不断提升的历史进程。[②]中国式现代化不仅呈现出现代化的普遍性特征，也有基于中国国情的中国式鲜明特色。

① 注：邓小平指出：“中国式的现代化，必须从中国的特点出发。”（引自《邓小平文选》第二卷，北京，人民出版社 1994 年版，第 164 页。）

② 冯虞章：《探究人类社会现代化进程的历史逻辑》，《红旗文稿》2023 年第 8 期。

中国社会变迁经历了从计划到市场、从集中到分散、从一元到多元、从固定到流动以及从封闭到开放的社会变革。思想政治教育作为育人的工程，由于社会现代化水平的不断发展，也经历着整体性的结构转型。思想政治教育话语作为系统要素之一，“在遭遇社会现代性带来的冲击的同时其自身也需要做出调适，以适应现代社会的剧烈变迁”①。随着中国特色社会主义进入新时代的历史方位，中国式现代化成为学术界和理论界密切关注的学术论题与实践话题。

从治国理政高度来看，全面推进中国式现代化实现中华民族伟大复兴是我们党推进现代化的发展主题和发展任务，“中国式现代化目标表现在高品质生活、全体人民共同富裕和促进人的现代化等三个方面”②，“中国特色社会主义文明新形态是中华文明的当代形态、社会主义文明的中国形态、现代化文明的超越形态”③。这对思想政治教育话语创新提出了新的任务和目标要求。特别是专业的思想政治教育理论工作者来看，需要从理论角度和实践维度对这个话题进行剖析，从理论逻辑、历史逻辑、时代逻辑与实践逻辑等维度进行相应的理论话语宣传、学术话语阐释和生活话语融通。作为思想上层建筑的意识形态话语叙事，建立在经济基础和社会基础发生转型变化时，思想政治教育话语叙事其话语内容、话语表达、话语传播等必然也会与之相对应地发生变化与遭受冲击挑战。第一，给“经院式”的话语表达带来挑战。传统的话语表达是以教师为中心，“经院式”的话语表达更多呈现为教师宣读讲稿，学生逐字逐句进行笔记记录，上课记笔记，下课对笔记，考前背诵笔记。话语表达过程忽视受教育者主体性的发挥，更多的是注入式的表达而不是启发式的表达。随着社会现代化和中国式现代化进程不断深入，受教育者的头脑绝不仅是被动储存知识的仓库，“经院式”的话语表达不仅抑制了学生学习主动性的发挥和创造能力的培养，割裂了完整的教学过程，更是把教师和学生放在了对立面。第二，从机遇的角度来讲，今天的中国日益走近世界舞台的中央，也就是说，比任何时候都更有能力和信心实现中华民族伟大复兴。新时代的青年学生他们更多是平视世界的一代，他们加强了对中国式现代化道路的理论自信、制度自信和文化自信。作为理论形态、实践形态和制度形态等于一体的“中国式现代化”这一重要时代主题，如何从利益、制度、情感还有

① 孙其昂等:《思想政治教育现代转型研究》，北京，学习出版社 2015 年版，第 281 页。
② 洪银兴:《中国式现代化：目标、进程和道路》，《学海》2023 年第 3 期。
③ 刘建军:《论中国特色社会主义创造了人类文明新形态》，《中国社会科学》2023 年第 3 期。

价值认同等角度与高校青年学生产生紧密的关联度，特别是能够产生情感上、思想上和心理上的共鸣共振，这对于思想政治教育话语内容与话语效度等会产生重要影响。

思想政治教育话语创新是应对社会现代化的应有之义。中国式现代化呈现为从传统农业社会向现代工业社会转变以及向信息社会、智能社会转变的历史进程，涵盖着经济、政治、文化和社会心理等方面的现代化。近代中国社会现代化经历的洋务运动的器物现代化、戊戌变法和民主共和的制度现代化，以及新文化运动思想启蒙运动等现代化范式探索，为中国式现代化奠定了基础。邓小平提出“中国式的现代化”擘画了从全面小康、基本实现和全面实现现代化的分步走战略安排。党的十八大以来，以习近平同志为核心的党中央提出了中国式现代化的理论体系，强调：“我国现代化是人口规模巨大的现代化，是全体人民共同富裕的现代化，是物质文明和精神文明相协调的现代化，是人与自然和谐共生的现代化，是走和平发展道路的现代化。”[①] 中国式现代化强调坚持和发展中国特色社会主义，坚持党的领导，坚持推动“五位一体”总体布局和“四位一体”战略布局，坚持工业化、信息化、城镇化、农业现代化“并联式”的叠加发展与系统推进，打破了“现代化等同于西方化、美国化”惯性思维，创造了人类文明新形态。中国式现代化强调人始终是现代化的核心和主体，打破了西方以资本为中心的“西式现代化”发展路径。中国式现代化集中体现出以人的发展为实践主题，将美好生活需要的满足作为人的全面发展的内在动因，将劳动教育作为实现人的全面发展的实践形式，以推进共同富裕夯实人的全面发展的物质基础，实现了强国建设逻辑、民族复兴逻辑、社会主义发展逻辑和现代化创新逻辑的辩证统一。思想政治教育作为治国理政的重要方式和发挥居于生命线地位的重要作用，是实现立德树人根本任务的重要阵地，也承担着为中国式现代化提供思想保证、精神动力和人才支持的重要功能。思想政治教育话语体系也需要与中国式现代化“复兴话语”相互契合和相互成就，推动中国式现代化话语体系贯通思想政治教育全过程。“推进和拓展中国式现代化离不开党的思想政治教育这一优良传统和政治优势的价值引领力、精神推动力、理论指导力和关键保障力赋能。”[②] 这就决定着思想政治教育既要以全过程贯通、全方位覆盖的方式推

---

① 《习近平著作选读》（第二卷），北京，人民出版社 2023 年版，第 401 页。

② 黄蓉生、耿靖：《思想政治教育赋能中国式现代化》，《理论与改革》2023 年第 1 期。

动现代化进程，又要在中国式现代化中不断推动思想政治教育话语的现代化发展和思想政治教育学科建设的科学性提升，“构建高校思想政治教育体系，在拓展中国式现代化中推动思想政治教育守正创新”[①]。

（二）社会主要矛盾发生转化是思想政治教育话语创新的现实之域

社会主要矛盾是指“在复杂的事物的发展过程中，有许多的矛盾存在，其中必有一种是主要的矛盾，由于它的存在和发展规定或影响着其他矛盾的存在和发展”[②]。社会主要矛盾的变化决定社会主要任务要与之相适应发生变化。党的十九大报告提出社会主要矛盾已经转化为“人民日益增长的美好生活需要和不平衡不充分的发展之间的矛盾”[③]。社会主要矛盾规约着思想政治教育的内容，社会主要矛盾的变化意味着党和国家的工作重心发生变化，进而意味着思想政治教育话语也要与之相适应地发生变化，并进行守正创新。从社会主要矛盾发生转换的时代背景下谈话语创新问题，自然就说明思想政治教育话语叙事现状是令人不满的，或者说是存在问题的，有进一步提升和提高的空间。具体而言，主要涉及话语创新“何谓”“何以”“何样”“何为”等问题。而针对这些问题的回应则成为话语创新研究的应有之义。

我国社会主要矛盾是不平衡不充分发展和人们对于美好生活需要之间的矛盾。这个里面就涉及一个问题，既然是不平衡不充分的发展，说明现在我们主要的一个问题是供给和需求之间的张力问题，或者说是发展失衡的问题和人们对美好生活的需要的张力。其中有一个美好生活需求的要求比以前变得更高了，既肯定人们的美好生活需要，也包含着均衡发展的需要。我们国家特别是思想政治教育话语，现在就面临这样一个话语论域的契合性的问题。一些思想政治教育工作者，特别是思政课教师在讲授思想政治理论课或进行理论传输传播的过程中，更多是照本宣科。面对一些问题，再加上当下社会的环境和舆论生态的一些不利影响，一些老师也不敢或者说不想去展开论述，采取回避矛盾和逃避问题的做法。而那些愿意讲

---

① 有学者强调需要从强化政治引领、凝聚思想共识、培育时代新人、夯实文化根基、拓展国际传播等维度，明确思想政治工作在中国式现代化中的使命；需要从构建现代制度体系、现代话语体系、现代方法体系、现代质量体系等方面，加快推动思想政治工作的现代化创新。参见刘宏达：《中国式现代化与思想政治工作的使命》，《学校党建与思想教育》2022 年第 21 期。

② 《毛泽东选集》（第一卷），北京，人民出版社 1991 年版，第 320 页。

③ 习近平：《决胜全面建成小康社会　夺取新时代中国特色社会主义伟大胜利——在中国共产党第十九次全国代表大会上的报告》，北京，人民出版社 2017 年版，第 11 页。

的教师在讲这些问题的时候由于缺乏理论深度和政治高度，容易陷入讲不深、讲不清、讲不透的“窘境”，加之在话语表达和话语艺术上又存在枯燥乏味无趣和说教等，“思想政治教育话语面临解题能力不强、时代张力不够的现实困境”①，自然给青年学生带来一种“老师讲的是我所不需要和无用的”感觉。在话语表达和话语内容上出现问题以后，在话语传播方面，因为高校的思想政治教育话语更多的是在有限的课堂或在特定的空间场域完成，以至于思想政治教育理论、学术和生活话语的效度方面“不解渴”，不能回应和满足社会需求。可见，我国社会主要矛盾的变化，对于思想政治教育话语内容、表达、传播和效果，其实都构成了机遇和挑战。如果说能够抓住机遇，解决好挑战，机遇将会进一步得到强化。同理，如果说挑战没能得到解决，机遇又没有很好地把握住，可能在这个过程中就会影响思想政治教育话语创新效果。因为时代环境发生变化了，思想政治教育话语本身就是现实生活的一个产物，既然现实生活中场域语境发生了变化，自然也要进行相应的变化和创新，这就要求我们要与时俱进地推进思想政治教育话语创新。

（三）掌握意识形态话语权是思想政治教育话语创新的治理之需

话语作为意识形态政治的言语符号系统，建构意识形态话语权和领导权是思想政治教育话语叙事的应有之义和内在要求。当前，意识形态斗争异常激烈，历史虚无主义、新自由主义思潮、极端个人主义等西方多元社会思潮影响思想政治教育话语创新的社会生态，必须要正视并进行针对性批判，这是无法避免的一个意识形态话语权问题，不管重不重视或者当不当回事，多元社会思潮的危害就在那里，想躲也躲不掉，想绕也绕不开。因为这些挑战与风险就在我们的生活中，不管是在现实生活中，还是在网络社会中，都是存在并成为挑战社会主义主流意识形态话语权的重要话语内容和话语形式。西方先发的现代化国家依靠长期掌握的文化霸权、话语霸权和传播技术优势所设置的“文化陷阱”“话语陷阱”，就是在文化上对中国的压制②。比如以历史虚无主义思潮为例，主要是通过立足于唯心史观进行丑化、戏说、抹黑英雄，曲解历史，“可分为认知类型、价值类

① 陈华洲、赵耀：《社会主要矛盾转化视域下思想政治教育的现代转型》，《思想理论教育》2019年第2期。

② 李敬煊、黄平森：《新时代中国式现代化话语体系的建构与发展》，《社会主义研究》2022年第1期。

型和政治类型的历史虚无主义三种类型”[①]，通过对社会主义主流意识形态进行攻坚，借助新媒体和文化形式进行隐性渗透，在现实和网络社会领域进行多维度软性渗透与传播，“否定中国走社会主义道路的历史必然；否定中国共产党对中华民族的历史贡献；通过重述历史，造成人们历史观和历史认知的混乱”[②]。当我们进行思想政治教育话语内容传播与内化的过程中，教育对象可能就会面对正确和错误两种内容的迷思。如何帮助教育对象在思想上对他们进行拨乱反正，拨清迷雾让他们认识到历史虚无主义，包括这些其他多元社会思潮在内容上的错误性以及对他们的影响和毒害，这在话语内容上就构成了现实挑战。构建以马克思主义为指导的意识形态话语体系和坚定大历史观，是新时代思想政治教育话语创新发展的内在要求。袁银传提出，马克思建构了一套面向于“掌握群众”、服务于“改变世界”和指向于“人类解放”的无产阶级意识形态话语体系，体现了批判性与建设性、科学性与价值性、阶级性与人民性、理论性与实践性、民族性与时代性相统一的基本特征。[③] 话语主体要坚持话语内容的科学性和时代性，推进话语形式的民族性和大众化；坚持党性和人民性的统一，综合运用多种媒介进行话语传播，增进思想认同、政治认同和价值认同。还应提高话语主体的网络素养，精准把握人民群众需求，坚定人民中心的根本政治立场，把握历史发展进程，立足中国特色社会主义伟大实践，推进社会主义意识形态话语权建设。

（四）智能时代信息技术快速发展应用是思想政治教育话语创新应有之义

随着社会现代化进程的不断推进，信息技术快速应用与不断迭代创新，以智能技术与“信缘”为主要特征的新型智能社会形态对思想政治教育创新发展带来现代性挑战与风险的同时，也对思想政治教育话语创新带来双重现代性效应。一方面，人工智能技术应用对思想政治教育话语创新提出新要求。人工智能、元宇宙、大数据、ChatGPT 等快速应用与迭代，吸引社会广泛关注，呈现一片追捧之势。但在热度不减的情况下还需要思想政治教育学科特别是思想政治教育者的“冷思考”和辩证对待。特别是智能技术快速应用不断提升高校思想政治话语的数据采集、分析、整

① 张有奎：《三种类型的历史虚无主义及其批判》，《马克思主义与现实》2019 年第 1 期。

② 杨军：《历史虚无主义思潮的兴起、实质、危害与抵制》，《湖北社会科学》2017 年第 8 期。

③ 袁银传等：《论马克思意识形态话语建构的历史演进、基本特征和当代启示》，《马克思主义理论学科研究》2021 年第 12 期。

合、利用、创新能力等，智能算法大数据聚焦于“多模态学习分析、适应性反馈、人机协同这三类智能化形态”[①]，带来了话语表达、传播载体、话语空间更加的丰富，社会思潮传播的形态与方式已经渗入新闻推荐、机器翻译、图像识别、人机交互等人工智能应用场景之中，呈现出深度学习、跨界融合、人机协同等多元形式。ChatGPT 所营造的信息交互与话语互动空间中，呈现出高效率、瞬时性和互动性，思想政治教育者沉浸在单向度的“技术合理性”中，容易被人机互动中的话语情境缠绕，丧失反思批判的意识与能力。“数据思政以大数据信息作为辨知来源和决策依据，以大数据思维优化思想政治教育理念，以大数据技术重组思想政治教育实践结构。”[②] 要主动学习并跟踪智能技术前沿动态，科学设置智能技术应用于思想政治教育的标准化、制度化、体系化运转过程，防范思想政治教育话语传播过程中涉及的数据隐私、数据鸿沟、数字安全、数字伦理等各种风险挑战与伦理僭越。另一方面，随着智能时代的到来，智能社会以“数据”为核心，数字化的交往行为方式不断侵入现实世界，把直接交往重组成合目的性的数字化间接交往。

“智能技术范式”构成了对人公开的或隐蔽的宰制。智能科技和算法技术可以通过用户获取信息偏好的采集，进而对用户的选择、行为习惯形成潜在控制，进而形成“信息茧房”，话语主体能动性退化。长此以往，同时“不可避免造成价值冲突、失序，撕裂主流意识形态价值共识”[③]。此外，随着整个社会智能化技术发展与应用，容易使人的主体性和能动性受到影响，容易异化为庞大机器的“附庸”“物化”的“单向度”的人。马克思阐明机器对人的异化问题：“劳动用机器代替了手工劳动，但是使一部分工人回到野蛮的劳动，并使另一部分工人变成机器。劳动生产了智慧，但是给工人生产了愚钝和痴呆。”[④] 以大型语言模型 ChatGPT 为例，“不仅能够分析大规模的思想行为数据，还能在一对一交互中对个体思想行为数据进行精确分析，个体的思维特征、行为习惯在技术洞悉中无处藏

---

① 陈凯泉等：《教育人工智能（EAI）中的多模态学习分析、适应性反馈及人机协同》，《远程教育杂志》2019 年第 5 期。

② 唐良虎、吴满意：《数据思政：基本意涵、生成逻辑与实践样态》，《思想理论教育》2022 年第 5 期。

③ 赵建波：《智能算法推荐视域下思想政治教育的问题研判与应对策略》，《思想教育研究》2019 年第 12 期。

④ 《马克思恩格斯选集》（第一卷），北京，人民出版社 2012 年版，第 53 页。

身”[①]。ChatGPT 作为人工智能的产物，实现了话语生产的智能化和精准性，为传统思想政治教育话语生产带来挑战。在信息技术与思想政治教育深度融合互促形塑的同时，“如何对真实存在的虚实场景、思想行为等关联逻辑进行数字化”[②]成为亟待协调与整合的问题。总之，智能时代人工智能应用需要思想政治教育进行导向与规约的同时，智能技术开发与应用也需要内含价值观的主流意识形态融入与引领方向。如何创新智能时代思想政治教育的话语内容、话语表达、话语传播等问题，成了新的时代课题。

三、信息技术对思想政治教育话语的现代性解构影响

信息技术的快速应用与发展对思想政治教育话语创新带来了解构与建构的双重现代性影响。本书以作为生成式人工智能的 ChatGPT 为个案进行分析。ChatGPT 在赋能思想政治教育话语变革的同时，也以其工具理性深度解构了传统的话语内容生产方式。在这种生产方式下，ChatGPT 容易宰制话语主体间性的交往理性，销蚀主体的情感性功能，削弱主流话语的传播力，与之相伴的是意识形态安全风险加剧。

（一）关系失调：话语主体间性式微

随着数智技术的发展，思想政治教育话语生产不再局限于教育者的角色扮演，受教育者越来越多地参与或影响话语创造、话语传播。ChatGPT 介入思想政治教育话语，不仅转换了双向互动的主客体关系，而且宰制了话语主体间的交往理性。第一，销蚀主体能动性。ChatGPT 所营造的信息交互与话语互动空间中呈现出高效率、瞬时性和互动性，思想政治教育者沉浸在单向度的“技术合理性”中，容易被人机互动中的话语情境缠绕，丧失反思批判的意识与能力。在智能算法的干预下，受众使用 ChatGPT 时，所接收到的是话语信息被直接分发，不能依据自身特点及发展需要自

① 王少：《ChatGPT 介入思想政治教育的技术线路、安全风险及防范》，《深圳大学学报（人文社会科学版）》2023 年第 2 期。

② 注：在强化技术应用的同时，也要警惕技术异化和僭越，正如有学者指出技术应用的负面效应：“那种带着理性、憧憬和对彼此心中的热爱与柔情的面对面的对话交流被屏对屏代替；那种开启幽闭的思绪、放飞囚禁的情愫、唤醒着彼此心中的眷恋与期待被抖音网红挤占。”参见卢岚：《从互联网到 ChatGPT：思想政治教育的技术重塑与建构逻辑》，《探索》2023 年第 2 期。

主选择，长此以往，受众会不自觉地依赖智能化信息供给，其价值信仰、情感认知、思想理念和行为方式等趋向消极被动，自身的信息主体性也在享受“信息投喂”中而逐渐消解走向“单向度”的人，引发“忽视人的自由意志和被遗忘权、预防式惩罚和个性化歧视”[①]等风险。第二，解构主体间性。ChatGPT 在撇去主体主动性的同时，也以技术手段实现的推测判定进一步解构了话语创造的主客体互动关系。一方面，在机器创造的“个性化”信息互动中，智能算法推送未经主体审视话语时会进行机械化信息输送，人的主体性在无限的驯化中成为智能机器人的训练客体，导致教育过程中生动和鲜活的话语传输方式出现倒退，人的主体性话语转化为机器的结果，出现“人的语言物化症候”[②]的异化现象。另一方面，伴随主体对 ChatGPT 的过度依赖，话语受众失去了基于主体意愿及切身实际的价值选择权利，受众在训练 ChatGPT 时反而被规训，逐渐弱化其在话语交往中人的主体能动性，导致思想政治教育话语主客体脱离了话语交往的平等、和谐人际关系的本质规定。

（二）技术僭越：主流话语价值弱化

思想政治教育话语承载着具象性与抽象性的话语内容，不局限于简单的事实描述的解释功能，更在于价值建构、情感弥合的关切。但不可忽视技术僭越价值引领的问题。

第一，销蚀主体参与客体话语创造的情感性价值。情感性特征是话语能够被客体接受的重要原因。不同于以往的智能机器产出的生硬性话语，ChatGPT 的话语训练使得输出风格明显附加了情感性，提升了“柔性”，可以将话语转化成“善解人意”的情感语言，对外呈现出“动之以情”的样态，这就导致本应居于主导地位的话语主体面临“失声”。ChatGPT 的技术理性“赋魅”代替了主体的主体能动和人文精神，以致话语内容所蕴含的丰富人文精神和深厚思想意涵容易被消解。作为情感机器的 ChatGPT“促成了线上集体欢腾和狂欢，但虚拟世界短暂的情绪波动取代持续深层的现实情感联系，势必加剧个体亲密性圈层的塌陷和中介性联系

① 常宴会：《思想政治教育应用大数据技术的风险及其化解路径》，《河海大学学报（哲学社会科学版）》2022 年第 3 期。

② 令小雄、王鼎民、袁健：《ChatGPT 爆火后关于科技伦理及学术伦理的冷思考》，《新疆师范大学学报》2023 年第 4 期。

的缺失"[①]。

第二，难以生产满足多元主体思想情感的话语内容。一方面，ChatGPT定位在语言处理的言传与机械生成，对类似意会知识及其表达并不能完全结合语境进行全面语义分解和精准选定。实际上，人类的语言交流不仅局限于字面意思，更多是"只可意会、不可言传"。ChatGPT不能领会涉及语言背后的日常生活知识、历史文化背景知识、心理情感愿望等信息因素，困囿于机器"算法"贫困的思想生产能力，无法生成引起受众情感共鸣的话语。另一方面，当直接运用ChatGPT生成具有思想引领性的主流话语时，生成的话语往往突现出主题偏离、价值虚无、语焉不详等问题，难以准确表达思想政治教育中的重要观点和表述，话语思想性降低，加上人们分辨信源真伪能力不足，受众对思想政治教育内容的理解易出现偏差，产生误解和误导，从而减弱了思想政治教育话语的价值引领力，影响主流意识形态话语权的建构。

（三）圈层区隔：话语传播壁垒增加

囿于技术自身缺陷、主体素养不齐等，"信息茧房"与圈群效应在ChatGPT的应用中愈加明显，影响思想政治教育话语传播实效。

第一，"信息茧房"效应加剧。当ChatGPT任由受众需求自主使用时，受教育者更加倾向接收符合自己兴趣的同质信息，忽略或抵触其他异质信息，用户对私人领域的过度关注会损耗其在公共议题方面的关注度。由此在技术资本与编码信息裹挟下，通过"过滤气泡"与"羊群效应"而构筑了信息茧房，受众将茧房内的话语认同误认为是社会认同特定话语在圈层化传播。长此以往，"群体传播中的信息级联与群体极化加剧了观点认同"[②]，ChatGPT将受众自发交流中的个体观点和态度推向非理性化，群体在无意识中增厚了思想政治教育话语传播壁垒。加之各类圈层的语境差异，主流话语渗透面临极大困难，完整话语叙事不断解构成碎片化信息流，销蚀了思想政治教育话语的凝聚社会共识功能。

第二，ChatGPT脱离传统话语传播矩阵。ChatGPT通过个体赋权更进一步地将传播的整体范围扩张，用户个体或群体通过分众化优势以"裂变式"实现话语分众传播和迭代传播，打破了传统的自上而下的单线性传播

① 成伯清：《自我、中介与社会：作为情感机器的互联网》，《福建论坛》2021年第10期。

② 刘旸、喻国明：《智能互联时代舆论治理的价值重构》，《传媒观察》2023年第4期。

关系和线性互动空间。但在 ChatGPT 建构的非线性传播矩阵中，夹杂着真伪难辨的话语信息，虽能满足受众多样化的信息需求，却容易造成认知错位和价值混乱，导致受众话语传播呈现出“去中心化”状态。此外，当“隐蔽化”的非主流话语信息到达临界状态时，用户任何微小的网络话题都会恰如“蝴蝶效应”般刺激整个话语系统的暗流涌动，导致舆情监测难以把控、反动言论难以遏制，思想政治教育话语进场难度增大。

（四）话语霸权：意识形态风险加剧

ChatGPT 并非无关价值关涉的产品，其语料库、数据库、技术运维、应用场景等无不体现意识形态性和导向性倾向，“生成式人工智能具有明显的意识形态倾向”[①]。

第一，ChatGPT 信息交互内容易诱发潜在的意识形态风险。一方面，ChatGPT 以西方语言及知识体系训练为基础，其生成文本的基本格式再次强化了英文及其所内嵌的话语权力的优势，中文话语权力持续弱化，西方话语霸权致使我国意识形态领域斗争处于被动状态。另一方面，ChatGPT 以“中立、客观”自居，实际上充斥着双标、矛盾。ChatGPT 建立在人类长期形成的大量互联网数据的基础上，其数据直接受到研发公司及技术人员的价值“投喂”，夹杂着人类社会长期存在的诸多偏见、歧视等“噪声数据”，不可避免会影响思想政治教育话语领导权生成。

第二，ChatGPT 技术应用催发话语权力僭越。究其本质，ChatGPT 仍是一种“权力的媒介”，是一种“意识形态引领的技术范式，涉及对传播权力的分配”[②]，而不是仅仅局限于作为技术手段的工具。在算法黑箱的操纵下，传统人工信息生产与编辑被技术和算法所替代，ChatGPT 作为“把关人”有着影响甚至是操纵着公众的认知及判断的技术优势和潜在风险，造成政治与技术互嵌、真相与谎言杂糅，话语意义、话语传播以及话语认同层面都被技术异化，本质仍是被资本裹挟的意识形态话语权的争夺，ChatGPT 在技术的包装下沦为意识形态世界机器。实际上，用户在使用时也一定程度推动了占据技术话语权制高点即由技术驱动西方价值的渗透，

---

① 蓝江：《生成式人工智能与人文社会科学的历史使命——从 ChatGPT 智能革命谈起》，《思想理论教育》2023 年第 4 期。

② 吕尚彬、黄鸿业：《权力的媒介：空间理论视域下的智能媒体与公众参与》，《湖北大学学报》2022 年第 5 期。

公众深陷“政治情感依恋”[①]，催生出诸如“历史虚无”“价值虚无”“数字殖民”等风险，导致意识形态安全风险越发呈现出隐蔽化、全域化、复杂化的特点。此外，ChatGPT 为了证明自身的智能性，会输出虚假编造的文本话语，当别有用心者将错误社会思潮渗入算法程序中，在没有审核校对的情况下，这种误读及其偏执论证会转嫁到人身上，不明真相的主体最终成为错误思潮的推手，不断解构人们已经成型的符合主流意识形态的认知。

可见，ChatGPT 促使话语变革的同时，衍生出潜在风险。为了充分发挥技术优势，应当“把机器与机器的资本主义应用区别开来”，保持 ChatGPT 工具理性和价值尺度的张力，加强信息技术应用与治理，推动思想政治教育话语创新发展。ChatGPT 通过自然语言处理以及人类反馈学习机制等获取了参与对话的能力，从具有多元化语言元素的语料库中进行问题层层解码，在人机对话、反馈学习中及时修正答案，成为能够创造新内容的话语生成机器，这种“创新”重构了传统技术介入思想政治教育话语的范式，带来解构与重构、机遇与风险并存的双重现代性效应。新时代推进思想政治教育话语创新，必须主动作为、科学应对，不能仅仅局限于应用信息技术的方法，也要着眼于信息技术快速发展反映的社会现代化及其对思想政治教育话语权的影响，明确技术的法律伦理边界、构建人机智联的话语主客体关系、优化话语传播空间生态，开拓思想政治教育话语发展新领域，推动话语理论与实践创新发展。

四、新时代思想政治教育话语创新的结构分析

唐爱军从“认知—解释、价值—信仰、目标—策略”等层面建构了意识形态工作挑战回应机制[②]，这对思想政治教育话语创新体系提供了参考借鉴。思想政治教育话语创新体系包括多种维度。从时间形态来看，在“传统—现代”框架下形成的传统思想政治教育话语与现代思想政治教育话语。从空间形态来看，可以分为政治领域、经济领域、文化领域、社会领域和生态领域的思想政治教育话语等形态。思想政治教育话语结构可以

① 张爱军、贾璐：《ChatGPT 的公共政治舆论情感驱动及其调适》，《探索》2023 年第 3 期。

② 唐爱军：《习近平关于意识形态工作的方法论》，《中国特色社会主义研究》2014 年第 6 期。

分为意识形态型话语型、学术型话语和生活型话语 3 种形态，分别对应的“价值—信仰”维度的政治话语体系、“认知—解释”维度的学术话语体系、“方法—策略”维度的生活话语体系。

（一）“价值—信仰”层面的意识形态型政治理论话语体系

孙迎光认为：“意识形态型的思想政治教育存在于思想政治教育前学科建设时期（从革命战争年代到计划经济时代）和学科建设初期。”① 大学生政治认同是通过话语表达、话语传播而获得意识形态影响。“有些意识形态是通过特别设计的教育话语来获得的，也就是说通过特别的群体成员的教学。”② 因为意识形态内容在很大程度上是通过话语阐述、论证、表达或理解等符号信息来得以明确表达、理解、说明和认同。思想政治教育意识形态型话语形态体现的不仅是大学生群体的知识，而且也体现为高校思想政治工作共同体运用于自身活动及参照群体活动的规范、价值、评价等。

思想政治教育政治理论话语是以马克思主义理论话语、多学科理论知识话语和思想政治教育基本理论话语为主导的。“思想政治教育的政治本质规定了思想政治教育系统及其理论、地位、作用、原则、目标、任务、内容、方法、队伍等要素的社会性质。”③ 思想政治教育学科化建制以前，其话语功能大多停留于工具性的传播、传导、输送思想政治教育信息或内容的阶段，承担政治动员、思想保证、舆论引领等功能。在思想政治教育学科话语中，我们不难看到党的相关历史文件和重要政治领导人的讲话在教科书、学科专著论文中的重要显现。“通过对意识形态作创造性的解释，从而发展出一种具有中国特色的执政党意识形态新的话语系统，使革命意识形态逐渐转化为对市场经济以及对外开放方针具有论证功能的、与改革开放新时期相适应的意识形态的理论话语。”④ 政治动员整合思想政治教育和政治活动，政治话语、文件话语等权力话语成为思政治理论话语的主导。从学科发展史的维度来看，思想政治教育学科已成为具有中国特色、中国风格、中国气派的人文社会科学，构建起独具特色的话语体系和

---

① 孙迎光：《思想政治教育的三种形态》，《河海大学学报（哲学社会科学版）》2016 年第 2 期。

② 〔荷〕图恩·梵·迪克：《话语研究：多学科导论》，周翔译，重庆，重庆大学出版社 2015 年版，第 349 页。

③ 孙其昂：《关于思想政治教育本质的探讨》，《南京师大学报》2002 年第 5 期。

④ 萧功秦：《改革开放以来意识形态创新的历史考察》，《天津社会科学》2006 年第 4 期。

知识结构，研究框架从“经验描述”到“哲学思辨”，话语表达从文件工作话语到“理论—学术—生活”话语的复合式话语转型，专业建设与学科发展齐头并进，思想政治教育政治理论话语的价值理性逐渐觉醒。

新时期推动思想政治教育政治理论话语主导权建构，需要强化政治理论话语的理论阐释彻底性和实践性：“第一，是理论的彻底性。第二，是理论的实践性。”[①] 思想政治教育是做人的思想的工作，是实现合法性、合情性、合理性的统一，是实现目的和手段的统一，“最充分地利用人类现有的物质资源和智力资源，使个人和所有人得到最充分的发展”则是真实的需要”[②]。思想政治教育领导权获得来自社会成员的认可和同意，能够为政权提供政治合法性和道德合理性的基石。要坚持中国立场，彰显学科特质，深化学术创新。应坚持问题导向，增强问题意识，通过深入调研分析研判新时代思想政治教育发展面临的时代问题、理论问题与学科问题；应把强化提问自觉作为重要切入点，在追溯历史、比较分析、实践体验中，不断推进“范式化提问”的实质性创新。[③] 通过转换研究范式、创新研究方法，拓展研究领域、深化学科群建设，加强理论研究与实践领域的联动机制建设。[④]

（二）“认知—解释”层面的思想政治教育学术型学术话语体系

作为一种学术共同体而存在的思想政治教育话语体系是以思想政治教育学科为基础，以专业知识体系为内容的学术系统。思想政治教育学术话语形态是理论研究、学科建设实践上形成和发展起来的话语内容表达、话语传播与话语认同等现象的表现样态。思想政治教育学术话语形态生成于学科共同体的科学研究、理论思辨、知识生产与学术交互等科学研究与知识创造活动之中。“具有学术语言和学理支撑的意识形态，影响力会更大。把意识形态置于学术、学理之中，用学术、学理方式阐释意识形态，效果会更好。”[⑤] 以思想政治教育学科建设、学术研究为重要依托的学术形

---

① 侯惠勤：《意识形态的变革与话语权》，《马克思主义研究》2006 年第 1 期。

② 〔美〕赫伯特 · 马尔库塞：《单向度的人》，刘继译，上海，上海译文出版社 1989 年版，第 6~7 页。

③ 任志锋、姜泓滢：《思想政治教育自主知识体系建构的依据、方法与切入点》，《思想理论教育》2023 年第 3 期。

④ 董雅华、舒练：《建构中国特色思想政治教育学科自主知识体系论析》，《思想理论教育》2023 年第 2 期。

⑤ 韩庆祥：《话语建设的核心首要是理论建设》，《理论视野》2018 年第 10 期。

态存在方式，推动了思想政治教育学术话语形态的创新发展。“思想政治教育学术形态具有相对独立的品格，它以思想政治教育科学研究为实践方式，以构建思想政治教育专业知识体系为根本任务，以文件、教材、专著、学术论文、工具书为成果形式，遵循思想政治教育科学研究的规范性，并以学术共同体为组织形式。”①思想政治教育学科建设为思想政治教育学术话语形态搭建了发展平台、专业建设与学术研究，形成了理论话语形态。

理顺学术自治组织与行政管理组织之间的关系。思想政治教育学科研究主要由教育行政部门和党务宣传机构进行规制，一方面，思想政治教育学科的快速发展在较大程度上依靠行政权力的“杠杆效应”，思想政治教育学科建设在资源配置、学科分类、学科点的设置上，带有党政行政管理模式的特点，在自上而下的行政权力、权威话语、主流话语的支持保障下，似乎“取得显著成效”；另一方面，思想政治教育学术话语容易被工作话语、政治话语、权力话语所遮蔽，学科的主体性日益丧失。因此，要理顺学术自治组织与学术行政管理组织的关系、学科与专业建设的关系、教学与科研的关系，促进思想政治教育学科研究走向专业化、精细化与科学化，用理论力量、学术力量、逻辑力量促使青年学生的认知认同。

（三）“方法—策略”层面的思想政治教育实践型生活话语体系

孙迎光提出生活型思想政治教育的观点，认为“克服了从‘泛政治化’到‘去政治化’的左右摇摆，走出了为学术而学术的‘学术化困境’，具有学术性、意识形态性和人文性三重特点”②。思想政治教育话语应当关注大学生日常生活和人际交往领域，然而主流的思想政治教育话语内容与大学生的个体心理、思想观念和价值取向有距离，只有当意识形态与大学生的个体情感、社会心理相适应时，思想政治教育话语内容才能真正发挥效应。具体而言，应根据青年学生的思想与行为特点，在教育者与受教育者的思想互动关系中创新思想政治教育生活话语创新。

一是以生活话语增强话语亲和力。面对新形势和新任务，提升思政课的亲和力，要把握好思政课教学中的“四度”和“四气”。③如在教学过程中，部分教师的教学话语脱离实际，教材语言占据教学主导——简单做

① 叶方兴：《思想政治教育学术形态及其建构理路探微》，《思想理论教育》2020 年第 7 期。
② 孙迎光：《思想政治教育的三种形态》，《河海大学学报（哲学社会科学版）》2016 年第 2 期。
③ 郑洁：《提升高校思想政治理论课亲和力与针对性的路径》，《高校辅导员》2017 年第 5 期。

教材知识的“搬运工”，课堂教学从概念到概念、从原理到原理、从理论到理论——枯燥乏味、晦涩难懂。这就需要教师加强话语体系建设创新话语表达形式，用大学生喜闻乐见的话语风格讲授思想政治理论课，思想政治课教师要掌握移动互联网信息技术，适度、恰当使用“网络语言”，将政治话语、学术话语的枯燥、晦涩转化为生活化语言，强化教学话语互动，提升教学话语亲和力和针对性。思想政治教育是一个培养现实的人的素质的政治实践，是建立在马克思主义理论基础之上的思想政治教育实践话语体系，也应实现从前科学化时期的政治话语向科学化时期的公共性话语转变，推动意识形态型的政治话语、学科建设型的学术话语向实践工作型的生活话语转换，实现理性话语与感性话语相得益彰，政治话语与生活话语、学术话语与生活话语、官方话语与民间话语、教学话语与学术话语的有机结合，推动思想政治教育话语的集体叙事与个体叙事的统一。

二是探索生活话语的接受规律。恩格斯强调要“站在真正的活生生的人面前，直接地、具体地、公开地进行宣传”[①]。思想政治教育理论话语、学术话语需要探讨话语叙事中核心话语对社会制度、大众文化、社会心理的影响，找出核心话语大众化和时代化的重要机理、特征和规律。信息技术和大数据技术发展为思想政治教育话语提供了新的平台，人们不再仅仅通过书籍、报纸、杂志、电视、广播等传统媒介进行思想政治教育话语表达和话语传播，话语叙事空间也逐渐从现实场域拓展到虚拟场域。网络虚拟空间已经成为思想政治教育凝聚共识的新空间，要通过专门宣传思想政治教育的网站和软件、微博、微信等传播思想政治教育话语。一方面，助推教育主体通过政治教化和自我教育两个维度，形成特定的政治立场、政治人格和政治信念，促进主体自身的政治社会化和素质全面发展；另一方面，建构相对独立的思想政治教育工作话语创新取向、现实解题能力和社会影响力，通过思想政治教育工作话语传播，形成理论突破和思想引领，为解决大学生的思想问题提供教育保证、引领服务功能。

三是运用多样的形式开展生活化思想政治教育。要开展多形式的实践性思想政治教育。结合社会和学校实际，以形式多样的活动为载体，引导学生走出校门，深入基层，深入群众、深入实际，这是提高高校学生思想政治教育实效性的重要思路。要发挥朋辈群体和自我教育的正面影响作用。在“后喻”文化和“并喻”文化时代，朋辈群体之间的交互关系是大

① 《马克思恩格斯全集》(第二十七卷)，北京，人民出版社 1972 年版，第 24 页。

学生获得生活经验和社会信息的主要来源之一，对培养他们的社会角色和职业素养具有重要影响。高校青年学生心理发育尚未成熟、定型，他们的思想与行为变化规律的复杂性高，思想可塑性大，具有模仿、从众、认同、感染和服从等心理机制，因而也比较容易受到环境的冲击和制约。因此，在校园环境中要形成代表社会期望的高校学生朋辈群体，群体强大无形的制约力会促使学生屈从于群体行为规范，正确认识自己的社会角色，自觉遵守社会的道德规范、法律规范及职业道德。要实施沉浸式体验式教育，把思想政治教育与校园文化建设有机地结合，把思想道德教育工作理念贯穿于各项主题活动中，这是增强思想政治教育时效性的重要方式。要以校园文化活动为载体，提升大学生的职业技能，以培养合格的人才为切入点，采取项目化运作方式，精心策划、认真组织，开展多层次、多内容的高校学生文化对接思想政治教育活动；通过精心设计和组织开展内容丰富、形式新颖、吸引力强的艺术节、科技节、体育节等文化活动，把德育、智育、体育、美育、劳育渗透到实践活动中，使大学生在体验式实践活动中受到潜移默化的影响。

五、新时代思想政治教育话语创新的运行机制

新时代思想政治教育话语创新需要从话语表达、话语传播、话语认同以及话语践行等维度入手，通过洞察思想政治教育话语创新的运行机理，实现凝聚人心、实现主体间交互、建构话语权的功能。

（一）话语表达机制：引入多元表达方式提升话语亲和力

作为阐述话语的形式，有学者认为，话语表达涉及5个层次[①]：一是表层代码，逐字表达的词语和句子排列；二是文本基础，将不具语义重要性的表层细节去除，留下形式精简的显性文本所具有的语义表征；三是情境模式，即话语相关事物的指涉内容，诸如国家、事件、行动、群体、利益、过程、目标及其他类型等内容；四是类型和修辞结构，即话语类型及其结构构成；五是语用交际，一个特定社会情境是会话轮次、连贯信息或

① 〔荷〕图恩・梵・迪克:《话语研究：多学科导论》，周翔译，重庆，重庆大学出版社2015年版，第127页。

话语片段中传递的观点或信息，还包括言说参与者的意愿、态度、情感、手势和联合行动。这对创新思想政治教育话语表达提供了参考借鉴，也提出了更高要求，即要注意思想政治教育话语内容的语义、语境、话语表述与语言艺术。高校大学生处于人生成长“拔节孕穗”的关键时期，容易面临学习、情感、工作、生活、职业和就业等多方面的压力。如何创新思想政治教育话语表达机制，实现话语共通和情感共鸣，是每一位思想政治教育工作者需要思考的问题。在智媒时代，学生每天湮没在海量信息中，面对枯燥、严肃、抽象的政治话语和娱乐、轻松、具象化的娱乐话语、生活话语，学生在心理和情感上更倾向于后者。部分学生秉承“知识有用论”的学习态度，认为对自己有用的专业课才是自己的学习重点，而政治理论课作为公共课，既无用也无趣，部分老师的教学语言和话语表达内容陈旧、形式老套，出勤率、抬头率、点头率不佳，自然成为学生眼中的“水课”。

首先，扭转学生思想政治理论课“无关”论的认知误区。讲到思想政治教育话语，部分学生的第一反应往往是宏大的国家叙事和政治理论的融合，认为政治理论和宏大的国家叙事离自身比较遥远，和自身关联不大。实则思想政治教育话语不仅包括中华民族伟大复兴的宏大的叙事，也包括人民日常的生活实践。要在话语表达的过程中以小见大，把宏大的叙事通过生活故事、小人物的故事呈现出来，拉近和学生的心理距离，让同学们认识到，人民群众是历史的创造者，而自己也是人民群众的一分子，每一个人都是中国故事的书写者，更是中国梦的筑造者，国家的发展离不开每一个人的拼搏奋斗。

其次，扭转学生思想政治理论课“无用”论的认知误区。许多非马克思主义理论专业的学生认为思想政治理论课作为一门公共必修课，既不能帮助自己掌握某项技能，也不能有助于自身求职，认为是“无用”的学问。实则思想政治理论课是价值性与知识性相统一的课程。在思想政治理论课的话语表达中，通过传授马克思主义科学理论，让学生充分感受到思想政治理论课的知识性。同时，思想政治理论课作为帮助学生树立正确世界观、人生观、价值观的重要途径，是实现高等教育内涵式发展的灵魂课程，这进一步明确了思想政治理论课的价值性。思想政治理论课的知识性和价值性对于学生个人的成长成才，以及引导学生把爱国情、强国志、报国行自觉融入强国建设、民族复兴和人民幸福的使命担当中具有重要意义。因此，在思想政治理论课的话语表达中可以依据话语受众的现实需求，来选择话语的表达方式，进而扭转部分学生对于课程的错误认知。

最后，创新思想政治教育话语表述方式，扭转学生“无趣”论的认知误区。表述方式作为话语表达的技巧和方法，直接影响话语受众的感受、情绪和情感。话语主体要根据话语受众的特点，设置具有时度效的议题，增强话语引领力，运用平等交往的理念增强话语亲和力，运用潮流新颖的方式增强话语吸引力。这一点，要积极借鉴语言艺术，“善用修辞手法、常用诗词经典、巧用俗文俚语，体现了话语的生动性、哲理性和质朴性”①，通过有“理”、有“根”、有“情”的话语表达提升话语感染力、吸引力和认同力。一是巧用比喻。所谓比喻，就是打比方，也叫譬喻，是根据食物之间的相似点，把某一事物比作另一事物，使抽象事物变得具体，把深奥的道理变得浅显。在思想政治教育话语交互过程中，通常会遇到一些深奥，不能一时理解透彻的道理，或是话语对象的理解能力有限，这就需要用比喻的方法来使深奥难懂的道理简单化、具体化。在运用比喻进行说理时，应注意以下几点。首先，喻体要常见、易懂。如果所选择的喻体非工作对象所熟知的事物，就达不到比喻说明道理的目的。同时，根据不同的工作对象，可选择相适应的喻体来打比方，从而达到讲道理，转变思想的目的。其次，比喻要贴切。必须对用来打比方的喻体和所要讲明的道理之间的共同点作认真的分析和概括，如果忽视了两者之间的共同点，信手拈来，就容易出现比喻不恰当，造成事倍功半的结果。最后，比喻要有思想感情，在运用比喻说理时，应投入丰富的感情，避免呆板僵化的语气，如果感情色彩不得体，语言表达就失去了光彩。运用比喻来说理是十分生动活泼的说理方式，如果用呆板僵化的语言来比喻说理，就会丧失比喻说理的效果。二是善用幽默。思想政治教育话语交互过程就是做人的思想方面的工作，因此，涉及的问题难免严肃，在思想政治工作说理的过程中，也难免会导致气氛沉重。这在一定程度上会影响思想政治工作的效果。因此，我们在进行思想政治工作说理时，可以适当地转变说话方式，用较为轻松、委婉和幽默的说话方式来传递思想信息，传授道理，达到说服教育人的目的。幽默表现为通过机智、诙谐的话语表达使人发笑，创造一种轻松的交际氛围，传播道理和表达感情。在思想政治教育话语交互过程中，科学地运用幽默的表达方式来传达所要说明的道理和社会政治要

① 郑洁、黄必琼：《习近平语言艺术对思想政治教育话语优化的启示》，《学校党建与思想教育》2023 年第 5 期。

求，要比不加任何修饰，直白地说出更加易于理解和接受，也更有说服力。当然，进行幽默说理要选择恰当的时机和合适的说理对象，并不是所有的说理对象和说理的任何时候都适合用幽默来表达。若在说理中使用过于频繁，就会丧失思想政治工作的工作性质，阻碍工作目标的顺利实现。三是巧用典故。要将所要传达的道理寓于故事中，通过对故事的阐述来达到传达道理的效果。第一要熟练掌握大量的典故，这样在需要使用时才能用得上；第二要准确理解有关典故的正确含义和使用方法，避免用错、用偏，而产生笑话，影响意思表达；第三要选择耳熟能详的典故来传达道理。

（二）话语传播机制：掌握分众话语传播渠道增强话语的引导力

思想政治教育话语的传播既要体现意识形态的引导性，又要体现理论逻辑性和受教育者的接受性。思想政治教育话语传播机制具体包括 3 个方面的内容：一是话语传播情境塑造机制。传播主体与对象之间的信息互动会塑造一个思想政治教育话语传播的情境，在这个情境里会对信息传播内容进行针对性的选取、碎片化的加工和多样化筛选等。二是话语信息渗透传播机制。从传播学理论来看，舆论的形成源自信息传播内容的类似性所产生的情感共鸣效果、信息传播的连续性和重复性产生信息累积效果以及信息传播到达范围的广泛性和普遍性产生深远效果。思想政治教育话语信息通过生活进行渗透，即立足于个体的日常生活，进行普遍性、重复性、隐蔽性、广泛性的渗透传播，为建构思想政治教育话语权提供基础。三是话语信息内化机制。思想政治教育话语传播受众群体的信息接收方式呈现为主动选择、积极反馈和自觉内化三大过程。既源自独立性、个性化的大学生主体的个性化选择，也源自朋辈群体或网络交互空间之间多元主体的交互互动关系。正是在信息传播和情感互动的交互过程中，形成话语信息内化。因此，要把握思想政治教育话语传播情境塑造、渗透传播与认同内化这一运行机理，更好地建构话语主体的传播权、话语主题的设置权以及话语载体的使用权，提升话语传播的广度和效度。

第一，拓展话语传播场域。新时代话语传播不再局限于传统现实空间，特别是“新媒体”信息技术的快速发展使得网络虚拟空间也日益成为思想政治教育话语传播场域。囿于技术自身缺陷、主体素养不齐等，“信息茧房”与圈群效应在 ChatGPT 的应用中愈加明显，影响思想政治教育话语传播实效。思想政治教育话语必须因事而化、因时而进、因势而新，将思想政治教育话语传播的方式提升到现实与虚拟的相互融合的新形态。思想政治教育话语要发挥“润物细无声”和“盐融于水”的效果，就必须打破传播方式的局限性，实现现实场域和虚拟空间双轨并行的传播方式。要因地制宜、因人而异，搭建话语内容传播平台和阵地，要经常组织开展理论传播、交流培训、校园文化、志愿服务等思想文化交流活动，让青年学生便于学习党的思想理论、路线方针、政策法规等。

第二，创设话语体验情境。通过环境的再现和情境渲染，注重情境教育和沉浸式体验，使青年学生身临其境，对思想政治教育话语内容获得直观的认知和感受。互联网技术发展而导致的去中心化特征日益明显，拓宽了话语表达的渠道，赋能多元主体话语“表达”权和“言说”权。在这样的话语传播情境中，特别是在网络空间中，话语传播优势掌握在拥有网络资源的媒体平台手中。既要加强对网络媒体的规范治理，又要发挥主流媒体的主导引领作用。“争论中需要发挥话语的说服和压制效应，系统辨识并积极适应、利用和改造由话语联系、主体关系及平台机制等复合构成的政治情境，构建有利态势，生成推动变革的‘话语势能’。”[①] 要遵循政治传播规律与构建叙事话语方式，进行议题设置和平台优化，进行分众化、多样化传播，把“陈情”和“说理”、显性与隐性结合起来。

第三，增强思想政治教育话语传播效度。话语的传播技巧源于话语传播实践，话语传播平台为我们提供了有益的借鉴。坚持以话语受众为中心的理念，分析话语传播的每个环节及不同受众群体的心理偏好，回应公众关切，及时疏解社会情绪，有针对性地提升话语传播效度，掌握舆论话语权。要善用现代化手段，整合“报、台、网、微、端、屏”等资源，运用个性化创作、可视化呈现、沉浸式体验、互动化传播的方式，把理论与舆论、网上与网下、校内与校外、课内与课外统筹起来。加强技术制度规约。一方面，要以总体国家安全观为指引，结合应对各类智能技术介入思想政治教育话语的经验制定与之相契合的规范体系，完善个人数据隐私免受泄漏等相关法律法规，设定此类人工智能产品应用的限度和范围，同时加大审查和监管力度，为 ChatGPT 赋能思想政治教育话语提供安全、规范的发展环境；另一方面，要加强与相关技术企业方的合作交流，解析 ChatGPT 的底层技术逻辑，深入了解 ChatGPT 生产话语的技术线路特征，克服因语义、文化、制度等差异所带来的偏见问题，强化对专业问题的高

---

① 陈拯：《“话语势能”构建与国际话语塑造》，《中国社会科学》2023 年第 12 期。

质量数据训练，提升模型的话语理解及筛选能力，消除使用ChatGPT时所带来的语义扰动、虚假信息等问题。

（三）话语认同机制：增进情感体验和价值认同提升话语认同力

话语要与客观实际相符合，要被人民群众所掌握，思想被人民群众所掌握就会转化成巨大的实践伟力。毛泽东强调："任何思想，如果不和客观的实际的事物相联系，如果没有客观存在的需要，如果不为人民群众所掌握，即使是最好的东西，即使是马克思列宁主义，也是不起作用的。"[①]这阐明了理论武装的重要性，强调思想教育和理论武装的实践性，特别是与客观实践相联系，要能满足社会存在的需要，并被社会大众所掌握。思想政治教育话语作为一种在思想领域以教育形式开展的政治社会化行动，仅仅了解话语内容或话语表达是不够的，还需要进一步考虑话语内容是如何被解释、理解并被教育对象认同，即思想政治教育话语认同效果如何。这就涉及如何进行思想政治教育话语认同机制的分析。

第一，增强话语对象的政治认同。思想政治教育话语通过内容进行诠释和理解，而诠释和理解通过感情、信念、价值观和知识载体等进行。政治认同作为完整的政治心理过程在主客观世界的交互实践中通过政治行为表现出来。中国共产党百年来形成了"以利益认同为基础、以制度认同为保障、以情感认同为纽带、以价值认同为归属"[②]的政治认同基本经验。当今世界，受世界秩序动荡变革、西方意识形态的消解、网络生活的异化以及社会领域矛盾交织迭发态势的影响，外加话语对象主体处于自身世界观、人生观、价值观快速发展的关键时期，对于党的政治认同难免出现曲折发展的现象。因此，要结合中国共产党百余年政治认同的基本经验，找准话语对象在思想认识、价值观念、情感互动和利益关系的交汇点，推动利益认同、情感认同、价值认同的有机融合。以利益认同为例，正如马克思所说："人们奋斗所争取的一切，都同他们的利益有关。"[③]要加强话语对象的政治认同，就是要让他们明白中国共产党自成立之日起，就把人民的利益写在了自己的旗帜上。在风雨如磐的革命年代，党带领人民打土豪分田地、赶走日本侵略者、推翻国民党反动统治、建立新中国，是为了人民的利益而斗争；在筚路蓝缕的社会主义建设时期和春潮澎湃的改革

① 《毛泽东选集》（第四卷），北京，人民出版社1991年版，第1515页。

② 王淑芹、李静：《中国共产党百年政治认同建设的基本经验》，《求实》2022年第6期。

③ 《马克思恩格斯全集》（第一卷），北京，人民出版社1956年版，第82页。

开放新时期，党领导人民开展社会主义革命和建设、实行改革开放、推进社会主义现代化建设，同样是为了人民的根本利益而斗争；新时代，我们党团结带领人民奋力推进全面深化改革，让发展成果更多更公平地惠及全体人民，人民的日子越过越好，同样也是为人民的根本利益而斗争。关注高校青年学生的利益问题，必须“把教育学生和服务学生结合起来，既要教育人引导人，又要关心人帮助人，体察大学生的冷暖疾苦，倾听大学生的利益诉求，帮助大学生处理好成长过程中学习成才、择业交友、健康生活和经济条件等方面的具体问题”[①]。因此，促进话语对象政治认同的过程不是一蹴而就的，而是在话语对象的政治认知不断完善、政治态度日益明晰、政治情感日益笃定的过程中，最终通过政治行为实现稳定的政治认同。

第二，增进大学生话语主体的情感认同。情感作为一种稳定的心理状态，是对社会存在的直接反映。中国共产党的百余年奋斗史，正是在实践中和广大人民群众建立深厚、稳定的情感联结过程。原因有以下几点。其一，从历史的演进来看，中国共产党领导人民进行革命、建设、改革的伟大实践中，取得了开天辟地、改天换地、翻天覆地和惊天动地的历史性成就，也取得了经济快速发展、社会长期稳定等一系列经济社会的发展奇迹。事实和实践证明了中国共产党领导人民走中国特色社会主义道路是实现强国建设、民族复兴、人民幸福的唯一正确道路，这是中国共产党赢得人民群众情感认同的物质基础和道路基础。其二，中国共产党一以贯之地坚持以人民为中心的发展思想。从毛泽东强调的“全心全意为人民服务”，到邓小平要求我们做工作“必须考虑群众拥护不拥护、赞成不赞成、高兴不高兴、答应不答应”，再到江泽民提出我们党要“始终代表中国最广大人民的根本利益”，再到胡锦涛提出“必须坚持以人为本”“把实现好、维护好、发展好最广大人民根本利益作为党和国家一切工作的出发点和落脚点”，再到习近平总书记强调“打江山、守江山，守的是人民的心”“民之所忧，我必念之，民之所盼，我必行之”等。而这也是中国共产党的宗旨和根本政治立场。正所谓“得民心者得天下”，赢得了人民群众的拥护和支持，必然会带来人民群众的情感认同。其三，中国共产党始终根据时代的变化、社会主要矛盾的转换，不断调整战略安排和工作部署。新时

① 习近平：《干在实处　走在前列——推进浙江新发展的思考与实践》，北京，中共中央党校出版社 2006 年版，第 306 页。

代，我国社会的主要矛盾出现了新的变化，这必然要求我们继续坚持以经济建设为中心的同时，还要关注到社会的公平正义问题，进一步推动思想政治教育服务于中国特色社会主义事业发展。其四，中国共产党一以贯之的坚持思想建党、理论强党、舆论兴党、制度治党等宝贵特质，始终坚持自我革命，加强政德建设，进一步加强了人民群众对中国共产党的情感认同。不论是革命时期半条被子、半张借据的故事，还是新时代扶贫干部为民服务、乡村教师振兴乡村教育的事迹都真实反映了党和人民群众"有盐同咸""无盐同淡"的鱼水情。因此，新时代，要继续增进大学生话语主体对中国共产党的情感认同，不仅要在话语内容和话语表达方面从历史逻辑、理论逻辑、实践逻辑和价值逻辑维度讲清楚党和人民群众的鱼水情，更要在实践中结合公共事件和热点问题，解决话语受众的困惑，不断增进青年学生的道德素养和情感认同。

第三，提升大学生话语主体的价值认同。在实践过程中，社会的价值规范和要求与个人的价值取向和目标之间存在张力、断裂和矛盾的现象。"把社会主义核心价值观融入法治建设、融入社会发展、融入日常生活。"[①] 社会主义核心价值观的认同是人民群众在对其内涵认可与赞同的基础上的理性自觉和生活实践过程。在核心价值观融入转化的实践过程中，面对个人利益和集体利益、局部利益和整体利益、眼前利益和长远利益的矛盾和冲突，要发挥社会主义核心价值观作为群体性要求和个人价值取向、目标之间的契合性，在国家、社会、个人的共同发展中完成由"我们的需要"的生成、实现最终落脚到"我的需要"的满足。提升大学生话语主体的价值认同，就是要引导学生在一元主导与多元并存的现实世界中，坚持主导性与主体性相结合，处理好一元与多元、不变与多变、多样与主导之间的关系，坚持社会主义核心价值观的主导地位，提升价值认同。

（四）话语践行机制：在实现内外化统一中提升践行力

思想政治教育话语践行机制是实现思想政治教育话语内容从内化到外化的过程，即知行合一问题。思想政治教育内化过程是思想向教育对象内心浸润并最终转化为个体意识的过程；外化过程是教育者由内在思想向外在行为的转化。内化到外化的过程是教育者和受教育对象双向发力

① 习近平：《高举中国特色社会主义伟大旗帜　为全面建设社会主义现代化国家而团结奋斗——在中国共产党第二十次全国代表大会上的报告》，北京，人民出版社 2022 年版，第 44 页。

的过程，教育主体除做好阐释和倡导工作外，还需要发挥榜样力量，以身作则，教育对象也要通过自身思想的矛盾运动，吸收、转化、认同和接受。而所谓“知”就是大学生个体对主流价值取向的理解所形成的意识，“行”就是在内化为主体素养基础之上，在意识的指引下所产生的行为。知行分裂的根本原因在于思想政治教育话语对象既没有接受和理解思想政治教育话语主体传播的内容，也没有产生相应的情感共鸣与理论认同，其结果就是知行分裂的产生。从知行分裂的情况来看，主要有 3 种情况。第一，知而不愿行。主要是指思想政治教育话语受众对主流意识形态、社会要求和道德规范已经形成了一定的认知认同，但是并不愿意外化为实际行动。这些话语的对象主体对于所应遵守的意识形态要求、社会道德准则的理解认知是明确的，内心也是认同的，但是当进行具体的社会行动时，却容易做出违背社会要求与正确道德意识的行为，应有的思想政治教育话语认知水平和思想政治素养的行为能力并不相称，并非不知道，只是不愿意去外化为实际行动，这是知行分裂的典型表现。第二，知而不完全行。主要表现在思想政治教育话语对象在行为实践中表现为能够按照社会要求和道德标准实施社会行动，但当缺乏党和国家监督、社会监督之时，便容易对所接受的思想政治教育和社会道德认知产生僭越行为。这在一定程度上表明，思想政治教育话语主体并未形成稳定、持久的道德品质，话语对象并未从内心真正接受社会要求和道德伦理规范，最终造成社会行动行为的差异，从而导致知行脱节。第三，知行相悖。知行相悖就是明知社会主流意识形态要求、伦理道德规范是正确的，但是偏要采取与之相反的行为方式，这是知行分裂的极端表现。因此，要注意在思想政治教育话语内化基础之上的行为外化，特别是实现内外化统一。

第五章　新时代思想政治教育形态发展创新

思想政治教育学科建设以来，在学科理论建设、专业人才培养、实践工作体系等方面取得了长足发展，思想政治教育形态出现分化与整合的双重趋势。由于研究角度多和研究方法应用不同，存在着将思想政治教育形态研究和实践研究混同等问题，都与思想政治教育概念和形态内涵与外延的把握不精准有关。尽管学界对思想政治教育概念会有相对清晰的界定，但仍然存在从不同维度或不同形态的意义上来理解思想政治教育和思想政治教育形态的问题。因而，开展思想政治教育形态研究是揭示思想政治教育本质规定和内容本质的重要路径。形态是思想政治教育系统诸要素在特定时空中的现实彰显、存在方式与表现形式。从思想政治教育形态研究的概念内涵外延、历史发生与溯源、具体样态及形态创新研究等现状来看，思想政治教育研究存在权威性研究共识缺乏、研究框架不完整、社会视野维度缺位、研究方法单一等问题。对此，需要坚持思想政治教育研究的理论逻辑、历史逻辑、价值逻辑、实践逻辑，夯实形态研究的理论基础，运用系统思维推进形态研究整合创新，拓展形态研究视野，创新研究方法，推动思想政治教育形态研究深化与创新。

一、思想政治教育形态研究论域概观

形态学最初被定义为系统的演进与形成的科学，研究对象是外显性“事态”与内涵性“本质”。近年来，随着对形态学的关注日益增加，思想政治教育学科交叉研究的融合深入，思想政治教育形态研究成为重要研究论域。从笔者目前所收集到的资料来看，主要聚焦在以下几个方面。

（一）思想政治教育形态内涵与外延研究

思想政治教育形态研究源于对思想政治教育“是什么”这一问题的思考，包括对 3 个问题的回答：形态研究是分析研究对象的内在结构还是具体化面貌？是研究共时态的价值特征还是历时态的历史演进？学界从不同研究视角对思想政治教育形态内涵展开了论述。一是“状态说”。从具象化维度审视，认为“思想政治教育形态是思想政治教育具体的存在状态与表现样式”①，是“思想政治教育现象及其内在关联性的重要表征”②。这种观点将“形态”看作客观范畴，是深入探索其内部化结构以及本质化内涵的切入点，为分析思想政治教育形态内涵提供重要参考作用。二是“阶段说”。从历史性维度审视，将其看作是“思想政治教育系统发展阶段性的体现，并将其归结为一个历史的范畴”③，这种观点以思想政治教育发展的连续性为前提，是历史发展的阶段性结果。三是“结构说”。从内部要素与结构审视，强调内部构成与外在彰显的双重构建，即思想政治教育形态是“外在表现与内在结构的统一”④。这种隐含着辩证思维的分析使得思维政治教育形态研究与一般意义上的现象研究区分开来。基于学界研究动态分析，笔者以为，思想政治教育形态是思想政治教育系统本质性存在和结构现象化外显的状态，是对宏观系统发展以及微观要素运行的样态彰显，是对思想政治教育存在状态、要素结构与表现样态的综合反映。

（二）思想政治教育形态的历史溯源研究

思想政治教育从实践形态到学科理论形态再到复合形态，经历了历史发生、发展与变迁演进的动态过程。学界关于形态的追根溯源研究主要包括 3 个方面。一是基于发生学维度分析，思想政治教育发生发展源自社会、实践、认识和价值根源，离不开社会群体的实践活动，“思想政治教育的目标、内容、方法、功能等诸要素是同原始初民的教育活动共生、同构”⑤，形成了“原始社会起源论”、“阶级社会起源论”以及“近代社会起源论”等代表性观点。二是从出场形态的角度分析，是“政治形态、学术

① 叶方兴：《论思想政治教育形态》，《学术论坛》2019 年第 4 期。
② 杨威、陈毅：《思想政治教育形态问题初探》，《思想理论教育》2020 年第 1 期。
③ 王哲：《思想政治教育形态的历史嬗变》，《黑龙江高教研究》2020 年第 4 期。
④ 王哲：《思想政治教育形态研究》，东北师范大学博士学位论文，2021 年。
⑤ 杨威：《思想政治教育发生论初探》，《思想理论教育》2006 年第 3 期。

形态和精神形态的有机统一：革命、建设、改革、发展的时代主题转换催生了政治形态的思想政治教育，在马克思主义理论学科指导下锻造学术形态的思想政治教育，在与时代思潮的对话中彰显精神形态的思想政治教育”[①]。三是从“需要论”的研究视角出发，提出思想政治教育起源于人的政治社会化、文化规范化以及生存发展的客观需要[②]。从发展的视角来看，自改革开放以来，思想政治教育的发展本身就是一个自然分化的过程，前期表现为思想政治工作形态与政治形态的分野，后来学科形态又逐渐分化出来，呈现出政治理论形态、学科学术形态、实践工作形态、智能形态等类型。随着思想政治教育系统的专业化与精准化发展，系统分化的趋势更加明显。具体而言，在要素形态上表现为主客体形态、介体形态、环体形态、价值形态的分化；在工作形态上表现为组织形态（管理、服务、教学等）、制度形态、空间形态的差异；在学科形态上表现为分支学科与交叉学科的发展壮大；在理论形态上表现为基础性理论与拓展性理论、价值性理论与科学性理论的分野；在场域上表现为显性教育与隐性教育、网络思想政治教育与现实思想政治教育的区分；在价值表现上分为社会价值形态以及个人价值形态；等等。这种系统内部的分化是对思想政治教育系统精细化发展的回应，也是思想政治教育与社会发展接轨的表现。

（三）思想政治教育形态的存在样态研究

从思想政治教育社会的存在方式维度探讨，主要形成了 5 种观点。一是“理论形态说”，余仰涛提出“思想政治工作理论的形态是不断变化发展的，经历过思想工作的原始思想形态、思想政治工作的思想形态、思想政治工作思想的系统化形态、思想政治工作论的学科化形态、思想政治工作学的学科群体化形态、思想政治工作学的方法化形态”[③]；沈壮海提出“以当代中国思想政治教育实践及创新与发展研究为核心基点，以‘论’（思想政治教育基本理论研究）、‘史’（思想政治教育历史发展研究）、‘比较’（思想政治教育比较研究）为主要支撑”[④]的理论新形态。这些观点基

① 杨彦斌、陈勇：《从出场语境到出场形态：思想政治教育研究范式的出场学视域呈现》，《学术论坛》2015 年第 11 期。

② 段建斌、祝黄河：《思想政治教育起源分析的三重维度》，《思想教育研究》2012 年第 4 期。

③ 余仰涛：《思想政治工作学研究方法论》，武汉，武汉大学出版社 2006 年版，第 25 页。

④ 沈壮海：《论思想政治教育理论研究的新范式与新形态》，《思想理论教育导刊》2007 年第 2 期。

本达成共识，为了解把握思想政治教育基本原理、理论基础、应用理论等理论形态提供了重要研究基础。二是“学术形态说”，叶方兴认为是“思想政治教育科学研究过程中形成的知识成果、社会建制、社会关系、思维习性等各种现象的总体表现样态”[①]。这种观点对于进一步精准把握思想政治教育学术研究、学科理论研究具有重要的价值借鉴和参考。三是“实践形态说”，张毅翔等提出“外显为日常性和应急性两种实践形态”[②]；代玉启认为思想政治工作形态包括基础性形态和拓展性形态[③]。这些观点对实践存在社会之中的思想政治教育实践工作形态和生活话语研究具有重要作用，能够进一步拓展思想政治教育社会功能。四是“制度形态”，赵贵臣等从制度维度提出“制度体系的法律、法规、规章和政策的表现形态”[④]；黄蓉生等提出“观念文化形态、物质文化形态、制度文化形态和活动文化形态”[⑤]。这些观点为推进思想政治教育形态研究的内部化发展提升了重要知识增量，对于推动思想政治教育制度化发展与治理提供重要研究基础。五是“教育形态说”，巩茹敏等分析隐性思想政治教育形态，即“‘课程思政’作为‘隐性思想政治教育’的新形态”[⑥]；刘梅认为“社会教育也是思想政治教育的基本形态”[⑦]等。这些观点对于拓展思想政治教育研究的社会性、提升思想政治教育社会整合能力具有重要参考。

可见，从作为理论形态、学术形态、教育形态、实践形态、制度形态等维度的分析，真实呈现了思想政治教育的社会化存在方式并对其发挥着积极作用，体现了思想政治教育学科化、制度化建设过程中的系统分化与整合，这是推进思想政治教育形态研究创新的重要实践理路。从上述观点可以看出，思想政治教育形态源自不同维度的思想政治教育内涵，既有作为理论形态、学术形态而存在的思想政治教育实践，也有作为学科形态、制度形态而存在的思想政治教育实践，还有作为教育形态、社会形态、实

---

① 叶方兴:《思想政治教育学术形态及其建构理路探微》,《思想理论教育》2020 年第 7 期。

② 张毅翔:《新时代思想政治教育实践形态的辩证发展》,《马克思主义理论学科研究》2021 年第 1 期。

③ 代玉启、李济沅:《思想政治教育的工作形态及优化理路》,《思想教育研究》2021 年第 2 期。

④ 赵贵臣、张楚楚:《大学生思想政治教育制度规范体系的形态表征分析》,《辽宁大学学报》2020 年第 6 期。

⑤ 丁玉峰、黄蓉生:《略论思想政治教育文化形态的类别、特性与功能》,《思想教育研究》2019 年第 5 期。

⑥ 巩茹敏、林铁松:《课程思政：隐性思想政治教育的新形态》,《教学与研究》2019 年第 6 期。

⑦ 刘梅:《论思想政治教育的社会教育形态》,《思想教育研究》2011 年第 9 期。

践形态存在的思想政治教育。但同时也可以看出，关于思想政治教育概念及形态内涵的丰富性、前沿性特征，其内部化研究的空间还很宽广，而这内部化的深度推进与挖掘正是思想政治教育理论研究深化与实践创新的重要增长点。

（四）思想政治教育形态的要素与结构研究

关注形态要素与结构的分析，成为思想政治教育形态研究的重要论域。从结构功能主义角度分析，学界已开始注意运用系统分析的方式将系统要素作为独立的形态考察。一是从主客体要素维度，石书臣分析主客体关系形态[①]。二是从内容要素维度，熊建生“将政治、思想、道德、法治、心理视作是思想政治教育内容的五种形态”[②]；刘建军认为包括“心理情感形态、思想观念形态、精神品格形态、行为规范形态”[③]；李俊伟提出“思想理论教育是思想政治工作中的基础性内容，政治教育是政治教育的导向性内容，道德教育是思想政治教育的经常性内容，知识素质教育是思想政治工作的辅助性内容，形势政策教育是日常性内容”[④]；刘云林分析“对社会主导价值的合义性论证和社会生活引领的价值形态、为社会成员设定行为路径的规范形态的思想政治教育”[⑤]。三是从载体维度，张澍军等从信息载体维度提出“原生态和再生性、显性与隐性、简单和复合思想政治教育信息等”；贺才乐提出“语言载体与行动载体（一般形态）、文化载体、活动载体、管理载体（综合形态）、传媒载体和网络载体（现代形态）”。四是从价值维度，褚凤英分析“包含了个人价值、群体价值、社会总体价值和类价值四种思想政治教育人本价值形态”[⑥]；倪愫襄认为可以分为理想价值和现实价值、正面价值和负面价值、直接价值和间接价值、绝对价值和相对价值、个体价值和社会价值等不同价值形态[⑦]；冯开甫等从文化价值维度提出“文化选择价值、文化传播价值、文化整合价值和文化创造价

① 石书臣：《主体间性视域下思想政治教育主客体关系的新形态及其建构》，《学校党建与思想教育》2017 年第 5 期。

② 熊建生：《论思想政治教育内容形态的层次结构》，《思想理论教育导刊》2006 年第 9 期。

③ 刘建军：《论思想政治教育内容的基本形态》，《思想理论教育导刊》2020 年第 9 期。

④ 李俊伟：《思想政治工作现代化与科学化》，北京，红旗出版社 2007 年版，第 112 页。

⑤ 刘云林：《思想政治教育内容的形态及其功能向度》，《学校党建与思想教育》2015 年第 10 期。

⑥ 褚凤英：《论思想政治教育的人本价值形态》，《思想政治教育研究》2021 年第 3 期。

⑦ 倪愫襄：《思想政治教育元问题研究》，北京，中国社会科家出版社 2014 年版，第 145 页。

值”[①]。五是从话语要素维度，张耀灿等分析话语形态是“代表统治阶级根本利益的政治话语、追求普遍观念形式的学术话语与融合社会成员共同利益的生活话语”[②]。六是从谱系维度分析，杨威认为“生活化、专门化、科学化、社会化、人本化这五种思想政治教育形态，呈现出基于功能的层次递进关系、基于演化的交替融合关系、基于空间的多态共存关系，由此展现出内在的谱系学特征”[③]。

基于要素之间的组分关系形成不同形态结构，代表性观点主要有 5 种。一是从教育发展形态维度分析，孙迎光将思想政治教育形态分为“意识形态型思想政治教育、学术型思想政治教育和面向生活型思想政治教育”[④]；宋友文提出“中国共产党思想政治教育形态与思想政治教育学科发展形态”[⑤]。二是从思想政治教育实践形式维度分析，叶方兴认为，“思想政治教育学科形态、学术形态和工作形态分别对应于‘管理思政’‘研究思政’与‘宣传思政’三种实践形式”[⑥]。三是从思想政治教育系统维度分析，孙其昂从社会学视野维度考察思想政治工作系统 3 种形态，即思想政治工作系统的现实形态、理论形态和制度形态[⑦]；侯勇将高校思想政治教育系统内部形态划分为理论子系统、学科子系统、工作子系统 3 种。四是从思想政治教育发展的学科形态维度分析，张国启认为在马克思主义理论指导下的思想政治教育学科形态发展主要呈现出主体式、主导式、生活化和网络化的思想政治教育转换[⑧]。五是基于不同的领域、实践活动、工作主体、时间空间等维度的思想政治教育实践塑造出的具体形态，沈壮海提出“面向学生的、面对教师的、面对工人的、面对农民的、面对军人的、面对社会大众的；现实时空中的，网络空间内的；日常工作中的，突发危机时的……”[⑨]，具体而言，从行业结构来看，包括高校、企业、社区、军

---

① 冯开甫、李小双：《高校思想政治教育文化价值的表现形态》，《思想政治教育研究》2017 年第 5 期。

② 侯丽羽、张耀灿：《论思想政治教育话语的三种基本形态》，《马克思主义研究》2018 年第 12 期。

③ 杨威、赵媛：《类型与谱系：思想政治教育分类的形态学视角》，《教学与研究》2024 年第 3 期。

④ 孙迎光：《思想政治教育的三种形态》，《河海大学学报（哲学社会科学版）》2016 年第 2 期。

⑤ 宋友文：《思想政治教育发展的历史逻辑、理论逻辑和实践逻辑》，《教学与研究》2021 年第 10 期。

⑥ 叶方兴：《论思想政治教育形态》，《学术论坛》2019 年第 4 期。

⑦ 孙其昂：《社会学视野中的思想政治工作》，北京，中国物价出版社 2001 年版，第 20 页。

⑧ 张国启：《思想政治教育发展研究》，北京，中国社会科学出版社 2019 年版，第 139 页。

⑨ 沈壮海：《思想政治教育学科的新自觉与新未来》，《马克思主义理论学科研究》2015 年第 1 期。

队思想政治教育形态等；从主体结构来看，包括精英阶层、大众阶层、干部群体和群众思想政治教育形态等。这为把握思想政治教育形态结构提供了重要参考借鉴。

（五）思想政治教育形态转化与创新研究

随着社会现代化发展，从传统农业社会到工业社会，再到信息化的智能时代，思想政治教育形态研究与实践创新发生了新的变化，这为从社会转型维度分析思想政治教育形态研究与创新提供了条件。石书臣分析了思想政治教育从一元性形态向主导性形态的转型①；王哲将思想政治教育发展分为思想政治教育原始形态、阶级形态、本真形态以及向人的发展与建设回归的过渡形态②；孙其昂提出中国共产党思想政治教育正在经历由传统形态向现代形态转型，用现代化信息技术拓展了思想政治教育场域，“使得思想政治教育不再囿于特定的时间和空间”③，实现了“现实态”向“虚拟态”的空间拓展；骆郁廷分析出网络思想政治教育的作用机理的实质是网络公共空间的思想互动④。从微观上看，“智能思政成为了思想政治教育创新发展的新形态”⑤，这一定义肯定了“大数据算法→多中心溯源→价值互联网”⑥的技术逻辑在思想政治教育中的应用价值，是对智能思政形态的界定。在大数据背景下，要从“人与技术、人与社会、人与自我的理论维度分析”⑦，把准智能思政衍生出的“数据思政”“精准思政”“虚拟思政等智能化形态”⑧。思想政治教育形态研究纵深化发展是学科科学化的演进形态，为研究思想政治教育形态的变化发展提供研究基础。

---

① 石书臣、靖守侠：《论主导性思想政治教育形态》，《广西教育学院学报》2009 年第 2 期。

② 王哲：《思想政治教育形态的历史嬗变》，《黑龙江高教研究》2020 年第 4 期。

③ 孙其昂等：《思想政治教育现代化转型研究》，北京，学习出版社 2015 年版，第 74 页。

④ 骆郁廷、李恩：《论网络思想政治教育的作用机理》，《马克思主义与现实》2021 年第 5 期。

⑤ 崔建西、白显良：《智能思政：思想政治教育创新发展的新形态》，《思想理论教育》2021 年第 10 期。

⑥ 吴凯：《区块链赋能思想政治教育的技术逻辑、风险挑战与实践策略》，《思想教育研究》2021 年第 6 期。

⑦ 王新宏：《“人工智能＋思政教育”：面向未来的高校思政教育新模式》，《学校党建与思想教育》2021 年第 6 期。

⑧ 崔建西、白显良：《智能思政：思想政治教育创新发展的新形态》，《思想理论教育》2021 年第 10 期。

二、思想政治教育形态研究的评估反思

思想政治教育形态研究是推进学科理论、规范学科发展方向、把握学科发展动态、提升学科成效的重要研究范畴。作为政治意识形态话语、学科建设、学术研究和实践工作形态而存在的思想政治教育形态的丰富与发展，为思想政治教育形态研究提供参考借鉴。以辩证思维审视当前思想政治教育形态研究现状，把握其研究特点与不足之处，对于推进新时代思想政治教育形态研究创新具有重要意义。

（一）研究特点

第一，学科形态研究呈现主题多元特征。从研究现状来看，聚焦思想政治教育系统要素、结构、时间、空间、形态等维度，理论研究与实践存在形式的思想政治教育形态的多样性是思想政治教育系统的自我完善与系统要素结构的分化，这种分化状态为“多样化”的思想政治教育形态研究提供了研究对象和研究问题。当前，思想政治教育形态研究正试图打破人们对思想政治教育“唯一形态”以及“‘同一化’形态”的错误认知，注重不同场域、不同结构或不同要素的外在表现样态，探讨具体时间、空间、结构条件下思想政治教育“独特性”和“个性化”形态，如从空间结构存在关注具体的日常生活形态、社会公共生活形态、虚拟空间生活形态等。

第二，学科形态研究论域得到不断拓展。思想政治教育形态研究体现时代性与开放性，其研究论域已经不再被系统内部具体要素与结构的表现形式所局限，而是注重思想政治教育内部形态与时代发展的复合性，研究重点聚焦于时代发展前沿。尤其是当前大数据智能化时代的到来，为思想政治教育形态研究提供了研究基础与研究角度，并产生了思想政治教育智能形态和智能思想政治教育形态。此外，思想政治教育形态研究的规范性和丰富性得到增强。思想政治教育形态研究作为元理论研究的重要部分，不仅是基本原理研究的重要范畴，更是研究的一种分析框架。思想政治教育形态研究遵循学科的起点范畴（思想与行为）经中介范畴（目标与手段）到结果范畴（内化与外化）再到终点范畴（个人与社会）的研究思路，在研究论域上呈现出有序化状态。

第三，学科形态研究路向多维。学界依据不同的研究角度和研究方

法，对思想政治教育学科形态做出了不同的划分，主要形成4种研究路向：一是经验总结范式型，通过总结分析实践活动和空间存在，阐述思想政治教育形态存在的政治型、生活型、学术型、智能型等样态；二是理论建构范式型，分析思想政治教育的要素、范畴、结构、空间等形态研究和理论建构；三是交叉学科研究取向，运用心理学、社会学、教育学、政治学、传播学、系统科学等多学科知识分析思想政治教育形态要素与结构；四是“人学”研究取向，思想政治教育学科形态研究关注人的实践活动以及生活表现，通过分析人的思想品德与社会生活、价值彰显与人的行为之间的互动关系，把握社会形态和生活形态的发展趋势与规律，为构建生活形态的研究框架提供基础。总体来看，思想政治教育学科形态研究多维路向要继续进行丰富与创新，推进多元存在方式的思想政治教育形态价值实现，既要满足国家意识形态建设发展要求，又要满足个人的发展需求。

第四，学科形态研究价值得到不断凸显。综合现有成果发现，形态研究的实践指向以及问题意识明显，呈现出学理化研究与实践性导向相契合的趋势，形态研究已形成推动实践价值实现的逻辑前提。首先，分析思想政治教育内容形态，开展符合新时代人的发展需要的内容框架的建构——实践内容优化；其次，针对实践中“主客体关系背离”的问题开展主客体关系的实践形态研究——实践主体关系优化；再次，对思想政治教育现实与虚拟、显性与隐性空间中的实践矛盾研究与分析——实践“双层空间”优化；最后，侧重分析思想政治教育制度形态，推动宏微观制度有效性彰显，为思想政治教育系统内部及外部诸因素协调提供保证。

（二）研究不足的原因分析

由于当前思想政治教育研究处于初步发展阶段，因此，在研究广度与深度以及方法论应用等方面存在不足。

第一，权威性研究共识仍然缺失。在对思想政治教育形态研究的展开中，仍然需要注意一些问题。一方面，思想政治教育形态的划分标准以及概念的定义缺乏共识。当前研究对宏观系统形态与微观要素形态的内涵界定不统一，导致学界对思想政治教育形态划分与区分存在混乱现象。“讨论本质性、规律性内容居多，抽象思辨、理论演绎色彩较为明显，这就导致学术研究中对思想政治教育具象、形态层面把握不力。”[①] 思想政治教育

① 叶方兴：《思想政治教育的社会视界》，桂林，广西师范大学出版社2020年版，第236页。

形态本身具有复合性，即其与教育、德育形态存在主体与内容上的重叠。但是由于思想政治教育形态与其他形态的区分缺乏共识性划分标准，增加了思想政治教育形态研究“移植”的嫌疑。同时，由于概念界定不清，形态研究极易与模式、范式、现象等研究趋同，淡化了思想政治教育形态研究的特殊性。另一方面，对诸形态内部的矛盾分析以及解决矛盾的措施研究力度不足。主要表现在对思想政治教育政治形态、学科形态、工作形态、智能形态中存在的突出问题关注度不高，缺乏较为深入的分析。如学科形态中存在的学科理论研究创新力不足、学科主体队伍零散、学科合理性合法性受挫等；工作形态中的工作制度的执行力受限、工作组织的协同力较低、工作价值的彰显力不足等；智能形态中的教育者权威性削弱、主客体关系失衡、科技工具使用不精等，这些问题都有待进一步深入探讨。

第二，整体性研究框架仍然缺乏。从宏观上看，形态研究作为考察思想政治教育系统发展的新视角，在构建完整的研究框架上仍然存在不足，即系统性、整体性的分析进路有待完善。思想政治教育学科形态研究应遵循本体论阐释（廓清特定标准下思想政治教育学科形态范畴）—形态历史演变及其规律研究—形态分化与整合现状研究—形态优化与创新发展的动力研究—形态整合优化的实践进路，以具体的形态结构分析为基础，在历史发展进程中考察思想政治教育形态的发展现状，坚持问题意识导向，找准形态发展矛盾，最终以实现思想政治教育学科形态优化协同。从微观上看，关于思想政治教育学科形态整合的研究力度不足，不仅缺乏对分化形态的整合研究，对交叉学科形态研究协同力也有待提升。

第三，社会视野维度仍然缺位。主要表现在横向与纵向的问题研究论域中。横向来看，思想政治教育的社会性要求其系统框架以及内容结构不能脱离社会，思想政治教育学科形态研究视角也应遵循社会转型发展要求。当前思想政治教育学科形态研究对社会结构的调整、社会利益的重新分配、社会生产方式的变革、社会意识形态的潜在危机等关注度不够，对思想政治教育形态的社会性功能研究有待深入。同时，思想政治教育形态作为社会形态的微观彰显，需要在社会场域中发挥其本质，彰显自身的阶级性以及社会性特征，并通过意识形态引导与价值观教育满足社会政治形态、经济形态、文化形态等发展需要，凸显出其社会适应性与引领性。而目前对思想政治教育形态与社会其他形态的互动研究力度有待强化，需进一步推动思想政治教育形态分化与整合的一体互促研究。

第四，研究方法仍然较为单一。形态研究的复杂性要求其方法论运用必须具有综合性与多元性，但是当前，思想政治教育学科形态研究方法较为单一，存在思辨研究多、实证研究少，静态研究多、动态研究少等问题。学界目前对思想政治教育形态的分析多是立足于理论逻辑的概括以及对形态内部的规律性探索，致力思想政治教育学科形态研究范式的构建。虽然研究涉及实践形态运行的发展机制研究，但是缺乏对实践过程中的变量因素，如既包括主体要素、环境要素、内容要素，又包括工作方法、工作环境、工作手段等的动态考量和分析。

三、思想政治教育形态发展存在的问题及影响因素

从实践过程来看，思想政治教育形态分化是单个要素发展的结果，也推动了系统结构的完善。但是辩证来看，由于形态分化过程中缺乏对诸要素的协同，导致系统结构内部出现了关系不协调、价值彰显受阻、资源整合不足等问题。具体表现在以下几个方面。

（一）思想政治教育知识形态功能彰显的基础性障碍

改革开放以来，思想政治教育系统要素不断完备，要素之间的组织、排列、结合有序性增强，思想政治教育学科的内在规定性机制有效凸显。在此背景下，思想政治教育意识形态型的外在呈现方式日益成熟。但是从形态的功能价值彰显方面而言，仍然存在着政治性内容形态的学理性不足、对政治性与学科性的关系把握失衡、政治灌输的被动性与受教育者的主动性配合不当等问题，严重影响思想政治教育意识形态本质的发挥，制约其政治功能的彰显。

第一，思想政治教育政治性内容形态的学理化有待加强。从内容结构来看，政治性内容是其指导性内容，在思想政治教育内容整体性、层次性关系的维护中发挥着主导作用。但是当前，部分思想政治教育中的政治性内容存在“文件化”“空泛化”现象，即政治性内容的解读只限于政策层面的上传下达或是口号宣传，再或是以空泛的意识形态概念以及范畴界定政治内容。一方面，思想政治教育的政治性内容缺乏学理性，即政治性内容的真理性论证不足；另一方面，思想政治教育政治性内容的学理阐释力不足，即教育过程中对用马克思主义理论阐释新时代意识形态问题以及时代性政治问题的重视度不高。因此可以说，思想政治教育政治性内容本体

及其外在转化学理性支撑不足。也正是由于思想政治教育政治性内容的学科理论性支撑不足的问题，导致社会对思想政治教育这一中国特色的哲学社会科学的学科定位科学把握不够。

第二，思想政治教育政治性与学科性的关系有待进一步平衡。思想政治教育不仅是党的政治教育的重要一环，更是一门专业的学科，其学科特质不能被忽视。在思想政治教育政治形态彰显的过程中，存在着政治性与学科性把握失衡的问题。这一问题在人才培养方面较为突出。就受教育者而言，当前的思想政治教育多注重对受教育者的政治意识以及政治价值观的培养，过于重视政治价值性而忽视了思想政治教育学科的科学性，即在引导受教育者认识自然界、人类社会、人与人之间的发展规律方面的教育力度不足；就思想政治教育专业学生而言，在专业素养方面，部分高校对思想政治教育专业的人才培养目标并不够明确和科学，对思想政治教育系统运行规律以及思想政治教育基础理论等知识的教育力度不够。总之，思想政治教育过程中缺乏对社会发展规律以及学科理论内容的教育，出现了政治性与学科性失衡的问题。

第三，思想政治教育政治性灌输与受教育者接受之间存在矛盾。目前，高校场域中思想政治教育工作仍然存在着“对思想政治教育政治性和实现形式的变化缺乏清醒的认识”的问题。随着社会转型的发展，意识形态教育领域交锋不断，各种社会思潮的流行严重影响了受教育者主体的意识观念。此时，原有的思想政治教育实现形式已经不适应受教育者的实际情况，其主要表现为单一的政治灌输已经满足不了教育要求，虽然在思想政治教育政治性的实现形式方面，部分高校已经做出了反思与改变，但是力度不足，政治性内容的传授与受教育主体的接收的矛盾仍然存在，严重阻碍了内化阶段的顺利展开。究其原因，一方面在于高校意识形态教育手段以及方法的运用没有充分遵循受教育者心理发生机制，没有掌握受教育者的“需要”及其与“社会需要”的融合；另一方面在于思想政治教育政治性内容的不彻底性，理论的不彻底性将直接影响其认同力，影响思想政治教育意识形态型话语功能实现。

（二）思想政治教育学科形态发展存在过程性矛盾

思想政治教育学科形态的分化与整合是对学科发展趋势的总结与概括，体现社会现代化进程中的学科现代化的与时俱进。思想政治教育学科建设体现为主干学科在分化的基础上产生分支学科体系，分支学科体系又经学科整合形成主干学科和分支学科相协同衔接的学科体系，在高度整合的基础上再分化形成若干精细分支学科体系，如此循环往复，呈现为主干与分支、分化与整合的螺旋式上升的发展过程。此外，学科形态的彰显还反映出了学科发展中的过程性矛盾，如学科子系统内部存在学科边界模糊、学科共同体零散化、学科制度效用弱化等影响学科共同体建设的问题。

第一，学科子系统的边界“有限度”的问题。学科边界明晰是明确学科研究对象与研究问题的基础。当前，思想政治教育学科研究存在“杂而不专、杂而不精、定位不明的缺憾”。就学科分化的内源动力分析，学科分化直接表现为分支与交叉学科的发展，但要警惕其内在发展存在两个问题。一方面，学科研究存在强加“帽子”之嫌，即将学科原理强加到其他学科研究中，但研究问题仍游离于思想政治教育话语论域之外，导致部分分支研究逾越学科研究边界，偏离学科研究范式，影响学科建设的规范性与严谨性。另一方面，交叉学科的发展使学科建设在宏观上呈现出平面化延展效果，即研究泛化而忽视纵向研究深度的拓展。主要表现为思想政治教育学科研究仍停留在现象层面，在探讨思想政治教育学科发展规律时缺乏对科学、系统思维方式以及专业研究方法的运用。正是由于研究方法在学科交叉地带的游离以及“思政性”的学术研究逻辑的缺失，导致许多研究主题“主义化”，文章结构“窠臼化”。学科边界模糊以及学科研究方法缺失是对学科自主性与学科发展的独特性的叛离，这种“无边界”的论域将直接削弱学科认同，阻碍学科建制以及学科研究工作的开展。

第二，学科共同体的“组织化”问题。学科意识是学科发展主体的内在价值认同，学科意识缺失容易影响思想政治教育学人的认同感、成就感和获得感。一些人缺乏正确学科意识、学科认知和学科归属而不断“转行”或者“借船出海”。此外，由于学科意识的缺失和学科边界的随意突破，在实际的学术研究中容易出现偏离学科发展和学科方向的问题，尤其是在推动学科交叉发展过程中出现学科研究“越轨”；在工作实践中极易产生工作倦怠的情绪，并抵触与其他学者的沟通交流，从而导致学科研究人员疏离，最终出现“各自为政”“单兵作战”的不良现象，致使学科学术研究体系化、协同化的发展格局难以形成。在思想政治教育形态发展中，一方面，思想政治教育实践的发展性要求形态的分化与整合必须考虑到实践过程的现实情况及其多变性要素，坚持实事求是的基本原则，在实际的深入发展中不断拓展对真理性的认识；另一方面，现代化理论体系的建构要求用科学思维规范思想政治教育研究，通过对现象的把握，科学分析其背后的发展规律，实现学科科学性和真理性认识的升华。面对社会现代化和科学研究社会化的趋势，实现形态的分化与整合的一体互构与螺旋式上升必须立足于实践，用科学思维纠正“经验式”抽象思维的弊端，使思想政治教育形态实现现实温度与科学高度的统一，并在立体化建构的新形态基础上实现更高层次的整合。

（三）思想政治教育实践工作形态执行落实的现实性问题

从宏观维度审视来看，思想政治教育学科工作子系统内部的分化打破了实践场域、教育主体、工作内容的整齐划一。一方面扩大了工作空间，丰富了工作主体，提升了工作效果；另一方面也不可忽视系统分化带来的消极效应，即造成了思想政治教育实践场域离散、主体协同缺乏、工作内容形式化等问题，削弱了思想政治教育的话语权，影响立德树人实践效果。

一是思想政治教育场域“离散化”问题。社会学家布迪厄认为，场域是“在各种位置之间存在的客观关系的一个网络，或一个构型”[①]。就思想政治教育场域现状而言，具体表现为虚拟场域与现实场域、隐性场域与显性场域的分化。一方面，主要存在虚拟场域和现实场域的脱节现象。信息技术快速发展加速了思想政治教育虚拟场域与现实场域的分化。受传统教育者自身能力条件的限制，网络教育语境的创设与话语表达的转变过程不流畅，思想政治教育理论内容形式创新度有待提升，现实与网络思想政治教育内容转化受阻。另一方面，思想政治教育系统存在着重显性教育、轻隐性教育的倾向。灌输的教育方式与日常生活情境的潜移默化式教育之间缺乏衔接，同时，对校园文化建设、学风班风建设、社团活动等隐性思想政治教育形式发挥运用不够，教育过程中过于抽象化、对象化的理论教条割裂了理论与生活的关系，阻碍了生活化、隐性思想政治教育功能的发挥。

二是思想政治教育多元主体“协同性”问题。就教学主体而言，由于教学组织主体之间缺乏统一的组织建制，导致教学主体与科研主体之间的衔接链断裂，在阻碍思想政治教育理论课与专业课融合的同时，削弱育人合力；就学术主体而言，学术队伍中普遍存在重教书轻育人、重科研轻实

① 〔法〕皮埃尔·布迪厄、〔美〕华康德：《实践与反思：反思社会学导引》，李猛、李康译，北京，中央编译出版社2004年版，第133页。

践的倾向，这种错误倾向助推了科研人员与工作主体、教学主体之间的鸿沟，也将科研置于抽象化的阁楼中而不切实际；就工作主体而言，思想政治教育工作主体的育人意识较低，因此，对于思想政治教育服务育人、管理育人理念仅限于红头文件而不落实，与其他育人主体实现育人的协同目标堪为空谈。加之垂直化的工作管理，多元教育、管理与服务主体之间权责的条块化分割、分属不同系列的组织架构，导致主体之间出现相互扯皮、相互推诿的现象，影响教育活动组织协调和效果彰显。

三是思想政治教育工作的“多元化”问题。思想政治教育实践工作部门的分化削弱了思想政治教育总体性目标的统摄性，导致各个独立的部门只关注部门利益，而对思想政治教育实践的侧重点的把握出现了偏颇。从部门管理主体来看，由于思想政治教育组织安排的精细化，导致教学、科研和学生工作管理等部门出现权责以及利益圈层的“各自为政”式现象。如科研部门主体更多关注立项率、发文量，而对科研支撑教学及育人实效关注不够；教学主管部门更多关注课时量是否完成上级要求，而对教学实效、育人效果关注不够；学生工作管理部门更多关注活动举办数量以及专兼职辅导员人事协调，而对学生价值引领、知识传授与能力培养关注不够。因此，需要确立思想政治教育系统工作主体责任，将顶层设计、工作协同基层创新结合起来，处理好多主体之间的利益协调与整合关系，合力贯彻落实立德树人的根本任务。

四、新时代思想政治教育形态发展的创新逻辑

思想政治教育形态问题的出场是思想政治教育科学化、精准化、时代化的必然结果。在梳理总结当前思想政治教育形态研究状况并展开评估的同时，需要明晰形态研究逻辑，即理论逻辑、历史逻辑、价值逻辑以及实践逻辑。

（一）把握思想政治教育形态发展创新的理论逻辑

第一，把握形态研究的创新条件。学科研究思维以及学科范式的创新为思想政治教育形态发展提供了学科背景。思维创新是学科纵深发展的必要条件，也是形态研究的重要指导。在思想政治教育学科发展以及社会发展需要的推动下，思想政治教育研究不仅注重对战略思维、历史思维、辩

证思维、创新思维、法治思维、底线思维的遵循，而且实现了对原有思维方式的突破。如抽象思维向具体思维的转变、工具理性思维向价值理性思维的转变、简单思维向复杂思维的转变等。“在理论形态上，按照理论与实践、历史与逻辑、抽象与具体相统一的思维原则，必须拥有一系列富有解释力的基本概念、判断、假说、范例构成的学科基本理论。”① 在科学、规范的研究思维的推动下，思想政治教育学科呈现出“自我规范”“自我整合”的态势，表现为“社会学范式”“人学范式”“系统学范式”等理论研究范式的创新发展。这为思想政治教育形态研究提供了“系统思维”“人学思维”“社会思维”等研究思路，提供了稳定的学科理论研究环境与发展的可能。

第二，厘清思想政治教育诸形态内部矛盾。思想政治教育形态作为思想政治教育的表现样态是由思想政治教育系统内部矛盾决定的。因此，开展思想政治教育学科形态研究必须从诸形态的内部矛盾入手。如以结构为划分标准分析思想政治教育理论形态、学科形态、工作形态等的内部矛盾。就思想政治教育理论形态而言，存在“理论内卷化”现象，从而造成了知识形态的尴尬处境。一方面，思想政治教育基础理论虽然已成体系，但是就学科发展需要而言，其创新性与发展性严重不足。学科发展需要与理论支撑不足之间的矛盾成为思想政治教育理论形态不完善的主要问题所在。另一方面，理论的社会现实性彰显不足，沈壮海认为“呈现出越来越强烈的学院化的发展取向”，叶方兴将这种学院化的发展现象描述为“悬浮化”。就思想政治教育学科形态而言，学科交叉的发展诉求与学科边界澄清的现实需要是形态研究亟须解决的问题。必须清楚，交叉学科需要立足于学科本质，以本学科为“体”，利用多学科知识完善思想政治教育学科框架。工作形态是对思想政治教育管理、组织、教学、服务、治理等实践方式的概括及表达。思想政治教育工作形态研究需关注思想政治教育工作内容的适用性问题、工作人员的协同性问题、工作理念的现代性问题以及组织管理及治理的有效性问题等。

（二）把握思想政治教育形态发展创新的历史逻辑

思想政治教育形态是思想政治教育本质内容以及思想政治教育系统内部要素与结构的呈现，对其进行研究是一个历时性与共时性的研究过程。

① 金林南：《思想政治教育学科范式的哲学沉思》，南京，江苏人民出版社 2013 年版，第 15 页。

因此，考察思想政治教育形态必须以社会发展状况为基础，以特定历史场域中阶级主体的统治需要为现实和导向，按照历史阶段分析思想政治教育内容与形式的外在呈现方式，考察思想政治教育的实际效果。沿袭思想政治教育发展脉络可将思想政治教育形态研究划分为具体的研究内容：思想政治教育形态的历史起源阶段、历史生成阶段和历史演进阶段。

根据这样的研究阶段，聚焦的内容主要有：第一，关于思想政治教育形态的历史起源研究。回答思想政治教育形态"从何而来"的问题必须考察思想政治教育的来源。从社会存在、社会实践、社会价值和社会认识根源等维度进行深入分析，把握思想政治教育形态根源问题。第二，关于思想政治教育形态历史生成研究。随着社会发展需要的升级以及人对"自我"与"群体"概念的辨别，形态发生根源问题逐渐明晰，思想政治教育形态的意识形态功能凸显。思想政治教育形态不仅注重对人与人行为方式的规约，更加注重对统治阶级利益的维护，思想政治教育的政治形态凸显。具体表现为明确的规章制度、具有一定规模的理论体系以及多样化的实践手段。第三，关于思想政治教育形态历史演进研究。随着社会发展以及系统内容要素与结构的完善，思想政治教育形态出现了分化，不再只表现为单一的政治形态，而是具有政治形态、学科形态、生活形态、工作形态等多种呈现形态。在此过程中，思想政治教育更加注重政治性与生活性、科学性与人文性的协调，改变了原有的"单一性"的思想政治教育形态，满足了主体多样化和空间多元化的要求。同时，信息技术的创新发展为思想政治教育形态提供了新的现实基础，尤其是大数据与强算法技术的成熟，推动了人工智能与思想政治教育的融合，并催生了智能思想政治教育和思想政治教育智能形态。

（三）把握思想政治教育形态发展创新的价值逻辑

思想政治教育形态研究与发展具有重要价值与实践意义。一方面，规范思想政治教育概念表达，推进形态研究内部化发展。当前基础理论在学科现代化转型发展的过程中存在概念界定不清的问题，主要包括对思想政治教育本质、价值、矛盾等缺乏统一定位，对思想政治教育形态概念运用泛化。思想政治教育形态研究作为一种新的研究视角与研究手段，能有效实现思想政治教育现象与本质、内容与形式、具体与抽象的衔接。从思想政治教育概念构建上看，通过"聚焦""提炼""创新"摆脱传统的固化思维对思想政治教育概念的束缚，从而更加精准有效地实现感性认识向理性认识的升华。从学科形态研究进路上看，通过对思想政治教育现象的分析把握，深入思考思想政治教育主要矛盾和基本矛盾，实现对思想政治教育形态研究与发展的内部性结构与过程性问题的学理指认。另一方面，推进思想政治教育形态的精细化研究。思想政治教育在社会场域中不是以单一的形态出现的，按其场域划分，可分为企业形态、军队形态、社区形态、高校思想政治教育形态等多样化形态；按照思想政治教育结构划分，可分为理论形态、学科形态、工作形态，通过开展思想政治教育形态研究可以明确思想政治教育系统的复杂性与层次性，改变以往单一形态的错误认知，拓展思想政治教育视野。此外，通过对细化形态的分析研究，寻找各个形态相互配合的契合点，并推动形态的融合与转化，这是学科发展的科学性的必然要求。在形态研究中，通过对思想政治教育现象与本质、抽象与具体的衔接，发挥思想政治教育系统中各个要素的有效性，彰显要素的协同力，从而更好地实现育人目标。

（四）把握思想政治教育形态发展创新的实践逻辑

关于思想政治教育形态研究，学界已有了丰富的理论成果，但是研究呈现出零散化的趋势，缺少逻辑严密的研究框架与系统的研究思路。形态研究需要宏观的总体把握与完整的研究思路，以全面考察思想政治教育形态的要素组分与内部结构。首先，思想政治教育学科形态研究需要弄清楚其内涵与外延，尤其是形态与“现象”、“范式”、“模式”以及“本质”的内在联系。同时，从微观分析思想政治教育形态，分析诸形态的内部启动以及外部呈现。其次，结合人类的发展历程，梳理思想政治教育形态历史演进规律及特点，把握形态发展规律。在关注历史发展形态、空间形态、要素形态的同时，也要开始注重思想政治教育运行形态、本质形态研究，聚焦思想政治教育形态之多维样态、多样形态演变、多样形态联动，推动思想政治教育形态研究发展的精准化。再次，分析思想政治教育形态分化的现实境遇，即思想政治教育形态分化中所产生的矛盾和具体分化形态发展趋势，并分析产生矛盾的内外部原因和影响因素。最后，立足于系统思维，提出解决形态分化过程中的矛盾的宏观思路，包括形态整合研究的原则理念、目标动力，接着从结构、功能、空间等角度分析思想政治教育形态整合优化。遵循基础性分析、历史性演进、现实性探究、根源性反思以及宏观实践引导与微观实践落实这一逻辑，实现对思想政治教育形态的基础结构的优化与整合目标。

五、新时代思想政治教育形态发展的实践进路

学术界关于思想政治教育历史形态、要素形态、现代化形态研究成果众多，但是仍存在研究要素零散、研究共识度低、研究方法较单一等问题。对此，需要立足于思想政治教育形态的本体性研究和认识论研究，以社会基础为现实支撑，以整体性思维为研究指导，运用多种研究方法构建形态研究的逻辑框架和研究范型。

（一）夯实思想政治教育形态发展的理论体系

一是推进形态的理论研究阐释与建构。金林南强调建构学科知识理论体系，“思想政治教育哲学主要回答‘是什么和应当是什么’，思想政治教育学原理主要回答从‘是什么’到达‘应当是什么’的规律，思想政治教育应用性知识回答的是根据规律和具体的实践情境，思想政治教育怎么做”[①]。这种观点对明晰思想政治教育形态发展的基本理论和实践形态具有重要参考价值，是对思想政治教育学科形态的知识体系、知识生产和知识应用的系统化呈现。新时代要推进“以行动为中心的思想政治教育学原理体系的范式重建，确立起以思想政治教育原论、思想政治教育史论、思想政治教育者论、思想政治教育对象论、思想政治教育内容论、行动原理论、行动过程论、条件论为基本结构的新的原理体系”[②]。

二是夯实形态的理论基础研究。“思想政治工作学从属于马克思主义科学体系，是以马克思主义哲学、政治经济学、科学社会主义特别是党的学说作为理论基础的。”[③]“理论基础是思想政治教育理论体系的外部理论资源，也包括基础理论在内的基础依托和理论营养”[④]。基于这样的理解，笔者以为，思想政治教育形态研究的理论基础至少由两部分内容组成：第一，马克思主义理论蕴含的基本原理以及党的指导思想和路线、方针、政

① 金林南、赵文静：《思想政治教育学科知识理论体系的实践性建构》，《思想理论教育》2020年第9期。

② 戴锐、韩聪颖：《面向行动的思想政治教育学原理体系擘划》，《思想理论教育》2017年第2期。

③ 张蔚萍：《思想政治工作学教程》，北京，中共中央党校出版社2008年版，第22页。

④ 孙其昂：《论思想政治教育基础理论研究再出发》，《扬州大学学报（人文社会科学版）》2021年第4期。

策；第二，相邻学科的交叉学科理论知识体系。思想政治教育学科形态研究必须坚持马克思主义理论指导，结合形态学的理论知识，推进思想政治教育学科形态研究。一方面，“马克思主义学科范式统领和指导思想政治教育学科范式”[①]。因此，形态研究必须在马克思主义理论学科论域中阐释思想政治教育形态的动态表现与价值彰显，从而实现元理论研究与实践性的过程现象的衔接。另一方面，研究要积极借鉴形态学理论，运用多学科知识体系，明确思想政治教育形态的本体性概念及差异化的外显形态。形态学是在基于研究对象系统的运行规则开展现象描述，分析系统整体性的曲折变化与运行态势。要以马克思主义基本原理为指导，围绕研究对象、内容、主体、组织、管理、途径等密切相关的心理学、社会学、政治学、伦理学、领导科学、系统科学、传播学等多学科知识，形成思想政治教育社会学、思想政治教育文化学、思想政治教育传播学、思想政治教育哲学、思想政治教育形态学、思想政治教育心理学等分支学科体系来加强思想政治教育形态本体研究。

（二）拓展思想政治教育形态研究的社会视野

现代化背景下开展思想政治教育学科形态研究必须将思想政治教育的社会属性考虑在内，在社会系统与思想政治教育的相互关系中细分并整合梳理思想政治教育学科形态，对思想政治教育新形态的内在逻辑以及变动规律开展研究。社会结构的分化向思想政治教育学科形态研究提出了以社会整体性视角审视思想政治教育形态的要求。受社会条件影响，思想政治教育系统在转型发展中呈现出分化的趋势，表现为诸要素形态的分化。具体而言，微观上表现为思想政治教育学科的观念形态、关系形态、实践形态；宏观上表现为思想政治教育的学科形态、理论形态、工作形态。在考察思想政治教育形态这一“外部描述”时，要在把握“社会条件”这一现实因素的基础上开展思想政治教育微观形态研究。同时，思想政治教育学科形态研究不仅要注重微观形态的内在协同，而且要注重宏观上的思想政治教育形态与社会形态之间的耦合，注重研究思想政治形态与社会形态的同构性以及思想政治教育形态对社会其他系统的依附性，将思想政治教育学科形态研究作为社会形态研究的一部分，尤其是要考察思想政治教育形态与党政工系统的运行结构、社会主体思想发展状况、社会要素的表现形

① 王学俭：《新时代思想政治教育基本问题研究》，北京，人民出版社 2021 年版，第 154 页。

态等之间的关系，使思想政治教育学科形态研究通过与社会系统的协同，展现研究现实性与科学性。随着智能社会和信息化技术的迭代升级，不仅要求思想政治教育形态研究对社会条件的把握与适应，更要以社会发展为基础，考察智能化科技的发展对思想政治教育形态的冲击与影响，注重考察智能时代思想政治教育传统话语形态与现代化话语的衔接、双主体形态的重塑、内容形态的更新、生活形态的发展。同时，智能时代要利用好大数据的运算功能，系统分析思想政治教育主体要素的思想转型状况，从而协助分析思想政治教育智能化形态中主客体关系。总之，社会要素的现代化与智能化催生的思想政治内部变革要求以关注社会存在和社会技术为基础，考察思想政治教育形态研究和实践发展的现代化体系化创新。

（三）推动思想政治教育形态融合发展创新

随着历史条件的变化，现代性研究成为学科研究的主要思维导向。一方面，需要突破以往零散、封闭、独断的研究思维的约束，确立宏观系统性研究思维；另一方面，思想政治教育形态作为内在结构的外在呈现，应该从微观上关注思想政治教育系统内部的交叉形态。

首先，坚持宏观与微观相结合。宏观上看，面对当前形态研究的整体性框架相对缺乏的困境，形态研究不能只关注其现代化表现，必须深入思想政治教育形态分化与整合的本质特征和现实境遇，以大局视角审视思想政治教育系统形态转型发展。通过分析外显性样态，探析思想政治教育内在结构与本质，以由表及里式、由小到大式的研究思路深入把握思想政治教育系统形态在三维空间中的发展状况与内在规律。微观上看，在思想政治教育分化的学科背景下，思想政治教育理论研究主题方向较为零散，加之思想政治教育学科形态研究理论体系还有待完善，形态的划分以及研究内容共识度不高。因此，应立足于思想政治教育学科理论基础，开展思想政治教育学科形态的共识性研究，以此形成形态研究合力，为实现思想政治教育学科形态研究的“增量改革”奠定基础。

其次，坚持学科组织建制与运行机制相结合。“为弥补思想政治教育单一形态的局限，最优化利用思想政治教育资源，提升思想政治教育实效，必然需要注重综合运用不同的思想政治教育形态。”[①] 思想政治教育学科形态研究避不开思想政治教育要素的管理与分析，尤其是在分化与整合的学

① 沈壮海：《新编思想政治教育学原理》，北京，中国人民大学出版社 2022 年版，第 136 页。

科发展背景下，将诸要素的分化发展作为形态研究的现实条件，系统分析思想政治教育诸要素之间表现形态的内在有机联系，通过深入的理论探讨逐步形成思想政治教育学科形态研究的整体性研究框架。学科形态的整合需要发挥机制的有效约束力，协调学科要素关系。在实践层面上，思想政治教育形态发展必须完善学科建制和运行机制，明确学科要素与结构化形态，并围绕学科发展开展思想政治教育形态学前沿问题研究、转型发展研究以及创新研究，以拓展学科理论研究深度。通过建设学术交流平台以及学术会议，探讨纠正学科内存在的思辨化、学理化与抽象化问题的举措，为思想政治教育学科规范化、科学化发展扫清障碍。此外，加强形态研究和实践发展的制度设计与政策供给的“系统集成、协同高效”，推动构建新时代高质量思想政治教育学科体系、学术体系、队伍建议体系、教学体系、管理和评价体系等。同时，要注重发挥政策的导向与制度的约束作用，通过按照宏观制度导向展开学科建设，进一步按照思想政治教育学科性质和工作目标进行整合贯通，充分发挥整合效应和协同作用，实现系统整合。

最后，坚持学科交叉与交叉学科相结合。思想政治教育形态分化的同时，也呈现出相互交叉融合发展的态势。新时代形态研究也应运用学科交叉的研究思维，以满足思想政治教育形态研究和学科发展的精细化、精准化的发展要求。“运用学科交叉研究进行原理体系的内部化研究”，通过多样化的学科理论丰富思想政治教育理论形态研究要素。学科交叉是思想政治教育理论形态的内在精细化，而从宏观上看，交叉范式则更多体现在学科的发展形态中。如社会形态与思想政治教育形态的融合，教育形态与思想政治教育形态的交叉，生态学理论在思想政治教育形态中的展现等。这既是学科形态成熟发展的进阶，更是学科形态创新的必要研究视角。

（四）推进思想政治教育形态发展创新的方法应用

随着思想政治教育形态的动态性、发展性与现实性的凸显，以往单一的、静态的、片面的研究方法已经不能满足研究需要，必须运用创新性与复合性研究方法。

第一，实现思辨性研究与实证性研究的统一。思辨性研究方法是思想政治教育本体性研究的重要方法。但是，当前单一的思辨性研究已经不能满足思想政治教育学科形态研究要求，急需材料分析以及数据统计支撑理论性规律的论证与总结。一方面，不能将思想政治教育形态只界定为一种外在的呈现方式，更不能单单凭借一定量的数据对形态内部发展规律进行总结。在思想政治教育学科形态研究中，需要运用理性分析方法有针对地分析诸形态内部的矛盾以及结构要素互动，以打破以往“蜻蜓点水式”的浅层次分析，推进政治教育形态的纵深研究。另一方面，思辨性研究的局限性极易导致其陷入理想化状态的旋涡，即脱离系统本体发展状况而使研究过于抽象，只具有理论深度而缺乏现实温度。这时，就需要利用实证研究支撑理论反思。如在分析思想政治教育形态时，可充分利用网络数据分析手段对所收集的信息展开数量分析，并以此为一手分析资料对具象化的现象呈现的原因以及系统运行过程开展反思与评价。

第二，坚持历史与逻辑相统一。思想政治教育学科形态研究必须坚持大历史观，既要探讨思想政治教育形态的起源、发生与发展嬗变，又要把握思想政治教育在社会发展中的定位，以历时性研究视角对形态展开历史维度的分析。通过对不同社会发展状况下思想政治教育表现方式以及现实效果的分析对比，把握思想政治教育内部的规律，为思想政治教育研究提供历史养分。对思想政治教育内部结构的分析属于逻辑性分析，这种分析方法更加强调横向的思想政治教育本质与定位，注重分析系统目标、功能、矛盾。在思想政治教育形态研究过程中，需要较为微观地对思想政治教育形态这一本体开展研究，也需要分析思想政治教育形态的演进过程、形态表征和形态发展。总之，思想政治教育形态研究需要注重共时性的逻辑分析与历时性的演进分析的统一，在把握思想政治教育形态的历史演进规律的基础上探讨思想政治教育形态优化。

（五）推动思想政治教育智能思政形态发展创新

随着科学技术的深入发展以及技术与思想政治教育工作的契合度与协同度的提升，网络虚拟形态的思想政治教育发生量变，即高校系统内部要素、结构、功能关系有所调整，技术要素对思想政治教育多元主体关系、育人手段、空间管理等要素的影响力不断增加，使思想政治教育呈现出一种新的形态——智能思政形态。思想政治教育已经不受物理空间的限制，虚拟场域中的思想政治教育形态逐渐形成，构建了智能化的交往空间，“开创了一种新的主客体之间的‘共在模式’”[①]。智能思政形态是对网络思想政治教育形态的渐进式发展，即由低级向高级、由浅层次向深层次

① 陈清：《论人工智能融入高校思想政治教育的深层逻辑》，《江苏高教》2022 年第 1 期。

的跃升，同时也是思想政治教育形态发展的现代性结果。当前，学者们从不同视角对智能思政进行解读：从智能思政的属性分析，其“是在教育学研究领域智慧教育的元理论基础之上援引生成的学科概念”[①]，这种“学科概念”仍属于思想政治教育学科范畴，这是对智能思政形态的学科定义，表明了该形态的学科立场。从智能思政的技术支撑分析，该形态的发生发展是科技在思想政治教育领域拓展的结果，大数据、深度学习、强算力等智能技术手段成了这一形态的物质基础。从智能思政的功能分析，人工智能在思想政治教育育人过程中的价值实现，强调的是智能思政在教育与管理过程中提供的精准化、数据化、科学化、个性化等服务。“数字化方法可以通宏洞微——实时洞察微观主体变化、关注热点事件，由此分析把握宏观变化”[②]。通过大数据识别与筛选、分析与计算以及科学的数据模型构建，精准、客观地描绘受教育主体之间的关系构建行径及其个人认知差异。从智能思政的目的分析，智能形态的思想政治教育并没有颠覆传统形态的教育目的，仍是为了满足社会发展与人的发展需要，提升主体的社会适应性与创造性。因此可以说，智能思想政治教育形态和思想政治教育智能形态是思想政治教育为满足多主体发展需要，主动与人工智能、大数据、算法等技术融合，以革新教育与管理观念、手段、关系实现思想政治教育精准化、个性化、科学化的新形态。

（六）整合思想政治教育形态发展的空间生态

首先，整合网络虚拟空间与现实空间。随着网络信息技术逻辑与思想政治教育实践逻辑的融合发展，思想政治教育空间得以拓展，表现为思想政治教育虚拟空间的拓展。网络虚拟空间在虚拟、仿真、智能、算法等手段的支撑下，彰显出了其信息交互性、隐蔽性、脱域性的特点，为思想政治教育实践形态的开展提供了基础支撑。但是，在网络思想政治教育空间和智能形态发展中，现实场景中的教育主体与客体的关系、资源内容与教育手段、教育过程的内化与外化等规律已经不能适用于虚拟空间的思想政治教育，这为思想政治教育适应虚拟空间的运行逻辑提出了挑战。这些问题的出现也正是整合现实与虚拟思想政治教育空间关系的重要契合点。对此，思想政治教育阵地建设必须把握住信息技术发展带来的机遇，在充分

① 董亲学：《大数据助力高校智慧思政建设的三重维度》，《学校党建与思想教育》2021 年第 16 期。
② 王国成：《数字世界中的人文社会科学研究》，《天津社会科学》2020 年第 6 期。

利用科学技术手段的同时，重视现实场域中的教育内容、手段、方法在虚拟场域中的适应。

其次，整合隐性空间与显性空间。思想政治教育价值的实现不仅要依靠课堂灌输、相关讲座、主题交流会等显性教育手段，还要协同校园文化建设、高校规章制度建设、社会实践活动组织、网络信息等隐性教育资源的力量。在教育工作过程中，显性教育与隐性教育并不相互冲突，在有效融合机制的引导下能够实现相互渗透、融合。从宏观上看，要协调现实场域中思想政治教育理论课的显性教育与专业课课堂、虚拟场域的隐性教育；从微观上看，要协调理论教育与环境、实践活动的关系。通过创建场域协同机制，优化教育情境，强化教育效果，如优化教室、餐厅、寝室环境，将概括性地反映大学精神的办学理念、将校风校训的校园文化融入校园环境中，发挥环境的育人功能。

最后，整合家庭、学校、社会空间。面对新时代对思想政治教育形态发展提出的要求，单一高校内的资源已经不能满足实现“立德树人”目标的需要，因此，需要加强校际合作，实现资源共享，集合思想政治教育形态发展的外源动力。一方面，在思想政治教育实践形态发展中，通过日常思想政治教育和系统性思想政治教育建设，推进实践形态的思想政治教育制度、组织和工作运行机制等建设。另一方面，高校可以创设同步的人才培养制度，可以定期交流思想政治教育课制度建设，博采众长，发挥多所高校的“硬”资源与“软”资源优势，形成育人合力。同时，家庭是受教育者的第一所学校，学生良好道德素质的培养离不开家庭氛围和家庭教育。虽然家庭教育方法、教育内容、教育观念与学校教育存在差异，但最终目的都是“立德”“树人”，因此要抓住二者的契合点，创新协同机制，以有效发挥二者的协同性。学校作为育人的主要阵地要积极寻求家庭的支撑，可以通过召开家长会、网络交流等形式及时进行沟通，高校还可以利用互联网创设高校学生成长档案，家长与教师可以及时掌握学生近期状况。此外，高校思想政治工作的开展不仅要紧密结合社会生活，更要考虑受教育者的社会需求，为受教育者提供多渠道、多层次的社会实践活动，引导受教育者走进社会、了解社会，实现高校思想政治工作系统与社会系统的耦合。

总之，思想政治教育学科形态研究要利用好学科基础理论与理论基础，加强思想政治教育学科形态的本体性研究。创新思想政治教育形态发展研究，需要坚持以系统思维拓宽社会视野为基础，以思想政治教育现实状况为逻辑链起点，抽丝剥茧式地分析系统各要素的优化组合方式以及历史演进，由浅入深地揭示思想政治教育的运行机制、内在本质、发展逻辑，深入探讨微观形态演进规律与宏观形态系统运行模式，从而更好地实现育人目标。

第六章　新时代思想政治教育学科系统整合创新

思想政治教育学科系统整合是在马克思主义方法论的指导下，立足于学科建设现状，通过学科交叉研究和交叉学科建设，对思想政治教育学科系统内部诸要素、各结构进行调整、重组以及优化的实践过程。从社会现代化发展进程看，推进学科系统整合研究，有利于调整优化学科内部结构，推动理论、实践与工作的系统整合，丰富思想政治教育学科知识体系，提升思想政治教育学科实践成效。然而，伴随社会转型和社会分工细化，思想政治教育学科分化成不同空间和不同对象的社会存在，学科分化已成为不可阻挡的趋势，这就为思想政治教育学科整合研究提供了必要性。从专业角度看，学科系统整合是现代思想政治教育学科建制、专业建设与人才培养一体化建设的发展趋势。因此，需要注重思想政治教育学科与不同学科、不同领域、不同知识、不同方法体系之间的整合研究。大学生思想政治教育是高校及高等教育体系的重要组成部分，体现高等教育精神是其应有之义；同时，思想政治教育学科也是党的思想政治工作的阵地和空间，体现党的思想政治工作需要和承担意识形态工作责任。因此，从高等教育体系和党的意识形态工作场域中研究分析学科系统分化与整合，是进行学科系统整合的题中之义。

一、思想政治教育学科系统整合研究的评估

（一）思想政治教育学科系统整合研究论域概观

近年来，关于学科系统整合研究的相关论域主要有社会整合、制度整合、生态整合、价值整合、空间整合等，为推进新时代思想政治教育学科

系统整合提供参考借鉴。

1. 关于社会整合研究论域概观

社会整合研究是强调将思想政治教育与社会学相结合，在学科交叉中发挥思想政治教育在社会系统中的整合作用。目前，思想政治教育社会整合有如下几种观点。一是从内容角度研究，主要是思想整合和社会整合“二元说”，认为思想政治教育社会整合是思想整合和价值整合，以促成社会共同体对国家和民族的认同。戚如强认为，“特定阶级或政党以思想政治教育的途径，对全体成员进行思想、道德、信念、心理等方面的宣传教育，提高社会成员对价值共识和情感共鸣的认同，推动社会实践发展，实现思想政治教育社会整合”①。二是从功能角度研究，通过分层整合、规范整合、强制整合、网络整合 4 种方式，借助教育宣传的方法引导思想观念和行为规范，以期达到思想政治教育社会整合的目的。② 杨威主张“通过利益沟通、协调和认同发挥利益整合的功能；通过政治教育、沟通以及政治社会化发挥政治整合的功能；通过舆论宣传引导大众心理，打造主流文化引导社会思潮，以期发挥文化整合的功能”③。三是从价值角度研究，强调“传播主流意识、树立共同理想、平衡利益冲突、营造舆论氛围，实现思想政治教育社会整合”④。这些观点为推动思想政治教育社会整合，特别是拓宽思想政治教育社会视野具有重要参考。

2. 学科制度整合研究论域概观

在此论域下，学界关注的焦点是制度与思想政治教育之间的整合问题。代表性观点有 4 种。一是从学科划分角度研究，将思想政治教育学科制度划分为学科知识制度、学科教学制度和学科管理制度，认为“通过整合思想政治教育学科制度与宏观社会制度、相邻学科制度和学科内部与布局的关系，达到制度整合”⑤。二是从制度哲学角度研究，马关生等提出制度是整合社会主体要素和社会客体要素的一种存在，“通过管理体制、制度规则和运行机制整合思想政治教育制度”⑥。三是从规则体系角度研究，认为思想政治教育制度是人类社会为了进行有效的思想政治教育和维护

---

① 戚如强：《思想政治教育社会整合研究》，南京师范大学博士学位论文，2013 年。

② 周如俊、苏云升：《论优化思想政治教育的社会整合功能》，《唯实》2006 年第 6 期。

③ 杨威：《论阶层分化条件下思想政治教育的社会整合功能》，《中南民族大学学报》2013 年第 7 期。

④ 刘惠：《思想政治教育：执政党社会整合的软权力》，《求实》2009 年第 7 期。

⑤ 宇文利：《论现代思想政治教育学的学科制度》，《思想理论教育》2012 年第 5 期。

⑥ 马关生、张世洲：《思想政治教育制度的哲学探讨》，《思想教育研究》2011 年第 4 期。

社会秩序而借助权力、利用正式和非正式组织制定相关主体，孙其昂等提出“整合思想政治教育制度和政策、法律、规则及程序，构建新的规则体系”①。四是从制度运行角度研究，主要强调通过制度整合实现从零散、熵增走向制度化、动态平衡，王学俭等提出“实现内容设置规范化、过程运行有序化、管理组织系统化、保障机制化、评估轨制化”②，使思想政治教育制度整合从零散、无系统状态走向制度化过程。

3. 生态整合研究论域概观

这一研究取向主要将生态学研究的方法论运用到思想政治教育中并加以整合，以提升研究成效和调整思想政治教育研究方向。一是从概念维度的分析，通过对思想政治教育生态研究的方法论意义与生态德育研究的方法论指向进行阐释，厘清“思想政治教育生态”、“生态思想政治教育”、“思想政治教育生态探究的价值”和“思想政治教育的生态价值”等不同概念的内涵与外延。③二是从生态关系角度研究，认为思想政治教育的生态研究包括纵向的前后承续生态关系和横向的周围牵制生态关系两个维度，通过分析思想政治教育的话语系统、外部生态和结构变化，整合思想政治教育和生态学。④三是从理论架构角度研究，张洪春、胡凯从教育观、工具观和价值观 3 个维度分析思想政治教育生态观，提出坚持政治主导原则、整体性原则和人本原则。⑤

4. 价值整合研究论域概观

关于思想政治教育价值整合研究的主要观点有 4 种。一是“价值功能说”。价值是客体属性与主体需要之间的满足关系。李辉认为，价值研究大致包括思想政治教育价值本质、特征、形态、实现等内容，提出“从思想政治教育价值和功能的发展过程、主要论域、趋势分析三个维度分析思想政治教育价值与功能，在思想政治教育规律和系统关系中探究思想政治教育功能”⑥。二是“价值存在论”。王贤卿、赵盛润从思想政治教育的协调价值、整合价值、塑造价值入手，分析实现思想政治教育价值存在的主客体两个方面的基础性障碍，提出通过增强自身魅力、服务个人主体、健

① 朱其东、孙其昂：《思想政治教育本质论的制度分析》，《探索》2011 年第 3 期。
② 王学俭、孙茵：《思想政治教育制度化探析》，《思想教育研究》2015 年第 6 期。
③ 邱柏生：《试论思想政治教育生态研究的方法论意义》，《思想教育研究》2011 年第 8 期。
④ 蔡志强：《思想政治教育生态与思想政治教育发展》，《福建师范大学学报》2006 年第 3 期。
⑤ 张洪春、胡凯：《论思想政治教育生态观》，《河北学刊》2009 年第 2 期。
⑥ 李辉：《思想政治教育价值与功能研究进展》，《思想教育研究》2014 年第 6 期。

全反馈机制和搭建沟通平台4个途径克服思想政治教育价值实现的障碍。[①]三是“价值服务说”。周立军针对高校突发事件善后治理这一过程，认为通过思想政治教育的整合、沟通、规范等功能可以在心理治疗机制、学习创新机制、舆论导向机制、形象重塑机制等方面构建高校突发事件善后治理机制。[②]这些价值整合的观点对于把握思想政治教育学科价值、学科系统价值关系整合具有重要参考借鉴作用。

5. 空间整合研究论域概观

空间作为概念而言，是建立在人对于自然的感知之上的，是对人与自然、人与人之间相互作用、相互联系的结果。思想政治教育空间是思想政治教育情境的具体存在方式和关系交互空间。关于空间整合研究的主要研究观点有：一是“空间存在说”，此种观点根据具体的现实与虚拟交互关系存在，将思想政治教育空间划分成实体空间和虚拟空间，就实体空间的思想政治教育功能而言，主要有教室、图书馆、食堂、宿舍、家庭生活等空间的思想政治教育功能；虚拟空间的思想政治教育功能有互联网空间的思想政治教育功能。[③]随着社会的发展，空间不再是局限于传统意义上固定的、静态的现实物质空间，也包括虚拟的网络空间、个体精神生活空间、制度安排空间、社会生态空间、沟通交往空间等。二是“空间秩序说”，张哲等认为思想政治教育空间是思想政治教育实践活动发生的场域和秩序，“有条理、有组织地安排协调思想政治教育活动中各空间要素进而构成相对稳定的教育空间形态、空间系统”[④]。此外，思想政治教育整合涉及其他领域，如在文化整合研究中，朱志刚提出文化功能说，提出“思想政治教育文化整合”[⑤]。在话语体系整合研究中，崔华华、张翼提出“实现一元化到多维化、政治工具性到生活体验性、单向权威到交往引导转变”[⑥]。

（二）思想政治教育学科系统整合研究评价分析

总体而言，关于思想政治教育学科系统整合的研究主要集中在社会

① 王贤卿、赵盛润：《论思想政治教育价值实现的障碍及其克服路径》，《毛泽东邓小平理论研究》2009年第8期。

② 周立军：《思想政治教育价值与高校突发事件善后治理机制研究》，《思想教育研究》2011年第2期。

③ 陈培新：《高校思想政治教育空间功能简论》，《学校党建与思想教育》2010年第16期。

④ 张哲：《思想政治教育空间论》，北京，中国社会科学出版社2019年版，第58页。

⑤ 朱志刚：《论思想政治教育的文化整合功能》，《理论学刊》2007年第11期。

⑥ 崔华华、张翼：《思想政治教育话语及其现代转型》，《理论探索》2016年第1期。

学、制度论、生态学、价值观以及空间观等方面，从多个学科视角探讨学科系统整合问题，使思想政治教育学科系统整合逐渐成为一个新的研究领域和前沿热点问题。同时应当看到，在思想政治教育学科系统整合研究过程中也存在一些问题。

1. 学科系统整合研究的鲜明特征

第一，彰显社会视野。社会存在决定社会意识，社会意识对社会存在又具有能动的反作用。当下，中国正处于转型时期，矛盾井喷，需要对社会舆论进行正确的引导，否则后患无穷。思想政治教育整合研究针对当下中国的新形势、新特点，并结合自身发展需要，将思想政治教育学科与其他学科进行多方面、多维度的整合，既能满足自身学科建设的需要，又能反映当下中国社会存在的各种问题、矛盾。上层建筑是一个国家的重要组成部分，思想政治教育学科系统整合是对意识形态政治社会化实践活动的整合研究。作为意识形态领域的重要组成部分，对其深入开展整合研究，能够引导社会思潮走上正确的良性发展轨道，减少负面舆论对社会发展的危害，提升人民群众对大众文化的认同，增强人民群众的文化自信，促进社会经济快速发展，提高人民群众生活质量。

第二，呈现研究焦点。社会进步的标志是社会分工的精细化，这种时代背景下必然带来各学科的分化，思想政治教育学科也不例外。但是，社会实践的发展是文化创新的根本动力，面对日新月异的社会变化、日益增多的社会实践，这必然使学科之间的整合研究成为大家关注的焦点。整合研究涉及诸多学科、诸多领域、诸多知识，在不同学科、不同领域、不同知识的碰撞间能够产生新问题、新情况、新学问。尽管关于思想政治教育学科系统整合研究的文献并不是很多，但从现实看，学科系统整合研究伴随着时代的发展而不断呈现新的研究趋势和发展态势。在中国式现代化视域中的思想政治教育学科现代转型研究，中国式现代化赋予学科的主体、对象、要素、结构、内容、目标、任务等发生变化，同时也促使思想政治教育学科诸要素、内部结构与其他相关学科知识体系进行整合创新，推动思想政治教育现代化。

第三，拓宽研究领域。整合研究将各学科分散的、零碎的知识重新组合，构建起新的理论体系和知识框架。思想政治教育学科化建制以来，尤其是 2005 年学科建制的重大调整，思想政治教育学作为一门独立建制的学科，实现人才培养的本硕博一体化建设。与此同时，学科研究的论域不断拓展、研究层次逐渐提升、研究成果不断丰富。学科系统整合研究作为学科交叉和交叉学科的一体化研究，能够拓宽学科研究视野，完善学科知识体系，带来学科理论体系的知识增量。在这一背景下，思想政治教育学科系统整合研究将顺应时代发展的要求，将传统“自上而下”的教育方式向“自上而下”与“自下而上”相结合的研究方式转变，明确思想政治教育学科系统整合研究的发展方向，发挥思想政治教育学科系统整合研究的价值功能。

第四，揭示内在本质。思想政治教育学科是作为一个系统存在、变化、发展着的。对于思想政治教育研究的视角各异，但从系统科学的视角对学科进行系统研究是认识和揭示思想政治教育本质的重要研究路向。系统科学强调整体推进，因此研究者注重从视角的多样性、主题的丰富性、方法的灵活性等方面彰显对思想政治教育系统研究的系统性。研究视角的多样性主要体现在研究者们已经能够自觉有意识地从政治学、教育学、社会学、伦理学、社会学、传播学、生态学、心理学、管理学以及系统科学等不同学科视角对思想政治教育系统进行解读和升级；研究主题的丰富性主要体现在研究者能将思想政治教育学科系统分解为思想政治教育理论子系统、思想政治教育学术子系统和思想政治教育工作子系统，并对 3 个层级系统进行深入研究；方法的多样性主要体现在思想政治教育作为一个开放的系统，也能在系统化研究过程中，为更深刻地学科系统整合研究提供不同的研究方法，促进思想政治教育的创新发展。从系统生成的角度对思想政治教育系统进行研究，是对思想政治教育要素、结构和环境等进行深入研究的前提。因此，思想政治教育学科系统研究开辟了一条先建立关于学科系统如何构成的理论，再建立学科系统如何生成、维生、演化的理论的新发展路径。面对复杂适应社会系统中人类思维的复杂性，揭示思想政治教育本质也变得更加复杂。要擅于转变思维方式，从系统存在、生成、构成、维生、演化和消亡的整体过程探析思想政治教育系统的内在本质。

2. 学科系统整合研究存在的问题

第一，学科系统整合研究缺乏体系性。当下，思想政治教育学科系统整合研究过多关注整合本身，缺乏从学科分化这一视角探讨思想政治教育学科系统整合研究。伴随着社会变迁带来的社会分化，思想政治教育学科必然受到影响。整合与分化作为一个事物的两个对立面，学科系统整合研究必然要对学科分化进行一定的研究。学科系统整合研究正是基于思想政治教育分化这一事实基础存在分化与整合研究的断裂与失衡，需要促进系统分化与整合的一体互构互促研究，才显得尤为重要。此外，思想政治教育学科系统整合研究也离不开对思想政治教育学科分化研究，只有将整合与分化两个维度统一起来加以比较分析，才能对学科系统整合研究进行全面分析，揭示学科系统整合研究全貌。同时，学科系统整合研究作为思想政治教育与其他学科进行交叉研究的重要载体，并没有揭示学科系统整合研究与现代社会转型的关系，未能从学科系统内部的要素、结构与功能等分析系统整合研究与社会变迁的关系。

第二，学科系统整合研究缺乏协同性。目前，思想政治教育学科系统整合研究机制尚不健全，理论研究者与实务工作研究者存在割裂。从目前看，思想政治教育学科系统整合研究的理论日益增多，体系逐渐完善，然而在实践过程中，思想政治教育学科系统整合的具体工作尚未落实到位，理论与实践脱节造成效果大打折扣，加强学科系统整合研究迫在眉睫。比如在思想政治教育管理过程与教学过程中的思想政治教育整合协同问题、学校管理层面的思想政治教育与学院管理层面的思想政治教育整合协同问题、学院辅导员思想政治教育工作与学生社团活动整合协同问题等，容易使思想政治教育工作重叠、队伍错位、效果不彰。思想政治教育学科系统整合的实践工作脱离理论研究的现实问题，迫切需要强制贯彻落实学科系统整合研究的实践工作，迎合时代发展的要求，顺应社会发展的需要，才能将学科系统整合研究的实践工作落到实处。

第三，学科系统整合研究缺乏规范性。学科系统整合研究集中体现在学科的外部化整合和内部化整合的研究。停留在外部整合研究的思想政治教育学科未能充分整合自身内部，疏于探究学科内部规律，未能揭示思想政治教育学科系统整合研究规律和发挥系统整合研究的价值。思想政治教育学科系统内部的主体客体、目标内容、过程规律、知识结构、作用功能、方式方法、条件保障等要素整合的内涵与外延尚未明确，学科系统整合研究的知识体系和理论框架尚未构建，学科系统整合研究的功能与作用有待进一步提升。

3. 学科系统整合问题的归因分析

第一，主要内因在于系统内部化整合研究不足。从内部看，首先，学科系统整合涉及思想政治教育的内涵外延、目标任务、内容方法、主体客体、方式方法等要素，这些要素之间关系错综复杂，牵涉学科系统整合研究的各个方面，而思想政治教育学科系统内部整合的理论基础薄弱，特别是针对思想政治教育学科系统的内部化整合研究亟待挖掘。其次，学科系统内部的知识体系和理论框架尚未形成，没有清晰的理论框架和完善的知识体系成为制约思想政治教育整合研究向前发展的重要因素，内部整合研究显得尤为紧迫。最后，现阶段，思想政治教育学科系统内部研究需要进行内部结构优化，运用结构功能主义提升内部化研究不足的问题。

第二，主要外因在于学科系统外部化整合研究不足。从学科外部看，首先，思想政治教育学科系统整合涉及与制度、社会、生态、价值、空间等学科的交叉研究，学科与学科之间的交叉研究更加复杂多变，无论是理论研究还是实践经验，思想政治教育外部化整合都相对薄弱，有待进一步深入。其次，思想政治教育外部化整合研究是一个复杂的过程，它分为整体协调、渗透融合、过度衔接、互补互促 4 个方面，关于这一过程的理论研究成果较少，实践经验不足，难以支撑错综复杂的外部化整合研究。最后，思想政治教育学科系统的外部化整合研究受到社会存在和外界条件的制约，资料收集不足、信息获取受限、受其他学科排斥、学科之间认同有隔阂等诸多因素成为制约瓶颈。

第三，学科系统整合缺乏动力维度分析。从理论上看，学科关于整合机制研究的代表性文献主要有张耀灿的《论思想政治教育的整合机制》、谢传仓的《构建大学生思想政治教育整合机制的几点思考》，为学科系统整合提供了参考借鉴，但理论分析框架尚未达成共识；从实践上看，关于思想政治教育学科系统整合的工作难以落实到位，部门之间相互推诿、相互扯皮，容易造成学科系统整合动力的衰减。特别是经过学科化建制以来，思想政治教育学科已经发展成为一门独立的学科体系，拥有完善的知识体系和完整的理论结构，由此给人们造成该学科发展已经很完善的错误假象，但由于前期建设中没有重点研究整合，致使现阶段的整合研究相对薄弱，缺乏相应的动力机制。

二、思想政治教育学科系统整合的现实境遇

断裂是指事物整体的连接性的中断，是现代性风险的突出隐忧。思想政治教育历史发展过程中可能会出现淡化思想政治教育作用、减损思想政治教育价值、丢弃思想政治教育优良传统，甚至出现否定思想政治教育的现象，这些都是断裂或中断的表现。从思想政治教育学科系统实践来看，其系统要素与结构分化已经成为客观事实，思想政治教育学科系统内部分化形成理论、学科与实践等多个领域，分化形成理论形态、学术形态和实

践形态等多类型思想政治教育形态，形成了意识形态型、学术型、生活型思想政治教育，推动思想政治教育学科现代化转换与创新。但同时，系统要素、结构以及形态的分化也造成了思想政治教育学科系统的碎片化、离散化，导致系统要素、结构的分化中出现了诸多问题，如理论子系统的合法性、学科子系统的科学性、工作子系统的协同性被削弱等，系统发展现状对诸要素提出了优化与组合的发展要求。

（一）思想政治教育学科理论子系统的“内卷化”

在思想政治教育学科系统中，理论子系统起着基础性作用，其有序运行也有赖于理论体系的完备。思想政治教育学科理论分化一方面表现为理论体系的精细化、理论基础和基础理论等理论指向分类的多元化；另一方面也表现为理论基础研究与基础理论研究的模糊与内部化研究不足，影响思想政治教育理论子系统的功能涌现，呈现出“有增长无发展”的“内卷化”现象。

第一，学科理论子系统的理论基础研究存在学科化不足。现代社会分化带来的知识领域分化，使思想政治教育学科理论繁芜丛杂，但学科理论基础在“直接移用”和“嫁接套用”过程中出现理论基础“分离化”或理论基础“碎片化”现象。一是理论基础“直接移用”导致学科发展呈现“分离化”现象。目前，学界理论研究仍偏重于以马克思主义哲学基本原理及其范畴作为思想政治教育学科的理论基础，试图以具体的部分马克思主义原理涵盖理论基础，抑或以非理论基础部分扩充理论基础范围，但对思想政治教育学科与马克思主义理论的关联性未能做到详尽阐释。对马克思主义基本原理的“直接移用”，虽彰显了思想政治教育的马克思主义学科属性，同时也使得马克思主义理论在学科研究中“隐身”，造成的后果就是学科理论基础空场。二是理论基础“嫁接套用”导致出现学科理论的“碎片化”“移植化”现象。跨学科研究视野中的思想政治教育学科借鉴哲学、经济学、社会学、管理学等相关学科成为学界发展重要动向，也进一步推进了学科发展的专业度与深度。但过多的跨学科借鉴致使思想政治教育理论基础研究面临自身理论基础逐渐被淡化的问题，甚至在某一方面或某一层次问题的理论内容借鉴上呈现“碎片化”现象，未能生成全面性和整体性的借鉴价值。甚至在较为严重的跟风和理论模仿的现象驱使下导致理论研究的自主性和增长性不足。

第二，学科理论子系统的理论基础研究挖掘与转化力度不足。“理论基础是思想政治教育理论体系的理论依据、知识支持，也是思想政治教育理论体系的学术资源，主要属于思想政治教育理论体系的外部知识资源。”[①]可见，孙其昂教授的这种理解已开始针对思想政治教育学科理论这一本体进行内部化分析，理论基础是思想政治教育理论体系的外部理论资源，既包括思想政治教育理论的合法性与合理性的学科支撑——马克思主义理论，也包括其学科发展的借鉴学科——教育学、社会学、管理学、人学等。当前，思想政治教育理论基础的合理性挖掘力度不足，在马克思主义理论文本中探讨思想政治教育的本源与本质问题的研究力度较弱。同时，思想政治教育自身的综合性决定了其理论借鉴的广泛性，包括对其他学科的概念与范畴的借用，缺乏从学科理论的对象性及其实践性视角审视思想政治教育理论，导致学科交叉研究向交叉学科研究的理论转化与知识增量不足。

第三，学科理论子系统的基础理论研究知识增量不足。孙其昂认为，“基础理论则包括思想政治教育的本体论、认识论、方法论、知识论等”[②]。基础理论是思想政治教育学科理论的基础部分，是学科体系、学术体系和工作体系的学理支撑。冯刚围绕思想政治教育的科学化、思想政治教育的基本经验，经过积极探索和研究，“形成了思想政治教育的基础理论框架，进而成为思想政治教育学科的重要标识，基本明确了思想政治教育的研究对象，建构了思想政治教育学科的研究范式”[③]。然而，由于研究方法论和研究创新思维不足，“不少研究态势已经基本固化，理论结构没有多大变化，仅仅在内容上作少许的增补……”[④]。同时，由于对学科系统内部的学术史、学科史、思想史等研究关注不足，基础理论研究呈现出随意化趋向。基本原理知识体系依旧没有摆脱思想政治教育学初创时期教材体系的分析框架，这就造成思想政治教育基础理论研究难以跟上社会发展形势并进行与时俱进的理论创新与理论创造。新时代迫切需要从整体上把握思想政治教育的发生学、学科史、学术史、思想史研究，把握中国式现代化与思想政治教育的互动关系，把握思想政治教育与社会意识形态的关系，把握思想政治教育学科理论体系的本体论、认识论、方法论、知识论，守正创新推进思想政治教育基础理论研究创新。

---

① 孙其昂：《论思想政治教育基础理论的“体系”研究》，《马克思主义与现实》2021 年第 5 期。

② 孙其昂：《论思想政治教育基础理论的“体系”研究》，《马克思主义与现实》2021 年第 5 期。

③ 冯刚：《深化新时代思想政治教育基础理论研究》，《思想政治教育研究》2020 年第 1 期。

④ 邱柏生：《关于思想政治教育基础理论创新的若干思考》，《思想理论教育》2019 年第 8 期。

第四，学科理论子系统应用理论研究社会解题能力不足。思想政治教育应用理论研究还存在着简单移植、套用混用等现象，由于研究方法论和研究创新思维不足，思想政治教育本源性、价值性问题未能有效澄明，思想政治教育应用理论研究无法生成富有指导性的实践知识体系。叶方兴描述了"悬浮化"状态，即"理论试图接近现实，但往往因为缺乏现实感、实践感难以对接，理论与现实缺乏合理的通道"[①]，难以满足社会思想文化需求。运用系统思维进行整体性研究，推进宏观思想政治教育与微观思想政治教育研究相统一，有利于纠正过度关注思想政治教育学科系统诸要素如主体、客体、环体、介体等具体微观因素的研究，而忽视其在思想政治教育系统实践中的具体样态和整体性视野关注，拓展思想政治教育基础理论包括历史与现实、因素与系统的关联性、整体性研究。

（二）思想政治教育学科学术子系统的科学性问题

在学科分化的基础上，可能产生学科的高度整合，而在高度整合的基础上，再形成高度的学科分化，学科发展就表现为整合与分化一体互构的螺旋式上升和循环推进发展的过程。思想政治教育学科子系统分化是思想政治教育系统分化的内在表现，主要体现在两个方面。一方面，思想政治教育学科研究细化，即思想政治教育学科在发展的过程中立足于学科本质与理论基础，在研究领域与研究方向中的细分和细化发展，是思想政治教育学科学术化和专业化建制的学术呈现。另一方面，思想政治教育学科发展的交叉研究，即在学科建设的过程中借鉴其他学科的研究方法与学科思维阐释思想政治教育理论，推动思想政治教育学科科学化。学科分化体现为分支学科体系的建设，形成思想政治教育社会学、心理学、管理学、哲学、文化学、传播学等分支学科，拓展了研究深度和广度，但仍然不可忽视在学科子系统内部存在的学科边界模糊、学科共同体零散化、学科制度效用弱化等问题。

首先，思想政治教育学科学术子系统的边界有限度的问题。明晰学科边界是开展学术研究的基础和前提。当前，思想政治教育学科学术子系统研究存在"杂而不专、杂而不精、定位不明的缺憾"[②]。就学科分化的内源动力分析，学科分化直接表现为分支与交叉学科的发展，但要警惕其内在

---

① 叶方兴：《当前思想政治教育基础理论研究的"悬浮化"状态及其反思》，《湖北社会科学》2020 年第 5 期。

② 侯勇：《思想政治教育学理论前沿问题研究》，北京，中国社会科学出版社 2018 年版，第 71 页。

发展存在两个问题。一方面，学科研究存在强加“帽子”之嫌，即将学科原理强加到其他学科研究中，但研究问题仍游离于思想政治教育话语论域之外，导致部分分支学科研究逾越学科研究边界，偏离学科研究范式。另一方面，交叉学科的发展使学科建设在宏观上呈现出平面化延展效果，研究泛化，忽视纵向研究深度的拓展。主要表现在思想政治教育学科研究仍停留在现象层面，在探讨思想政治教育学科发展规律时缺乏科学、系统化思维方式以及专业研究方法的运用。正是由于研究方法在学科交叉地带的游离以及“思政性”的学术研究逻辑的缺失，导致许多研究主题“主义化”，文章结构“窠臼化”。学科边界模糊以及学科研究方法缺失是对学科自主性与学科发展独特性的叛离，这种“无边界”的论域将直接削弱学科认同，阻碍学科建制以及学科研究工作的开展。

其次，学科学术子系统的组织化问题。学科意识是学科发展主体的学科认同和价值认同，学科意识缺失容易造成学术共同体成员的认同感、成就感不足。由于思想政治教育工作者对学科缺乏正确的认知和情感上的归属感，参与学术组织以及学术共同体的意识与欲望不高，尤其是青年思想政治教育学科主体，在学术会议上的出席率极低，“思想政治教育学科的会议基本上都是‘老熟人’形成的社会交往网络”[①]。此外，由于学术共同体成员的学科意识的缺失，思想政治教育工作者在实际的学术研究中极易偏离学科发展方向，尤其是在推动学科交叉发展过程中出现学科研究“越轨”；在工作实践中极易产生工作倦怠的情绪，并抵触与其他学科的沟通交流，容易导致学科研究人员疏离，忽视与本领域内其他学者以及其他研究方向的学者的互动，最终出现“各自为政”“单人作战”的不良现象。加之学科理论研究体系、教学体系、课程体系、人才培养体系、话语体系等方面的制度化建设不彰，容易削弱学科人员的协同力发挥的内外约束力。思想政治教育学科学术子系统中的学科队伍出现零散化、离散化，导致思想政治教育理论研究的人员组织动力不足，思想政治教育学术研究一体化的发展格局难以形成。

（三）思想政治教育学科工作子系统的协同性问题

思想政治教育学科是承载知识生产与知识应用的系统性存在。作为实践工作形态而存在的工作子系统分化，打破了实践场域、教育主体、工作

---

① 叶方兴：《社会之镜：思想政治教育社会整合研究》，上海，人民出版社 2018 年版，第 177 页。

内容的整齐划一，扩大了工作空间，丰富了工作主体，提升了工作效果。但同时也不可忽视系统分化带来的消极效应，即造成了思想政治教育实践场域离散、主体协同缺乏、工作内容形式化等问题，削弱了思想政治教育的话语权，影响立德树人实践效果。

第一，思想政治教育学科工作子系统的队伍分化。主要表现为3种情况。一是思想政治理论课与专业课相脱离，思想政治理论课成为“独角戏”，“德育工作是由思想政治理论课承担，专业课主要是进行知识传授”的观点在“课程思政”体系化建设如火如荼之际仍然占有不少市场。二是思想政治理论课与日常思想政治教育相隔离。思想政治理论课的主渠道重视多，而日常对思想政治教育则重视不够，在高校领域思想政治工作被替换成学生事务管理、创业创新教育、学生社团活动等，在社会领域逐渐被党建工作、文明创建、社会管理、综合治理等工作所分解。三是教学与育人相割裂。在教育实践中，存在着将“教书”与“育人”割裂的现象，尤其是一些专业课教师认为自己讲好专业课知识就行了，育人是公共课、通识课、辅导员的事情。这些认识不利于高校思想政治工作改革创新。教学注重知识传授，育人则主要是学生价值引领。

第二，思想政治教育学科工作子系统的内容分化。一是教学工作与科研工作的分离。统筹教学与科研的关系，理应坚持以教学为中心，同时加强科学研究。以前因为科研弱，评不上职称，写不出好文章，所以片面强调科研。二是学科建设与专业发展的断裂。随着科学化和学科化进程的不断推进，思想政治教育学科建设、学术建设和专业建议不断得到强化，但仍然不可忽视学科建设、专业发展与实践工作之间存在的断裂问题。“思想政治教育学科”是关于思想政治教育的知识体系、理论体系的规律性体现；“思想政治教育专业”则是为培养从事社会主义主流意识形态建设责任的教学实体，是一种教学体制、教学机构、课程体系和人才培养体系。当前仍有相当一部分设置思想政治教育本科专业的学校缺乏较强的学科建设和研究实力，对专业建设与学科发展之间的关系认识也不够充分，需要“调整课程设置来进一步规范专业建设、厘清专业边界和强化专业特色”[①]。三是理论研究与实践工作的断裂。由于学术研究与实践工作之间各有侧重，理论研究者指责抱怨思想政治教育实际工作者时政化、经验化，

① 邵彦涛、王寓凡:《思想政治教育本科专业课程设置的现状与优化》,《中国大学教学》2023年第5期。

而实际工作者则认为思想政治教育理论研究抽象化、学院化，脱离社会和工作实践问题，在“相看两厌”的状态中，双方按照各自的逻辑和思维开展工作，进而造成思想政治教育理论研究与实践工作的“脱节”。如果理论研究者缺乏对社会现实问题的关注，则容易造成对实践知识转化与凝练的不足，同时，思想政治教育实际工作做法、问题、困境等很难进入理论研究者的视野，影响工作效能。

第三，思想政治教育学科工作子系统的空间分化。一是“替代”现象。“替代”现象主要是一部分人持有“思想政治教育是可有可无的东西”“思想政治教育过时论”“思想政治教育工具论”“思想政治教育功能和作用可以由其他工作代替”等错误观点，这就容易导致思想政治教育实践工作内容被党建工作、文明创建、社会治理、心理健康、国防教育等工作替代，进而削弱思想政治教育工作的生命线地位和作用，达到解构思想政治教育学科和实践工作的合法性，进一步解构意识形态话语权的“险恶用心”目标。二是“窄化”现象。这处“窄化”现象主要是指将思想政治教育局限于学校甚至仅限于高校学生思想政治教育，而忽略学校之外广阔的思想政治教育实践领域和工作空间。戴锐等人分析了造成“窄化”现象的原因时指出，“因为研究者的思维视野未能充分拓展，未能真正在社会大系统的视野中对丰富多样的思想政治教育活动进行深入的观察和思考”[①]。这种观点指出了造成“窄化”现象的学科原因和研究视野狭窄的主因。需要指出的是，思想政治教育学科学术子系统不应局限于学校思想政治教育，更应当包括社区、企业、军队等社会各领域的思想政治教育。

第四，思想政治教育学科工作子系统的力量分化。一是组织领导的“偏差化”。校级层面大都能按照党和国家对大学生思想政治教育的建制和制度要求开展工作，设置具体大学生招生、就业、教育管理、资助和心理健康教育等工作的职能部门，但当遇到一些重要或紧急工作时就容易被替代或冲击，部分思想政治工作组织机构异化为一般的行政机构、党建机构、文化建设机构，造成“说起来重要，忙起来次要，做起来不要”的境况常有发生。二是组织制度权威的弱化。部分高校大学生思想政治教育系统运行存在“空心”化现象，相关教育者、辅导员等人员编制保证缺乏，组织建制上的虚化或形式主义减损其工作权威。一些高校对中央关于加强高校思

① 戴锐、韩聪颖：《面向行动的思想政治教育学原理体系擘划》，《思想理论教育》2017 年第 2 期。

想政治工作，加强意识形态工作等重大部署学习领会不深，对地位作用认识不够，对加强高校思想政治工作的规律性认识把握不准，把“重视”简单理解为增加经费投入，在改善硬件条件、职称评聘、人才引进等重要环节固守旧观念、沿用老办法；一些高校领导态度积极，但教学、科研、人事、组织等重要职能部门对支持高校思想政治工作却是跟进不力，个别分管人事、科研、招生等工作的校领导和相关职能部门对思想政治工作支持或多或少存有偏见，工作不主动，支持不到位，影响整体工作推进。三是工作不协同的问题。校党委宣传部工作包括宣传（新闻宣传、对内对外宣传）、思想（中心组学习、教职工学习计划、思想政治理论课指导）、文化（统筹学校的校园文化建设）等，承担主管校意识形态建设和掌控的责任。日常管理和服务是学生工作处（部）、团委、院系分管学生事务的学工系统。学生工作处（部）的学生事务管理与服务工作、辅导员主体的培训上岗，团委学生活动的开展、暑期社会实践的推进等，都在很大程度上体现思想政治教育功能。思想政治教育的主渠道主要是承担思想政治理论课教学任务的马克思主义学院思政课程与其他专业学院的课程思政。可以说大学生思想政治教育系统应该是党委领导、宣传部指导、学生工作职能部门和政治教育机构具体组织实施。而在实际运行工作中，由于宣传部、和学工（处）、团委、学院等属于平级机构，宣传部的作用大都体现在下发文件、发发通知、提提要求，团委、学工处、各个学院团委等部门机构承担各自的责任和任务。在具体的分工安排和组织实施中，明确部门间责任与权利有利于大学生思想政治教育工作得到贯彻落实，但同时，也由于这种精细分工和各自的业务工作责任要求，容易由于部门利益、条件保障、资源占有等因素而导致存在着部门之间、多岗位之间、领导与被领导、个人与个人之间的矛盾与冲突等，进而出现“你做你的，我做我的”和“各自为政”的现象，导致大学生思想政治教育系统资源重复投入、效率低下、效益不高。

三、思想政治教育学科系统整合的制约因素

造成思想政治教育分化的原因有内部因素，也有外部因素。这其中既有思想认识方面原因，也有体制机制方面原因，同时有历史原因、环境因素等的影响。

（一）思想政治教育学科系统整合的现实根据

社会现实状况的变迁赋予了思想政治教育学科系统整合这一课题以实际的自身价值。在传统社会走向现代的过程中，“分化”成为一个关键词。传统社会以“政治挂帅”为主要特征，“政治往往是与经济、社会、军事混合在一起的”①，思想政治教育在这种社会中表现为统治阶级通过自上而下的方式对社会成员进行教化，以形成其特定的思想意识形态。在这种高度政治性的社会中，政治成为整合社会的重要方式。而伴随着社会的现代化进程，“分化”成为关键词，政治、经济、文化等各领域日益相对独立，传统社会的高度的政治性被现代社会的“多元化”所替代。思想政治教育学科系统诸要素在新的时代条件下进行着内部的更新和变革，需要面对不同领域的群体、开放多元的社会思潮与新媒体时代的传播模式等一系列的新情况。社会现实要求对思想政治教育学科系统内部诸要素进行再整合，以应对社会变迁对思想政治教育学科系统所带来的冲击。从社会现代化视角来看，中国社会转型呈现出由计划经济体制下人口流动不多到市场经济体制下巨大规模人口流动的社会，由相对平均的社会到收入差距拉大社会分化的社会。这给思想政治教育也带来多层次冲击，如社会分化与转型造成大学生思想政治教育“孤立、分散、封闭、碎片、分化”的现状，并进一步造成了思想政治教育还存在着“工作缺乏顶层设计”“环节缺乏衔接”“资源缺乏整合”“机制缺乏整体建构”“整体合力尚未形成”等问题。思想政治教育分化必然提出思想政治教育系统整合与协同的内在要求。

（二）思想政治教育学科系统整合的理论依据

理论基础和基础理论的体系化是深化思想政治教育学科系统研究的“骨骼”和框架。夯实思想政治教育学科系统研究的理论基础，有助于推动思想政治教育系统的创新发展。思想政治教育学科系统是一个社会系统存在，其全部要素构成系统整体，融合于更广泛的社会复杂巨系统之中，这种区别只有触及最基本的文化要素即价值观时才体现其阶级性。思想政治教育学科系统在不同时代、地域会呈现出多样化、差异性的表现形式，这与所处社会的经济、政治、文化等物质因素和精神因素密切相关，因而不能把思想政治教育从社会大系统中割裂开来。现代社会的复杂性必

① 王邦佐等：《执政党与社会整合》，上海，上海人民出版社 2007 年版，第 30 页。

然导致学科知识领域在专业深入的基础上彼此联系、相互借鉴，单一知识领域的理论研究无法完整、全面、有力地应对现代的社会现实，必须经由“整合”这一路径才能实现其学术旨归。具体到思想政治教育理论研究而言，当前本学科在基础理论与方法上都借用了系统整合的思维模式。在基础理论研究中，思想政治教育学科系统研究主要整合了哲学、教育学、社会学、伦理学、管理学、文化学等多学科资源，借鉴相关学科知识和方法体系，形成了兼收并蓄的交叉学科研究态势；在思想政治教育方法的改进中则逐渐整合了思想政治教育过程诸环节、要素，在新的时代条件下赋予其新的内涵。通过这两个方面的整合，思想政治教育寻求到了应对新情况、新问题的路径，伴随着整合的深入，思想政治教育系统合力不断得到增强。从研究方法论来看，马克思主义整体性思想是思想政治教育学科系统整合创新的方法论基础，通过协调、整合解决其系统分化与离散问题。思想政治教育学科系统整合创新所要追求的价值目标、内容整合、空间拓展、方法探索等，都是思想政治教育学科系统整合发展的不同角度或方面的具体表现。从实践工作层面来看，社会现代化给思想政治教育带来多层次冲击，多元社会思潮交流交融交锋，传统教育引导方式面临网络新媒体挑战，造成大学生思想政治教育“孤立、分散、封闭、碎片、分化”的现状，思想政治教育呈现结构分化、部门增加、专业分工、环节衔接、资源整合、角色转变、格局调整等新趋势，思想政治教育系统内出现要素繁杂、结构混乱、整体功能难以发挥等问题。因此，在系统分化基础上进行系统整合成为应有之义。

思想政治教育学科系统是大的社会系统存在中的重要子系统，它们相互依存、相互促进，在任何时空和条件下都与其他组织和社会子系统紧密联系，与社会价值观和信仰密不可分。思想政治教育系统研究强调用系统论的观点将思想政治教育系统作为一个既存在内部联系，又存在着大量外部联系的整体来看待，并对其要素、结构与功能、系统与环境之间关系进行分析。思想政治教育系统决定于社会存在基础之上的经济因素、政治因素、文化因素、意识形态因素等，人们的思想、观念、意识、价值等受制于社会存在的物质基础和条件。简言之，夯实思想政治教育系统研究的理论基础，必须要处理好思想政治教育系统研究过程中意识形态性与学术性的关系，以意识形态性引导思想政治教育学术发展，以学术性加强思想政治教育鲜明的价值属性，在回应社会发展的重大命题中彰显思想政治教育系统的理论基础的时代价值。

（三）思想政治教育学科系统整合的社会依据

第一，社会转型带来社会分化、社会生产与交往方式的变化、社会关系的变迁，深刻地影响并改变着思想政治教育学科系统的话语主体、对象、内容、方式、方法、机制、生态等。一是思想政治教育主体不再是一元化机构或组织，而逐渐从政治领域、行业中分化出具有不同职能分工的多类型组织或机构。思想政治教育话语主体从一元化走向多元化，由各行各业不同机构、组织承担。二是思想政治教育对象群体也因不同地位、职业、身份、阶层、角色的差别而分化成多样化社会群体。思想政治教育对象由整体化走向多样化，对象群体职业、地位及社会角色呈现复杂化、多样化。随着社会转型，社会生活主题由“阶级斗争”逐渐向“经济建设、社会建设”转型，政治社会现代化打破传统社会绝对的集权化、一元化的政治权威，而是注重话语接受者与话语对象之间平等对话、交流互动。思想政治教育话语内容逐渐“去政治化”，由服务“阶级斗争”的政治主义至上向社会治理转型，思想政治教育公共性话语逐渐呈现。三是话语方式也由灌输为主路径向多媒体、网络技术传播模式转型。

第二，社会转型与社会分化造成思想政治教育话语内部结构断裂。思想政治教育话语最初形态是工作话语，承担革命时期工作宣传和政治动员作用，将革命的政治主张传播给社会大众。社会转型与社会分化给思想政治教育话语带来多样化的同时，也造成了思想政治教育话语之间的割裂。作为知识体系存在的理论形态话语，主要包括思想政治教育科学理论基础、基本原理知识体系及其分支科学知识体系等；学科话语作为知识生产存在的组织形态，立足于学科建设与管理层面，以知识教育与管理作为行动逻辑，包括思想政治教育学科方向、学术组织、学科意识、学科队伍、学术活动等联系而成的学科共同体建设；实践话语作为知识应用而存在的工作形态，包括思想政治教育学科的专业化活动和社会化活动等工作体系，立足于思想政治教育知识运用，以活动实效性为标准，外显思想政治教育学科系统的价值与功能。三者之间本应是一个由“知识形态—知识生产—知识应用传播”的结构化存在。然而，在当下社会现代化转型与信息技术快速发展的背景下，思想政治教育话语系统内部三者之间缺乏应有的兼容性、互通性，造成思想政治教育话语系统的断裂。学科系统整合是指在系统思维指导下对思想政治教育诸要素进行调整组合以实现其整体优化的实践活动，探讨思想政治教育学科系统整合问题具有理论和现实的双重根据。

（四）思想政治教育学科系统整合的生态依据

思想政治教育学科系统[①]本身是生态系统，由人的活动组成，不断变化发展内生活力，一定的人数一定的规模，不断进行内外系统资源的交换，这样的生态才是鲜活的。

第一，学科系统内部化整合。获得政治统治权有多种途径，如传统的权威、宗教授予、领导魅力、法理依据等。要加强主流意识形态建设，建构文化领导权，发挥核心价值观的思想引领和价值规范作用。一是切实加强党的政治领导，建立过硬的领导体制，坚持党在政治上的绝对领导，明确宣传部为主要负责部门，协同组织部等有关部门和单位，充分发挥各级党组织的政治领导和政治核心作用。二是健全从事思想政治教育的专门组织，如高校党组织、共青团、工会、学生会和学术研究组织等，建立健全党政多部门密切配合的协调机制，在党委统一领导下，配齐建强思想政治教育队伍，依靠思政课程与课程思政、学科思政与专业思政等力量，共同开展工作，密切配合、齐心协力。

第二，学科系统的外部整合。社会结构为行动者具体实践提供客观制约性条件的同时，社会结构本身依赖于行动者的整个实践过程。思想政治教育学科系统环境问题的复杂性表现为一种"蝴蝶效应"，微小的输入会在很短的时间内放大成为影响思想政治教育系统的重要因素。戴维·伊斯顿提出"反馈环路"范畴，指出"权威当局生产输出，社会成员对于输出做出反应，这种反应的信息获得与权威当局的沟通，最后，权威当局做出下一步的可能行为。因此，新一轮的输出、反应、信息反馈和由权威当局做出的再反应，是运动着的系列，是永远不断的泉流之构成要素"[②]。社会环境对人的思想的影响是通过人与社会的关系表现出来的，特别是通过社会的政治关系、经济关系和文化关系来影响人们思想的形成与发展。其中，政治制度和政治文明直接影响和规范着人们的政治立场、政治观点、政治态度等；经济制度对人们的思想政治素质起着根本性的制约作用；社

① 注：思想政治教育系统思维的应用包含 3 个层面："一是内部描述，即研究和确定思想政治教育系统的组织要素及其内部结构方式等；二是关系描述，即研究社会系统与思想政治教育系统以及其各子系统之间相互联系和协调互动的发展关系；三是外部描述，即考察系统和其外部环境之间的相互影响。"

② 〔美〕戴维·伊斯顿：《政治生活的系统分析》，王浦劬译，北京，人民出版社 2012 年版，第 27 页。

会文化包括中华优秀传统文化、外来优秀文化和社会主义文化，对人们思想政治素质的形成起着潜移默化的深刻作用。此外，社会风尚、社会舆论、社会关系、社会规范、社会价值等对思想政治教育学科建议与思想政治教育活动过程也具有重大的影响。

第三，学科系统的生态整合。主要运用与调整生态学研究方法，以提升与推进思想政治教育学科系统研究。一是从概念的内涵与外延维度研究，通过对生态研究的方法论意义与生态德育研究方法论进行阐释，厘清思想政治教育生态环境各系统之间的分布与关系，理顺“思想政治教育生态”与“生态思想政治教育”的关系。二是从生态关系角度研究，认为思想政治教育的生态研究包括纵向的前后承续生态关系和横向的周围牵制生态关系两个维度，通过分析思想政治教育的话语系统、外部生态和结构变化，整合思想政治教育和生态学。① 对思想政治教育学科系统的生态环境的划分，宏观环境主要包括社会政治、经济、文化环境等，微观环境主要包括家庭环境、学校环境、工作环境、虚拟环境、媒介环境等。“思想政治教育生态的良性运行更需要的是思想政治教育工作系统与组织内部、外部要形成良好的能量供给关系……体现的是思想政治教育工作系统外部作为支持性资源、压力性资源与思想政治教育工作系统形成的‘支持或制约’关系”。② 思想政治教育环境系统内部要素的脱节也是阻碍环境系统有效发挥系统作用的重要因素。首先是经济器物层面的应对问题，具体表现为经济系统的物质力量支撑；其次是制度层面社会政治应对制度完备的问题，表现为政治制度保障；再次是文化价值层面的伦理、价值观的问题，表现为文化软实力支持自觉；最后是社会层面主体力量的支持问题。通过对思想政治教育学科系统生态内外部、纵横向的研究分析，实现生态优化与整合。

四、新时代思想政治教育学科系统整合的结构优化

随着社会现代化转型和信息技术快速发展，社会系统呈现出的“分化—整合”的发展趋势。高校思想政治工作体系化的前提在于“以科学的

① 蔡志强：《思想政治教育生态与思想政治教育发展》，《福建师范大学学报》2006 年第 3 期。
② 戴锐：《思想政治教育生态论》，《理论与改革》2007 年第 2 期。

理论体系为指导，以加强党对高校的全面领导的制度体系为保障，以思想政治教育等学科化知识体系为基础”[①]。因此，思想政治教育领域也必然出现“分化—整合”。现代化转型中的思想政治教育系统在促进思想政治教育系统内部要素的分化与分工细化的同时，也提出了整合的需要。

（一）推进思想政治教育学科理论子系统整合

第一，一体推进基础理论与理论基础整合研究。要立足于思想政治教育学科理论嬗变轨迹，把握其发展主线，挖掘演进过程中的理论资源。同时，以学科发展进程为过程性条件，总结学科发展过程中多学科知识的关联性、相融性和互补性发展规律，深入分析思想政治教育与相近学科之间研究方法的契合点，夯实理论体系。在横向维度把握思想政治教育理论基础与基础理论的统一性。要坚持马克思主义理论的指导，以马克思主义理论为理论基础和思想指导，以马克思主义中国化时代化理论为理论基础和思想指导。以马克思主义理论的科学性、价值性内涵优化充实理论话语，对中国式现代化视野中思想政治教育的概念、本质、价值、功能等进行话语重建与现代转型。同时，从马克思主义理论的研究视角出发，探讨思想政治工作规律、人的思想行为变化规律，以马克思主义关于社会与人的价值关系、人的本质、矛盾的特征等原理为学理支撑，强化学科归属，增强理论的合法性。

第二，一体推进宏观与微观思想政治教育学理论研究。“宏微并进”的问题，是推动思想政治教育学科理论基础和基础理论一体发展的重要研究路向。沈壮海提出“宏观思想政治教育学”的概念，强调是“从宏观与整体上研究思想政治教育的学问”[②]，既着力揭示主流意识形态建设的规律，又着力揭示人的思想政治品德养成的规律。一方面，思想政治教育理论研究要跳出“小圈子”的问题域，“从历史视野、理论视野、实践视野和学科视野构建宏观思想政治教育学的理论体系”[③]，摆脱“宏观叙事淡出，微观研究凸显”思潮对基础理论研究造成的迷惘，注重对学科系统与“大思政”理论体系的构建。加强对思想政治教育学科在学科体系中的地位以及价值研究，明确学科的发展趋势以及宏观结构走向，系统把握不同

---

① 刘宏达：《以体系思维推进高校思想政治工作体系的创新发展》，《思想理论教育》2020 年第 8 期。

② 沈壮海：《宏观思想政治教育学初论》，《思想理论教育导刊》2011 年第 12 期。

③ 白显良：《宏观思想政治教育理论奠立的几重视野》，《思想理论教育》2022 年第 3 期。

学科理论之间的内在交叉关系，保证多学科理论之间的协同联动。另一方面，思想政治教育理论研究与创新应在借鉴吸收其他学科的拓展性范式的基础上，内化并构建自己的基本理论，形成独立的话语体系，克服理论知识“泛化”“模仿”现象。“研究边界清晰、研究领域相对明确是学科之间区分的关键环节。”[①] 把握好研究对象与学科矛盾，立足于马克思主义理论纠正浅显地“嫁接”或是对纯粹客观事实浅尝辄止式描述的错误倾向，始终保持从经验总结到学理研究的问题意识，用科学性根本性的学科理论填充学科理论框架。

（二）推进思想政治教育学科学术子系统的系统整合

第一，推进学科分化与学科整合的协同。思想政治教育学科分化和整合已经成为学科知识生产、知识应用与学科建设的主要进路。思想政治教育学科分化意味着思想政治教育研究的精细化，“日趋精细可谓是思想政治教育学成立以来研究发展的一个显著特征”[②]。在思想政治教育学科研究以及分支学科研究中要明确研究对象，注重对本学科的学科矛盾进行分析与解决，处理好思想政治教育主导性话语与多样性话语之间的关系，在保证学科本质的基础上梳理学科主干体系以及分支学科的发展脉络，为学科多样化发展提供规范的学术范畴和学科发展逻辑。同时，在学科分化基础上进行要素与结构的整合。针对思想政治教育科学研究的问题域，合理整合并划分学科研究方法，增强本学科研究方法与学科问题的契合度，汲取其他学科的理论知识，提升思想政治教育学科研究方法的科学性与专业性。

第二，深化学科交叉和交叉学科的协同。既要坚持学科本位的立场，又要广泛引入多学科知识，“跨学科视域也会对思想政治教育基础理论的话语创新、论据创新、方法创新、范式创新等方面发挥重要作用”[③]。一方面，把握思想政治教育学科与马克思主义理论学科的关系。需要廓清思想政治教育学科与马克思主义理论的其他二级学科的横向关系，从学科协同建设的角度出发，把握学科内在的逻辑关系，以实现交叉学科研究与其他

① 侯勇：《社会视野中思想政治教育系统研究》，北京，人民出版社 2016 年版，第 194 页。

② 沈壮海：《论思想政治教育理论研究的新范式与新形态》，《思想理论教育导刊》2007 年第 2 期。

③ 孙清华：《跨学科视域下思想政治教育基础理论创新的机遇与要求》，《思想理论教育》2019 年第 8 期。

二级学科的双向互动。另一方面，运用学科交叉研究推进思想政治教育交叉学科建设。交叉学科建设是冲破传统学科范式的约束、充实学科框架、增强学科基础理论创新的内生性动力。思想政治教育学科要在明确学科界限、澄清学科性质的基础上汲取并整合人文社会学科乃至自然学科的思想资源和原理范畴，借鉴其基本概念、研究方法、理论体系探讨思想政治教育学科研究范畴，推动交叉学科的分支学科体系建设。运用系统观念审视学科矛盾，在问题意识的引导下运用多学科研究思路回答本学科问题，利用其他学科的理论基础与研究手段增强本学科的合理性与合法性，以提升学科发展的现代性价值。

第三，推进学科价值与学科利益的整合。“价值”与“利益”直接挂钩，谈及利益整合就要探讨如何处理社会利益与个人利益的关系。从学科发展的内在动力分析，思想政治教育矛盾是利益关系的对立，涉及多元利益主体的利益矛盾。在思想政治教育实践中，灌输与疏导、教育者与受教育者、内化与外化、思想与行为等关系至今的矛盾存在都是利益范畴的派生物，其背后的实践逻辑走向以及实践价值生成都是由利益范畴规定的。因此，从思想政治教育发生发展的内外部动力来看，利益关系决定着思想政治教育的发生发展。尤其是在利益冲突加剧、思想矛盾尖锐、价值观摇摆不定等关键节点的思想引导和价值引领问题都是思想政治教育需要面对并解决的。思想政治教育功能的发挥正是通过对社会主体思想的教化，引导其进行正确的价值判断与价值选择。尤其是面对现实与虚拟场域中多样化的意识形态的过分传播，思想政治教育更应该发挥价值引导功能，维护好自身利益，将其追求的方向与意识形态指导的实践结合起来。

第四，一体推进学科组织与体制机制整合。思想政治教育学科组织与体制机制包含统一领导机制、协同联动机制、贯通融合机制等主要运行机制。围绕学科理论基础与基础理论、应用理论体系建设问题，开展思想政治教育前沿问题研究、重点难点问题研究、转型发展研究、学科创新研究，以开拓学科理论研究深度，并通过建设学术交流平台以及学术会议，探讨纠正学科内存在的思辨化、学理化与抽象化的问题的举措，为学科规范化发展扫清障碍。此外，加强制度顶层设计和政策供给的“系统集成、协同高效”，推动构建结构合理、运行顺畅、协同有力、系统运行的高质量高校思想政治工作体系，包括队伍体系、学科体系、教学体系、管理和评价体系等。同时，要注重发挥政策的导向与制度的约束作用，推进学科系统建设和整合贯通。

（三）推进思想政治教育学科实践子系统整合

第一，实现学科实践工作系统的内容整合。社会现代化建设要求学科系统要素与结构的调整与优化，实现对学科实践工作的基本内容和拓展内容的有效定位，以保证内容结构的有序性及合理性。在工作内容的价值构建方面，坚持主导性与主体性的辩证关系，关注受教育者的思想需求，增强内容的思想性、理论性、亲和力和针对性，赢得理论认同、政治认同和情感认同。同时，从人的需要为切入点斟酌工作内容的个体价值与社会价值的内在统一性，寻找平衡点，以保持利益需要的平衡与稳定。在工作内容的结构构建方面，注重思想政治教育工作内容的稳定性特征，保持内容要素中的基本结构“内核”，维持内容子系统中各要素相互衔接的稳定结构。尤其要保持思想政治教育工作内容中对受教育主体思想倾向领域的把握的稳定性与常态性，坚持政治性逻辑，控制变量因素的发生。

第二，实现学科实践工作系统的空间整合。一是整合实践工作的关系空间。在利益主体多元化观念的指导下，构建知识生产与应用的运行系统，把握社会需要与人的实践应用需要之间的关系，注重把握思想政治教育政治性价值导向与价值性导向的平衡，协调社会与人双主体的利益关系。二是整合实践工作的制度空间。制度整合是利用外在规约对思想政治教育系统内部，教学组织、教学关系以及部门组织的整合。横向上看，制度整合要注重制度的联动作用的发挥，保证制度“全领域”“全员性”“全过程”，实现制度内容上的统筹。纵向上看，制度的编排更要注重专业性，即立足于思想政治教育发展规律性，形成具有说服性与影响力的长效机制。三是整合思想政治教育实践工作的社会空间。一方面，整合虚拟网络空间。面对当前虚拟场域中平台建设多样化的态势，思想政治教育要积极开发网络平台和数字化教育育人平台，通过有效的管理与规范拓展虚拟空间中的思想政治教育阵地，同时创建思想政治教育虚拟和现实场域融合渠道，实现虚拟与现实教学的协同。另一方面，整合公共空间，即发挥高校内部其他系统与思想政治教育系统的联动性。优化教室、餐厅、寝室环境，将概括性地反映大学精神的办学理念、校风校训的校园文化融入校园环境中，发挥环境育人、文化育人功能。

第三，实现学科实践工作系统的力量整合。思想政治教育系统运行离不开多元利益主体力量的协同与配合，形成顶层设计、统筹推进、协同联动的领导体制和工作机制。思想政治教育工作系统中的利益主体主要分为

3类。一是思想政治教育管理运行部门群体，主要包括高校党委组织部、宣传部、学生处、团委、研究生院、教学院系部门等组织机构；二是具体的思想政治教育工作者，包括辅导员、专业课教师、思政课教师等工作队伍群体，承担着立德树人的工作主体责任和工作角色；三是作为自我教育主体而存在的个体。思想政治教育的管理运行部门是思想政治教育系统有序运行的“指挥中枢”，发挥着方向引领的核心作用。管理部门的人员整合要求健全管理人员的责任机制，对思想政治教育系统内部细化的责任进行分工协作，发挥其在构建统摄性组织领导机制中的合力。思想政治教育工作者作为思想政治教育系统正常运行的主要力量，应利用现代化教学方式以及教育资源传授知识，引领价值观念，在培养学生的专业思维的同时健全其人格。辅导员主体关注受教育者的生活与学习实践状况，解决受教育者的思想矛盾与生活难题。其他专业课教师也应该明确自身的教育职责，做到将价值观教育融入专业课知识的讲授中，发挥潜移默化的教育作用。对受教育者群体的整合，首先要发挥“生生协同”的有效性，即利用学生群体中的榜样人物以及优秀代表发挥朋辈作用，用先进感染落后，用积极带动消极，以此实现学生群体的自我教育，发挥自我教育机制的有效性，同时创新自我教育方式，如自主参与社会性志愿服务活动，通过实践活动内化社会公共理念要求，实现对个人价值彰显的正确认知。

总之，要坚持系统观念推进思想政治教育学科系统整合。思想政治教育所具有的育人本质，揭示了价值塑造、知识传授和能力培养不可分割的规律，这就从根本上要求高校思想政治工作要运用系统思维推进系统整合与协同创新。高校思想政治工作体系涵盖主体、内容、目标、原则、方法、载体、保障、环境等基本要素，包含统一领导、协同联动、贯通融合机制等系统化运行和过程化推进机制。要坚持着眼整体而关照部分、统揽全局而呼应局部的辩证的系统思维。运用系统思维推进思想政治教育，是应对复杂的人、综合的教育和变化的环境的必然之举。“人”作为人类特有实践活动的核心要素，把握其内在本质和思想行为特征是增强思想政治教育针对性和实效性的关键。“人的本质不是单个人所固有的抽象物，在其现实性上，它是一切社会关系的总和。”[①] 置身于社会关系中的人的复杂性也是随着复杂社会关系的发展变化而不断发展变化。作为教育者和受教育者而存在于主体间性交互之中的主体和对象从来都不是孤立的个体。割

① 《马克思恩格斯选集》(第一卷)，北京，人民出版社2012年版，第135页。

裂或静态地进行思想政治教育研究是形而上学，必须树立“关系性思维”，既注重各种关系之线的交集，即微观具体的个人，也注重各种关系之线编织而成的网络，即宏观的社会关系总和。推进思想政治教育学科的整体性研究，就必须要关注置身于不同经济关系、从属于不同社会阶层、被赋予了不同政治地位的社会结构中的人，通过把握思想政治教育整体性透视社会关系复杂性。因而在这种意义上，树立整体性视野，加强对思想政治教育系统的整体性研究，有助于推动思想政治教育的现代化、现代转型与现代发展。

五、新时代思想政治教育学科系统整合的运行机制

新时代推进思想政治教育学科系统整合不断深入，需要明确方法论上的逻辑起点问题，即进行学科系统整合的主体与抓手。“要将思想政治教育作为一种特殊的社会建制来对待，建立必要的法律、法规、机构、队伍，投入必要的人力、物力、财力，形成思想政治教育的社会力量。”①

（一）学科系统学术化整合机制

一是提高学科系统整合研究的科学化。思想政治教育学术共同体整合研究，不仅需要用科学的思维认清思想政治教育学科与其他学科之间的交叉联系，更需要用科学的方法整合思想政治教育学科。第一，科学性表现在以科学的视角认识思想政治教育整合这门学问。正确认识思想政治教育内部要素、思想政治教育与其他学科的联系与区别，是科学地进行思想政治教育系统整合的前提条件。第二，科学性表现在用科学的方法研究思想政治教育整合这门学问。对思想政治教育内部各要素、各结构，要用科学的方法加以整合，对思想政治教育外部的各学科，以科学的方法加以联系，正确揭示出思想政治教育内部如何整合以及思想政治教育与其他学科整合研究之间的联系，这是研究思想政治教育整合的重要保证。第三，科学性表现在以科学的实践整合思想政治教育内部及与其他学科的联系。实践是理论研究的目的和归宿，科学的实践是检验理论研究是否科学的重要标准，只有通过科学的实践，思想政治教育整合研究才最终完成。

① 孙其昂：《思想政治教育学基本原理》，南京，河海大学出版社2004年版，第91页。

二是推进学科系统整合研究的系统化。思想政治教育学科学术研究存在着“外在化现象、时政化倾向、移植化存在、工作化研究”[①]等外部化现象，因而要加强思想政治教育学科研究的整合机制建设。系统化体现在运用系统化的研究方法整合思想政治教育学科，研究方法关系着研究方向、研究成败，运用系统化的研究方法，不仅能有效促进思想政治教育内部优化，也能够促进思想政治教育与外部环境的良性互动，系统化的研究方法是促进思想政治教育现代化转型的重要研究方法。运用系统论方法来研究思想政治教育问题，能够为思想政治教育学理论体系和思想政治教育学学科体系提供一个整体性、系统性的关注，能够对思想政治教育进行系统与要素、结构与功能、系统与环境等研究，为科学研究思想政治教育系统贡献力量。运用系统思维分析思想政治教育学科整合问题，结合社会经济、政治、文化、环境等外部条件，整合思想政治教育系统内部，在社会转型中促进学科系统整合的发展。学科理论研究和工作研究的整合是提升思想政治教育科学性的重要渠道。加强学科共同体建设，以理论知识体系为基础，以学术共同体为主体，以思想政治教育价值观和学术规范为规范，着力解决理论与实践工作的“两张皮”问题，这是提升思想政治教育学科系统工作实效亟待解决的问题。

三是推进学科系统整合研究的体系化。第一，体系性表现在兼顾思想政治教育内部整合与外部整合之间的关系，内部整合与外部整合研究牵涉思想政治教育整合研究的全方面、全过程、全覆盖，平衡内外部之间的关系是全面推进思想政治教育系统整合研究的重要前提。第二，体系性表现在思想政治教育整合工作的落实机制上，思想政治教育实践工作是检验思想政治教育学科系统整合理论的重要标志，推动思想政治教育系统整合实践工作贯彻落实，对促进提升思想政治教育整合理论研究有重要作用。第三，体系性体现在研究方法的全面。坚持历史与逻辑相结合的研究方法，揭示思想政治教育学科系统整合研究的历史演进与现代转型。在遵循学科发展规律的基础上，将思想政治教育学科系统整合研究放入社会实践和现代化视野中，用发展的眼光评判与审视思想政治教育学科系统历史发展与现代转型。

---

① 孙其昂：《思想政治教育现代转型研究》，北京，学习出版社 2015 年版，第 402~404 页。

（二）学科系统组织化整合机制

思想政治教育学科系统科层制度组织架构纵向上按照校院两级的科层组织架构运作，横向上按照各个职能部门和工作主体承担思想政治工作责任，以学术组织、专业组织和行政组织等形式外显。具体而言，涉及思想政治教育系统整合的管理运作组织、学术研究组织、教学组织 3 个具体层面及 3 个组织系统之间的整合。

第一，教学组织整合。在教学组织实施主体方面，职能业务机构是具体执行机构或机关，承担着制度运行的具体任务，如高校里设置的教学科研一体化的马克思主义学院或教研部等来代称。2011 年，教育部为了规范高校思想政治理论课的组织管理、教学管理、队伍管理和学科建设，颁发了《高等学校思想政治理论课建设标准（暂行）》，其中将高校思想政治理论课的具体建设指标分 A*、A、B 3 类，共 38 项，其中“机构建设、专项经费、课程设置、学科点建设”等方面为核心指标（A*，6 项），“工作机制、经济待遇、教师选配、课堂教学”等方面为重点指标（A，8 项），“领导体制、工作机制、管理制度、教学方法改革、教学成果、培养培训、职务评聘、表彰评估、科研工作”等方面为基本指标（B，24 项），并对其执行情况进行了自查和督查，这就为高校思想政治理论课教育教学的科学化、制度化、规范化提供了制度保障。同时，随着时代发展，不断加大对马克思主义学院建设标准进行与时俱进的调整优化更新。其中，教育部《普通高校马克思主义学院建设标准（2023 年版）》中将建设指标分为一级、二级、三级，分别对应 A*、A、B 3 类，共 61 项，其中 A* 为核心指标（8 项），A 为重点指标（26 项），B 为基本指标（27 项）。并在评价标准中强调本科院校 A* 指标 7 项、A 类指标 23 项以上、B 类指标 25 项以上达标方可认定合格。①

第二，学术组织整合。思想政治教育学术共同体的学术组织建设，承担着为大学生思想政治教育系统提升知识生产、知识应用的学术支撑。思想政治教育学术系统就是这样一种“精神共同体”，在这一有机整体中，个体之间有着共同的目标和信仰以及良好的情感联系与沟通，具有强烈的归属感和认同感。孙其昂教授指出，思想政治教育学科“是以思想政治教

① 参见教社科〔2023〕1 号教育部关于印发《普通高等学校马克思主义学院建设标准（2023 年版）》的通知。

育学知识为基础，由思想政治教育学科成员、价值观、科学研究、科学技术服务、学科规范（方法）等组成的学术性社会共同体”[①]。思想政治教育学科系统的学术组织整合体现在：一是在具体思想政治教育系统内部关系中，形成以思政课教学科研为主体的马克思主义理论学科组织、以实务工作队伍为主体的党建与思想政治教育研究组织、以学生工作事务管理与服务的职能部门组织为主的学术共同体建设；二是在具体思想政治教育系统之外形成以教育部层面的高等学校思想政治理论课教学指导委员会，中国高等教育研究会思想政治教育专业委员会，以学生工作为主体的高校辅导员工作研究会以及省市层面的思想政治工作研究分会、行业职工思想政治工作研究会等共同体组织。在这个学术共同体内，要坚持中国化时代化马克思主义理论指导，以思想政治教育学科理论知识体系为基础，以思想政治教育学科建制为主体，以思想政治教育价值观和学术规范为规范，开展思想政治教育科学研究活动和思想政治教育科学技术服务，推进思想政治教育学科组织机构、队伍、人才培养、课程、教材等体系化建设。

第三，工作组织整合。在工作运行组织方面，主要是指工作实施和运行组织，包括思想政治教育工作的领导、计划、协调和开展等具体组织机构，其组织结构的基本构成模式是：学校思想政治教育领导部门—党政业务职能部门—大学生自组织 3 个层面。与之相对应的，其组织主体也分为 3 类：一是大学生思想政治工作部门群体，如学校党委负责人员、党委组宣工作者、行政条线、团委、学生工作处等工作人员等；二是院系思想政治工作群体，包括院（系）党团组织负责人、专职或兼职辅导员、专职教师、学生干部等群体；三是作为自我教育自我管理主体而存在的班级学生干部、党员、朋辈群体等。一方面，整合大学生思想政治教育系统的领导决策机构、职能业务机构、群团组织、行政工作系统、研究咨询机构等，承担高校意识形态建设的领导工作、组织工作、管理工作、专项工作等。另一方面，建构大学生思想政治教育责任制，将大学生思想政治教育工作组织系统涉及的马克思主义学院、校党委办公室、组织部、宣传部、学生工作处（部）、团委、研究生工作部、学生社团自组织等具体工作组织，整合成为校院三维结构化运行体制机制。

① 孙其昂：《论思想政治教育学科的系统建构》，《思想教育研究》2010 年第 3 期。

（三）学科系统社会化整合机制

思想政治教育实践系统要广泛进入社会建设领域和社会生活领域，融入日常社会生活和社会系统之中，切实地提升思想政治教育的实践效果。思想政治教育系统要避免理论脱离实际的教条主义倾向，改变只依靠日常思想政治教育和系统性思想政治教育分离的状况，改变思想政治教育理想化、知识化、工具化倾向。

大学生思想政治教育系统作为社会子系统而存在，涉及经济和社会生活的各个方面。社会互动与社会交往实现着物质、能量、信息的沟通与交换之中，“这种物质、能量与信息的交换又大量通过社会心理影响这种方式而发生或进行，于是便发生了社会活动内容、社会活动场所、社会关系、社会心理与社会信息等几大要素的组合匹配关系”①。社会关系的网络化必须通过一定的个人或群体在各种社会活动场所中担任一定的社会角色展现出来，即通过社会角色之间的关系，逐渐展现出其丰富的社会关系网络。如在家庭中发生着的血缘关系、婚姻关系；在工作中发生着的上下级关系、管理关系；在学校中发生着的师生关系、同学关系；在社区中发生着的邻里关系、个人与社团组织的关系；在公共领域中发生着的组织与个人、群体与群体等关系，这些社会关系渗透着一定的经济、政治、道德、宗教等社会意识形态形式与内容。这些承载着社会经济、政治、法律、宗教、生活等内涵和广义信息作用于人们的头脑，并且通过改变个人的认知—改变个人的态度，进而改变个人的行为，最后改变群体的行为路径顺次展开。一要建立高校党委统一领导、党政群团齐抓共管、职能部门各负其责、主体广泛参与的工作运行体制，整合思想政治教育系统中的主体力量、部门资源、利益关系等。二要创新马克思主义理论研究和宣传教育方式，立足于社会现实问题，切实关注大学生思想行为规律和特点，通过大众文化渗透主流价值观，嵌入大学生的精神世界，实现由灌输型向启发型、由封闭式向开放式、由被动性向主动性的转变，提升思想政治教育的实效性。三要发挥党和政府组织的制度性力量，充分利用“熟人社会”、企业、社区、NGO 组织等思想政治教育系统外部性社会主体力量支持。尤其是要提升教育者对政治、社会和公共生活的关注、关心以及自身的公共生活实践的能力，也包括对公共空间、公共生活发展现状的解释、应对和改造能力。

---

① 邱柏生：《高校思想政治教育的生态分析》，上海，上海人民出版社 2009 年版，第 34 页。

（四）学科系统网络化整合机制

“后工业社会理论在很大程度上强调了这样一个事实，即个人社会化轨迹是个体行动与社会结构互动的复杂产物。”[①] 以计算机为代表的高科技正以惊人的速度渗透整个教育系统，正迅速改变着教育对象的学习方式、生活方式，使人们观念更新、视野开阔，开拓了人际交往、信息交流的新领域，个体再次成为自身社会化的积极参与者，对思想政治工作的现代化、社会化也起到积极的推动作用。网络社会作为一个“虚拟”社会也是一个复杂性社会，网络谣言的蔓延，网络思潮的泛滥，网络舆论的发酵……网络同现实社会一样，网络社会流动的是人的思想观念和言论观点，这迫切需要推进网络社会思想政治教育研究。网络思想政治教育打破了传统思想政治教育模式，是数智社会思想政治教育的存在方式和时空领域。为此，政府角色实现被动向主动转换，政府部门要建立科学规范的制度保障，以正确的舆论导向机制引导民众，以严密的监督措施加强对网络安全的监控，“应该本着治理的理念，和网民进行合作，对网络政治空间进行共同管理，为网络政治参与营造一个良好的环境”[②]，积极利用计算机网络，提高思想政治工作领导、管理和工作的效率。现在思政课面临的其他问题，一个是网络的迅速发展使思政课教师面临新的环境，思政课教师不能只关注教材和科研，还应该是社会舆情分析员，要学会通过网络关注社会热点事件及舆论倾向，分析热点事件的原因，及时更新教案内容；另一个是如何提高网络社会高校思想理论课的教学效果，教育数字化与数字教育化的时代背景下需要推进思想政治教育数字化课程开发、课程设计与课程运行等，需根据社会发展热点难点问题进行现实回应与解题分析。

六、新时代思想政治教育学科系统整合的动力源泉

在推动思想政治教育学科外部性条件、资源建设，解决制约思想政治教育学科建设的外部性问题时，还需要整合推动马克思主义理论指导的教材体系、学科体系、教学体系、队伍体系和体制机制体系的整体性建设，

① 〔法〕让－查尔斯·拉葛雷：《青年与全球化》，陈玉生、冯跃译，北京，社会科学文献出版社 2007 年版，第 6 页。

② 陈杰、叶战备、黄信瑜：《善治视角下的网络政治参与》，《探索》2010 年第 4 期。

推动教材体系、教学体系、认知体系和行动体系一体化建设。

（一）纵向维度的体系化助推力

纵向维度自上而下的立体体系，主要是指思想政治教育系统的社会构成，包括宏观、中观和微观 3 个层次。一是宏观的思想政治教育。在这个层面，党中央领导全国思想政治教育，对思想政治教育作出全局性规划、协调和指导，通过有关决议、决定和下发的中央文件，中央主要负责和分管思想政治教育领导的宣传动员等，强调把思想政治教育放到重要地位，宣传党的理论、路线、方针、政策，全面实现政治思想领导。二是中观的思想政治教育。在这个层面，中央委员会以下的各级党委会领导局部思想政治教育工作，包括理论性系统性的思想政治教育和日常的思想政治教育。由各级党委会按照中央精神，主持制定区域性的理论性、系统性思想政治教育工作的规范、计划和重要制度，并指导组织、实施，参与主管范围内重大问题的决策，保证监督党和国家的方针、政策、决策的贯彻执行。三是微观的思想政治教育。在这个层面，主要是指基层党政工团组织协调行政、群众团体的力量，开展经常性、具体性的思想政治教育实践活动。宏观、中观和微观 3 个层面的思想政治工作按各自规律有机结合，共同形成有效运作的社会思想政治教育工作体系。

纵向维度的立体体系主要是指国家进入大学生思想政治教育系统的路径及机制而存在的 3 个维度的场域空间，包括 3 个层次：国家意识形态空间、社会思想文化空间和单位思想政治教育空间。贯通其中的思想政治教育学科系统，包含着领导关系、机构设置、制度规范、行为方式、资源配置等要素，通过调节思想政治教育内部关系，以实现思想政治教育功能的体制机制体系。正如胡洪彬等提出新时代思想政治教育资源的系统配置，“通过党和国家的‘主导型’、社会公众的‘辅助型’以及党和国家同社会公众的‘协同型’3 种模式展开，推进新时代思想政治教育资源的整合优化”①。

（二）横向维度空间延伸的助推力

横向维度空间的延伸主要是指大学生思想政治教育系统内部的关系建设，即思想政治教育系统内部各要素之间、系统与外部之间的关系，具体

① 胡洪彬：《系统思维与新时代思想政治教育资源的整合优化》，《思想理论教育》2021 年第 12 期。

到思想政治教育学科系统内部主要是在高校人才培养与文化传承、教学与科研、治理与服务的关系中空间的拓展延伸。

第一，师生互动关系空间。一段时间内存在着一种思维定势，即认为思想政治理论课教学改革围绕以教师的“教”为主或以学生的“学”为主的两种模式，在处理这两者的关系时必然有重有轻。介入教育实践的权力不仅仅表现在课堂话语的功能和运用过程之中。教师和学生的身份本身亦同权力无关，无论教师还是学生注定是以行使权力的方式来生活和学习的。教育的实践通过摆脱某种权力关系向另一种权力关系的转化，教师和学生展开着实现学习与成长的活动。辩证认知“教”与“学”的互动关系很有必要。很显然，无论是教师的“教”还是学生的“学”，这两者之间并不存在直接的对立关系，而是“同客观世界的认识论关系、同他者的社会性关系、同自己的伦理性关系”。可见，思政课教学活动的“教与学”“师与生”的交互关系和互动过程，对于教师的“教法”的探讨实际上是和学生的“学法”紧密联系在一起的，这是一个双向互动的过程，因而要充分尊重学生在教学中的中心地位，教师在教学设计与管理中的主体地位。

第二，教研互促关系空间。要把思政课的老师们跟学生工作的育人队伍更加紧密地加强联系和协作，特别是他们能更好地指导辅导员队伍开展这方面的研究。在学生工作上，辅导员群体实践的经验比较多，碰到的问题也都是学生中很多现实的问题，把理论成果与工作实践中的一些问题结合起来，这样才能更好地解决学生中一些实实在在的思想政治教育方面的问题，能够把他们的工作实践经验、实践问题与理论研究成果结合起来，还有把教师们的一些除了课堂教学以外的成果，更好地在平时的育人工作中，在学生的课外思想政治教育中，推进教学与科研一体互促，同向同行。

第三，治理与服务关系空间。学科系统内部的治理关系有以下几条。一是大学生思想政治教育系统与上级党委、领导机关、行业思想政治教育和所在单位领导等关系，如以高等学校为例，就涉及这个大学与教育部及具体承担思想政治教育职能的思政司、社科司等具体职能部门的关系；省委宣传部负责意识形态工作的理论处、研究室、政研会等具体职能部门的关系；省教育厅及具体负责大学生思想政治教育工作的社政处、研究生处等具体职能部门的关系。二是学科系统与横向平行系统组织的关系，如承担着意识形态责任的党政领导、职能部门和业务科室等党政、党群、党社关系。三是大学生思想政治教育系统内部的权力运行关系，包括党委集体领导与党委负责人分工、上下级之间的领导关系、合作活动中的协同关系、学生事务治理与学生服务等关系。

（三）系统维度的协同治理力

内外体系之间的互动是指学生个体内外、学生群体内外、子系统内外、系统内外、学校内外（空间）系统。骆郁廷提出思想政治教育贯通，认为是“全方位、全过程、全员性的贯通，贯通的基本样态主要呈现为横向贯通、纵向贯通、动态贯通、网络贯通、全员贯通”[①]。卢岚将社会生态分为“理论生态圈层、接受对象生态圈层及活动生态圈层三大部分，其中理论圈层由教育目标、内容、过程等学术成果构成，接受对象圈层由军队、学校机关等一级生态圈层、城市社区二级生态圈层、农村三级生态圈层等组成。活动生态圈层由教育者、社会环境、方法和手段等构成”[②]。可见，这种社会生态圈层的分析将思想政治教育系统看作是由社会生态内外通过开放、渗透、整合和共生而达到良性循环的平衡状态。高校思想政治教育系统是高校系统中的一个复杂的自组织，其内在发展向思想政治工作系统提出了从无序到有序发展的要求，即打破思想政治教育的线性思维，形成内外协同的系统思维，通过各个系统对“立德树人”目标的强化，以发挥教育的叠加效应。

第一，坚持以文化人，协同思想政治教育系统与高校内部其他系统。首先，打造“双课堂”育人平台。由于各学科自身的学科属性和学科规则的差异性，以及部分专业课教师鼓吹的“思政无用论”思想，使各专业中蕴含的思想政治教育资源被忽视，造成了“育人效果的孤岛效应”[③]。为打破各专业各自为政的僵局，高校既要注重思政课程的课程育人，又要协同各专业课，发挥课程思政的育人功能。其次，发挥“双场域”育人效能。布迪厄从关系的角度出发对场域的概念进行了系统的分析，就高校思想政治工作系统而言，主要包括显性场域与隐性场域。思想政治教育价值的实现与实效性的发挥不仅要依靠思想政治教育理论课课堂、相关讲座、主题

---

① 骆郁廷：《思想政治教育贯通论》，北京，人民出版社 2024 年版，第 7~8 页。

② 卢岚：《断裂处的光缆——现代思想政治教育社会生态论》，武汉，湖北人民出版社 2010 年版，第 77~78 页。

③ 燕连福、温海霞：《高校各类课程与思政课同向同行育人的问题及对策》，《高校辅导员》2017 年第 4 期。

交流会等显性教育手段，又要注重校园文化建设、高校规章制度建设、社会实践活动组织、网络信息等资源的隐性教育的力量。在教育工作过程中，显性教育与隐性教育并不相互冲突，在有效融合机制的引导下能够实现相互渗透、融合，从宏观上看，协调现实场域中思政课课堂教育的显性教育与专业课课堂、虚拟场域的隐性教育；微观上协调理论教育与环境、实践活动的关系。通过创建协调融合机制，为受教育者创建一个耳濡目染的教育场域，强化教育效果。

第二，坚持协同联动，协同思想政治教育系统与高校外部其他系统。首先，学校与学校之间的协同。新时代单一高校内的资源已经不能满足实现“立德树人”根本任务的需要，因此需要加强校际、校企、校社、校政等合作，实现资源共建共享。一方面，高校之间可以定期交流思政课程制度建设，博采众长，挪用“他山之石”解决本校教育过程中的矛盾；另一方面，高校可以创设同步的人才培养制度，发挥多所高校的“硬”资源与“软”资源优势，形成育人合力。其次，学校与家庭之间的协同。家庭是受教育者的第一所学校，学生良好道德素质的培养离不开家庭氛围和家庭教育。虽然家庭教育方法、教育内容、教育观念与学校教育存在差异，但最终目的都是“立德”与“树人”，因此要抓住二者的契合点，创新协同机制，以有效发挥二者的协同性。学校作为育人的主要阵地要积极寻求家庭的支撑，可以通过召开家长会、网络交流等形式及时进行沟通，高校还可以利用互联网创设高校学生成长档案，家长与教师可以及时掌握学生近期状况。最后，学校与社会之间的协同。马克思在分析人的本质时指出：“它是一切社会关系的总和。”① 一方面，社会是人本质实现的场所，更是思想政治教育效果展现的空间场域；另一方面，思想政治工作避不开社会热点、焦点问题，其理论的丰富与发展是对社会现象深入探讨与分析的结果。高校思想政治教育工作的开展不仅要紧密结合社会生活，更要考虑受教育者的社会需求，为受教育者提供多渠道、多层次的社会实践活动，引导受教育者走进社会、了解社会，实现高校思想政治工作系统与社会系统的耦合。

（四）多元主体力量整合

思想政治教育是一个开放的教育系统，必须通过加强与社会生态之间的能量输入与输出的平衡，优化整合各种社会力量，使思想政治工作不断

① 《马克思恩格斯选集》（第一卷），北京，人民出版社 2012 年版，第 135 页。

得到加强。社会教育的组织形式包括社区教育、家庭教育等方面构成思想政治工作的社会网络体系。

一是高校意识形态工作责任主体的力量整合。主要涉及高校党组织、领导班子成员、行政业务职能部门等意识形态工作责任主体。党组织要落实意识形态工作责任制，健全党委统一领导、党政齐抓共管、宣传部门组织协调、有关部门分工负责的工作格局。学校领导班子成员要按照“一岗双责”要求，高校行政、业务部门负责人要把思想政治工作纳入干部目标管理，与教学科研、人才培养、学科建设、社会服务和党的建设等工作紧密结合，检察、督促行政管理部门和行政业务人员结合业务工作做思想政治工作的情况。高校行政、业务部门负责人要为思想政治工作创造条件，提供人、财、物等方面必要的物质条件保证。

二是加强社会舆论教育的治理。舆论教育是通过社会舆论、社会活动、社会影响等途径对群众进行的教育活动。舆论宣传和教育教化具有社会性、思想性、渗透性等特点。思想政治工作在社会舆论的推动下，政府主管部门要加大舆论引导和监督力度，引导大众媒介以公共性诉求为主导，确保公开公平公正，畅通利益表达与诉求渠道，透过对话解释性叙事以及话语的民主化，动员社会资源，提升思想政治教育学科系统的公共性与社会性。要坚守意识形态领域的社会主义阵地，创新话语传播艺术，牢牢把握舆论宣传主导权，让社会主流意识形态和主流话语占领网络舆论阵地。

三是强化学生社区教育治理。青年学生思想政治教育社区空间包括家庭居住地所在社区和学校所在的学生社区。戴锐提出社区思想政治教育“形成有社区党组织领导和参与、由社区正式权威主体和非正式权威主体构成的多元权威格局”①。这对青年学生社区思想政治教育提供参考启示。一方面，要加强学生社区党组织建设和学生管理队伍建设，发挥学生社区思想政治教育的领导力和执行力；要依托学生社区自治，以组织学生社区服务为切入点，开展学生社区文化建设活动，充分利用学生社区文化、教育、科技、娱乐等资源，形成学生社区精神文明建设的良好舆论引领力和凝聚力。另一方面，要加强高校学生社区管理和服务水平，探索学生社区的管理和服务育人作用。主要是通过学生社区空间中辅导员和“宿管阿姨”群体的工作互动和主体自觉，加强后勤服务育人、朋辈群体育人作

① 戴锐:《社区权威的生成机制变迁与社区思想政治教育机制重建》,《河海大学学报（哲学社会科学版）》2010 年第 2 期。

用，实现自我教育、自我管理和自我服务的育人工作。

四是重视家庭教育管理。家庭担负着道德教育的重要职责和政治社会化的重要功能，人的社会化始于家庭。家庭对子女品德的培养、行为习惯的养成、个性的发展具有直接影响。传统家庭教育在教育目标上，重视做人教育；在教育内容上，重视伦理道德教育；在教育方法上，重视言传身教。父母的教育方式对儿童社会化的作用主要表现在“情绪传导作用、性格形成作用和行为规范作用”①。家庭教育重智轻德、家庭教育职能弱化现象，反映了当前家庭教育的缺位与学校教育的错位，错失了个体的社会化与青年人政治社会化第一道防线和阵地占领。要避免家庭教育中存在的“重身轻心的抚养方式、重智轻德的教育方式、重他律轻自律的行为养成方式”②，发挥家庭教育的启蒙与言传身教的积极作用。

① 关颖：《家庭教育方式与儿童社会化》，《天津社会科学》1994年第4期。

② 张良才：《中国家庭教育的传统、现实与对策》，《中国教育学刊》2006年第6期。

第七章　新时代数智思想政治教育创新

全球数字化、智能化浪潮驱动科技革命快速发展，随着大数据、物联网、云计算的发展与应用，人工智能已渗透各个领域，元宇宙、虚拟仿真等呈现出蓬勃发展态势，在智慧医疗、无人驾驶、智能识别等方面带来根本性转变，也正在重塑新时代教育新形态，驱动数字化和智能化思想政治教育理论与实践创新。数字化、智能化技术推动科技变革，正深刻改变着社会的生产方式和人们的生活方式，推动“人类社会迎来人机协同、跨界融合、共创分享的智能时代”[①]，“教育数字化是我国开辟教育发展新赛道和塑造教育发展新优势的重要突破口”[②]。数字化、智能化日益驱动人们的思维方式、交互形式、组织架构和运作模式发生变革，为思想政治教育方法创新、形态重塑、空间营造、形态转型等提供了新的重大机遇。随着人工智能在教育领域的开发应用，思想政治教育也需要紧抓数智时代技术发展的机遇，以促进其科学化、现代化、智能化转型及高质量发展。“数智思想政治教育”是以数字技术和智能技术为基础，对思想政治教育系统要素与结构进行整合利用，利用数据要素、智能技术等支撑和驱动思想政治教育体系化创新。从文献研究维度分析人工智能时代思想政治教育研究的概况，辅之以 CiteSpace 计量分析软件可视化呈现，并进一步梳理、评价与反思其研究现状，有利于丰富思想政治教育学科理论创新与实践应用。人工智能等科学技术的井喷式发展引发教育领域的深层次变革，数智技术与思想政治教育的融合已成为时代发展的必然趋势。梳理学界对人工智能时代下的思想政治教育的分析和论述，在研究主题不断发展、科学化研究趋势加强、学科化倾向明显并取得重要研究成果的同时，也存在理论构建不足、研究视域较窄、应用研究泛化等缺憾。展望未来人工智能时代思想

① 《习近平向国际人工智能与教育大会致贺信》，《人民日报》2019 年 5 月 17 日。

② 《习近平在中共中央政治局第五次集体学习时强调　加快建设教育强国　为中华民族伟大复兴提供有力支撑》，《人民日报》2023 年 5 月 30 日。

政治教育的研究，还需夯实理论基础、创新研究方法、建构研究范式、推进实践应用。

一、数智思想政治教育的发生学阐释

随着数字技术和智能技术的快速发展，带来“智能社会”这一具有数字化、虚拟化、智能化特征的新的社会形态，形成了虚实结合的交往、实践方式复杂的人机交互、人机互联的关系。随着智能技术从学术研究、科学研究到日常生活的全方位融入，技术的发展给社会结构带来变革的同时，也给思想政治教育学科带来挑战与机遇。近年来，智能时代思想政治教育成为学科研究前沿与焦点问题，从发生学角度分析技术与思想政治教育联结，不仅具有澄清研究前提的重要意义，更彰显数智思想政治教育研究兴起的深层逻辑。

一是思想政治教育传统优势与数智技术高度融合的现实必然。全社会加快推进数字化转型，教育数字化转型也成为数字中国建设的关键版图之一。为保障教育信息化稳步发展，我国相继出台相关系列政策以推动信息技术在教学、管理、资源建设等教育领域的智能化转型，支撑教育高质量发展。党的二十大报告也明确提出“推进教育数字化”。教育在数字技术和智能技术赋能中呈现出新形态的发展态势，教育数字化战略行动也必然要求思想政治教育实现数字化发展的新跃迁。“将智能技术有效应用于学习资源建设、教学活动设计、教育测量与评价等，有助于构建人机融合的教育新生态，服务教育数字化转型、教育科技人才‘三位一体’融合发展、新型教材编写和拔尖创新人才培养。”[①] 可见，教育数字化与数字化教育给思想政治教育创新发展带来新的格局、多模态学习的新体验、人机协同的新范式。要将思政数智化与数智思政化有机结合，将数字化、智能化技术与思想政治教育实践、过程、规律、内容、评价等有效融合，实现数字化、智能化思想政治教育的资源整合、平台搭建、空间拓展。

二是技术赋能的外在形塑与价值规制的内在嵌入的互构作用下推动数

① 胡航、王家壹：《从人机融合走向深度学习：范式、方法与价值意蕴》，《开放教育研究》2024年第2期。

字时代数智思想政治教育出场。一方面，数智思想政治教育离不开数字技术驱动的应用过程。当前思想政治教育领域出现理论发展“内卷化”、实践工作“乏力化”等窘况，智能技术为思想政治教育学科纵深发展、育人实效提升带来了契机，在思想政治教育的内容体系中增添了技术元素和内容元素，扩展了理论范畴，推动了思想政治教育要素、方法、决策、评价等方面的革新，促进了其内部化发展。随着以大数据、云计算、虚拟现实、生成式人工智能等信息技术的快速发展，数智时代思想政治教育处于智能化的社会语境中，学者的研究视野、思维理念和研究方法发生革新，越发重视量化的数据分析，数智思想政治教育理论研究与实践发展将上升为“技术的自觉”。另一方面，智能技术需要思想政治教育的价值规制。“科学技术的意识形态形式抛弃了以往依赖于绝对的剥削和欺骗的呈现方式，取而代之的是柔性间接的控制方式。”[①] 技术是人类智能的产物，人类主体理性及价值观念定会融入整个设计过程之中，这些天生价值倾向与意识形态环境休戚相关，设计过程与作用过程都带有意识形态性。智能技术应用不仅内嵌着意识形态属性，而且其背后人与机器、人与人、人与社会之间的价值关系都需要通过意识形态与主流价值观规制，思想政治教育能够规避技术对现实主体的过度拓展。这就要求智能时代思想政治教育研究创新必须既切中现实，又有理论的表达，最终在对实践的反思中走向“理性的自觉”。

三是智能时代数字技术应用推动形成思想政治教育数智形态。一方面，人工智能手段的更新是智能思政的外在动力。人工智能是用程序设定与数码编排设置形成的一种技术手段，是模仿、拓展、延伸人类思维的方式。在思想政治教育领域，智能思政功能与价值的彰显需要人工智能技术的施展。智能化空间的开拓以及互联网终端的完善发展使当前数据资源呈现出爆发式的增长状态，其中不乏有效的思想政治教育资源。其中，人工智能的数据汇总技术以及数据分析技术能够为智能思想政治教育提供技术支持基础。虚拟空间中以“量化”“数字化”形式呈现的分散化数据信息被智能化终端作为一种“数据的足迹”记录，受教育对象的多样化数据信息（包括兴趣爱好、学业成绩、志愿活动、关注点）等分散化的数据被大数据平台整合，并经由数据筛选以及条件的设定形成系统化的数据体系。在数据协同的过程中，通过大数据程序转化非结构化形式，为数据的分析

---

① 沈江平：《人工智能：一种意识形态视角》，《东南学术》2019 年第 2 期。

利用提供可视化、可利用的数据资源。另一方面，思想政治教育学科发展需要智能思政创新发展产生的内生动力。网络思想政治教育形态向智能思政形态的升级发展过程必然由内部矛盾推动，即虚拟空间中的数据要素与思想政治教育主体要素、资源要素、空间要素之间的不协调推动了智能思想政治教育形态的出现。具体而言主要包括3个部分。第一，从宏观视角看，智能形态的升级是维护虚拟空间中意识形态安全的需要。互联网的发展为西方价值观的传播提供了新的空间。因此，为及时捕捉受教育者的思想发展轨迹以及心理动向，需要科技赋能，实现对完整高效的监控与防御网的建构。第二，从中观视角看，思想政治教育智能化是增强思想政治教育实效性的需要。新时代背景下，原有的思想政治教育手段与方法在现实矛盾面前已经“力不从心”，思想政治教育工作需要更新思想政治教育观念、变革教育手段、利用科学技术实现思想政治教育内容结构、目标任务、理念原则、体制机制、途径载体和方式方法转型。第三，从微观视角看，智能思政形态建设是助力教育对象成长发展的现实需要。科学技术自身的发展以及社会、学校、受教育主体的发展需要成为智能形态思想政治教育发展的强大动力与现实支撑。智能思政在发展过程中，不能忽视思想政治教育诸要素与智能化科学技术之间的矛盾与冲突，在建构智能思政时需要重视“思想政治教育”与“人工智能”之间的磨合，通过多要素协调实现数智思想政治教育的发展。

四是警惕数字技术给数智思想政治教育带来的风险挑战。第一，基于算法的人工智能以“过滤气泡”“回声室”等效应加固了“信息茧房”，主流话语传播离散化，消解了主流价值，若再裹上资本逻辑的外衣，意识形态安全将受到威胁，面临着诸多“西化”“淡化”“分化”等风险挑战。第二，对智能技术的“热捧”与过度推崇，忽视了人的价值，将引发人的主体性冷漠，导致思想政治教育的“人文温度”危机。第三，因缺乏相关行业标准或法律法规的约束，人工智能的数据挖掘、监测涉及教育对象的数据泄露、隐私侵犯、伦理风险等问题接连不断。因此，有效应对以上现实课题，也需要推动思想政治教育与人工智能技术创新性融合。

数智时代人工智能嵌入思想政治教育不仅是“单向”的技术手段升级，发挥人工智能技术优势，提升育人实效，还需要将思想政治教育注入人工智能算法编程中，赋予其正统性，为融合发展提供价值引领，彰显价值理性，促进工具理性与价值理性的“双向”统一，“使‘数据技术化的思想政治教育’转向‘促进智能发展的思想政治教育’内涵式发展”①，实现“人工智能—人工智能应用—人工智能教育应用—人工智能思政教育应用—人工智能与思政教育深度融合”的嬗变。

二、数智思想政治教育研究的价值意蕴

“人工智能”是1956年达特茅斯会议首次提出，原意是指可以精确模拟人类学习或智能特征的机器。我国相继出台《新一代人工智能发展规划》《高等学校人工智能创新行动计划》等政策以推动人工智能在教学、管理、资源建设等领域的智能化转型，这些都为数智思想政治教育提供了良好的实践基础和政策保障。数字化技术和人工智能应用于思想政治教育，存在理论研究与实践研究两个维度的影响。具体而言，在理论研究与实践发展方面面临“双重现代性”。人工智能为思想政治教育学科纵深发展、育人实效提升带来了契机。

第一，有利于提升思想政治教育学科现代化水平。习近平总书记强调，“要运用新媒体新技术使工作活起来，推动思想政治工作传统优势同信息技术高度融合”②。在具体的思想政治教育工作中，大数据、云计算、深度学习等智能技术以“数据建档”“精准画像”等优势，对受教育者思想与行为轨迹实施追踪，能够较准确地揭示出个体或群体思想素质动态发展的规律，“能够通过有效分析认识教育对象、打造针对性教育供给、制定层次化教育目标、创设有效传播矩阵”③，进而掌握规律、遵循规律、运用规律，以达到个性化、精准化、智慧化的科学育人目的，增强思想政治教育的实效性。

第二，有利于提升思想政治教育学科创新性水平。人工智能不仅以数智化技术手段使思想政治教育的传播、过程、决策、管理、评价等方面得到优化，更是以一种创新包容的内涵式发展重塑了研究者的思维方式，推动了学科共同体成员的研究方法意识与观念转换。同时，智能技术为思想政治教育学科发展注入了“新鲜血液”，推动学科内容体系和理论体系的

① 魏华：《人工智能深度融合思想政治教育的实现路径》，《理论视野》2021年第12期。

② 《习近平谈治国理政》（第二卷），北京，外文出版社2017年版，第378页。

③ 冯刚、聂小雄：《“数字思政”的生成背景、基本内涵和实践运用》，《西华大学学报》2023年第5期。

创新。智能技术快速发展给思想政治教育学科带来“双刃剑”效应。王天恩提出，Sora 等文生视频模型可以为教育提供前所未有的新手段、新方式，意味着抽象原理的形象呈现，情境教育和智慧教育的融合。同时，其带来的超现实逼真视频将呈现真假难辨的视觉模拟世界，意味着批判性思维教育、理论思维教育面临空前考验。[①] 思想政治教育学者的思维理念和研究方法也发生了变革，研究视野得到拓宽，越发重视量化的数据分析，特别是利用大数据追踪人的思想意识以及社会意识形态，以算法算力的分析来把握思想变化，为开展针对性的思想政治教育提供决策与参考。

第三，有利于提升思想政治教育学科的科学化水平。“思想政治教育科学化要在马克思主义指导下，高扬科学精神，运用科学的理论和规范去揭示、掌握和运用思想政治教育相关规律，以提高思想政治教育工作的实效性。”[②] 在理论研究范式上，数智时代人工智能技术的快速应用与发展能够为思想政治教育学科研究思路、研究内容、研究方式和研究方法等革新提供新的“解题思路”，量化实证研究成为可能。随着思想政治教育学科交叉研究深入融合，人工智能的嵌入促使思想政治教育或将跨越学科界限，以现实问题为出发点，以思想政治教育学前沿发展中理论、教学、工作等方面变革为基本点，更加重视方法创新与智能运用、技术反思与价值实现，汲取思想政治教育管理学、社会学、文化学、生态学等新兴分支学科的精华，从而将科学厘定智能思想政治教育学的学科定位、基本概念、本质特征、研究对象、研究范畴、体系架构等学科知识体系，并予以系统化表达与阐释、立体化研究与分析。因此，思想政治教育学科的理论体系得到发展，显现出知识体系系统化和研究方法科学化的智能思想政治教育形态，并且随着在应用场域的逐渐推广，应用体系得到完善，也加速了这一新兴分支学科的萌芽，智能思想政治教育学可能会成为思想政治教育学科的重要分支学科。

① 王天恩：《Sora 的世界模拟及其教育运用》，《思想理论教育》2024 年第 4 期。

② 刘建军：《论思想政治教育的科学化》，《教学与研究》2011 年第 3 期。

三、数智思想政治教育研究的现状概观

（一）研究热点分析

以“智能思政”或“人工智能思想政治教育”或“智慧思政”[①] 等为主题词在中国知网期刊数据库进行检索（时间切片为 2017 年 1 月 1 日至 2023 年 10 月 1 日），人工剔除会议、书评、通知等相关性较弱的文章后，最终得到 565 篇文献数据。将上述文献数据导入 CiteSpace 软件中，绘制成关键词共现图谱。高频次关键词能够反映某一研究领域的研究热点。由图 7–1 可知，“高校”“思政课”“精准思政”“课程思政”“劳动教育”“大数据”“算法”等为研究热点。这与高校是思想政治教育的主阵地以及思政课是立德树人的关键课程密切相关，同时也是学者们对思想政治教育改革、时代新人培育的现实回应。利用“大数据”“算法”等信息技术是学者们以技术革新驱动思想政治教育的创新发展，实现从“精准思政”向“智能思政”的转变。

图 7–1　关键词共现图谱

① 注：思想政治教育是一个十分大的选题，因为本文检索词的限制，所阐释的智能时代思想政治教育研究现状无法囊括所有思想政治教育相关的话题，这也是本书的局限性之一。

（二）研究热点演进分析

由图 7–2 时间轴可知，智能时代思想政治教育研究大致可以分为两个阶段。一是起步阶段：2017~2020 年。这一阶段学者们注重智能技术对思想政治教育的变革、风险及其应对，对不同主体、方法、课程等都作了进一步的分析。二是发展阶段：2020~2023 年。此阶段已经引起学界较为广泛的关注，研究的深度广度都得到了进一步发展，不再局限于以技术要素的融入审视思想政治教育的嬗变，研究焦点也正从宏观思想政治教育的"风险挑战""创新发展"等走向精细化的"课程思政""话语权"等。可以预见，关于人工智能领域与思想政治教育研究的内容、结构等将会进一步丰富与系统化。

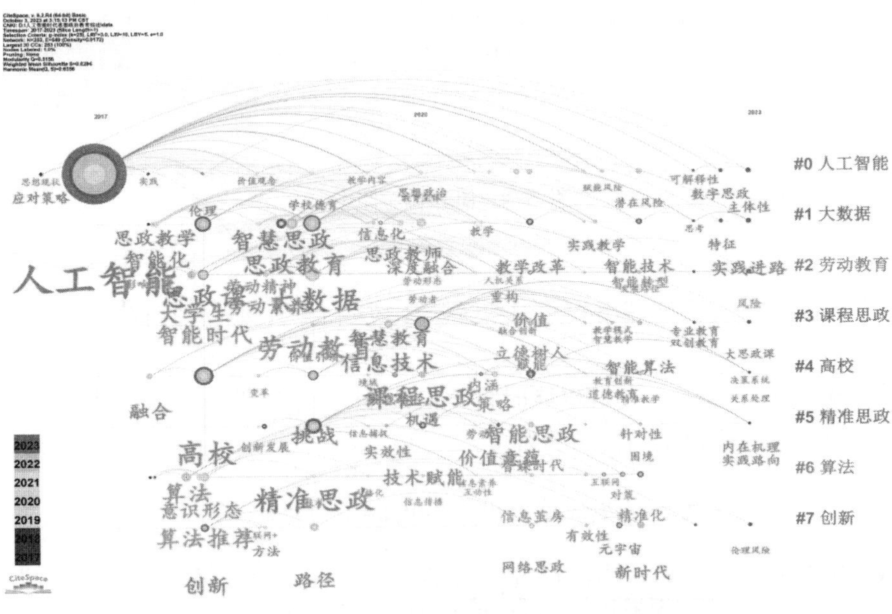

图 7–2　关键词共现聚类时间脉络演进图谱

（三）研究机构分析

图 7–3 为研究机构及合作图谱。节点为机构名称，节点越大，发文量越多，其中线段连接的是合作机构。由图 7–3 可以发现，"上海师范大学马克思主义学院"节点最大，中心性也就越强，为人工智能思想政治教育研究的主要阵地；"江西财经大学马克思主义学院""北京邮电大学

马克思主义学院”等机构也较为活跃，体现这些研究机构对数智思想政治教育研究的关注度较高。但总体研究分散，机构之间合作少，研究合力弱，不利于人工智能与思想政治教育融合应用的持续发展。

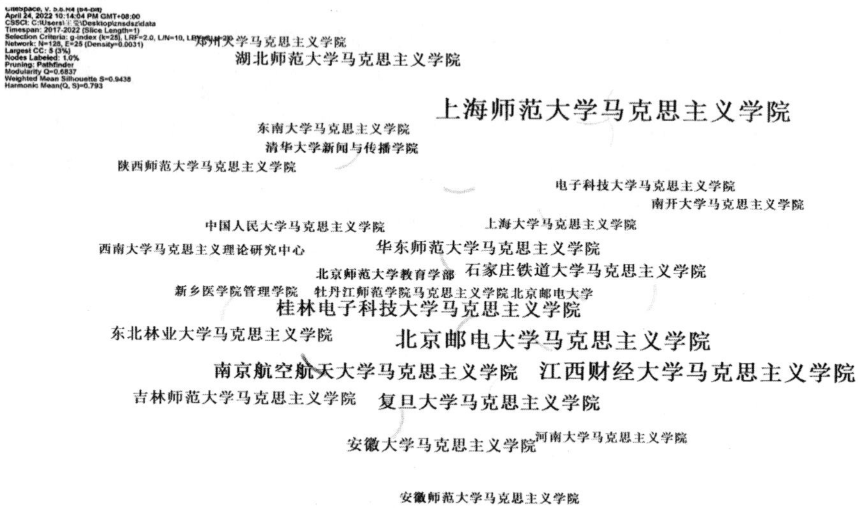

图 7-3　研究机构图谱

四、人工智能时代思想政治教育研究整体性图景

梳理现有文献，人工智能时代下的思想政治教育研究主要涉及本体论、价值论、认识论与方法论维度。

（一）本体论维度下的内涵与特征研究

基于不同的视角，内涵研究主要形成了 4 种观点。第一，“活动说”，指在利用人工智能等现代化信息技术工具的基础上，将一定的思想观念、政治观点和道德规范施加给成员的社会实践活动。[①] 第二，“形态说”，崔建西认为在与大数据、深度学习、强算力等智能技术有机融合过程中，衍生出促进思想政治教育在要素、过程等方面的智能化发展的新形态。第三，“目的说”，强调运用信息技术手段，推动思想政治教育的环境、方

① 申晓腾：《人工智能时代思想政治教育生态转变与创新方略》，《未来与发展》2019 年第 12 期。

法的智能化转变，彰显精准、个性、科学的智能优势。[①] 可见，由于学者们界定立足点的分殊，存在多元理解，但也达成一定的共识，即都突出了人工智能技术的工具性和载体性。

关于其特征研究，主要涉及 4 个方面。从实践层面来看，具有教育主体多元、教学过程个性、人机交互拟人、考核评估智能的主要特征。[②] 白显良等从效果角度来看，“呈现出定制性（精准个性化）、泛在性（突破时空限制）、进化性（自我革新进步）的基本特征”。从辩证的角度来看，具有“真”“假”交织（数据信息“真”“假”难辨）、“冷”“暖”重叠（技术“冷”与育人“暖”）、“动”“静”共存（数据“静”与工作“动”）的特点。[③] 从复杂性科学方面来看，显现出“巨型性、开放性、动态性、非线性、涌现性、多样性等特征”[④]。

（二）价值论维度下的作用与功能研究

学者们主要从社会、学科以及个体 3 个层面探讨了人工智能对思想政治教育的价值。一是在社会价值层面，智能化发展为社会主义核心价值观“增添了责任、和谐、美好等新内涵”[⑤]，同时也推动了劳动教育范式转换[⑥]，有利于培育德智体美劳全面发展的社会主义建设者和接班人，实现中华民族伟大复兴。二是在学科价值层面，“智能技术的渗透重构了思想政治教育理论范畴，勾勒出现代化的思想政治教育理论体系”[⑦]，促进“教材体系、主体、平台、环境的智能化转型”[⑧]，“基于内容、协同、关联、效用、知识的推荐技术将推动思想政治教育方法的技术升级”[⑨]，思政课的情境化教学也迎来了新的契机，有助于提升思想政治教育的亲和力和实效

① 董亲学：《大数据助力高校智慧思政建设的三重维度》，《学校党建与思想教育》2021 年第 16 期。

② 周良发：《智能思政：人工智能时代的思想政治教育变革》，《重庆邮电大学学报》2019 年第 5 期。

③ 林峰：《人工智能时代思想政治教育的价值定位与发展》，《思想理论教育》2020 年第 1 期。

④ 秦蕾、朱进东：《人工智能：高校思想政治教育的时代趋向与应对策略》，《江苏高教》2020 年第 2 期。

⑤ 崔瑞霞：《智能化时代对社会主义核心价值观的新意蕴》，《北京教育（德育）》2019 年第 Z1 期。

⑥ 张森：《人工智能时代大学生劳动教育的范式转换与实践理路》，《当代青年研究》2021 年第 6 期。

⑦ 宫长瑞、轩宣：《数智化思想政治教育的图景展现及其实践策略》，《思想教育研究》2021 年第 11 期。

⑧ 蒋笃运等：《思政课教学智能化建设研究》，《中国电化教育》2021 年第 1 期。

⑨ 邓国峰等：《技术逻辑与价值定位：算法时代网络思想政治教育新展望》，《思想教育研究》2022 年第 2 期。

性。三是在个体价值维度，对于提升思想政治教育者的工作效率、发展空间、思维方式具有重要推动作用，“实现协作性、创新性、导师型的角色转变”①。同时，VR 技术以其“超真实”性消弭了受教育者与思想政治教育的距离感，增强了共情力②，有助于教育对象的规模化获得感的增加、个性化的发展以及育人实效性的提升。

（三）认识论维度下的挑战与问题研究

关于人工智能对思想政治教育的挑战，学者们主要从 5 个方面进行解读。第一，“智能焦虑”。因学科背景局限以及“科幻叙事”③的推波助澜，思政工作者对智能技术的应用以及未来是否会被超人工智能替代都产生了不同程度的焦虑。第二，“主体异化”。若对智能技术过度推崇，将引发“人的主体性落寞”，思想政治教育者与受教育者都将沦为技术“傀儡”。第三，技术隐忧。“应用于思想政治教育的专业程度不高，技术不够完善，还有很多技术难点需要攻克”，也缺乏对人工智能教育技术的全面推广应用、扁平管理和智能服务的技术手段，并且算法技术智慧的欠缺会造成网络思想政治教育内容与秩序紊乱，出现“算法黑箱、算法偏见、算法鸿沟”等风险。第四，主流价值消解。若人工智能受资本或境外势力的裹挟，将导致意识形态和主流价值观的消解，弱化认同感，并且会导致思想政治教育话语意义流失、场域离散、认同消解等问题，“削弱网络意识形态话语权的效度、黏度、力度”④。第五，法律伦理困境。“数据挖掘和监测会涉及教育对象个人隐私侵犯、数据泄露等法律隐患”，智能机器人在工作中出现失误会引发的责任界定难题，以及缺乏相应的实施标准与法律法规约束。

（四）方法论维度下的发展路径研究

因智能时代思想政治教育面临多重挑战，学者们主要从 4 个方面谋进路。一是“技术导向论”，即坚持意识形态的主阵地，主张“以主流

---

① 陈坤、李旖旎：《人工智能语境下思想政治教育者的角色定位》，《思想教育研究》2018 年第 9 期。

② 温旭：《VR 技术赋能高校思想政治教育的价值与应用》，《思想理论教育》2021 年第 11 期。

③ 王峰：《人工智能科幻叙事的三种时间想象与当代社会焦虑》，《社会科学战线》2019 年第 3 期。

④ 张磊、王建新：《从释放到赋权：人工智能嵌入网络主流意识形态话语权建构研究》，《新疆社会科学》2021 年第 1 期。

价值观优化算法、反思算法、用好算法”[①]，实现器以载道。二是“伦理支持论”，即给予积极伦理支持以协调人机融合，“以伦理规制、伦理观念创新和伦理反思促进人工智能以及人自身发展的需要”[②]。三是“多元协同论”，即将思想政治教育元素融入人工智能专业课程，以“心”“脑”“体”重塑数据科学思维体系[③]，实现“课程”和“思政”的同频共振推进立德树人。四是“结构融合论”，即需要把握各个教育环节，充分发挥教育主体、客体、介体的主导性、主动性及纽带作用，以构建智能化体系促进其内涵式发展。要“坚持教育‘一根主线’不动摇，也要建设教育环境和体系‘两大基础’，打造决策、执行、评价‘三大支柱’数据平台，发挥研究、服务、协同、交流‘四大功能’”[④]，也要强化价值引领、推进学科交叉融合、提升教育队伍智能素养、推动社会多方协同共进。

五、数智思想政治教育研究的鲜明特征与存在问题

在“人工智能 + 思政”被广泛关注、呈现欣欣向荣之势的同时，也存在着理论建构、研究视域、实际应用等方面的不足。人工智能问题已经成为当前哲学社会科学领域讨论和研究的热门主题，众多思想政治教育研究者也开始重视这一前沿性话题。总之，这些研究成果扩展了思想政治教育学科知识版图，为智能思政教育的前沿发展提供了参考。

（一）数智思想政治教育研究的鲜明特征

第一，研究论域较集中。人工智能问题已经成为当前哲学社会科学领域讨论和研究的热门主题，众多思想政治教育研究者也开始重视这一前沿性话题。随着研究热度的增加，正呈现出多视域并进的趋势，但现有成果论域主要集中在 3 方面。从研究对象上看，关于“人工智能 + 思政”研究论域多聚焦在高校场域，主要关注大学生、思政课教师、辅导员、思想

① 崔聪：《人工智能时代思想政治教育的算法风险及其应对》，《思想理论教育》2020 年第 5 期。

② 王天恩：《论人工智能发展的伦理支持》，《思想理论教育》2019 年第 4 期。

③ 于亚新、丁义浩：《以课程思政重塑大数据与智能时代的数据科学思维体系》，《中国高等教育》2020 年第 8 期。

④ 吴满意、王丽鸽：《从精准到智慧：思想政治教育创新发展的根本态势分析》，《马克思主义与现实》2019 年第 4 期。

政治教育理论课、课程思政等方面，而其他研究论域如对象、学段等成果欠缺。可以直观看出“高校”“思政课”“大学生”“课程思政”“思政教师”为突出关键词。从思想政治教育转型角度来看，智能与思想政治教育的融合研究主要理论及内涵特点、“变与不变”和机遇挑战与发展路径等研究维度的成果较多，形成了一定的知识增量。从技术层面来看，当前智能技术的思想政治教育应用研究多集中于大数据和算法技术，如“将社会生活中的结构化数据和非结构化数据结合起来分析人们的意识形态效应”①，但现阶段实际应用化程度不高，仍以理论假设为主。

第二，科学化趋向加强。在理论研究范式上，智能技术为思想政治教育研究思路、研究方法的革新提供了新的“解题思路”，量化实证研究成为可能。在实际思想政治教育工作中，智能技术以“数据建档”“精准画像”等优势对受教育者思想与行为轨迹实施追踪，能够较准确地揭示出个体或群体思想素质动态发展的规律，进而掌握规律、遵循规律、运用规律，以达到个性化、精准化、智慧化的科学育人目的，增强思想政治教育的实效性。

第三，学科化趋势明显。习近平总书记强调：“要加快发展具有重要现实意义的新兴学科和交叉学科，使这些学科研究成为我国哲学社会科学的重要突破点。”② 随着思想政治教育学科交叉研究的深入融合，人工智能的嵌入促使思想政治教育或将跨越学科界限，将以现实问题为出发点，以思想政治教育学前沿发展中理论、教学、工作等方面变革为基本点，更加重视方法创新与智能运用、技术反思与价值实现，汲取新兴分支学科的精华，从而将科学厘定智能思想政治教育学的学科定位、基本概念、本质特征、研究对象、研究范畴、体系架构等学科知识体系，并予以系统化表达与阐释、立体化研究与分析。因此，思想政治教育学科的理论体系得到发展，显现出知识体系系统化和研究方法科学化的新学科形态，并且随着在应用场域的逐渐推广，应用体系得到完善，也加速了这一新兴分支学科的萌芽生长。

（二）数智思想政治教育研究存在的问题

纵观“智能元年”以来的研究动态，从不同研究视角和研究方法维度

---

① 常宴会:《人工智能在思想政治教育中的应用前景和价值前提探析》,《思想理论教育》2019年第8期。

② 《习近平谈治国理政》(第二卷)，北京，外文出版社2017年版，第345页。

取得的成果丰富了思想政治教育的理论与实践，研究呈现欣欣向荣之势的同时，也存在着理论建构、研究视域、实际应用等方面的不足。

1. 理论构建待提升

当前，人工智能虽已进入思政学者的研究视界，但是在研究过程缺少对其内涵深入的重释，出现“人工智能”与“思想政治教育”的机械相加的错误认知。不少学者认为，智能时代背景下的思想政治教育仅仅是技术手段的升级、产生“技术偏执”的工具化倾向，抑或是人工智能与大数据技术等同的“窄化”“矮化”解读，也存在“智能思政”“智慧思政”“智能德育”等相似概念的混用现象，相关表述不规范、界定较模糊致使其内涵与外延出现混沌交织。而在研究主题的选取上，相似度高，致力高校领域思想政治教育的变革发展，并且研究内容也不同程度存在重复化、枯燥化、“内卷化”现象，缺乏“人工智能＋思政”的理论分析框架。或是研究泛化，“打一枪换一个地方”，对重大问题研究“浅尝辄止”，缺乏对理论成果的深入系统剖析，一定程度阻碍了理论体系化发展。同时，数智思想政治教育研究与当前人工智能的蓬勃发展“脱轨”，理论创新滞后于智能应用，造成实践知识转化与凝练不足，降低了实践对理论发展的推动力。此外，由于作者与机构“单枪匹马式作战”，暂未形成紧密联系学术共同体，或是研究者综合素养不高，对难点、热点问题表面化阐述，也削弱了智能思想政治教育相关理论的解释力。

2. 研究视域待开阔

人工智能思想政治教育研究与数智思想政治教育创新需要交叉学科研究的视野。然而，受传统思维定势的影响，当前研究范式仍囿于传统思想政治教育学的研究范式，倾向于重大宏观叙述，缺少中微观考察，多经验性总结、少实证性分析，多事实性归纳、少哲学性反思。在技术手段升级的条件下，多数研究者“视而不见”，未有效利用人工智能技术手段深入对思想政治教育问题量化分析以强化实证支撑，仍局限在“人工智能特点”“面临的机遇挑战”“对策应对”等经验性归纳总结，缺少对实际具体问题调查研究基础上的有效考证，导致经验色彩浓厚。此外，实然性分析少，智能技术在思想政治教育实际工作的运用程度不高，未充分开展与国内科研院所、智能企业机构的合作，也缺少对国外人工智能教育发展先进成果的吸收和借鉴。虽然一些学者树立了学科交叉意识，但未形成规范的分析范式，多是“拿来主义”式的观点嫁接，缺少“融会贯通”式的范畴重释，欠缺以智能科学思维方式来缕析思想政治教育的现实问题，真正的跨学科研究成果寥寥无几。

3. 应用研究待深化

思想政治教育的智能化发展离不开社会实践进步，最终也应服务于社会发展要求。一方面，研究者因单一的学科背景或传统思维的固化，仍停留在抽象化的理论假设，止步于对现实研究对象的实证考究，缺乏对实际应用中的现实关照，“智能思政”运作过程中的“真问题”未进入研究者的视野，导致理论与实践应用的“剥离”，使研究显现出空洞乏味、肤浅浮躁等问题。另一方面，由于思想政治教育者的智能技术应用水平较低，对新兴教育载体的运用和整合创新力度不够，加上顶层设计与运行机制不健全、平台建设与人才培养不完善，也延缓了相关理论成果向实践应用层面的转换时效。此外，因当前“智能思政”仍处于以理论建构为主的初级阶段，人工智能成功应用在思想政治教育领域的实际案例较少，并且多集中于高校场域，对其他学段、教育类型、领域涉及较少，并且东西地区、城乡地区的应用建设程度差异明显，缺乏多维的生态化场景应用，未形成普遍发展的协同创新应用态势。

六、新时代数智思想政治教育研究创新路径

随着数字化教育国家战略的保障和数智技术赋能，思想政治教育具有无限的发展可能。面对以 ChatGPT、Sora 为代表的生成式人工智能技术的双重现代性，“数智思想政治教育”研究还需加强学科理论基础研究、优化研究方法、建构研究范式、推进实际应用。

（一）夯实数智思想政治教育的学科研究基础

“没有思想与理论，就没有清晰的学科发展前景和学科话语权”[①]。这句话强调了学科理论基础和基础理论体系的重要。第一，夯实数智思想政治教育的理论基础。其一，深入研究马克思主义经典文本中意识理论、人学理论、劳动价值理论、异化理论以及技术哲学理论等，为“人工智能热”的“冷静思考”奠定理论基础。其二，坚持以中国化的马克思主义理论特别是习近平新时代中国特色社会主义思想为指导，如科技创新理论、

① 王天夫:《数字时代的社会变迁与社会研究》,《中国社会科学》2021 年第 12 期。

共享理论、人类命运共同体理论都为人工智能与思想政治教育的融合指明了时代方向。此外，需深刻体悟习近平总书记在国内外系列论述中关于人工智能与教育深度融合的重要讲话精神，领会其精髓要义，才能更好将人工智能书写在中华大地上。其三，深化人工智能学科理论基础研究。人工智能的学科群如原型学科、核心学科、基础学科、计算机学科等理论需要挖掘，对大数据智能理论、跨媒体感知计算理论、群体智能理论等基础理论以及人工智能的符号主义、联结主义与行为主义三大学派也需展开系统研究，以人工智能学科理论的丰富助推实际应用的升级。

第二，加强数智思想政治教育的基础理论研究。一是需要深入对"人工智能＋思政"相关含义的探讨，系统分析其结构性、逻辑性和层次性意蕴，厘清人工智能与思想政治教育二者之间的边界与联结，从而整体把握智能时代思想政治教育面临的机遇与挑战。二是深化对人工智能时代思想政治教育的主客体内涵及关系、环境载体因素、方法论及体系、意识形态及话语权等核心问题的探讨，对相关问题予以澄清，打牢基础理论根基。三是完善人工智能时代思想政治教育工作理论。既要对思想政治教育理论课的教学内容、教学方式等进一步探讨，也要构建日常思想政治教育工作的组织、协调、决策、管理、评价、保障等长效机制理论，以推动各环节有效运作，提高思想政治教育工作的效率和效用。

（二）优化数智思想政治教育学科研究方法

数字化技术与人工智能为思想政治教育开辟了新的研究论域，传统单一的研究方法已不能满足需要，研究方法亟须升级转换。一是重视定量研究与定性研究相结合的研究方法。"人工智能＋思政"借助大数据、算法技术将一切变得"可量化"，包括受教育者的思想行为，因此，研究者在利用数据、图谱、模型等进行量化分析的同时，也应引入经验感知、逻辑推演、归纳总结等综合定性分析以强化论证，以定量研究与定性研究相结合的方法揭示受教育者的思想行为规律以及当前社会思想意识的发展状况，更好地优化数智时代思想政治教育学科创新研究。二是注重比较研究方法。人工智能技术是国际化程度极高的科学技术，研究者应该具备广阔的国际视野，及时把握国际上人工智能教育研究的最新进展，深入探索和总结国内外人工智能教育的现状，促进人工智能技术及教育应用的发展，推动我国思想政治教育成为一门极具中国特色、时代特征和国际视野的哲学社会科学。三是坚持系统分析法。研究需要以问题意识为导向，关注当前“人工智能 + 思政”的重大课题、热点及难点问题，进行深入的理论挖掘和系统论证，既要把握智能时代思想政治教育整体宏观环境（国内、国际），又要从纵向及横向两方面“由内而外，层层分解”智能思政系统要素及结构的关系，从“外部表现”探究“内在实质”，以整体和局部协同推动数智思想政治教育的理论研究与实践发展，形成系统化的理论研究成果。四是坚持学科交叉研究方法。借鉴心理学、生态学、社会学等学科的实证研究方法，以多轨道并进、多维度协同的方法进行多向度的探索，如采用科学研究中的“数据密集型”方法，对海量数据“深层挖掘”、建立“全样本”、提高“研究效率”、进行“科学预测”，具有比逻辑演绎更强大的“准”“快”“稳”生命力；如“利用管理学中的 SWOT 分析法对人工智能嵌入思想政治教育进行探析”[①]。当然，在借鉴的同时要树立学科本位意识，不能机械地照搬其他学科的方法体系移植到思想政治教育研究中，丧失自己的学科立场。

（三）建构数智思想政治教育学科研究范式

“范式”是科学共同体成员所持有的价值、信念、研究模式和理论框架，学科研究范式的构建对于推动本学科的发展具有重要旨趣。

第一，数智时代思想政治教育学科研究范式“何以必要”。一方面，人工智能时代思想政治教育的本体论、认识论、方法论都出现了新的变化，思想政治教育研究范式需要转换升级；另一方面，梳理研究成果，当前研究论域多集中于高校领域或是思想政治教育面临的机遇与挑战、风险与应对，选题相似度高、观点内容相近，相关概念使用随意，研究方法应用失范，整体研究框架松散。因此，亟须建构人工智能时代思想政治教育研究范式。

第二，建构数智思想政治教育研究范式“何谓”。数智思想政治教育研究范式，是指思想政治教育学术共同体成员基于数据算法等对“智能思政”研究所持有的一系列理论、观点、模式及方法的共同信念体系。要建立基本研究框架，要对其内涵本质、嬗变演进、“变与不变”、发展路径作系统阐述，也要以整体思维进一步思考“人工智能 + 思政”的话语、内容、方法、功能、环境、管理、评估、制度等理论范畴体系以及深入

---

① 胡华：《人工智能嵌入大学生思想政治教育的 SWOT 分析及应对策略》，《思想政治教育研究》2021 年第 37 期。

研究人工智能应用思想政治教育工作中的运行机理、影响机制、实践路径等。

第三，建构数智思想政治教育学科研究范式“何以实现”。一是开展跨地域的共同体合作研究范式。加强国内国际的交流合作，挖掘外部资源，与智能企业跨界联动合作，以问题为导向会聚研究者，树立“育人为体，技术为用，实际为据，综合创新”的原则，建成紧密联系、合作共进的研究团体，在联合攻关中共同推动理论创新与应用升级。二是明确思想政治教育学科属性。人工智能与思想政治教育的深度融合，应当树立技术运维与立德树人同向同行的理念，寻找技术支撑与价值引导的耦合点。不可单纯地为了智能而智能或回溯到传统的思想政治教育人学范式中，既要以智能思维为导向，又要警惕“技术崇拜”，认清智能技术自身的局限性，回归思想政治教育本真。三是开阔研究视角，如开辟伦理学、社会学、政治学、传播学等学科视角。以伦理引领智能思政发展中的前沿问题，强化人们的伦理意识，实现人工智能与思想政治教育的和谐发展；以社会学的研究视角，探索人工智能融入思政到逐步融入社会各个方面后，给社会运行、社会治理等方面带来的机遇与挑战；以政治学视角，分析人工智能时代背景下人们政治意识形态结构以及政治权利的变化，以“智慧”引导人们积极参与民主政治，更好地构建“全过程民主”。

（四）推进数智思想政治教育研究成果应用

思想政治教育不是书斋学问，“人工智能 + 思政”的研究不应囿于理论层面的阐述，更应投入实际应用当中。一是明晰实际应用过程中的“真问题”。“必须明确人工智能应用于教学的限度，明晰其面临心灵理解、艺术创作、数据分析的漏洞破绽，面对原理类知识、程序类方法和价值类知识的力不从心，面临生成性教学、情感性教学和实践性教学的无能为力。”① 以现实问题为出发点，加强对实践的深切关注和理性检视，智能时代的思想政治教育应用不仅是技术手段的更新，更是其应用引发的多方面的变革，需要厘清人工智能应用于思想政治教育的教育理念、教学模式、育人方法、学习方式以及人的现实需要等问题，从理论认知上把握实际应用中的主要矛盾、过程规律等，进而将理论照进现实，实现理论与实践的同向

① 曹斯、罗祖兵：《人工智能应用于教学的困境、限度与理路》，《电化教育研究》2024 年第 4 期。

同行。二是推进多维场景应用。数字思政课在全面建设过程中，利用数智融合技术改造教学空间与情境，思政课智能交互、沉浸式的学习平台以全新的个性化、仿真化体验提升学生获得感。通过对教育对象进行认知诊断、个性学习和强化学习，为其应用的探索提供了经验，有利于进一步推动试点先行、以点到面，逐步贯通不同的场域，如学校、社区、军队等，不同的教育类型如普通教育、职业教育、成人教育、特殊教育等通道，构建立体化的“大思政”格局，进而形成“多学科交叉、多主体协同、多场景连接、多空间融合”[①]的实践样态。三是完善人才培养体系，提升思想政治教育主体数智素养。这就需要教育者革新教育理念，探索智慧化教学模式，提升运用VR、AR、MR、数据采集、模型分析等技术能力，也要规避智能依赖，强化人文关怀，推动主流价值观的传播。对于受教者而言，也要顺应时代潮流，将其新鲜感转化为主动学习，强化辩证思维训练，增强批判反思能力，提升智能技术的善用能力。四是加强顶层设计，健全协同运作流程。一方面，加快硬件安全设施建设，完善信息安全保障制度，确保教育者在教育过程中规范使用智能技术，提升基础安全技术水平；另一方面，加强整体设计，明确各级主体在人工智能思想政治教育中的责任和义务，健全统一的领导、评估等机构，各部门做到各司其职、联动协同，充分发挥职能效用，保障人工智能时代思想政治教育实践的有序平稳开展。

七、新时代数智思想政治教育的现代性发展

思想政治教育对技术权力的制约拥有外部和内部两种途径。外部控制机制通过教育者自身权力建设来实现，内部控制机制则通过激发作为教育对象的普通民众的主体性，使其能够正确辨别、自觉抵制技术权力对人的掌控。从内外部双重视角出发构建技术权力控制机制，能够填补当前预防体制缺陷，纾解技术异化风险。

（一）警惕防范数字技术权力对思想政治教育的负面影响

数字技术权力异化带来思想政治教育数字化发展风险，包含积极与消

① 王丽鸽：《思想政治教育数字化发展的生成动因、态势特征与创变展望》，《思想理论教育》2023年第5期。

极两方面的呈现样态，内含实在与潜在的组织样貌。对其进行结构分析与系统梳理，有利于透视技术权力风险的表现形式与内涵指向，推动思想政治教育权力谱系自主建设与积极防范。

1. 变迁思想政治教育关系结构

思想政治教育主体和客体是思想政治教育活动的中心范畴，二者基于一定关系结构基础上的互动，构成思想政治教育现实实践的立体动态过程。在数字技术施压之下，思想政治教育者呈明显的主体客体化倾向，本应该由教育者发挥议题设置、场景选择与内容控制的主体地位逐渐让位于计算主义或算法技术。在技术权力的僭越之下，教育者作为教育环节的主导地位日趋边缘化，拥有信息权力双翼的教育对象使思想政治教育交往主体间关系结构发生从“中心化—去中心化—再中心化”的实践演绎，思想政治教育内部交往关系发生变迁。传统思想政治教育强调教育者对教育过程、场景选择与议题设置的单一主导性，认为思想政治教育就是教育对象围绕在教育者的中心权威之下进行学习的过程，两者之间的交互关系存在主客体的悬殊地位。而后，思想政治教育者借助常人生活视角完成了对思想政治教育者与对象之间的观念重构，将思想政治教育视作主体间的交往活动，模糊主客二分模式，将思想政治教育对象视为区别于目标、内容、手段、环境等“物”并与教育者发挥同等主体作用的自我教育主体，完成了“双主体说”的思想政治教育关系结构“去中心化”转变。进入数字时代，信息权力使思想政治教育双主体间在原有权力结构中的力量对比关系深刻改变，迎来思想政治教育交互关系的“再中心化”嬗变。数字技术赋予普通民众信息权力，使得权力的主体不再仅是传统社会中的意识形态的控制者和政治权力的控制者，而是在人数上占绝对优势的广大普通社会成员。一方面，数字技术以全方位、全天候的时空在场赋予教育对象信息权力，颠覆了制度化的教育形式、教师的知识垄断者地位与教育者的话语主导权。思想政治教育对象不再是传统认知意义上的参与者与接收者等教育过程中的受动者，技术优势使教育对象积极进行议题选择、流程设计与新技术应用，进行对教育者的“知识反哺”。另一方面，算法技术在原本的思想政治教育主客体之间放置了一层交往“屏障”，教育者要想继续传递教育信息，必须迎合教育对象的喜好与算法推荐程序，这不仅颠覆了传统的“主体—客体”框架，还不得不放弃“主体间性”模式，重新构建以“用户为中心”的学习者主导模式。思想政治教育借助数字技术从以教育主体为中心再度回到以教育对象为中心，实现思想政治教育关系结构的诡异调转，影响教育实效。

2. 区隔思想政治教育资源配置

思想政治教育活动的开展依赖一定的物质、精神与环境资源。数字技术的微观权力旨在以“优化”生活的算法推荐与迎合低级满足的“精神鸦片”，建构思想政治教育数字化发展所浸润的人工场域，区隔思想政治教育内容资源、主体资源、环境与情境资源，干扰思想政治教育资源配置与运行。

一是拥堵思想政治教育内容输出途径。思想政治教育内容的传播、输入与输出是维持思想政治教育过程运转的基础。推荐算法作为数字社会的信息资源配置方式，代替思想政治教育者为受众选择与筛选内容，算法权力成为可以影响和改变受众价值观的软性权力。在算法技术的筛选、过滤推荐下，一个人总是只能看到他想看到的信息，被同质化声音包围下的自我难以进行思想纠偏，导致思想政治教育内容输出不畅。此外，强媒体或平台通过优化页面推荐，创造信息来源、信息内容与信息价值的三重“数字茧房”，由于“沉默的螺旋”效应，圈层内意见的同质性进一步巩固。共同体内个人意见的巩固使算法权力进一步彰显思想控制权力，思想政治教育内容信息通过算法的“分发”难以走入真正需要的人群，基于用户直接兴趣的信息偏好主导智能算法推送造成思想政治教育内容信息被算法“冷落”，从根本上排除了思想政治教育对其施加影响的可能途径，淤堵思想政治教育内容资源输出途径。

二是消解思想政治教育主体权威。传统意义上的思想政治教育者是公众接收信息的“把关人”，是思想政治教育资源体系中的重要人格化资源。其资源配置模式通过制度化赋予的信息筛选权、有选择的输出权、排他性的思想引领权进行资源运作，具有强制性、主导性与单向性。而在技术权力之下，思想政治教育主体的资源分配力与掌控力显著下降，数智思想政治教育实践过程的不可控因素剧增。一方面，技术所制造出“懂你”的人工环境，为用户提供“精神鸦片”和“安慰奶嘴”，思想政治教育者不再是负责议题设置、场景布置和内容选择的资源运作与协调总责任人，其传统的资源控制者权威地位削弱。另一方面，数字化生存将人统一到计算机语言的编程与信息迭代之中。从实践来看，熟悉计算机编程及大数据技术的人，能相对比较自如地窥视、监控、计算和利用，而思想政治教育者因“技术壁垒”而成为理解、转换数字信息符码的“弱势群体”，技术权力分享原本属于思想政治教育者的引领力、吸引力与控制力，思想政治教育资源要素配置主体权威受到技术权力区隔。

三是极化思想政治教育外部环境。思想政治教育在一定的社会时空环境中进行，其效果如何依赖对外部环境资源的适应、调动与整合程度？进入网络时代以来，文字、图像与音频相结合下的“超真实”体验、超文本信息与泛娱乐化碎片内容充斥虚拟空间，构成深刻影响思想政治教育对象思想与行为的外部环境。这种基于趣味迎合与注意力迎合的“后真相”人工环境排挤严肃、主流的思想政治教育，并产生“回音室”效应，导致“圈层身份的区隔性与排他性、圈层思想的去价值化与虚无化、圈层信息的碎片化与泛娱乐化、圈层表达的对立性与群体极化”[①] 等困境。

3. 颠覆思想政治教育话语权力

思想政治教育话语权力体现为话语影响力、吸引力和控制力，技术权力争夺话语权的行为构成思想政治教育话语权力颠覆风险。

一是数字空间的话语权弱化。数字技术通过提供全新的技术支持进行话语权赋能的同时，也使意识形态话语权建构面临社会价值观多元化和社会舆论引导的复杂性等严峻挑战。数字技术主导下“双向”“去中心化”交流方式与“全天在线”“随时连接”的分享文化冲击思想政治教育者话语权力，存在意见领袖替代思想政治教育者发挥思想引领、舆论导向和价值塑造功能的重大风险，导致思想政治教育话语的吸引力、解释力与引领力下降，弱化数智思想政治教育话语权威。

二是数字空间的话语权再生产阻滞。思想政治教育话语的生产与再生产是决定思想政治教育效果的决定性因素，贯穿思想政治教育话语权发生与使用的整个过程。思想政治教育在数字空间的话语权再生产依赖于庞大的“粉丝”基数与可观的流量数据所带来的常态化、经常性影响力。一方面，数字思想政治教育者还较为零落、分散，未形成较大规模，难以发挥合力“脱颖而出”“一鸣惊人”；另一方面，自媒体时代的崛起使通过公司运营与团队策划的众多大 V、博主一夜爆红，获得较大基数的粉丝群，而不与平台签约、不借助公司包装、不哗众取宠的教育者则缺少“粉丝”的关注，导致思想政治教育在数字空间中的话语权再生产遭到阻滞。

三是数字空间的话语事件缺场。数字化思想政治教育若缺少专职数字思想政治教育者进行数字空间营造与数字平台运营，或简单将其分派给兼职教育人员完成，则会导致教育者在进行课程教学的同时需要兼顾媒体账

---

① 黄世虎、丛婷：《当代青年网络“圈层化”的困境与出路》，《理论导刊》2023 年第 10 期。

号运营，使教育者精力分散或疲于应付，危害数字化思想政治教育话语权力建设，导致思想政治教育“话语事件”的缺场。这容易使思想政治教育在数字空间的作用范围进一步萎缩，更进一步解构思想政治教育话语权的不可质疑性和不可颠覆性。

4. 造成思想政治教育异化陷阱

技术失控与技术异化是追求人的自由而全面发展的思想政治教育“最切近的恐惧”。

一是生产数字成瘾机制。数字技术带来便利生活的同时也稀释了艰苦奋斗精神，在人与技术的关系中贬损人的主体性地位，使人与技术关系异化为人对技术的依赖、沉迷、上瘾等单向度关系，使人成为数字技术的奴隶。数字成瘾机制一方面通过削弱教育对象的能力与自主意识使思想政治教育对象沉迷于抽象的数字世界，拒绝接受先进价值观的引导培育，产生“隐性逃课”现象；另一方面使思想政治教育自主性受到技术的牵制，使教学工作、教育评价或是教育管理一旦离开了技术，就会出现“宕机”①，以思想政治教育数字依赖生产思想政治教育异化机制。数字成瘾现象的产生使人脱离了现实的物质生产实践和社会关系，不利于思想政治教育培育堪当民族复兴大任的时代新人的目标实现。

二是执行数字殖民策略。技术内涵创造主体的价值逻辑。当今世界，资本主义国家正利用其先发技术优势设置负面舆论议题，营销包装西方社会多元社会思潮，以适应其新型政治经济控制形势的扩张。伴随着数字殖民更加深入与全面地开发世界市场，数字资本主义主导、利用技术壁垒设置数字垄断，使思想政治教育数据成为资本牟利的手段和殖民的工具，积累日常生活世界殖民化的潜在危险。当数字技术借助资本力量发展成为反对思想政治教育的异己性对抗性力量，产生资本逻辑下的“数字殖民”现象，容易再度造成社会阶层的撕裂和人的全面物化，助长生成资本主义生命剥削新形式。

三是危及数据权利保护。思想政治教育数字化发展以数字平台为依托，广泛采集与人的思想、行为和动机相关的数据痕迹。平台作为个人数据信息的最大“集散地”与“分拣场”，掌握了大量个人隐私数据，若基于逐利渴望将人的“数据资产”用于商业交易与第三方进行共享以换取资

① 王学俭、冯瑞芝：《数字技术与思想政治教育高质量发展的耦合逻辑及风险防范》，《北京工业大学学报》2023 年第 3 期。

源与利益，则会导致数字思政存在个人隐私的泄露风险。此外，思想政治教育关注人的成长，充分相信人的潜能发挥，而数字技术借助云量存储全天候捕捉人的动态痕迹，剥夺了人的被遗忘权，遮蔽与消解了人的主体性能动作用，有损人的自由意志发挥。难以遗忘的过去预设了人的成长可能性，有损数字人格，危及对数字人权的尊重与保护。

（二）加强数智思想政治教育发展规制

思想政治教育对技术权力的制约拥有外部和内部两种途径。外部控制机制通过教育者自身权力建设来实现，内部控制机制则通过激发作为教育对象的普通民众的主体性，使其能够正确辨别、自觉抵制技术权力对人的掌控。从内外部双重视角出发构建技术权力控制机制，能够填补当前预防体制缺陷，纾解技术异化风险。

1. 培育主体数字素养

培育主体数字素养是进行数智思想政治教育权力建设的基础性策略选择，也是从根本上给思想政治教育“赋权”“增能”的实现途径。

一是提升思想政治教育主体的数字素养。对于数字技术的研究和把握是数智思想政治教育理论研究与实践创新的重要源泉。面对数字时代的来临，思想政治教育者必须把握历史主动，保持终身学习，领先学习的“教育者必先受教育”的育人理念，学习数字技术的多种表现形式，研究数字技术所发生作用的深层机理与实践表征，并在此基础上了解数字技术对社会关系、文化、交往产生的影响，深度把握数字时代，积极对数字空间进行思想政治教育议题设置与空间创设。教育者只有把握数字技术才能驾驭数字技术，培养“跨界整合能力、人机协同能力、创意创新能力、自主决策能力、全球领导力、智能交互能力等”[①]，实现技术对技术的反制，并将其转化为积极的教育力量，把握数字技术规律性，增强思想政治教育科学性。

二是激发学习主体自由自觉地建设数字空间的主体性精神。人的自由而全面发展不仅是思想政治教育的价值旨归，“自由自觉的人”本身更是一种思想政治教育资源。信息权力赋予数字空间中的每个人都拥有思想政治教育者身份，每个人都在数字技术搭建的去中心化共享基础架构下传播价值、影响他人。思想政治教育必须着重培育学习主体的数字素养，激活

① 严奕峰等：《生成式人工智能赋能数字时代育人转型》，《开放教育研究》2024 年第 2 期。

人们潜藏在心中的向善与求知的渴望，抵御网络亚文化的侵蚀影响。通过提升数智思想政治教育学习主体的数字素养，能够使其充分利用数字技术广泛参与数字空间的行为活动，引导构建合适的数字空间行为伦理道德，以数字空间的各种非正式群体与组织社群的自我管理、自我批评与自我教育，传播社会主义核心价值观，共建中国特色社会主义数字文明。

三是切实提升数字公民抵御错误思潮的能力。在资本主义抽象正义的鼓吹之下，数字空间“成为”全面平等的自由世界。然而，借由数字技术权力的视角，数字技术背后暗含着资本主义分化我国的政治图谋，数字空间充斥各种意识形态的权力声音，暗含数字资本主义权力的支配与控制。必须注重培育数字公民的基本政治素养和自觉抵御各种错误思潮的能力，牢牢守住我国的意识形态安全，防止数字殖民的分化图谋，消除数字鸿沟以维护数字正义，以社会主义核心价值观构建数字公民的精神家园与精神纽带，筑牢数智思想政治教育发展的精神屏障。

2. 强化思想政治教育数字权力建设

思想政治教育数字权力包括使技术正向赋能的控制力、引领力与影响力的积极（主动）权力，和面对数字技术“僭越”时能够进行有效技术“反制”的消极（被动）权力。

一是重塑思想政治教育数字权力。重塑思想政治教育数字权力，需要避免让技术乐观主义遮蔽对技术权力风险的感知与预见，始终将思想政治教育权力作为主导，引领技术权力发展走向。思想政治教育利用技术权力赋能、增能，构建以思想政治教育权力为中心的数字空间权力体系结构。弥补数字鸿沟，发挥数字技术对每个人的赋能与增能作用，提升每一个人的生活体验与生命福祉，使数字技术真正成为全社会均能受益的公共知识和技能，避免技术权力异化，从根本上解决技术成为异己力量的类人恐惧，实现思想政治教育与技术关系的新发展、新解决、新境界，助推数字化思想政治教育转移或化解技术权力风险，突破滞后与无效的实践瓶颈。发挥建设网络空间的主体性地位，围绕人民群众的新期待与新要求深化网络空间生态治理，激发思想政治教育权力能力建设新作为。思想政治教育者要敢于“亮剑”，敢于与敌对意识形态主动交锋，牢牢占领数字空间这一意识形态传播主阵地，与不符合主流价值观、危害青年积极健康思想的亚文化社会思潮旗帜鲜明地发声辩论。积极主动推广隐含主流意识形态的多样化网络文化产品，实行净网行动，清理内含西方抽象价值观或危及我国意识形态安全的有害数字产品，依法整治网络空间中的谣言传播。思想政治教育者要主动引领数字空间的舆论导向，牵引数字技术坚守以人为本的价值取向，牢牢掌握数字空间的意识形态主导权、引领权与管理权。

二是加强交叉学科研究。当今时代，单一学科视角已经不足以达到对数字技术的全面理解，尤其是对于长期以来着重研究“人的思想与行为问题”的思想政治教育学来说，要想深刻理解数字技术权力的生成与作用方式，必须借鉴科技哲学、技术伦理学、教育技术学等多学科视角与方法，以“他山之石”突破思想政治教育数字化建设中的技术风险等重大问题。与时俱进地实现空间转换与空间适应，以数字空间的田野调查重新发现数字技术与思想政治教育的互动特点、作用规律与耦合形态，加强思想政治教育学科把握数字技术的学科能力，防止思想政治教育因不了解数字技术带来的深刻变革而边缘化。

三是整合思想政治教育数字力量。数智思想政治教育建设数字权力需要政府的政治权力支持。思想政治教育具有鲜明的政治性与科学性相统一的本质属性。数智思想政治教育建设自身权力就是建设我国的意识形态权力和增强文化软实力的过程，因而需要政府统筹规划与协调资源的强大政治力量。技术与政治的互构要求数智思想政治教育需要熟悉掌握并应用数字技术开放给普通大众的代码书写和编辑权力，拥有和常人一样进入数字空间进行自我中心内容的建设、生产、共享与传播的权力。同时，数智思想政治教育需要借助国家政治权力拥有掌握在资本家手中的对普通大众不开放的修改权，赋予大众被遗忘权，以自身权力的增加给普通群众带来数字时代的自由、共享与平等福祉。

3. 构建思想政治教育数字治理体系

面对技术权力潜藏的风险基因，必须进行人为的积极风险治理。“数字技术的广泛应用在实体空间之上创造了数字空间，产生‘数实相融’的新型治理情境，给多层级政府治理带来三个关键性变化，即信息优势的上下分化、属地原则的效能衰减、社会风险的规模放大。”[①] 技术治理视角下的思想政治教育数字化发展有赖于治理需求的精准识别、技术协作体系的科学制定与数字空间意识形态领导权的主动把握。

一是构建多元主体的技术共享与协作体系。数智思想政治教育主体必须自觉建构、主动掌握技术，将技术权力纳入思想政治教育权力系统，以自身主体性力量的增强压制技术权力的扩张。以权利与义务的平衡为出发

---

① 向静林、艾云：《数字社会发展与中国政府治理新模式》，《中国社会科学》2023 年第 11 期。

点，激励知识与技术共享，构建数字技术协作治理、平等互动的多元主体间协作机制，加强数据法治、数据规范、数据立法，解构资本或技术作为唯一主体对自然、社会与身体的支配与控制。将数据看成私有财产与生产要素，封闭起来绝不与他人分享是数字资本主义榨取数字剩余价值的最新逻辑，需要建设共商、共建、共享的新型数字治理体系，凝练出算法权力的治理方案，避免数字空间继续沦为资本主义榨取剩余价值的新型殖民地。

二是牢牢掌握意识形态主导权与引领权。加强思想政治教育权力建设，不是将权力从技术的手中“抢过来”，而是改变当前数智思想政治教育权力建设的弱势境遇，增强数智思想政治教育权力的主体性地位，激发数智思想政治教育权力能力新作为。加强数字治理的关键在于与敌对意识形态主动交锋，牢牢占领数字空间的意识形态领导权和思想引领主动权。思想政治教育者积极主动推广隐含主导意识形态的多样化网络文化产品，排除不符合主流价值观、危害青年积极健康思想形成的亚文化社会思潮影响，清理内含西方抽象价值观、危及我国意识形态安全的有害数字产品，引领数字空间的舆论导向，推动数字文化朝着积极的方向良性发展，依法治理网络空间中的谣言，牢牢掌握意识形态主导权与引领权。

4. 优化思想政治教育数字公共空间

技术权力通过搭建开源、共享的数字化生存交互平台掌握数据与流量密码，以对公共数字生活空间的占领发挥对人的精神与身体控制力。虽然在由技术权力主导下的数字空间作为公共交互空间也允许思想政治教育者进入并发挥作用，但由于思想政治教育者仅仅是作为“用户”，依靠平台的技术规则与基础架构行事，难以进行自主性价值引领活动。思想政治教育在数字空间中育人场域的缺失导致其缺乏进入数字生活的主阵地，难以实现其公共性。数智思想政治教育要想实现公共性核心价值秩序的有效灌输，必须进行数智思想政治教育数字空间创设。数智思想政治教育数字公共空间指的是思想政治教育主体间行即时分享、精准分享、交互分享的全息数字参与交互空间，借助数字科技整合数字化的思想政治教育资源构建思想政治教育数字平台，传递思想政治教育信息流。数智思想政治数字空间的创设关涉思想政治教育数字化布局与思想政治教育的数字化生存问题，是思想政治教育在数字社会中继续发挥公共性与社会性价值，回归人们生活世界的基本环境依托。这要求思想政治教育者掌握更加全面的素质与能力，扮演好时代赋予的“设计师”角色，从知识的传授者变成传递知识的“编程者”。将内含思想政治教育理念与价值的设计原则植入代码与算法，对人工智能、ChatGPT 等类人化的颠覆性技术进行积极的思想政治教育伦理嵌入，让数据原材料承载人文价值，赋予传统思想政治教育网站的静态界面以新的数字表现形式，构建思想政治教育三维、立体、沉浸式数字叙事空间。

总之，数智时代思想政治教育学科研究创新不是对传统思想政治教育的颠覆或取代，也不是对“人工智能＋思政”表达范式的套用，而是在新时代推动思想政治教育理论与实践现代化转型的必然进路，也是以思想政治教育的人文性规避智能技术“僭越”的必然要求，需顺应时代发展、夯实理论研究、开阔研究视野、完善研究框架、丰富研究方法，进一步推动实践发展，回应人们“美好精神生活需要”的诉求，以“智能教化”推动“生活智慧”的形成，进而实现人的自由而全面的发展。

第八章 新时代思想政治教育研究方法创新

针对方法问题，毛泽东曾将方法比作过河的桥："我们的任务是过河，但是没有桥或没有船就不能过。不解决桥或船的问题，过河就是一句空话。不解决方法问题，任务也只是瞎说一顿。"[①]我们可以看到对于实现目的和完成任务来说，方法是多么重要。一般而言，方法主要是指主体在认识和改造世界中所采用的方式和手段。而研究方法是一个学科得以区别于其他学科的极为重要的方面，意味着这个学科特有的思维习性和思维方式，是构成思想政治教育与其他学科之间差异的重要标志。改革开放 40 多年和思想政治教育学科化建设以来，思想政治教育经历了"科学化"及"学科化"两个建制化的基本发展历程，取得了较大成果。但不可否认也存在不足，正如金林南指出："思想政治教育学科在学术传统、基本理论、方法论、学科信念与学科研究范例等基础理论层面欠缺较为深入而完整的自我认知和共识，这极大地影响着作为现代学科的思想政治教育的合法性认同。"[②]具体表现在：从研究主体来看，缺乏高度的方法意识与方法自觉，研究理念滞后；从研究方法来看，囿于借鉴其他学科，尚未形成具有自身特色的研究方法；从研究结果来看，欠缺科学性，信度与效度不高；从研究进展来看，传统研究方法占主导地位，面临转型危机。加强思想政治教育研究方法研究成为推进学科现代化转型与发展的重要突破口和亟待弥补的"短板"。

① 《毛泽东选集》(第一卷)，北京，人民出版社 1991 年版，第 139 页。

② 金林南:《思想政治教育学科范式的哲学沉思》，南京，江苏人民出版社 2013 年版，第 1 页。

一、思想政治教育研究方法的前提澄清

思想政治教育学科对于“方法”“范式”“方法论”“方法学”等上位基本概念以及“视角”“视域（阈）”等相关概念还缺乏准确细致的认识，存在较为普遍的概念“泛化”或“窄化”的现象，因而误解、误用、混用情况较多。对于“思想政治教育方法及方法论”“思想政治教育研究方法及方法论”“思想政治教育学方法论”“思想政治教育方法学”以及“思想政治教育方法体系”等相近概念及内涵还未甄别清楚，缺乏共同认识。因而，厘清相关概念群内涵，对于理解思想政治教育研究方法具有重要前提意义。

（一）方法、范式与方法论

方法是“为实现目标服务的一个分层次的有机系统，包括思路（train of thought）、途径（channel）、方式（way）和程序（procedure）4 个层次”①。按照不同的划分标准，方法可分为一般方法、特殊方法、具体方法、根本方法；研究方法、应用方法、检验方法；感性方法、理性方法、思辨方法等。也有学者将其分为 4 个层次：某项主体活动的具体方法、某种具体科学的方法、横断科学方法和哲学方法，其中具体科学方法和哲学方法又可分为研究方法、叙述方法、检验方法、应用方法 4 个有机联系与相互渗透的方法系统，是实践和认识的辨证运动过程。②

“范式”是科学方法论的重要概念。托马斯·库恩在《科学革命的结构》中提出并进行集中阐述：“范式主要是指科学研究中公认的模型或模式，为实践共同体提供典型的问题和解答，是一种在新的或更严格的条件下有待进一步澄清和明确的对象。”③ 库恩认为，科学的发展是由一种范式向另一种范式转换的“科学革命”跃迁方式，范式转换是科学革命的重要标志。风笑天认为：“范式是一个综合性概论，它包括理论、方法论、研

① 陈寿灿：《方法论导论》，大连，东北财经大学出版社 2007 年版，第 2 页。

② 倪志安等：《马克思主义哲学方法论研究》，北京，人民出版社 2007 年版，第 6~7 页。

③ ［美］托马斯·库恩：《科学革命的结构》，金吾伦、胡新和译，北京，北京大学出版社 2003 年版，第 21~22 页。

究方式与方法、研究逻辑等。”[①] 可见，“范式”是科学共同体成员所持有的价值、信念、研究模式和理论框架。

方法论是关于方法的学说或理论。方法论强调以方法为研究对象，分别阐明其形成、变化与发展规律以及本质、特征、功能和相互之间的关系等。学界关于“方法论”的界定与理解主要有：“作为开展研究的研究体系”[②]“作为思维方式的研究方法”[③]“作为指导研究的哲学方法”[④]“作为发展形态的研究方法”[⑤]4 种代表性的观点。可见，方法论是一个复杂概念，既可以是抽象层面的，也可以是相对比较具体的。“方法论”上承“认识论”，下接“研究方法”，这也使得有些人把“方法论”与“研究方法”相混淆。方法是人们用于认识世界和改造世界的手段或方式；方法论则是以方法为研究对象的理论体系。没有科学的方法就不能完成认识世界和改造世界的目的，而如果没有科学的方法论，则不能使方法科学化。深化方法论的研究，提高了人们对方法本身的认识水平，克服了运用方法的盲目性，增强自觉性，实现方法的科学化，以便更好地认识世界和改造世界。

（二）思想政治教育方法论与方法学

思想政治教育方法论是“关于思想政治教育方法的理论”[⑥]，“以思想政治教育方法为研究对象，其内容包括了思想政治教育方法的价值前提、基本原则、内在结构、运用规律、发展趋势等”，是思想政治教育原理运用和学科理论体系的基本组成部分。

方法学是“关于方法的知识性的学科门类”[⑦]。根据此种理解，一般认为，思想政治教育方法学是“关于思想政治教育方法及其应用的一门学科”，主要包括思想政治教育方法论、具体方法和研究方法。具体来说，

---

① 风笑天：《社会研究方法》，北京，高等教育出版社 2010 年版，第 29 页。

② 注：叶澜（2014）提出方法论以人类认识活动中不同层次的对象与方法的关系为研究对象。

③ 注：吴元樑（1991）指出方法论是关于某种研究中独特的思维原则、方式及规律。

④ 注：袁方（1997）指出方法论主要探讨的基本假设、逻辑、原则、规则、程序等问题，它是指导研究的一般思想方法或哲学。余仰涛（2006）提出思想政治工作学研究方法论的基本命题基础上，对思想政治工作学研究对象、发展历史、工作要素、结构、本质、作用、职能、机理、矛盾、规律、形式、过程、环境、评价进行研究的方法理论，论述了研究思想政治工作学的方法理论。

⑤ 注：邹绍清（2013）指出由思想政治教育人文关怀方法、信息方法、生态方法、文化场域方法等构成。

⑥ 张耀灿、郑永廷、吴潜涛、骆郁廷等：《现代思想政治教育学》，北京，人民出版社 2006 年版，第 360 页。

⑦ 祖嘉合：《思想政治教育方法理论体系求臻》，《学校党建与思想教育》2007 年第 9 期。

包括“思想政治教育方法的内涵、根据、特征、层次结构、功能作用、运作发展规律和构建模式等研究以及对思想政治教育过程中的一般方法、具体的方法和操作技巧的应用界限及规律等研究等都属于思想政治教育方法学的研究内容”[①]。

（三）思想政治教育学科研究方法论、研究范式与研究方法

思想政治教育研究方法论是“关于思想政治教育学科研究方法的理论，是对思想政治教育理论研究方法的抽象概括，在思想政治教育学科研究中作方法上的指导之用”[②]，是认识论意义的思考，属于学科哲学范畴。研究方法论是关于思想政治教育研究活动的哲学依据、理论模式、合理性标准以及研究方法的逻辑发展、内在规律等。

思想政治教育学方法理论体系包括思想政治教育应用操作方法、思想政治教育研究方法两个层面。而思想政治教育研究方法又包括思想政治教育研究方法论、思想政治教育研究范式等维度；思想政治教育应用方法主要是指思想政治教育方法学。

“研究范式”是根据各门学科研究问题的性质规约所需要的，并按一定方法论理念组织起来的各种研究方式、方法等的统一体。科学理论的研究范式似乎可以分为不同的层次，比如科学主义研究范式、人文主义研究范式、批判主义研究范式、复杂系统研究范式等。而基于某种学科来说，似乎又有社会学范式、经济学范式、管理学范式、教育学范式等。

思想政治教育研究范式是指在一定时期内学科共同体成员以思想政治教育研究传统为基础、以现实水平为根据和以未来发展为旨趣而形成和体认的对学科规范研究的一系列理论、观点、模式及方法的共同信念体系。科学实践观范式、文化学范式、系统学范式、冲突范式、生态德育范式等多种研究范式建构成思想政治教育研究范式体系。[③]

综合上述理解，笔者认为，思想政治教育方法是意识形态政治实践活动中采用的思想方法、工作方法和具体工作手段。思想政治教育学科研究方法是指思想政治教育研究者开展思想政治教育学理论研究时采用的各种

---

① 祖嘉合:《思想政治教育方法研究中三个基本概念辨析》,《思想理论教育导刊》2007 年第 6 期。

② 虞滢、金林南:《从方法到方法论——思想政治教育学科方法论研究分析》,《思想教育研究》2016 年第 5 期。

③ 王学俭等:《新时代思想政治教育基本问题研究》，北京，人民出版社 2021 年版，第 157 页。

程序、手段和途径，“包括思想政治教育学科选题与研究设计、文献分析与行动研究、思想政治教育研究资料的整理与分析等研究方法”[①]。思想政治教育研究方法不仅体现为具体的研究方法，也侧重在学理上对研究方法的分析与研究，是一个具有层次性的综合体系。[②]

二、思想政治教育研究方法的知识图谱与存在问题

（一）基于研究文献的图谱分析

通过对国家图书馆及中国知网数据库的检索发现，关于研究方法的成果相对于思想政治教育“史”“论”“比较”的研究成果，处于研究洼地。代表性研究方法的成果主要是《现代思想政治教育调查方法与 SPSS 软件应用》、《思想政治教育统计研究方法论》和《大学生思想政治教育研究方法》等，期刊成果数据不足 200（截至 2023 年 12 月 31 日）。将上述期刊数据导入 SATI 以及 CiteSpace 文献计量分析工具，得到以下知识图谱。

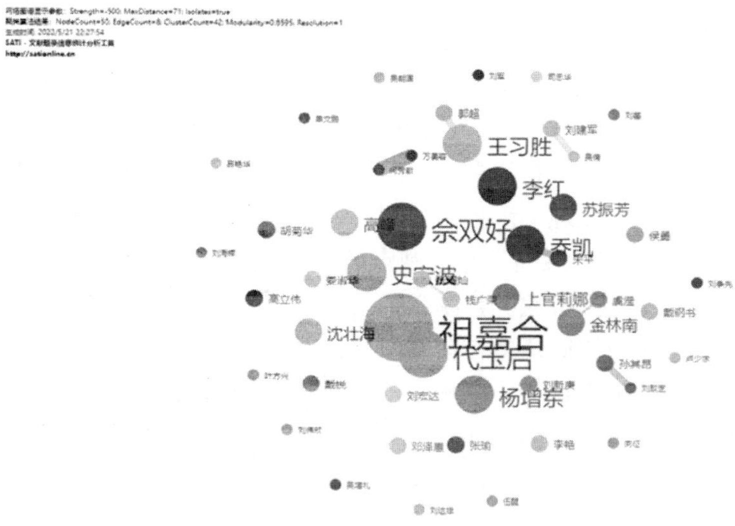

图 8–1　思想政治教育研究方法核心作者群

① 祖嘉合、代玉启：《尽精微考量而致思想政治教育方法体系的建构》，《学校党建与思想教育》2009 年第 5 期。

② 刘军：《论思想政治教育学的研究方法》，《学术探索》2013 年第 2 期。

第一，核心作者分析。期刊的核心作者代表着该研究领域的核心研究群体。普赖斯定律，即衡量学科领域文献作者分布规律，确定核心作者的方法。“根据普赖斯公式：M=0.749*（N max）1/2，N max 为所统计的年限中最高产的那位作者的论文数”[①]。根据公式，M=0.749*（7）1/2=2.6215，取整数 3，则必须发表 3 篇及以上关于思想政治教育研究方法论文的作者为核心作者，共有 13 名。

表 8–1　思想政治教育研究方法核心作者发文统计

序号	作者	发文数量（篇）
1	祖嘉合	7
2	代玉启	5
3	佘双好	5
4	乔凯	4
5	史宏波	4
6	李红	4
7	杨增岽	4
8	王习胜	4
9	上官莉娜	3
10	沈壮海	3
11	苏振芳	3
12	金林南	3
13	高峰	3

第二，期刊来源分析。借鉴普赖斯公式确定主要期刊，M=0.749*（N max）1/2，N max 为所统计的年限中最高产的期刊载文数。依据公式，M=0.749*（23）1/2=8.6135，取整数 9，即刊发表 9 篇及以上的期刊为本研究主题的主要期刊。虽思想政治教育研究方法总体发文量不多，但从期刊来源看，文章质量都较高，转引和下载率高，体现出研究成果的关注度高。

① 邱均平：《信息计量学》，武汉，武汉大学出版社 2007 年版，第 192~195 页。

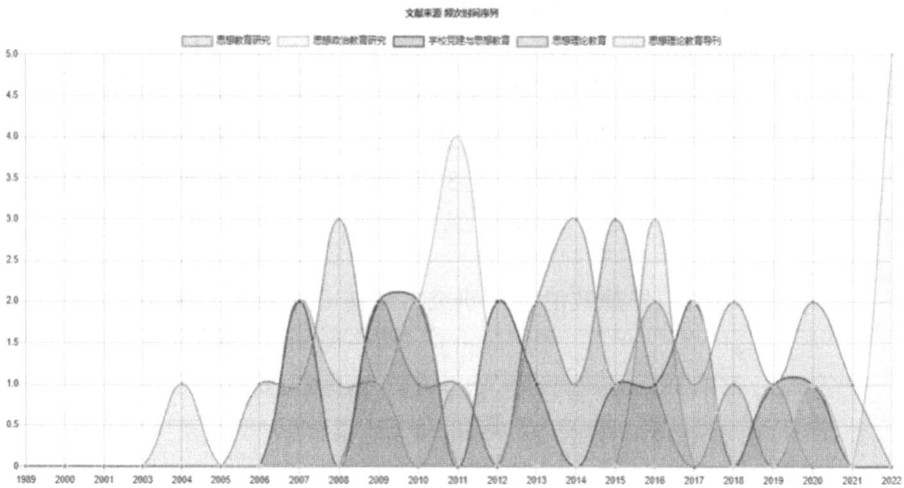

图 8–2　思政类核心期刊关于研究方法发文统计柱状图示

表 8–2　思政类核心期刊关于研究方法发文数

序号	期刊名称	载文数量（篇）
1	思想教育研究	25
2	思想政治教育研究	17
3	学校党建与思想教育	15
4	思想理论教育	13
5	思想理论教育导刊	10

第三，研究热点分析。关键词频次是反映研究领域热点的重要指标。从图谱可以直观看出，学界对研究方法的“研究范式”“理论研究”“研究取向”“学科建设”等较为关注，具体研究方法应用的研究集中在“大数据”“定量研究”“质性研究”等。主要涉及基本概念、理论基础、发展趋势、体系建构、方法史、各类具体方法以及研究方法等层面。李林英等通过对有马克思主义理论一级学科博士点过答辩的 619 篇博士学位论文的研究方法进行文献计量学分析，发现“研究方法层次区分不清，方法论意识淡薄，研究方法表述与写作不够规范，对研究方法的运用存在缺陷”[①]。沈

① 李林英、石丽萍：《马克思主义理论学科博士学位论文研究方法运用的实证分析》，《马克思主义理论学科研究》2016 年第 3 期。

壮海团队针对学科博士点的统计分析得出结论，“科学研究集中在思想政治教育基础理论、方法论研究、发展史研究、重大现实问题研究、比较研究、领域思想政治教育研究、跨学科研究、思想政治教育其他研究八个领域”[①]。张澍军教授也认为思想政治教育主要研究领域包括思想政治教育原理、方法、学校德育特别是大学德育理论与实践研究、中国共产党思想政治教育史、人类社会思想政治教育史、中外思想政治教育比较研究、相关学科交叉整合为新的分支领域研究等。张耀灿教授认为：“思想政治教育学科理论体系包括主干学科和分支学科，主干学科包括原理、方法论、思想政治教育史、比较思想政治教育学，其他的则是分支学科。”[②]思想政治教育学原理包括本质论、目的论、价值论、主导论、主体论、接受论、中介论、过程论、资源论、载体论、环境论、机制论、管理论等内容；思想政治教育方法论包括信息搜集、预测、决策、实施、评价、教育者修养方法等；思想政治教育史包括中国古代思想教育史、中国近代思想政治教育史、中国共产党思想政治教育史、新中国成立以来马克思主义理论教育发展史等；比较思想政治教育学主要是按国别比较或综合比较。从基础研究和应用研究角度来看，思想政治教育社会学、思想政治教育文化学等属基础研究的分支学科，而思想政治理论课教学法、思想政治教育评价论等则相对属于应用研究的分支学科。

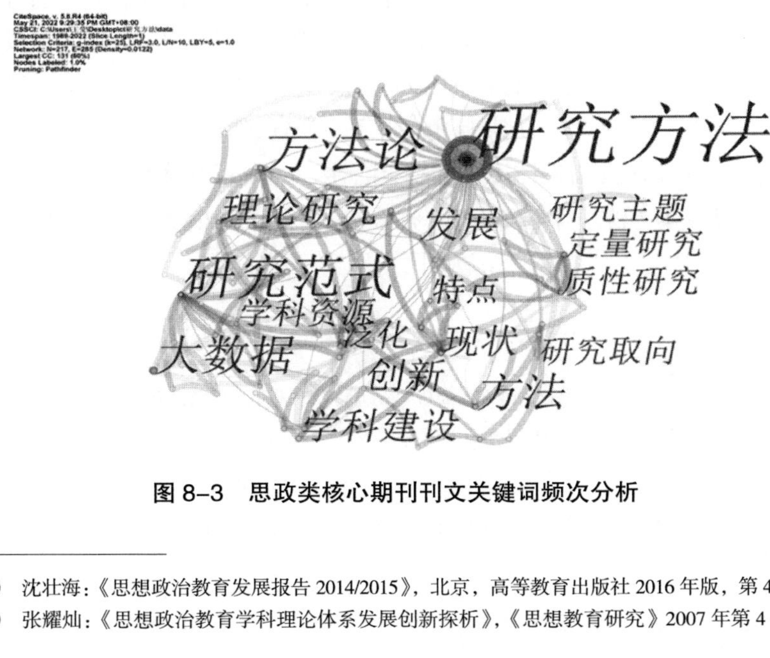

图 8–3　思政类核心期刊刊文关键词频次分析

① 沈壮海：《思想政治教育发展报告 2014/2015》，北京，高等教育出版社 2016 年版，第 44~46 页。

② 张耀灿：《思想政治教育学科理论体系发展创新探析》，《思想教育研究》2007 年第 4 期。

（二）思想政治教育学科研究方法内涵与层次结构研究

根据研究文献梳理分析来看，主要集中于 3 种观点。一是“手段论”，认为思想政治教育研究方法是一种手段方式，如郑永廷认为是“指导思想政治教育实践活动和理论研究时所采用的途径、程序和手段”①，陈华州认为“是研究过程中所使用的认识对象、探究规律的全部方法，它包括程序方法、具体手段和方式方法”②。二是“综合论”，认为思想政治教育研究方法是一个综合整体，在进行思想政治教育理论研究及经验研究时，它不仅表现为具体的工作方法，也包括在理论方面对方法的分析与探究，是一个综合体系。③三是“形态论”，认为是在思想政治教育研究过程中形成的研究范式、研究方法等具体表现形态。④将研究方法纳入研究范式，一定程度上拓宽了研究视域，但也需要看到二者之间的边界，不可混用。

学界在关于思想政治教育研究方法内涵进行分析的基础上，对其内部结构进行了不同的层次划分。一是“二分法”。从社会科学基本研究取向划分，有学者认为“主要有实证与非实证两大取向”，也有将其分为质性研究和定量研究、资料收集方法和理论思维方法的，提出“分为主导方法和从属方法，并将科学抽象法作为思想政治教育学研究的主导方法”⑤。何志敏、卢黎歌从宏微观思想政治教育学出发，指出“微观思想政治教育学研究方法是个人水平分析（研究影响思想政治教育变量的单项数值如何决定）；宏观思想政治教育学的研究方法则是总体水平分析（对能够反映整个思想政治教育运行情况的各种变量的决定、变动及其相互关系进行分析）”⑥。二是“三分法”。从宏观角度来看，郑永廷认为研究方法主要包括哲学方法、一般方法和具体方法。⑦李艳春、刘军将其大体分为“方法论、研究方式和具体方法三个层次”⑧。祖嘉合、代玉启从研究方式出发，认为

① 郑永廷：《思想政治教育方法论》，北京，高等教育出版社 2010 年版，第 301 页。

② 陈华洲：《思想政治教育方法论》，武汉，华中师范大学出版社 2010 年版，第 216 页。

③ 李艳春、刘军：《论思想政治教育学的研究方法》，《学术探索》2013 年第 2 期。

④ 王霞娟、赵宗凌：《关于思想政治教育研究方法发展的思考》，《广西社会科学》2013 年第 3 期。

⑤ 张智：《科学抽象法：思想政治教育学研究的主导方法》，《教学与研究》2016 年第 1 期。

⑥ 何志敏、卢黎歌：《建立“宏观思想政治教育学”与“微观思想政治教育学”的思考》，《思想教育研究》2011 年第 1 期。

⑦ 郑永廷：《思想政治教育方法论》，北京，高等教育出版社 2010 年版，第 301~308 页。

⑧ 李艳春、刘军：《论思想政治教育学的研究方法》，《学术探索》2013 年第 2 期。

"主要有理论式研究、问题式研究和对话式研究"[①]。常宴会从具体应用来看，指出"主要有理论思辨、工作经验总结和实证调查三种，并且在实际研究中也有所交叉"[②]，主要是比较研究、知识借鉴、调查分析。三是"四分法"。邱伟光认为主要"包括系统综合、调查研究总结经验、观察体验以及实验的方法"。四是"五分法"。陈万柏、张耀灿认为思想政治教育学科研究方法"主要有文献法、观察法、实验法、社会调查法、总结经验法等"。陈华洲将其"分为理论研究方法、调查研究方法、行动研究方法、实验研究方法、个案研究方法五类"[③]。五是"六分法"。陈秉公从具体运用入手，认为其主要有系统法、文献法、经验法、实验法、调查法、个案法。[④]向征从结合的角度出发，指出思想政治教育研究方法主要有历史考察和科学分析、质性研究与量性研究、田野调查与理论深化。[⑤]上述研究观点为科学把握思想政治教育研究方法和研究方法论提供了研究基础和重要参考借鉴。

（三）思想政治教育学科研究方法应用问题研究

一是失衡。思想政治教育理论研究的主要方法是在马克思主义方法论统领下的理论推演、逻辑思辨，学科研究方法单一化，这也致使思想政治教育理论本应成为"经世致用"之学，却成为远离现实的"玄学"[⑥]。在当前现代技术发展与多学科融合的趋势下，"思辨研究仍占主要地位"[⑦]，实际研究中方法应用不平衡问题明显，学界采用的研究方法以思辨法、文献法、比较法、历史法和问卷调查法为主流，对定量研究中的实验法、品德测量法以及对质性研究方法的应用微乎其微，科学研究程度并不高。总之，研究方法应用失衡问题突出，总体表现为"定性研究多定量研究少，经验问题研究多理性分析研究少，静态描述多动态分析少，宏观研究多中

---

① 祖嘉合、代玉启:《尽精微考量而致思想政治教育方法体系的建构》,《学校党建与思想教育》2009 年第 5 期。

② 常宴会:《思想政治教育学科方法论新探——基于马克思实践哲学的视角》,《思想教育研究》2020 年第 4 期。

③ 陈华洲:《思想政治教育方法论》，武汉，华中师范大学出版社 2010 年版，第 229~238 页。

④ 陈秉公:《思想政治教育学基本原理》，沈阳，辽宁人民出版社 2000 年版，第 17~19 页。

⑤ 向征:《现代思想政治教育研究方法述评》,《山东青年政治学院学报》2013 年第 6 期。

⑥ 沈壮海:《论思想政治教育理论研究的新范式与新形态》,《思想理论教育导刊》2007 年第 2 期。

⑦ 李武装:《近十年来思想政治教育"基础理论问题"研究走向及其历史效应》,《江西师范大学学报》2013 年第 1 期。

微观研究少”[1]。

二是简单移植。思想政治教育的学科本身作为一门多学科融合的学科，在研究方法上多借鉴其他学科研究方法，缺少本学科独特的研究方法，在借鉴其他学科研究方法时存在泛化的不良现象，存在大量简单移植其他学科的研究方法等问题[2]，特别在申报课题和项目时机械采用“拿来主义”[3]，囿于借鉴其他学科的常用方法。在融合思想政治教育研究范式过程中，一些研究者只是移植所涉及学科之内容而非学科之方法，本末倒置地进行“移花接木”。[4]

三是失范。思想政治教育学科研究方法相关基本概念尚欠厘清[5]，正是由于概念的混乱，思想政治教育学科的专业精深发展、学科建设的进程滞缓。研究方法、研究范式、方法论等专业术语的任意替换或是无意混用，对学术的严谨性和严肃性造成不良影响[6]。为消解对思想政治教育科学性的质疑，错误使用实证主义方法，学科研究方法使用的规范性欠缺，以宏大的抽象概念推演思想政治教育经验事实，“窄化了”生动丰富的思想政治教育现象[7]。在应用操作上，对经验科学研究、诠释学理解不透彻，未能按照相应规范操作，思想政治教育学科知识应有的说明、验证、预测、理解沟通功能彰显不足。[8]

（四）思想政治教育学科研究方法问题归因研究

关于存在问题的原因分析，主要有两种观点。一是从学科发展角度来看，认为“思想政治教育学科研究方法的历史积淀不足，基础理论、元理论等研究薄弱”[9]，与研究方法相关的上位及下位概念还未甄别清楚，也正

① 刘建军、朱建婷:《思想政治教育学科建设与发展研究综述》,《思想理论教育导刊》2009 年第 2 期。

② 吴朝国、孙群:《论思想政治教育的泛化》,《思想教育研究》2013 年第 9 期。

③ 司忠华:《思想政治教育研究方法研究述评》,《思想政治教育研究》2017 年第 3 期。

④ 张耀灿、钱广荣:《思想政治教育研究范式论纲——思想政治教育研究方法的基本问题》,《思想教育研究》2014 年第 7 期。

⑤ 高立伟、郑大俊:《思想政治教育研究方法论研究述要》,《思想理论教育导刊》2011 年第 2 期。

⑥ 祖嘉合:《思想政治教育学科发展中存在问题的思考,《思想政治教育研究》2011 年第 1 期。

⑦ 虞滢:《思想政治教育学科方法论意识的演进与展望》,《湖北社会科学》2019 年第 4 期。

⑧ 金林南:《经验科学、意义理解与实践批判——思想政治教育学科知识的三重维度》,《江西师范大学学报》2015 年第 2 期。

⑨ 王霞娟、赵宗凌:《关于思想政治教育研究方法发展的思考》,《广西社会科学》2013 年第 3 期。

是由于成熟的方法基础理论的缺位，思想政治教育学科一直未形成自身独特而稳定的研究方法及体系[①]，而学科研究最重要的在于科学研究方法泛化问题，其“根源就是学科独特研究方法的缺失”[②]，学科研究方法的学术论争场域尚未形成。二是从主体层面来看，对研究方法、范式的研究的重视程度不够，明显薄弱于学科其他理论研究，加上研究的工具实用主义倾向和研究方法的规训缺乏，对研究方法的相关概念内涵使用不严谨，致使研究方法运用的生硬化和拙劣化。

（五）思想政治教育研究方法创新发展研究

一是思想政治教育研究方法创新价值研究。一方面，研究方法是对思想政治教育有效性问题的根本关注，“能够促进学科研究思维范式科学发展以及深化思想政治教育结构过程理论”[③]，对于思想政治教育研究方法体系创新具有重要意义；另一方面，学科研究方法创新能够一定程度破解经济社会转型期社会的进步与思想政治教育学科发展困境，“增强思想政治教育学科研究服务实践的能力，以方法理论的创新提高回应现实的解题能力”[④]，推动学科的科学性与应用性。

二是推进学科研究方法之理论研究深化。第一，开阔思想政治教育学科研究方法的社会视野，开展跨学科研究。要树立学科对话意识，“在坚守学科立场与学科边界的基础上采取开放性与独立性并重的研究方法”[⑤]，推动思想政治教育研究范式的转型变革和研究方法创新。第二，深化学科研究方法的基础理论研究，对其基本内涵、本质特征、功能特点、内在联系以及发展趋势等方面做系统研究，探求思想政治教育学科研究方法形成、演变及发展的规律[⑥]。丰富思想政治教育学科研究方法内容，准确定位思想政治教育具体研究方法，熟练应用思想政治教育多元研究方法。

---

① 虞滢、金林南：《从方法到方法论——思想政治教育学科方法论研究分析》，《思想教育研究》2016年第5期。

② 魏永强、魏思琪：《思想政治教育学科泛化现象研究》，《思想政治教育研究》2017年第2期。

③ 杨增岽：《生态学方法：思想政治教育研究的一种视野》，《理论与改革》2010年第5期。

④ 胡菊华、裘杰：《思想政治教育学科视野中的研究方法创新》，《思想教育研究》2010年第9期。

⑤ 史宏波、谭帅男：《“思想政治教育”概念重述与研究范式的转向》，《思想教育研究》2021年第10期。

⑥ 单文鹏：《关于思想政治教育学科研究方法深化发展的思考》，《思想教育研究》2020年第1期。

三是推动学科研究方法实践转化。思想政治教育研究方法应用需要从“人文定性为主向人文定性与科学实证并重研究转换”[①]，并将实践分析方法作为核心的研究方法，推动研究方法的范式转型，促进思想政治教育研究方法应用“从定性研究至定量研究、宏观研究到微观研究、静态研究向动态研究”[②]，达到“思辨研究与实证研究并重，传统研究、量化研究与质性研究相整合，对象研究、实务研究和自身研究相统一，学术研究与行动研究相结合”的研究范式[③]。研究者既要根据自己的选题选择运用适当的研究方法，也要在现代化的环境中深入对思想政治教育对象的考察，选取契合的研究方法，在方法的选择运用过程中做到多元、适切、规范，特别是在研究过程中注意规范性、系统性及科学性[④]。

三、新时代思想政治教育研究方法体系发展

从上述分析可以看出思想政治教育研究方法的典型特征。一是研究方法的转型发展，思想政治教育研究方法呈现出经验向理论、思辨到实证、单一转多元的趋势。[⑤]二是研究方法技术化，随着“互联网 +”、大数据时代的到来，大数据助推思想政治教育研究创新。不少学者利用 CiteSpace、SPSS、NoteExpress 等可视化文献分析软件助推数据分析从“小样本”到“全样本”，也推动着思想政治教育定性分析方法创新。三是研究方法交叉化，吴倩、刘建军聚焦质性研究方法中的“扎根理论”，将其与思想政治教育方法相融合，丰富了研究方法，同时也有利于更好地掌握教育对象。[⑥]屈陆、戴钢书将自然科学研究中的认知神经学研究与思想政治教育相结合，探究人们的人生观、世界观和价值观领域相关问题的脑机制形成

---

① 高立伟:《思想政治教育方法论现代转换》,《思想教育研究》2010 年第 5 期。

② 邓泽惠:《试论思想政治教育学研究方法的转型》,《理论与改革》2004 年 1 期。

③ 佘双好:《思想政治教育的科学研究现状、特点及发展趋势探析》,《思想理论教育导刊》2009 年第 10 期。

④ 代玉启:《论思想政治教育研究的规范性》,《学校党建与思想教育》2010 年第 32 期。

⑤ 张瑜:《近 10 年来思想政治教育研究方法的新进展》,《思想教育研究》2019 年第 5 期。

⑥ 吴倩、刘建军:《扎根理论在我国思想政治教育研究中的运用》,《学校党建与思想教育》2017 年第 11 期。

的认知规律问题。[①]

可见，学界正从人学、发生学以及本体论、认识论角度对思想政治教育的本质、本源等问题进行哲学层面的追问。这是学术元研究、理论元探索的良好开端，也是思想政治教育研究方法的新探索。要“在意识经验与学科逻辑的共建中生成思想政治教育研究的问题意识，在逻辑建构与面向实践之间持守开放性的研究姿态，在总体与具体的实践性关联中迎回关系思维”[②]。积极开拓以马克思主义哲学方法论为指导，以现代系统科学方法论、复杂性科学方法论为基础，传统思辨、质性及量化方法融合交叉，旨在观照思想政治教育整体性、实践性问题研究的学科方法论。在哲学层面，推动以辩证唯物主义和历史唯物主义为基础的实践方法论；在科学方法层面，推动多学科“科际整合”的思政学科交叉研究方法；在技术应用层，探索包括文献法、大数据分析法、调查法、历史法、个案法等思政学科定量方法与质性研究方法的学科嵌入与应用。

（一）基于哲学方法论的思想政治教育研究方法

第一，哲学研究方法论方面，探讨马克思主义整体性方法和辩证唯物论。马克思主义哲学的辩证唯物主义和历史唯物主义理论，既为思想政治教育研究提供着最根本的研究立场和理论指导，也是研究方法的根本方法论原则。实际应用中对马克思主义哲学方法论运用占较大比重，改变传统研究方法中以西方教育思想和理论为主要依据的研究取向，强调以历史唯物主义为指导，坚持社会存在决定社会意识、经济基础决定上层建筑，将思想政治教育视为逻辑生成、实践发展和理论创新的客观存在。当前，众多学者以人学、发生学以及本体论、认识论视角展开对思想政治教育的本质、根源等核心问题进行哲学层面的追问。这是思想政治教育研究方法的新探究，也是学术元研究、理论元探索的良好开端。这种学科方法论的反思意识也正体现着思想政治教育学科研究方法自觉。此外，学者们也积极开拓出以马克思主义哲学方法论为指导，以现代复杂性科学方法论为基础，推进传统思辨、质性及量化方法融合交叉，旨在观照思想政治教育整体性、实践性问题研究的学科方法论。

第二，系统科学研究方法。系统论是研究系统的一般模式、结构、规

① 屈陆、戴钢书：《认知神经科学与思想政治教育研究方法的创新》，《学术论坛》2016 年第 8 期。

② 张月等：《论思想政治教育研究方法科学化的困局与出路》，《思想教育研究》2022 年第 5 期。

律以及系统间的共性，探索受用于一切系统的原理、原则和结构模型，是一门具有逻辑和数学双重性质的新兴科学。系统论以时序性、整体性、结构性、动态平衡性等作为基本特征。[①] 这些既是系统方法的基本原则，也表明系统论是反映客观规律的科学理论，因而具有科学方法论的含义。系统研究方法是从哲学中提炼出来的系统科学最新思维成果，是当代辩证思维方式的新发展，也是解决复杂系统问题的科学手段。社会科学的研究，应注重分析事物的具体联系，确立整体性、开放性的观念，从动态中考察各部分的普遍联系，才能系统地认识和把握对象，规避"片面主义"的错误，促进人类的思维方式从"单项因果决定论"转变为"系统结构多要素影响论"。系统科学提供了从整体角度研究思想政治教育理论与实践问题的思维方式：一是强调学科系统的整体性和系统性特征；二是强调学科系统内部以有组织的结构化形式构成整体而存在；三是系统与要素、要素与要素、层次与层次、子系统与总系统之间存在复杂性适应关系。借鉴系统科学及其方法论思想，有利于把握思想政治教育研究及其方法论体系并提供方法论建构的理论借鉴。如孙其昂以系统科学方法论为指导，从历史与社会的角度，基于思想政治教育现代性反思，对思想政治教育现代转型与变迁、学科系统建构等主题作了持续而全面的探讨，[②] 为我们推进思想政治教育研究方法体系发展创新展开了一个从宏观社会到中观组织，再及微观个体的体系化研究场景，对于思想政治教育研究方法论具有深刻的指导意义。

（二）基于"科际整合"的学科交叉研究方法

思想政治教育学科研究中包含多学科交叉研究、多重多元多样交叉及大量综合性分支学科的生长，思想政治教育多学科交叉研究方法表现尤为突出且日益增强，迫切需要多角度、多学科研究方法，多学科交叉研究已成为新的研究趋势。因而，要从更高层次进行"科际整合"，即实现思想政治教育学科理论研究的多学科聚焦，"将多学科方法深度融合到在思想

① 谭璐、姜璐：《系统科学导论》，北京，北京师范大学出版社 2009 年版，第 27~29 页。

② 孙其昂：《社会学视野中的思想政治工作》，北京，中国物价出版社 2002 年版，第 10 页；《论思想政治教育的现代转型——基于社会、历史、系统视野的考察》，《思想教育研究》2007 年第 8 期；《形态及变迁：高校马克思主义理论教育 30 年——基于体系化的考察》，《思想教育研究》2008 年第 9 期；《思想政治教育发展的多维探析》，《马克思主义研究》2008 年第 11 期；《历史视野中思想政治教育的社会价值与现代发展》，《思想理论教育》2009 年第 19 期。

政治教育理论研究中”[①]。思想政治教育学科研究应从“拓展学科视野、构建研究方法体系”的高度出发，“大到系统论、信息论、控制论等基本方法论，小到诠释学、符号学、现象学接受学等学科各种具体方法都应在思想政治教育研究中日益得到正确、广泛、多样化使用”[②]。需要指出的是，在借鉴其他学科和引用“实证主义”等方法时，切忌生搬硬套，应以立足本学科，实现真正的“科际整合”。[③]从综合角度出发，佘双好认为：“思想政治教育研究应思辨研究与实证研究并重，传统研究、量化研究与质性研究相结合，对象研究、实务研究和自身研究相统一，学术研究与行动研究相结合。”[④]

此外，还包括思想咨商[⑤]、实验思政、比较思想政治教育研究等方法。[⑥]万美容提出思想政治教育方法研究的行动研究范式[⑦]，行动研究是一种手段，对于在特定情境下所反映出来的问题，摸索方法，或是改善某一种特定的环境，使问题得到解决。在行动研究中，研究者兼具研究者与行动者的角色，以解决实际问题为主要导向，实施过程兼具研究、行动两大特点。在比较研究中，思想政治教育比较研究从学科建立之初就成为思想政治教育基础研究的重要部分，其内部已经生发出通观比较、专题比较、综合比较等异同性次生比较研究方法。

（三）基于技术应用的思想政治教育学科具体研究方法

第一，文献统计法。通过文献学调查分析，发现本学科研究中研究方法运用及方法论思想的现状，证明笔者观念性预设的问题是真实存在的问题。比如，通过对收集的思想政治教育专业博士学位论文中“方法（论）”

---

① 沈壮海：《论思想政治教育理论研究的新范式与新形态》，《思想理论教育导刊》2007 年第 2 期。

② 戴锐：《思想政治教育学科的“中国气派”之路》，《思想理论教育》2009 年第 13 期。

③ 吴艳东：《当前思想政治教育理论研究现状检视》，《学校党建与思想教育》2009 年第 1 期。

④ 佘双好：《思想政治教育的科学研究现状、特点及发展趋势探析》，《思想理论教育导刊》2009 年第 10 期。

⑤ 注：咨商活动汲取了哲学践行、心理咨询、意义治疗、逻辑分析等方法和技术。“思想咨商”是在思想层面开展的人文关怀活动，重心是引导教育对象“怎么想问题”和“怎么看问题”。（王习胜、杨晓帆：《思想政治教育方法探索的面相描画与取向审思》，《安徽师范大学学报（人文社会科学版）》2021 年第 6 期。）

⑥ 王习胜、杨晓帆：《思想政治教育方法探索的面相描画与取向审思——以 2020 年的研究为视点》，《安徽师范大学学报（人文社会科学版）》2021 年第 6 期。

⑦ 万美容：《思想政治教育方法发展研究》，北京，中国社会科学出版社 2007 年版，第 255~256 页。

章节的分析，得出这样的结论：科学的方法论与方法的自觉意识。有学者运用文献计量统计学的方法，对 1994 年至 2008 年发表在《思想教育研究》杂志上的有关论文采用的研究方法进行分析，发现“研究方法以经验研究、思辨研究还是主流，实证研究逐渐入流以及多学科成势等等，并由此引出对研究方法综合观和统一观的思考”①。

第二，大数据分析方法。如刘宏达等分析大数据与定性分析及定量分析的互动关系，强调“需要树立思想政治教育定量分析的大数据思维、构建大数据体系、创新大数据模型、提升大数据价值、推动大数据应用”②，“促进思想政治教育定性分析方法的创新”③。但是，当前大数据方法研究应用面对思想活动能否被数据描述等问题仍存争议，其在思想政治教育研究中的科学性有待加强。这就需要研究者将大数据方法置于现实场域中，并从大数据方法的运用界限、整合质性研究方法等方面强化因果关系论证，提升思想政治教育研究方法的科学性。④

第三，跨学科具体研究方法。一是叙事研究法，强调遵循问题提炼、经验收集、文本分析、意义诠释的基本程序；二是社会试验法，强调要通过研究、参与、观察思想政治教育实验等方式；三是口述史方法⑤；四是利益分析法，强调“推进思想政治教育研究中的利益主体、利益需求、利益实现、利益评价等利益分析”⑥；五是权力分析法，强调“构建一种分析思想政治教育权力的融贯性理论体系”⑦；六是个案史研究方法，强调关注个案史中思想政治教育模式的探索、教育方法的运用、教育途径的选择、教育特色的凝练和教育价值的提升等⑧；七是田野调查法，分析“田野调

① 佘双好：《思想政治教育的科学研究现状、特点及发展趋势探析》，《思想理论教育导刊》2009 年第 10 期。

② 刘宏达、彭嘉琪：《思想政治教育大数据定量分析方法的内涵、特征及实施策略》，《学校党建与思想教育》2020 年第 2 期。

③ 刘宏达、隆梅凤：《大数据助推思想政治教育定性分析方法创新》，《思想政治教育研究》2020 年第 5 期。

④ 康超、佘双好：《大数据方法在思想政治教育研究中的科学性及其争议探讨》，《中国电化教育》2021 年第 9 期。

⑤ 叶方兴：《寻找社会成员的思想政治教育记忆——作为思想政治教育研究方法的口述史》，《思想政治教育研究》2022 年第 1 期。

⑥ 侯勇、景丝丝：《利益分析：思想政治教育研究的新视角——作为思想政治教育研究创新的利益分析法》，《思想政治教育研究》2022 年第 4 期。

⑦ 李基礼：《思想政治教育的权力谱系分析》，《思想政治教育研究》2022 年第 3 期。

⑧ 王永友、宋燕：《思想政治教育个案史研究：历史审思、本质意义与重点方向》，《青年学报》2022 年第 5 期。

查作为思想政治教育学研究方法的重要性、适应性、有限性、实践性问题”[①]，还有学者强调从田野调查中汲取理论与方法的养分，展开全面、广泛、细致的研究，丰富思想政治教育的经验研究。[②]

四、新时代思想政治教育研究方法的个案应用

思想政治教育研究方法是近年来笔者一直关注的重要论题，前期也发表过《扎根中国“田野”的思想政治教育学探索——作为思想政治教育学研究方法的田野调查》《利益分析：思想政治教育研究的新视角——作为思想政治教育研究创新的利益分析法》[③]《思想分析法：探索思想政治教育学科研究对象的“思想之谜”》[④] 等论文。结合前文分析，思想政治教育研究方法创新既是研究方法论层面的体系化创新，又是具体研究方法的个性化、丰富性创新。笔者以思想分析法、口述史研究方法等为个案，进行实践应用分析，以期为思想政治教育研究方法创新发展提供参考借鉴。

（一）思想分析研究方法的实践应用

思想及思想范畴是思想政治教育学科的元问题，思想政治教育是以人的思想为对象，以解决人的思想立场观点方法问题为核心，以促进人的思想发展为目标的政治社会化实践活动。刘建军认为，思想分析方法是思想政治教育学科最为独特的研究方法，“这种方法是以思想为对象，着眼于对人们的思想及其变化进行分析。思想政治教育学术研究着力于揭示人的思想及其变化的规律，特别是正确思想形成、巩固和发展的规律，因而其研究方法是一种思想分析方法”[⑤]。思想分析法强调为思想而研究，对思想问题研究，在思想中研究，这有利于推动新时代学科发展、推进基础研究创新、拓宽思想关系空间分析和提升工作实效。思想分析法作为思想政治

① 侯勇、肖洋：《扎根中国“田野”的思想政治教育学探索——作为思想政治教育学研究方法的田野调查》，《思想教育研究》2023 年第 7 期。

② 杨威、魏道：《思想政治教育学应注重田野调查》，《思想政治教育研究》2022 年第 1 期。

③ 侯勇、景丝丝：《利益分析：思想政治教育研究的新视角——作为思想政治教育研究创新的利益分析法》，《思想政治教育研究》2022 年第 4 期。

④ 侯勇、蒋春芝：《思想分析法：探索思想政治教育学科研究对象的“思想之谜”》，《思想政治教育研究》2023 年第 4 期。

⑤ 刘建军：《思想政治教育学科独立性探源》，《教学与研究》2022 年第 12 期。

教育学的一种研究方法，即以思想政治教育思想问题为起点，在了解思想与行为的互动关系中深入挖掘思想问题背后的复杂性因素，实现对人的思想观念和具体行为的正向引导和价值引领。思想分析法要精准认识思想政治教育研究对象的思想内部结构、系统分析影响思想观念变化的复杂性因素，科学把握人的思想与行为互动规律和整体优化思想分析法的运行机理。

1. 精准认识思想政治教育研究对象的思想内部结构

现实的人是学科理论研究和实践应用活动作用的对象，而现实的人的思想内部结构是复杂的。思想政治教育情境中的思想形成呈现出以政治性为主要特征，既有一般思想共性，也有领域特殊性，个体或群体思想内部结构“是由观念意识、经验知识和思维方式构成的结构化空间”①。一是观念意识。思想是主体对社会存在及关系的主观反映通过大脑对外界信息系统整合的产物，包含着对相关事件的态度和评价，其形式包括感觉、知觉和表象等，极易受到主体差异性的影响。二是经验知识。以感性认识为基础，对相关材料进行去粗取精、去伪存真、由此及彼、由表及里地加工后，产生侧重于对事物内部、本质的认识，在此基础上形成的情感更为高级，构成行动产生的偏好倾向。思想政治教育思想自身形成的理性认识在交流碰撞中，确立了思想政治教育学科的基础理论。三是思维方式。思维方式是“人们分析和处理问题的认识模式、思想习惯和观念工具”②，具体分为战略思维、历史思维、辩证思维、创新思维、法治思维、底线思维等系统观念形式，调整、影响着人的观念意识和经验知识。四是价值观念。价值观念是建立在需求基础上，指引主体采取决定和行动的原则、标准，使人的动机和行为带有一定偏好和倾向，决定人们的行为方式。思想政治教育思想的内部结构中的价值观念有自身特殊性，表现为个体或群体在政治社会化过程中完成对自我政治身份的确认，接受教育以形成对某种政治体系的深度认知，基于特定利益和价值表现对政权代表的国家的政治归属感，逐渐内化产生政治情感共鸣，形成政治主体认同、政治价值认同和政治发展认同，进而能够在特定的政治环境影响下，激发行动意志力，自觉主动地为政治制度、思想、目标、理念和构想等逐步实现而不断奋斗。

---

① 张建晓、孙其昂：《思想政治教育思想空间结构探析》，《思想教育研究》2017 年第 6 期。

② 阮博：《现代思想政治教育思维方式建构》，《思想教育研究》2013 年第 2 期。

2. 系统分析影响思想观念变化的复杂性因素

思想包括人的思想认识和思想意识两个方面的内容。思想认识是指对人、对事、对物、对己的观察力、分析力、鉴别力和思维方法等；思想意识是指人的物质利益观、伦理道德观、荣辱生死观、社会政治观、人生观和世界观等。支配人们行为的思想，并不是人们头脑里固有的，其形成受到包括客观外在因素和主观内在因素在内的多方面因素影响，处在一种非平衡状态。其中客观外在因素包括 3 点。一是物质经济因素。物质利益是关键性的因素，社会成员物质生产、分配和享用分配是否满足主体合理诉求影响对于政治组织的好感程度和忠诚程度。二是政治因素。包括一定政党的形象、纲领、路线、立场等，政治领导力、组织覆盖力、群众凝聚力、社会号召力、政权公信力等政治因素严重影响社会成员对于一定执政组织政策、建议和要求执行的积极性、长久性。三是文化环境因素。包括传统文化、虚拟网络、家庭、学校和社会政治教育氛围等。文化氛围的不同极大可能使人们对于相同事件的看法有所不同，进而产生差异性行为。主观内在因素包括 3 点。一是身体因素。如因身体缺陷等原因受到歧视，或因得不到社会及时救助而产生报复社会、埋怨政府等行为。二是心理成长因素。个体成长在阅历、认知能力、社会关系等多方面的综合提升，使得不同成长阶段对于相同政治实践产生不一致的看法。三是外部社交因素。不同性质的信息引起大脑刺激，量变引发质变促进思想形成。如虚拟网络交往信息以大数据算法的优势传播个性化、偏好化，形成“信息茧房”，致使交往“区隔化”，减弱甚至产生抵触具有思想优势的主流思想。

3. 科学把握人的思想与行为互动规律

思想政治教育活动是特定政治组织以语言为载体作用于思想层面，依靠思想与行为之间的互动转化在行为层面得以检验，是自上而下的建构态势和自下而上的反馈态势相统一的过程。思想支配行为，行为反作用于思想，思想与行为是紧密联系、相互作用、辩证统一的关系。一方面，思想与行为之间互为条件。思想作为内在根据指导主体行为，思想支配行为，行为作为主体思想的现实表现，行为反映思想。思想是行为的先导，行为是思想的外在表现，人的行为总是带有一定的思想动机，两者之间相互依赖、相互作用、相互制约，构成思想政治教育学的一对基本范畴。另一方面，思想与行为在一定的条件下可以实现互相转化，但两者之间的相互转化需要满足一定的内、外部条件。主体思想依靠某种行为意志产生持续效果，强化主体对于思想的认同，经过现实检验形成新的思想，两者存在“螺旋上升”的转化过程，反之错误思想和行为之间的转化是同样的道理，放之群体亦然，失去如动机、情感、意志等中间环节，即使思想认识到位，也不一定有具体的行为产生。思想政治教育培养爱党、爱国和爱社会主义之情，实际是培养受教育者行为产生的动机和出发点，利用思想支配行为、行为影响思想的规律，用科学的理论武装头脑，克服错误思想影响，以情感共鸣使其产生某种政治行为的心理倾向或内部驱动力，引导人们把正确的思想辅以意志力并转化为正确行为。

4. 整体优化思想分析研究方法的运行机理

思想政治教育思想分析法立足社会主流意识形态政治要求，以个体或群体行为现象着手，坚持以研究学科规范进行具体环节的科学设计。思想政治教育研究思想分析法的具体展开一般分为 4 个步骤。

第一，确定主题。确定支配行为产生的思想是思想政治教育思想分析法的基础和前提。个体或群体行为现象的出现受一定思想的支配，影响受教育者的世界观、人生观和价值观形成以及制约主流意识形态政治发挥引领作用等行为现象才成为思想政治教育研究思想分析法的切入点，如“佛系躺平”“舆论反转”“网络暴力”“云养宠”“丧文化”等行为现象。

第二，调查分析。研究者对行为现象进行材料提纯，概括行为现象定义、属性特点及表现形态，围绕研究某一主题，依靠现实访谈、问卷调查等多种行为数据搜集形式，坚持“思辨驱动”和“数据驱动”相结合，选取代表性观点，对复杂行为材料进行提纯、精简转化为可供思想分析法的基础资源。

第三，学科提炼。学科背景、根本属性等不同致使对待同一行为现象的研究内容的侧重有所不同。从学科立场、意义、规范对具有传播影响力、意识形态引领力的资源进行合理的重构提炼，围绕认知能力、思维方式、价值观念和政治立场等内容，以为党育人、为国育才为目标牵引，提炼关于思想政治教育思想和行为之间的基本规律性结论。

第四，对策引导。解决实际问题是思想政治教育研究的目的。遵循思想支配行为的一般性原理，以思想分析法深入思想内部，抓住致使行为产生的复杂因素和思想动因，从刺激、需要、情感、动机、意志等方面深化行为认知，多维度贴合行为主体合理诉求制定相关政策，以主流意识形态政治实现思想引导，以具体行为问题的解决培养爱党、爱国情感乃至坚定政治信仰，使思想政治教育思想分析法以独特的学科优势，作用于具体的思想政治教育理论研究和实践工作。

（二）口述史研究方法的实践应用

思想政治教育学口述史研究是挖掘思想政治教育亲历者口头叙述的历史，以自下而上地呈现思想政治教育记忆。在其研究过程中，要求研究者在其自身素质培养、研究对象选择、研究范围拓展、研究情境布置等方面着力，以唤醒、引导与筛选叙说者的思想政治教育记忆，在个人生命史与思想政治教育学术史、学科史、工作史的交汇中搜寻、把握与理解思想政治教育历史、规律与本质。

1. 激发与培育思想政治教育学想象力

思想政治教育学口述史研究需要遵循“史”的规范，获得“法”的价值，这为研究者带来了素质上的更高要求，需要同时增强“询问历史”的技巧学习与“发现历史”的思想政治教育学想象力思维养成。作为思想上的方法论，社会学的想象力由米尔斯提出，指的是将个人经历放置于“自身所处的时代”，在个人与社会之间理解自身、解释社会。思想政治教育学的想象力即为自觉将个人生命史、心灵成长史、自我发展史放置于思想政治教育的学科史、工作史、学术史中的思考能力、素养品格或实践智慧，主动在个人与思想政治教育之间达成“总体性视界”和“理论想象力”[①]。在思想政治教育学口述史研究中，其不仅是一种方法论自觉，更是研究者所必备的一种重要心智品质。思想政治教育学口述史研究以笔记、录音、录像等方式搜集普通人的“口头历史”。个人经验的真实性、复杂性加之表述的局限，使得这种口述的历史与思想政治教育相关联的部分仅仅呈现为极具“故事”化的生命叙事表达，停留在粗糙的“史”学范畴。而思想政治教育学口述史研究所要达到“法”的价值、获取思想政治教育记忆，则必须经过富有“思想政治教育学想象力”的研究者引导叙说者将其个人生命历程放置在思想政治教育的思考框架中思考，并进行积极提问、自主关联、复现联想，在零碎的个人生命史中捕捉思想政治教育的历史在场、作用方式与重大意义。只有研究者具备这种思想政治教育学的理论洞察力，才能“恰当地提出问题”，并避免迷失在浩瀚复杂的种种人生境遇之中。因此，在思想政治教育学的口述史研究中，培育和激发研究者的思想政治教育学想象力是首要任务，也是确保口述史研究方法充分展现其学科意义的关键所在。

---

① 张智：《科学抽象法：思想政治教育学研究的主导方法》，《教学与研究》2016 年第 1 期。

一方面，思想政治教育学口述史研究者必须扩展知识体系，着重培育历史素养。口述史研究的首先是“史”，其次才是研究思想政治教育的本质或规律。口述史研究依据也是“史”，叙说者直接呈现给研究者的就是包括个人生命史、心灵成长史、自我发展史等在内的生命历史，如果研究者对思想政治教育历史不熟悉，不了解重大历史事件、时间节点或历史分期，则难以将个人生命与思想政治教育关联起来。研究者只有在对思想政治教育历史充分了解的基础上，才能与研究者具有共时性的历史体验，引导叙说者挖掘思想政治教育的深层记忆，找到思想政治教育与个人生命交汇的研究入口。另一方面，研究者需要自觉调动社会实践与人生阅历以达到最大限度上的理解。培育思想政治教育学的想象力，“必须在学术工作中融入个人的生活体验，持续不断地审视它，解释它”[①]，而不是脱离实际生活的抽象理论演绎。研究者“必须具备将个人困扰转化为公共议题的能力，这种能力使得来自个人的特殊经验能够上升到不同层次的群体或人群共同体层面”[②]，自觉进入社会环境的历史背景并对比同时代的其他社会成员在与叙说者的个体记忆达至共在的理解中进行批判式审阅与筛选，在复杂的记忆碎片中挖掘具有思想政治教育意义的经验、记忆和文本，充分理解叙说者如此叙事的意义，提炼思想政治教育集体记忆。

2. 注重思想政治教育关键亲历者的记忆开采

狭义的思想政治教育学口述史研究对象指的是思想政治教育职业群体，包括相关管理者、工作者等，旨在打捞“思想政治教育职业记忆”，而广义的研究对象则面向全体社会成员以搜集“思想政治教育社会记忆”[③]。思想政治教育学口述史研究既需要注重关键群体的记忆复现与开采，也需要在社会全体成员的记忆中找寻思想政治教育足迹，在二者的多方对照中推动构建思想政治教育记忆。思想政治教育学口述史研究对象的关键群体包括思想政治教育职业从事者、思想政治教育重大事件亲历者与思想政治教育相关的重要社会成员。

对于思想政治教育职业从事者来说，叙说者本身就是经验丰富的实务

① 米尔斯：《社会学的想象力（第3版）》，北京，生活·读书·新知三联书店2012年版，第217页。

② 周晓虹：《口述史作为方法：何以可能与何以可为——以新中国工业建设口述史研究为例》，《社会科学研究》2021年第5期。

③ 叶方兴：《寻找社会成员的思想政治教育记忆——论作为思想政治教育研究方法的口述史》，《思想政治教育研究》2022年第1期。

工作者，伴随思想政治教育学科发展起步，经历了将近 40 年的发展，可以说，叙说者已经将个人生命熔铸于思想政治教育历史的发展过程，必然对于思想政治教育拥有非同一般的特殊情感，积累了深厚的工作智慧。他们对于思想政治教育职业体验、社会感知、自我启迪与工作评价常常是思想政治教育历史的重要组成部分，是思想政治教育学口述史研究最为核心的访谈对象。对其进行记忆开采，能够提取留存于个体头脑记忆库中的思想政治教育历史记忆，以保存、提取、研究学科史，书写思想政治教育历史叙事。

对于思想政治教育重大事件亲历者来说，叙说者对思想政治教育“逝去记忆”的回想关联个人生命史中的重大事件，尤其对于诸如抗美援朝老兵等思想政治教育重大事件亲历者来说，对其进行口述访谈可以直接进入历史的褶皱中，直面个人与历史的遭逢之处，在叙说独白中寻找思想政治教育的时代回声与历史足迹。对于与思想政治教育相关的重要社会成员来说，这一叙说者群体没有明确的限定范围，依赖研究者根据研究主题的不同而有差别的选择，在最大范围甚至可以涵盖全体社会成员。对于与思想政治教育相关的重要社会成员来说，需要重点挖掘叙说者的思想政治教育记忆在其个人生命历程中的展开方式、呈现样貌与情感倾向，探寻思想政治教育的政治意识形态化实践进入具体心灵的过程机制。了解普通群众是如何看待思想政治教育，思想政治教育又是如何在个人成长的生命历程中发挥作用，或人们对于思想政治教育的困惑，是以口述史开展思想政治教育学研究的重要面向。

此外，还需要寻找思想政治教育关键共同体。“在那些堪称命运共同体的群体中，集体的叙事框架不仅边缘更为清晰、内涵更为紧凑，而且同一般的地缘与血缘或生活共同体相比，它们往往也对个体的叙事空间和展演向度有着更为鲜明的制约和导向作用。”① 思想政治教育学口述史研究除了需要挖掘个体亲历者，还需要寻找诸如一个学校、一个系、一个专业的思想政治教育教师或管理者等思想政治教育关键共同体，以进入集体记忆框架理解思想政治教育历史。在思想政治教育学科即将步入建立 40 周年之际，可以开启“思想政治教育学科发展 40 年口述史”与“思想政治教育发展 40 年人物群像口述史”等系统研究，“建立人物史、学术史、学

① 周晓虹：《口述史作为方法：何以可能与何以可为——以新中国工业建设口述史研究为例》，《社会科学研究》2021 年第 5 期。

科史、重要事件专题史多维一体的口述史框架”[①]，呈现思想政治教育研究者和工作者群像，挖掘思想政治教育记忆，找寻思想政治教育“遗忘”的历史。

3. 丰富拓展思想政治教育学口述史研究的田野边界

在思想政治教育学口述史研究中，研究者需要依托田野调查法、访谈法、参与观察法等相关具体操作方法走进叙说者的实践田野，利用访谈技巧从田野走向历史。思想政治教育学口述史研究需要走入多元田野，也需要有意识地将现实实践视作研究田野，不断拓展有益思想政治教育学口述史研究的田野边界。

一是多元形式开展口述史研究的积累、讨论与探索。第一，口述史研究需要在连续性时间段内多次进行资料搜集，探索口述史与长期田野调查的结合可能性。思想政治教育学口述史研究是在一定时间范围内开展“常规式”“抢救式”“情境式”的连续性实践研究活动。思想政治教育学“常规式”口述史研究指的是根据研究需要而设置的常规性口述史搜集与研究工作，往往由研究者根据研究兴趣独立设置议题与进行口述对象选择，是一种常态化教学模式或研究方法。“抢救式”是指口述对象随着时间的流逝可能缺失或失去记录的机会，出现后继无人的濒危境地。例如，见证思想政治教育学科 40 年来风云变幻发展的学科带头人年事已高，邀请他们参与口述就是与时间赛跑。“情境式”是指当面临对于思想政治教育学科而言具有重大意义的节日、学科独立整十整百年、重大庆典时，在学术自觉意识驱动下所开展的口述史实践或研究项目。第二，研究者需要在共时段范围内多次展开多元的史料搜集活动，用多点的田野积累促成更好的理解。思想政治教育学口述史研究者需要注重各类研讨会、交流会、学术会议、纪念活动等议事举办，充分利用叙说者每次的讲述机会，把会议等活动作为激发叙说者故事讲述、促进其自我反思的田野空间与重要学术实践环节。在这些多元活动中，叙说者与研究者之间不存在权力的上位关系，而成为平等的互动分享关系，这种主体间关系能够激活叙说者的思维主体性，从而高效率地激活叙说者思想政治教育记忆，为自我故事的完整讲述提供了更大可能。

二是善用新兴数字技术手段应用于思想政治教育学口述史研究方法之

① 刘谦、梁超锋：《改革开放以来高校思想政治工作口述史研究的意义、原则和方法》，《思想教育研究》2020 年第 5 期。

中。“当事人的回忆是不会自动呈现的，必须通过记忆中介加以唤醒。”[①]除了以研究者的询问唤起叙说者思想政治教育记忆之外，还可以利用数字技术手段中介刺激、唤起当事人的历史回忆，从而顺利叙述“过去”的记忆。一方面，数字技术的采用便于保留录音、录像等音视频一手资料，从而优化拓展口述史料的保存路径，为研究者的资料搜集、保存与整理工作提供便利。此外，“图片、声音与影像等新技术的应用能随时暂停与放大讲述者的表情细节、声音语调、肢体动作”[②]，使研究者获得了若干次历史定格与岁月回眸，拥有更多的可能去靠近沉默记忆背后的真实。另一方面，利用云数据、元宇宙与三维建模等数字技术可以重现历史事物、演绎历史事件，以文字图像和音像记录呈现历史实物遗址，不仅在研究过程中可以用来增强与唤醒叙说者的时代记忆，还可以经由研究者在资料整理环节的编撰，成为佐证口述史料真实性的背景补充，在更大范围上串联起个人生命史、思想政治教育史与整个社会发展史、时代变迁史。

4. 减少口述情境中的权力在场和干扰因素

思想政治教育学口述史研究是情境中的研究，关联着共同理解，依赖研究者与叙说者在研究场域中的行为与情感互动。因此，思想政治教育学口述史研究必须着力稀释权力在场带来的不利影响，把握好学术与政治之间的张力与平衡，避免研究者与叙说者在权力关系下形成主客体二元框架，以主体间性缺场阻塞思想政治教育记忆的共同书写。

一是研究者需要选取合适的叙说场域。对于思想政治教育学口述史研究来说，由于研究者的权力地位与主流代言人设，可能造成叙说者以政治性遮蔽科学性，从而误解思想政治教育学口述史研究，使口述展开过程充斥着一些复杂难明、隐晦不彰的沉默片刻，鲜活的思想政治教育记忆流变为思想政治教育沉默记忆、相对真实的记忆变为夸大或虚假的记忆。为了摆脱种种权力在场对思想政治教育学口述史研究的制约，研究者必须首先选择好叙说的空间场域，选择对于叙说者而言更为安全的空间展开访谈，避免在叙说者工作单位、研究者所在单位、政府或机关部门等强势权威性权力场景，减少研究中的“隐私屏障”“讳莫如深”，或为应付主流叙说而精心编织的“习惯性表述”，甚至是为了个人目的而进行的“故事性夸张叙说”，使思想政治教育学口述史研究的政治性遮蔽科学性。研究者可

① 左玉河：《固化、中介与建构：口述历史视域中的记忆问题》，《史学理论研究》2021 年第 5 期。

② 陶宇：《捕捉口述史研究中的沉默记忆》，《中国社会科学报》2023 年 3 月 29 日。

以选择在叙说者舒适自在的生活情境中“交流”而非“询问”，从生活的层面去捕捉那些权力范式下不可见的“记忆的微光”。

二是研究者需要营造轻松愉快的“主体间”口述氛围。“与传统的文献研究方法不同，口述历史方法具有双向互动性”[①]，口述史的研究过程不是叙说者单方面的“言说”，而是经由研究者与叙说者交互行为中的“对话”与“交流”，是主体间的“合作叙事”或“互动结果”。思想政治教育学口述史研究需要充分重视与挖掘研究者与叙说者双重主体间的情感与行为互动，营造轻松愉快的口述氛围。研究者需要提前划定研究主题并准备好结构式或半结构式的访谈提纲，使“被访者实现与主题无关的记忆过滤[②]”，同时也需要引导叙说者自觉将自己视为亲历主体，回忆与建构同思想政治教育相关联的生命记忆，发挥记忆建构主体作用。在这种对话与互动中推动口述过程沿着研究主题铺陈前进，避免受到访谈者的认知、对生命历程的理解以及学术与社会主流偏向的某种权力干预。同时，研究者还需要借助这种主体间性，在与叙说者的个体记忆达至共在的理解中进行批判式审阅与筛选，在复杂的记忆碎片中挖掘具有思想政治教育意义的经验、记忆和文本，提炼思想政治教育集体记忆，更好地完成思想政治教育学口述史研究作为实证与建构研究范式的方法使命。

三是强化对口述者的叙说表现进行情境化的反思与解读。在思想政治教育学口述史研究中，研究者与叙说者的权力动态始终处于发展变化的过程。因权力约束下的“不可说”与自我动机驱动下的“我要讲”共同构成了思想政治教育学口述史研究中的权力不平等情形。在“不可说”情形下，研究者占据权力上位，而在“我要讲”情形下，则是叙说者占据主导地位，具有单方面的话语表达权力。思想政治教育学口述史研究内容关联个人心灵成长史，可能会使叙说者陷入喜悦或痛苦的重要人生经历回忆之中，触发叙说者的别样记忆或情绪波动。因而，当研究者提出一个问题，可能会引发叙说者“喋喋不休”式的一连串回答，这种回答夹杂着复杂难明的个人情绪或极端化的故事性处理，甚至是创伤后的应激反应，为口述史研究者的资料搜集工作造成很大的困扰。此时，研究者需要结合实际语境及时对其人生经历作出共情式回应，并积极引导叙说主题回到思想政治教育研究视野中。思想政治教育学口述史研究者要想在研究中构建平等、

---

① 王炳林、石卓群：《运用口述史方法深化中共党史研究》，《中国青年社会科学》2021 年第 4 期。

② 胡洁：《个人叙事与集体记忆：口述史的多维建构》，《学术月刊》2021 年第 11 期。

共鸣、认同等主体间的研究关系，必须要摒弃“不可说”或“我要讲”式的任一方主导的单向度权力关系，而在具体的研究中选择合适的访谈、言说与回应策略，着力与叙说者建立信任关系，超越二者之间的权力不平等情形，批判性地反思研究者与叙说者在叙说情境中的权力互动与变迁状态。

五、新时代思想政治教育研究方法创新进路

思想政治教育学科研究方法的创新应依循统筹兼顾的现实路径展开，既需要进行具体研究方法的创新，也需要研究方法论层面的体系化创新，才能突破“应然首位”与“实然弱势”的现实困境。首先，需要进行前提性反思批评，“在研究方法和表达方式上，存在生吞活剥西方文化、忽视运用中国化的话语系统分析和阐述问题的倾向，应该在思想政治教育学科研究的范围内展开理论批评”①。这种“理论批评”可以理解为理论反思和学术批评，是另一形态的科学理论研究方法。

（一）进一步完善思想政治教育研究方法理论体系

一方面，夯实思想政治教育学的基础理论。学科研究方法理论体系构建不能满足于简单的借鉴移植、方法套用等，而是需要运用整体性思维，深入研究方法的理论体系内部，阐释研究方法的理论内核，创新研究方法内容体系、深化学科研究方法范式革新，“对其理论依据、本质特征、运作规律等元理论问题进行纵深探究”②。另一方面，对马克思主义哲学方法论运用，改变教育学研究方法中以西方教育思想和理论为主要依据的研究取向，确立了重视马克思主义理论研究取向。“讨论马克思主义整体性方法与思想政治教育学科范式转换、马克思主义研究人和社会的科学抽象法。”③一方面，强调以历史唯物主义为指导，把唯物辩证思维方式、历史唯物主义等作为研究思想政治教育问题的出发点和基本方式，强调社会存

---

① 钱广荣：《论思想政治教育学科研究之批评及其意义》，《思想理论教育》2006 年第 10 期。

② 王习胜、杨晓帆：《思想政治教育方法探索的面相描画与取向审思》，《安徽师范大学学报（人文社会科学版）》2021 年第 6 期。

③ 侯勇：《思想政治教育研究中的热点、趋势及高频作者群分析——基于人大复印报刊资料〈思想政治教育〉的研究》，《马克思主义理论学科》2017 年第 5 期。

在决定社会意识，强调经济基础决定上层建筑；另一方面，深入推进研究方法基础理论的知识增量。当前学科体现出思想政治教育学科理论的“内卷化”现象，其内在根源与思想政治教育学科研究方法短板密切相关。学科理论框架的发展性与开放性不足，学科研究方法的内卷化发展阻碍了思想政治教育学科理论的创新发展。思想政治教育学科研究方法理论体系的完善，不是单纯的框架界限的拓宽、内容的增益，也不是其内涵的抽象化，而是要客观反映学科建设与发展的基本规律、研究方法体系的丰富与完善。

（二）培养学科研究方法学术团队

一是培养一批从事研究方法研究的老中青搭配的学术骨干队伍。思想政治教育研究方法团队是学科研究方法乃至学科建设的主力军和方法创新的基础保障。然而“思想政治教育研究的青年人才数量近几年虽然有所提升，但整体上全心致力于思想政治教育研究的还是不多，或陷身于日常琐碎之事，或身在曹营心在汉，难以体现老一辈学者的那种担当”[①]。

二是做好学科研究方法的顶层设计。思想政治教育学科研究方法创新，涉及理论研究与实践工作层面，关键是要有思想政治教育政策保障与机制建设推进，促进良好学术生态和学术规范建设。现有的研究成果多以学者自身的偏好“自发性”探索，研究成果集约化、规范化不明显，出现“繁而不荣”的困境，破除这一难题的进路在于合理规划思想政治教育研究方法的取向，促进研究从“自发”走向“自觉”。[②]因此，适度开展重点主题的专项委托进行专题协同攻关研究显得尤为重要。通过选择亟待取得突破的前沿论题或短板问题进行专项委托，可以基于理论旨趣、研究取向、核心观点等方面特点，选取这方面有研究基础的学术流派或团队进行定点委托，辅以公开招标相结合的形式，加强研究协同攻关和考核反馈。

三是加强学术共同体学术自律与行业协会指导相结合。思想政治教育学科共同体学术自律建设与行业协会指导作用主要体现在相关评奖评优的正向激励作用，而对相关研究的学术自律与行业自律督促方面的作用有待进一步发挥。在学术治理方面，理顺学术研究机制和评价机制，完善科研

① 杨增岽、杨国辉：《当代思想政治教育若干前沿论域》，北京，中国财富出版社 2020 年版，第 223 页。

② 王习胜、杨晓帆：《思想政治教育方法探索的面相描画与取向审思》，《安徽师范大学学报（人文社会科学版）》2021 年第 6 期。

项目审批管理机制，加强行业协会和学术团体的学术治理与学术自治能力。在学术交流方面，加强学术真问题的研究交流，而非纠结于一些已基本达成共识的“老问题”。针对一些本已解决的问题或已不是问题的“问题”还被作为问题来讨论，杨增岽批评了这种现象，认为这就是“‘学术汇总机制’的人为性障碍因素阻碍了学术研究新成果的普及。这也带来了学科研究中的‘自说自话’，或研究行动中的‘我行我素’，学科规范的缺失和学科边界的客观上的认知模糊”[①]。在成果发表方面，也应强化学术规范和论文发表的规范要求，杜绝不规范论文发表，杜绝低水平重复选题行为，强化专业研究会和行业自律监管。

（三）强化思想政治教育学科研究方法规训

研究方法论学习与训练是研究生培养过程中必不可少的环节和研究生课程体系的重要内容。“在英国，研究方法论是所有研究生的共同必修课。在德国，研究方法论课程还包括实验方法，如哥廷根大学的方法论课程，要求学生在课程开始的 9 周内以小组的形式，参加 18 个为期 2 天的实验。这些实验是在不同的实验室轮流进行的，因此，学生们可以熟悉各种方法学和各类实验设施。”[②] 要组织专业力量强化思想政治教育学科方法论研究，加强研究生导师队伍建设，特别是硕博士人才培养过程中加强研究方法学科规训。把握基本理论与研究方法，是思想政治教育研究队伍必备的基础性修养。

当前思想政治教育研究存在选题重复、陈旧，研究成果量大质低等不良现象，主要是由于研究方法和学术规范建设滞后，研究者对思想政治教育学科方法论训练欠缺。[③] 并且很多思想政治教育工作者研究时缺乏调查方法的介绍，调查研究的抽样方法上存在种种问题，并不是为了达成研究目标所需，而是为了修饰研究成果，“一旦某个具体课题完成，其数据也就不知去向，再也无人问津”。这些问题的解决都需要增强思想政治教育工作者的调查研究素养。学科的发展要求新入门者必须强化学术训练。思

① 杨增岽、杨国辉：《当代思想政治教育若干前沿论域》，北京，中国财富出版社 2020 年版，第 219 页。

② 汪霞：《世界一流大学研究生培养模式和课程体系研究》，南京，南京大学出版社 2015 年版，第 375 页。

③ 杨增岽、杨国辉：《当代思想政治教育若干前沿论域》，北京，中国财富出版社 2020 年版，第 226 页。

想政治教育的新入门者尤其要掌握研究方法，需要对马克思主义方法理论、西方方法理论以及中国方法理论做总体了解，理解每种方法背后所代表的一系列历史、价值观念。同时，由于研究者大多成长于复杂的思想政治教育环境之中，因此，可以在多种方法的思想碰撞中进行思考，最终确定观察思想行为问题的最佳立场，其目的就是要在东西方学术传统之间进行比较性、系统性的训练，以至于能参与学科范式和理论的更新，而这一高远理想需要不断探索。[①]

（四）推进思想政治教育学科研究方法转化

一是经验研究与理论研究的相互分离的改观。由于思想政治教育学科是综合性、应用性社会科学，既与理论研究、学术话语密切相联，又切中社会现实与人们的思想与行为问题。由于学科建立时间相对年轻，特别是学科研究方法的相对“短板”影响思想政治教育学科理论研究与工作研究的水平，容易出现一些低层次、重复性研究和理论性、累积性不强的离散化研究。这一现状既阻碍了思想政治工作经验性研究的质量和发展，也制约了思想政治教育研究方法发展。

二是注意区分实务研究方法与学科理论研究范式这两个不同领域的方法。在建构理论与实践研究方法的逻辑关系时，将实务研究方法摄入理论研究范式的视域中，发挥后者对前者的引导作用。同时，思想政治教育实务的研究方式上，要大量采用试验和实验研究的方式，广泛吸纳思想政治教育学科的科学共同体成员参与，将理论与实践方法紧密结合起来。

三是推进研究方法的理论转化与实践应用。建构立体、开放、动态的思想政治教育方法论体系，整合技术与艺术双重逻辑，“通过教育研究艺术化方法的形式化发展教育研究技术化方法，通过灵动化调用技术化研究方法提升教育研究艺术化方法的现实力量”[②]，提升理论张力与回应现实能力。如在推动应对世界经济政治新形势、经济高质量发展、社会治理格局转换、信息技术快速发展、文化软实力等方面，提升在新时代新征程实践中推动理论创新与实践发展的能力。

---

① 翟学伟:《人情、面子与权力的再生产（第二版）》，北京，北京大学出版社 2013 年版，第 5 页。

② 余清臣:《论教育研究方法的技术与艺术逻辑》,《教育研究与实验》2023 年第 2 期。

第九章 新时代思想政治教育学科交叉研究范式创新

习近平总书记指出，“科学研究范式正在发生深刻变革，学科交叉融合不断发展”。[①] 当前，思想政治教育学科融合与交叉创新发展成为学科研究热点和前沿问题，使思想政治教育学科交叉研究范式的发展与创新成为思想政治教育理论与实践创新形成知识增量的重要一环。本章聚焦提出思想政治教育学科交叉研究范式这一命题，聚焦思想政治教育学科交叉研究范式，从理论、历史、实践等维度分析其生成逻辑，运用思想政治教育学与系统科学交叉内化形成的系统分析个案，提出新时代思想政治教育学科交叉研究范式创新的对策建议。

一、思想政治教育学科交叉研究范式概念澄清

1980 年，钱学森、钱三强、钱伟长等提出了“交叉学科”概念，并对其发展作出了巨大贡献。“学科交叉是由多门学科乃至多个学科群的理论知识进行交融渗透，或者是多种不同学科的研究方法论交融渗透的一种过程和融合形态。”[②] 交叉科学作为与学科交叉相近的概念，也易被混淆。“学科交叉”是一个动词，表动态性的过程；“交叉学科”是一个名词，表状态性的结果，学科交叉的最终结果往往会导致新的交叉学科或边缘学科的产生。路甬祥指出，“学科交叉是众多学科之间的相互作用，交叉形成的理论体系构成交叉学科和交叉科学”[③]。简言之，学科交叉是一种综合性科学活动，是形成交叉学科的途径和过程；交叉学科是学科交叉的结果，

① 《习近平著作选读》（第二卷），北京，人民出版社 2023 年版，第 468 页。

② 邱柏生、李敏：《交叉学科视野下的思想政治教育创新发展》，《思想教育研究》2014 年第 10 期。

③ 路甬祥：《学科交叉与交叉科学的意义》，《中国科学院院刊》2005 年第 1 期。

是新的系统性、综合性的知识体系和学科形态；交叉科学则是所有交叉学科的统称。随着交叉学科研究方法的应用与发展，学科交叉与跨学科研究成为知识融合、学科创新的重要表现形式，既表现为多科学内部的学科交叉融合，还表现为多学科际之间的交叉融合，通过交叉研究推动思想政治教育学科研究范式的转换升级。

思想政治教育研究范式是“思想政治教育理论研究者取得理论成果的一种思维路径、行为规则和话语方式”①，是学术共同体作为理论特色、致思路径和研究模式时所共同拥有的概念理论、学术逻辑、话语体系、研究方法等基本规范和基本准则。因而，“思想政治教育学科交叉研究范式是学术共同体借鉴其他学科的思维方式、原理范畴、知识资源、方法策略等推动思想政治教育科学化、理论化、系统化的研究路径、方法与范型”②。思想政治教育学科交叉研究范式包括思想政治教育学科交叉研究的哲学依据、理论基础、价值取向、研究目的、研究对象、研究方法等内容体系，即主要包括明确学科交叉研究的哲学依据和理论基础、发展历程和理论形态、研究对象和基本范畴、价值取向和认知方式、方法体系与研究范畴等。

二、思想政治教育学科交叉研究范式之研究概观

思想政治教育学的实践性、应用性、综合性等学科属性决定了思想政治教育学科必须借鉴吸收多学科知识和方法来推进学科建设。从“思想政治教育学科交叉”到“思想政治教育交叉学科建设”，成为思想政治教育学科交叉研究演进的鲜明特征，在多学科知识“交叉性”的牵引下，取得了丰富的学科交叉研究成果。

（一）坚持问题导向，研究视野开阔

梳理现有研究成果，研究者问题意识鲜明，研究视野开阔，主要涉及思想政治教育主干学科和分支学科以及思想政治学科存在的政治、经济、文化、社会、心理等各方面社会基础，主要集中于思想政治教育学科交叉

① 吴琼：《思想政治教育范式解析》，《北京教育（德育）》2008 年第 3 期。

② 侯勇、钱锦：《思想政治教育学科交叉研究范式：现状、问题与创新》，《思想教育研究》2021 年第 8 期。

与交叉学科两个维度。第一，“思想政治教育学科交叉研究”，是通过学科交叉过程，借鉴多学科交叉方法，形成多学科理论与思想政治教育交叉融合研究。第二，“思想政治教育交叉学科研究”，其直接结果是形成思想政治教育学分支学科研究，主要表现为综合运用政治学、教育学、管理学、社会学、心理学等学科研究方法和知识体系进行交叉学科研究，如“运用心理学的理论和方法透视思想政治教育现象和运用思想政治教育理论和方法”①，产生了诸如邱伟光所著的《思想政治教育心理学》等著作；孙其昂等基于“现代社会以来思想政治教育与社会之间相互需要”②，尝试探索社会学研究方法应用所著的《思想政治教育社会学的理论探索》；等等。这些研究既大大丰富了思想政治教育学的学科知识系统，又推进了思想政治教育原理范畴、研究方法、分支学科理论知识框架不断得到充实完善，推动思想政治教育学科交叉研究范式发展创新。

（二）凸显学科意识，研究论域聚焦

从学科发展历史来看，思想政治教育学科化与科学化建设随着社会主义现代化建设、改革开放和新时代主题不断发展而发展，而思想政治教育学科交叉研究也在与时俱进地发展。从研究成果的主题论域来看，主要体现在 3 个方面。第一，运用学科交叉研究视域和研究方法推进思想政治教育学科原理体系的内部化研究。对思想政治教育本质与特征、内容与目标、原则与方法、地位与功能、环境与载体等内容进行学科交叉研究③，突出与政治学、教育学、心理学、社会学、传播学等多学科之间的交叉融合，促进思想政治教育基础理论深化。第二，运用多学科理论知识和方法借鉴研究。纵观学科交叉以来的相关研究动态发现，思想政治教育在与教育学、政治学、社会学、伦理学等多种学科的融合借鉴方面已经硕果累累。④思想政治教育学科原理内容体阐述主要运用了马克思主义哲学相关理论，思想政治教育学研究对象运用了心理学中关于知、情、意、行的发生、变化规律等⑤。此外，通过吸收借鉴政治学治理理论、新媒体技术、

---

① 佘双好、张莉华：《思想政治教育心理学研究：现状、问题与发展》，《思想理论教育》2014 年第 10 期。

② 孙其昂、叶方兴：《论思想政治教育社会学的学科视野》，《思想教育研究》2012 年第 5 期。

③ 冯刚：《思想政治教育研究热点年度发布 2019》，北京，团结出版社 2020 年版，第 369 页。

④ 杨增岽：《思想政治教育学科交叉研究的历史回溯》，《学术论坛》2020 年第 5 期。

⑤ 董雅华：《思想政治教育哲学问题研究》，上海，复旦大学出版社 2019 年版，第 212 页。

传播学、语言学等交叉融合，推动思想政治教育原理丰富和发展。第三，将社会前沿热点问题引入产生的交叉学科研究成果。习近平总书记提出的生态文明思想为科学研定生态本身所蕴含的理念思维及其在思想政治教育领域的应用价值奠定了重要认知基础。胡树祥等指出，伴随智能社会信息技术的快速发展与应用，“大数据、人工智能、云计算、移动互联网、物联网等技术推动学科交叉研究”，研究成果迅速增长对推动网络空间思想政治教育实践、网络思想政治教育理论发展等都具有重要价值。

（三）彰显学科自觉，研究范式初显

以范式为分析框架，思想政治教育学科经历着“前范式科学—常规科学—科学革命—新常规科学”的阶段演进，目前思想政治教育学科研究范式仍处于转换优化阶段。纵观中国共产党百年思想政治教育史，新民主主义革命和社会主义革命、建设阶段，处于前科学化时期的思想政治教育学科还未形成学科化建制，但已产生许多以党的文件话语和宣传话语为特点的思想政治工作丰富实践，呈现出以理论建构范式和经验总结范式为主的鲜明特征。伴随着改革开放进入新时期，思想政治教育学科与专业建制逐渐形成。1984 年，思想政治教育本科专业的设立体现学科科学化质的飞跃发展。这一时期思想政治教育学科在多元场域中如学校、军队、企业、农村等都得到广泛深入发展，逐渐形成思想政治工作学范式、经典教育学范式、军队政治工作学范式等。学科研究科学化的不断推进促进思想政治教育交叉学科研究范式逐渐形成，主要有“以陈秉公为代表的人格学中心范式、以邱柏生为代表的教育生态学范式、以孙其昂为代表的社会大系统论范式、余仰涛的思想关系学范式等”。此外，利用交叉学科的理论资源和方法体系进行跨学科研究，思想政治教育文化学范式、传播学范式、管理学范式、系统研究范式等也在不断丰富与发展。

三、思想政治教育学科交叉研究范式的生成逻辑

学科交叉研究范式是在马克思主义指导下推动思想政治教育学科理论与实践创新的内在要求。应在学科交叉研究范式的“自主构建”和“交叉融合”的过程中，推进学科交叉研究范式生长与创新发展。

（一）马克思主义理论基础发展的理论逻辑

对思想政治教育的认识以及对其本质的揭示，应当把表现出来的思想政治教育现象置于其产生、存在、变化的具体背景和条件中，科学、准确地揭示其本质以实现其理想目标。

一是马克思主义关于人的发展理论基础。马克思强调人的自由而全面发展，将“每个人”的自由发展确立为未来理想社会的目标。人的思想和观念形成、发展、变化都处于现实社会生活的影响下，不存在超越现实生活而形成的思想和观念。这就强调思想政治教育要依据现实社会生活的发展变化找寻人们思想和观念的发展变化的根源，才能提升思想政治教育的实效性。社会现代性挑战和现实社会生活的复杂性增加了学科社会解题能力的难度，思想政治教育学科不得不寻求多学科知识和方法借用与交叉研究。思想政治教育学科只有汲取多学科的知识与方法以应对复杂现实生活的挑战，才能提高思想政治教育的解题能力。二是马克思主义人的本质理论依据。马克思认为，应当揭开一切隐秘的东西，从“一切社会关系的总和”中去把握人的本质。从研究对象来看，思想政治教育学科研究对象是人的思想，包含以思想与行为为核心的一系列范畴，诸如情感与意志、理性与非理性、内化与外化、个体与社会等。新的社会矛盾、新的发展征程、新的发展形势、新的时代课题需要思想政治教育共同体推进理论研究与实践工作创新，实现育人任务和学科使命。思想政治教育学科交叉研究的根本目的是立德树人，这与马克思揭示人的本质的根本目的一脉相承。但是社会关系的复杂程度也在一定程度上制约着学科建设问题的解决以及育人功能的发挥，这就要求思想政治教育学科必须紧紧抓住社会关系形成和变化的动态过程，以宏阔的社会视野代替单一的学科视野，借助多学科知识和方法，实现立德树人。

（二）思想政治教育学科发展的历史逻辑

思想政治教育学是一门综合、复杂的社会科学。从学科研究对象、研究方法、研究内容涉及的要素维度来看，交叉性、跨学科性成为学科发生与发展的典型特征。从学科发展史的角度来看，思想政治教育学科经历从无到有，从前科学到科学化、单一化到综合化的过程。一方面，多学科交叉借鉴与融合耦合了思想政治教育学科历史发展进程。从思想政治教育理论研究与实践活动涉及的诸多要素来看，几乎都与相关学科相互联系。从思想政治教育学科地位、作用来看，涉及社会动员、社会组织、社会变迁、社会治理等社会学知识体系；从思想政治教育对象来看，涉及人及人的思想，就与心理学、思维学、行为科学等密切相关；从思想政治教育内容来看，思想政治教育学借鉴了诸多学科的有益成分，是经过综合提升后整合性较强的一门交叉学科。[①] 无论是在学科初创、形成发展、科学深化等阶段，都在不断发挥其内在的交叉性。运用交叉学科视野和研究方法，“借鉴相关学科的从研究内容到研究方法、研究思维的新发展、新成果”，实现从学科交叉到交叉学科质的飞跃，以解决学科发展过程中的复杂问题。当然，需要注意的是要在借鉴移植基础上进行消化吸收并内化。余仰涛指出：“如果综合得好，注意消化，吸收相关学科的原理、方法及其研究成果，为我所用，内化为自己学科的东西，为建立和发展本学科服务，就是优点。”“如果对相关学科的原理、方法和研究成果没有注意消化与生长、借鉴与改造、拿来与发展等关系的处理，这种综合就会成为拼盘，成为一个缺点。”[②] 另一方面，学科整合是学科发展史上自我更新、自我变革的重要方式，是推动学科发展的内生动力。思想政治教育的基础理论研究面临相对固化、止步不前的尴尬境遇，理论体系存在“内卷”发展的窘境，运用多学科交叉研究方法，通过跨学科知识方法融合与整合已成为思想政治教育学术研究的重要趋向。如从思想政治教育实践活动来看，思想政治教育教学、领导、组织与治理实践等涉及多学科知识，需要掌握语言学、心理咨询、教育方法等技能与方法。总之，推进多学科交叉研究是推动思想政治教育学科建设与做好思想政治工作的有效途径，能够拓展学科研究视野和提升实践工作能力。

（三）思想政治教育交叉学科的学科逻辑

交叉学科能够为思想政治教育学科研究提供新的研究视角、研究方法、思维方式和知识依据。从学科交叉研究的应然逻辑来看，学科分化与整合成为重要研究趋势。学科在不断分化深化我们对学科研究对象和发展规律的认识的同时，学科分化过于细化及相对固化也会影响我们应对日益综合性、复杂性、多样性社会现实问题的认知能力，影响对系统整体的认识，正所谓“只见树木，不见森林”。沈壮海指出：“思想政治教育学的

---

① 陈秉公：《21 世纪思想政治工作创新理论体系》，长春，吉林人民出版社 2000 年版，第 1 页。
② 余仰涛：《思想政治工作学研究方法论》，武汉，武汉大学出版社 2006 年版，第 10 页。

综合性是由社会主流意识形态发展变化、人的思想政治素质形成发展的高度复杂性，决定了思想政治教育学的建设与发展，必须有开阔的学术视野、广博的学术积累，充分吸纳哲学社会科学、自然科学相关学科领域的知识和方法。”①思想政治教育学具有综合性与开放性、理论性与应用性、继承性与创新性相统一的特点。刘建军也指出，“思想”“政治”“教育”，每一个都是独立的一级学科建设，分别对应着哲学、政治学、教育学，而思想政治教育学则是三者的合一②，因而需要综合吸收、借鉴和应用多学科知识和方法来推动学科理论体系和分支学科体系的发展。思想政治教育学的交叉性基本特征“是派生式而非本源式、内涵式而非外延式、域内式而非边界式、局域式而非覆盖式、跨学科而非超科学交叉”③。从唯物史观的角度来看，思想政治教育学科作为思想的上层建筑，受制于生产力和经济基础这个根本因素，因而学科建设与发展受社会生产和生活实践的决定，在内容与方法上受多学科知识聚散与共享、学科整合与分化趋势的影响，在工作模式和方法上受社会主要矛盾变化和思想行为发展规律的制约。需要在马克思主义理论指导下，既要吸收和融通应用社会学、心理学等相关学科理论与方法，又要吸收借鉴现代信息技术、行为科学等相关学科发展中的知识和方法，研究思想政治教育学科交叉和交叉学科创新问题。

从内生动力来看，思想政治教育学科交叉研究范式形成的内生动力包括教育需求驱动力、学科矛盾驱动力和学术研究驱动力。第一，从教育需求驱动力来看，思想政治教育学科理论与一些新兴学科交叉融合进展相对缓慢，学科交叉和交叉学科建设程度还不够充分和深入。随着技术、工具的革新和赋能，社会形势变化、知识更新迭代形势需要思想政治教育学科发展必须谋求多学科融合和交叉学科建设。思想政治教育学科理论吸收心理学、人学、行为科学等知识形成了关于思想与行为变化规律的思想政治教育心理学；吸收哲学、教育学、政治学、社会学等知识体系形成思想政治教育哲学、思想政治教育社会学；吸收领导科学、人才学、管理学及系统科学等知识体系，形成了思想政治教育管理学等分支学科。第二，从学科发展存在的现实问题来看，学科建设面临“尴尬”“危机”“困境”，较为突出的有学科边界不清、研究对象模糊、原理范畴和研究方法论等层面

① 沈壮海：《新编思想政治教育学原理》，北京，中国人民大学出版社2022年版，第12页。
② 刘建军：《寻找思想政治教育的独特视角》，北京，中国人民大学出版社2017年版，第173页。
③ 宇文利：《论思想政治教育学的交叉性》，《思想理论教育导刊》2009年第8期。

缺乏权威共识等。这都与思想学科发展中交叉研究应用狭窄化密切相关。思想政治教育学科问题本身的复杂性、交叉性等特征决定了问题解决亟须突破单一的学科界限，借鉴吸收人文社会科学和自然科学的研究方法来促进思想政治教育交叉学科发展。第三，从学术研究驱动力来看，当前思想政治教育学科交叉研究整体上的研究乏力，不仅表现在相关文献数量有限，更表现在研究内容单薄、研究深度不足、研究论域模糊等。学科交叉研究需要以研究内容的扩充、研究论域的廓清、研究方法的丰富、研究力度的增强等来深化，不断实现思想政治教育学科交叉研究的致思理路新发展。思想政治教育学科交叉研究范式形成的依据之一就在于其交叉性的学科特质，决定思想政治教育学科交叉研究必须形成在本学术领域内被人们广泛认可、遵循并使用的学术研究模式。

（四）思想政治教育学科现代性建构的实践逻辑

随着互联网信息技术的迅速发展和智能时代的现代性双重影响，把握思想政治教育现代化建构的复杂性背景成为学科交叉发展的应有之义。思想政治教育实践工作是在资本逻辑、科学技术、大众文化和消费思潮涌动复杂现代性语境下开展工作的，如人工智能背景下的法律、伦理、道德、风险等问题就涉及人的思想与行为观念变化的重大问题的研究，需要多学科协同研究。思想政治教育学科交叉研究成果转化与应用并非单一的“成果—实践”的线性关系，而是涉及包括影响因素、过程、效应、进路等在内的系统工程。然而当前思想政治教育学科交叉研究成果转化存在不及时、不充分、不准确和不完善等问题。研究成果转化不足的表象背后暗含着成果质量欠佳、课题成果混用、转化方式单一等问题，这更应引起人们的反思。因而，思想政治教育学科共同体需要将思想政治教育提升到党治国理政战略高度，开展学科交叉研究，引入多学科的理论资源和知识依据，有效整合与融入创新，丰富和充实思想政治教育理论与实践知识结构，围绕立德树人这个根本任务探索形成多学科交叉融合的学科体系、学术体系、人才培养体系建设。

四、思想政治教育学与系统科学交叉研究的个案创新

从人类思维方式的历史发展演变来看，无论是东方还是西方，都广泛

运用古代朴素的整体思维方式，重视整体地认识和处理问题，东西方哲学思想中将朴素的整体思想以朴素辩证法的形式表现出来。随着现代科学的迅速发展，具有还原论意蕴的分析思维方式以分解为特征，假定事物由原子、单元构成，原子、单元的性质决定事物整体的性质，强调运用解剖和分析方法，把一个整体分解为各个部分，对事物的局部和细节认识深刻，具有明显优势。通过这种现代科学的分析思维方式建立起来的工业文明，在世界范围内占据了支配地位，但这种"只见树木，不见森林"的分析思维方式由于缺乏对整体与部分关系的辩证思维，无法考察事物的全貌和整体性质。这种只考察部分、不考察整体的分析思维也不是系统思维。"只见森林，不见树木"的朴素整体思维方式不适应现代复杂性和大型社会的系统需要，"只见树木，不见森林"的还原论分析思维方式同样也不能把握社会巨系统的整体性，两者都是非系统思维，尚未形成系统的分析方法，更谈不上形成系统思维新范式。

"系统思想是进行分析与综合的辩证思维工具"。[①] 系统思维以马克思主义普遍联系原理为基础，分析思维对象内部结构的整体性和层次性，吸收和运用现代系统科学方法，整合辩证思维方法，强调事物诸要素之间的联系与系统性功能的发挥，把握整体与部分辩证关系。从整体论方法意义的朴素整体思维到近代还原论方法意义的分析思维方式推进，再到现代系统论方法意义的系统思维方式历史嬗变，人类思维方式不断实现与时俱进的现代性转换，对于人们的理论研究和实践推进具有重要方法论指导意义。总体而言，系统思维方式超越了古代朴素的整体思维方式和形而上学的分析思维方式，不仅弥补了以往的朴素整体思维方式和形而上学的分析思维方式的不足，而且极大地推进了辩证思维，是整体思维与分析思维的辩证统一，形成"系统"这个新的科学思维范式而产生的思想和世界观的重新定向。

思想政治教育系统分析是运用系统思维指导学科系统分化与整合的必然要求。从系统整体来思考问题，分析思想政治教育系统与社会系统条件、互动关系，"辩证地分析其整体与部分、结构与功能、信息与组织、控制与反馈、系统与环境等关系"[②]，推动思想政治教育系统内部化与外部化建设。从学科发展维度来看，通过系统分析能推动实现思想政治教育学科子

① 钱学森：《论系统工程：新世纪版》，上海，上海交通大学出版社 2007 年版，第 39 页。

② 侯勇：《论思想政治教育系统思维转型》，《思想教育研究》2012 年第 3 期。

系统协同，推进思想政治教育学科交叉研究和学科专业建设一体协同、研究思路与研究方法协同、学科建设与学术共同体发展协同。要树立系统整体思维方式，从整体上认识思想政治教育系统，树立系统层次思维，运用分析与综合统一，从内部深入考察思想政治教育系统，从领导体制到工作机制，从队伍建设到制度建制，从教育过程到考核评估，突出思想政治教育系统主体、理念、制度、设施、组织、情境等要素，加强组织工作、宣传教育、人才队伍、文化建设、管理服务、制度建设等保障体系建设。

（一）思想政治教育学科系统分析的研究论域

20 世纪 20 年代，奥地利学者贝塔朗菲首先研究提出系统科学的思想，并于 1945 年发表了《关于一般系统论》，为系统科学的体系提供了一个初步设想后，系统科学迅速发展形成一门新的科学。钱学森对系统科学做了大量的研究，自 1979 年以来提出了很多独到的见解。系统科学作为一门以系统为研究对象的复杂综合性科学，无论是广义上还是狭义上，都包含了丰富的内涵，对思想政治教育系统的发展都具有重要意义。

通过对现有文献资料的梳理，大胆将思想政治教育系统研究的历史概括为两个主要阶段。一是思想政治教育系统研究的科学化阶段。关于思想政治教育系统的研究始于 20 世纪 80 年代后期，这一阶段的研究属于“未展开深入学理剖析”的萌芽阶段。20 世纪 70 年代至 80 年代，系统科学在多方面得到广泛运用，愈发激发了思想政治教育学者运用系统科学阐释本学科的激情。通过在中国知网检索并筛选这一阶段的相关文献，梳理发现这一阶段还是简单地运用系统论视角来审视思想政治教育学科建设，承认思想政治教育（工作）是一个系统存在，但未深入运用系统科学理论方法进行相关研究。1986 年出版的由陆庆壬主编的《思想政治教育学原理》专辟一章“思想政治教育的系统管理”，从系统工程的特性和社会主义事业的关系上阐述了思想政治教育的系统决策、信息获取、管理机制和信息反馈等问题，是思想政治教育学与系统科学进行交叉研究的重要成果。二是思想政治教育系统研究的学科化阶段。思想政治教育与系统科学交叉研究趋势日益引发关注，学界开始自觉开展思想政治教育学与系统科学的学科交叉专题研究。这一阶段，学科注重从系统科学中援引知识资源，促进思想政治教育科学化的发展。1989 年出版的由田曼琦和白凯主编的《思想教育系统工程学》作为国内专门研讨思想教育系统问题的最早著作，对新时期思想政治教育的科学化进行了有益探索。与此同时，不少学者尝试从系统组分、结构等视角来阐释思想政治教育系统存在，进一步深化思想政治教育与系统科学的交叉，深入推进思想政治教育系统的研究，注重对系统科学理论的溯源、系统思维方法的运用、系统辩证方法的使用。比较典型的代表著作有侯勇著的《社会视野中的思想政治教育系统研究》、吴满意等著的《网络思想政治教育生态系统研究》、郭绍均著的《思想政治教育学科系统研究》等。从目前所及资料来看，对思想政治教育学科系统分析的研究论述形成以下代表性观点。

第一，系统的要素分析。围绕思想政治教育学科系统的要素研究成了思想政治教育学科系统研究的起点和热点。关于思想政治教育学科系统要素的观点存在“四要素说”[①]“五要素说”“六要素说”[②]“七要素说”[③]“八要素说”[④]“十要素说”[⑤]等，无论哪一种观点都存在一定的争议，但“四要素说”的认同度最高。

第二，系统结构分析。围绕思想政治教育学科系统结构分析是研究热点。关于思想政治教育理论结构，秦在东为揭示其现代性意蕴，“对思想政治教育学的逻辑起点、知识体例、学理功能和理论品质等微观理论结构现象进行了深层次、细致地探究”。关于思想政治教育内容结构，熊建生将其理解为由“基础性内容”“主导性内容”“拓展性内容”构成的体系；张建晓等提出“思想政治教育内容结构可以理解为由主导内容、基础内容、通识内容等组成的结构体系”。关于思想政治教育价值结构，王丽等分析了价值结构系统的构成要素、各要素之间的组合排列方式以及各构成要素所处的位置和作用。关于思想政治教育知识及结构，秦在东认为思想政治教育学科知识系统除了传统的“原理”“史论”“方法”3个组成部分之外，实际上应该包括“教育学系统、价值学系统、接受学系统、管理学系统、技术学系统”。

第三，思想政治教育学科理论系统分析。陈秉公认为，“学术研究主体对整个学科基本理论进行的系统整合”。关于思想政治教育学科理论体系，张耀灿认为，学科理论体系包括“主干学科和基本研究与应用的分支

① 张耀灿、郑永廷、吴潜涛、骆郁廷等：《现代思想政治教育学》，北京，人民出版社2006年版，第236~240页。

② 沈壮海：《思想政治教育有效性研究》，武汉，武汉大学出版社2001年版，第68~106页。

③ 朱燕、吴连霞：《浅析思想政治教育要素的构成》，《前沿》2005年第12期。

④ 叶雷：《思想政治教育要素新论》，《前沿》2004年第6期。

⑤ 田曼琦、白凯：《思想教育系统工程学》，北京，人民出版社1989年版，第13~16页。

学科”[①]。陈清、孙其昂认为，思想政治教育学科同时是社会学术共同体，也是一个系统，具有系统的特征，要正确处理要素把握与系统把握、自然阶段与自觉阶段、历史传统与现代发展的关系，提出“通过理论建构、理论反思和理论创新推动知识生产构建思想政治教育理论体系的自觉”[②]。可见，思想政治教育学科作为系统存在的认识已成为学界的主流观点，推进思想政治教育学科系统的理论分析研究成为重要研究论域。

第四，社会系统分析。思想政治教育社会系统研究经历了从萌芽、借鉴到融合的主要阶段，研究成果颇具规范。孙其昂著的《社会学视野中的思想政治工作》论证了思想政治教育社会学的分支学科知识体系建构问题。思想政治教育社会学是思想政治教育主干学科分化和学术范式研究的转型。简言之，思想政治教育社会学是思想政治教育系统发展转型升级的需要，将思想政治教育社会学的问题意识视为一个系统，并将理论研究层面问题意识、实践层面问题意识和学科建设层面问题意识归纳为其 3 个要素，社会系统分析视角的引入拓展了思想政治教育学与系统学科交叉的研究内容与研究方法。

第五，生态系统分析。学界从事实层面对思想政治教育生态系统的基础性进行分析，并从理论建构层面对思想政治教育生态系统进行分析。戴锐将思想政治教育生态“分为宏观圈层与微观圈层两方面”[③]。邱柏生认为：“微观角度看高校思想政治教育本身是一个生态系统，中观角度看高校思想政治教育又是高等教育生态中的一个子系统，宏观角度看高校思想政治教育更处于社会环境大生态中。”[④] 胡华强等提出“提升思想政治教育资源承载力、提高思想政治教育环境承载力以及扩大思想政治教育生态系统弹性力”[⑤]。袁翔等“从教导子系统、引导子系统、过程子系统和联动子系统四个方面探索重构高校思想政治教育‘微’生态系统的相关问题”。[⑥] 杨增岽强调整合高校校园生态环境，即“由学习性的生态环境、生活性的生

---

① 张耀灿：《思想政治教育学科理论体系发展创新探析》，《学校党建与思想教育》2007 年第 5 期。

② 陈清、孙其昂：《思想政治教育自觉的理论探析》，《思想教育研究》2021 年第 3 期。

③ 戴锐：《思想政治教育生态论》，《理论与改革》2007 第 2 期。

④ 邱柏生：《高校思想政治教育的生态分析》，上海，上海人民出版社 2009 年版，第 2 页。

⑤ 胡华强、王国聘：《思想政治教育生态系统承载力研究》，《东北师大学报（哲学社会科学版）》2018 年第 6 期。

⑥ 袁翔、吴敏：《高校思想政治教育“微”生态系统重构》，《中国青年社会科学》2019 年第 5 期。

态环境、文化性生态环境、管理服务性的生态环境”[①]，对思想政治教育对象的思想、行为进行引导、规范和约束，为思想政治教育学科交叉研究提供重要启示。

第六，大学生思想政治教育系统分析。实践层面对大学生思想政治教育系统分析受关注程度更高。陈坚良认为：“由科学控管系统、组织实施系统、信息反馈系统、评价激励系统、保障系统等构成。”郑永廷提出提升大学生思想政治教育质量的理论，“主要有大学生思想政治教育价值认同论、整合论、特色论、博弈论”。陈中建认为构建和创新德育体系，以系统工程的方法研究高校德育在社会转型和世界巨变的新时期，对于提高高校德育实效性很有必要。[②]赵哲等认为，高校思想政治教育系统是“集知识教育、道德教育、政治教育等为一体的复杂庞大的复合系统”。吴林龙认为：“系统化是深化学生思想政治教育认识的必然要求。”可见，大学生思想政治教育系统分析已成为重要研究论域，特别是近年来“大思政”“大中小学思政课一体化”“三全育人”等思想政治教育系统实践成为其鲜明实践呈现。

第七，思想政治工作体系分析。这一研究向路接续大学生思想政治教育系统论研究，并主要从体系内涵、结构、逻辑、问题与对策等维度分析论证，力图提升思想政治教育工作体系的实效。刘志分析了构建高校思想政治工作体系的内在逻辑；分析体系构建的突出瓶颈在于“协同育人”观念更新的需要与“各司其职”思维惯性之间的矛盾冲突、“德才并育”双线能力的需要与“育德能力”提升缓慢之间的矛盾冲突以及“绩效评价”革新动力的需要与“育人效能”难以划分之间的矛盾冲突[③]。沈壮海通过分析影响思想政治工作实效的孤岛、条块、片面、脱节、隔膜现象等问题，提出“体系化是新时代高校思想政治工作加强改进、创新发展的着力点”。朱平提出构建高质量高校思想政治工作体系，既需要有“三全育人”的外部协同体系，更需要“强身健体的制度体系”。

（二）思想政治教育学科系统分析的价值意蕴

通过梳理可以看出，思想政治教育学科系统研究得到了学界广泛关注，并在研究过程中形成了以下特点。

---

① 杨增岽：《思想政治教育生态分析引论》，北京，中国社会科学出版社 2015 年版，第 202 页。

② 陈中建：《对高校德育系统工程研究的思考》，《江苏高教》2014 年第 5 期。

③ 刘志：《高校思想政治工作体系构建的瓶颈及超越》，《思想理论教育》2019 年第 12 期。

第一，促进了对思想政治教育本质的揭示。思想政治教育学科也是系统存在、变化、发展着的。思想政治教育系统研究的主题多样多元，既对思想政治教育经验总结和理论建构具有重要意义，又有利于丰富和拓展对思想政治教育系统的研究深度和广度。学界关于思想政治教育学科研究的视角各异，但从系统科学的视角进行系统研究，是认识思想政治教育系统、揭示思想政治教育本质的关键。从系统生成的角度对思想政治教育系统进行研究，是对思想政治教育要素、结构和环境等进行深入研究的前提。面对人类社会、人类主体、人类思维的复杂性，揭示思想政治教育本质也变得更加复杂，擅于转变思维方式，开始从系统存在、生成、构成、维生、演化和消亡的整体过程探析思想政治教育学科系统的政治性本质规定和意识形态性本质属性。

第二，推进思想政治教育学科系统整体性研究。系统科学强调整体推进，因此，研究者注重从视角的多样性、主题的丰富性、方法的灵活性等来努力彰显对思想政治教育系统研究的系统性。研究视角的多样性主要体现在研究者们已能够自觉有意识地用多学科视角对思想政治教育系统进行解读和升级；研究主题的丰富性主要体现在研究者能将思想政治教育系统分解为理论子系统、学术子系统和工作子系统，并对三层级系统进行深入研究；方法的多样性主要体现在思想政治教育作为一个开放的系统，也能在系统化研究过程中，为更深刻地研究提供不同的研究方法，促进思想政治教育学科创新发展。

第三，推动思想政治教育学科理论与实践同向同行发展。研究者们清楚地意识到系统科学强调整体推进，但并不是主张用全面论代替重点论。弄清思想政治教育学科的要素、结构、环境等分析是研究思想政治教育学科系统的前提。对思想政治教育系统的研究能够较准确地识别出重点研究领域，即三大基本问题领域，并聚焦研究力量对其进行深入的探索，将思想政治教育系统置于社会巨系统中进行动态考察，为拓展思想政治教育学科系统研究提供了基础。

（三）思想政治教育学科系统分析的理论贡献

学科交叉和交叉学科研究能够有效推进思想政治教育工作进入多研究思路、研究视角、研究方法、研究模式的时代。思想政治教育学科系统的内部结构、功能已不能适应复杂多变的外部环境，思想政治教育学科的系统发展滞后于社会结构转型，遭遇现代性挑战，系统科学为思想政治教育系统理论和实践研究提供一种新的视角。

1. 拓展思想政治教育理论体系的研究

我们身处的社会系统是一个混合体，“是由一个人类理性的活动集合（人类活动系统）与另一个发生在群落中的关系集合（自然系统）共同缔造而成”①，而思想政治教育学科系统与社会系统的互动关系、相互作用更加明显。由于思想政治教育学科系统的复杂性，不得不将思想政治教育学科系统分解进行单独考察，随之理论结构不断深入、知识结构不断分化、价值结构不断变动，因此，在高度分化与整合、相互区别而又重叠的多学科知识领域间展开研究是学科发展的应然逻辑。思想政治教育学科理论体系构建和升级是与时俱进地系统总结历史经验和新鲜经验的成果，把握思想政治教育系统要素、结构新特点，必须认清思想政治教育学科与多学科知识的关联性、相融性和互补性，夯实思想政治教育学科理论体系研究基础。

2. 形成思想政治教育学科系统分析方法

系统研究已成为系统科学、社会学、教育学、德育学等多学科交叉研究和科际融合的重要表征。马克思主义关于整体的思想、普遍联系的观点、辩证思维方法都蕴含着系统论思想，为思想政治教育学与系统科学交叉研究奠定方法论基础。思想政治教育学科系统是一个复杂而开放的大系统，邹绍清提出“其构成的要素、子系统之间具有非线性的、模糊的、动态的、复杂的层次结构”。运用系统论方法来研究思想政治教育问题，将整体论、还原论和融贯论统一起来，深化对思想政治教育系统与要素、结构与功能、系统与环境等研究。

3. 推进思想政治教育学科整体性研究

推进思想政治教育学科整体性研究，就是要坚持着眼整体而关照部分、统揽全局而呼应局部的辩证系统思维。运用系统思维推进思想政治教育，是应对复杂的人、综合的教育和变化的环境的必然之举。社会的复杂性表现为社会关系的不断发展变化，“人”作为人类特有实践活动思想政治教育的核心要素，置身于社会关系中的人的复杂性也是随着社会关系的发展变化而不断发展变化。思想政治教育学科的主体和对象从来都不是孤立的个体，割裂或静态地研究容易犯形而上学的片面错误，必须树立“关

---

① ［英］彼得·切克兰德：《系统思想，系统实践》，闫旭辉译，北京，人民出版社2018年版，第120页。

系性思维”，既注重各种关系之线的交集，即微观具体的个人；也注重各种关系之线编织而成的网络，即宏观的社会关系总和。更进一步地看，思想政治教育是阶级属性鲜明的社会性活动。推进思想政治教育整体性研究，就必须要关注置身于不同经济关系、从属于不同社会阶层、被赋予了不同政治地位的社会结构中的人，通过把握思想政治教育整体性透视社会关系复杂性。因而在这种意义上，要树立整体性视野，推动思想政治教育的现代化、现代转型与现代发展。

4. 提升思想政治教育学科系统研究效能

系统不是囫囵整体，系统研究也不是囫囵整体研究，提升思想政治教育系统研究实效必然要强调整体性、全面性和系统性。运用系统思维分析思想政治教育系统研究，必须使整体、全面与部分、重点达到辩证统一，把过程导向和效果导向有机统一。思想政治教育系统理论与实践不断与时俱进是毋庸置疑的事实，但就是在这种对思想政治教育系统认识和实践的掩盖下存在问题被遮蔽的现象，丧失对重点问题的进一步追问甚至缺失求解的精神。对“思想政治教育系统是什么”这个前提性追问和核心问题，不管是经验总结范式还是理论建构范式研究，都在某种程度上对这个问题存在着集体性“失语”。因此，对“思想政治教育系统是什么”的解读和研究亟待深化。

五、推进新时代思想政治教育学科交叉研究范式创新

思想政治教育学作为一门实践性、应用性、综合性、交叉性的中国特色的社会科学，“具有科学性与意识形态性辩证统一、服务性与基础性辩证统一、相对独立性与广泛渗透性辩证统一、主体性与客体性辩证统一”[①]的特点，必须借鉴吸收多学科理论知识和方法，形成多学科交叉融合，以推进思想政治教育学科的科学化建设与学科化发展。

（一）理论研究与现实问题研究一体推进

理论研究与现实问题研究是思想政治教育学科交叉研究两个既相互联

① 张耀灿：《深化对思想政治教育学科特点和研究方法的认识》，《学校党建与思想教育》2019年第23期。

系又有区别的研究起点，缺一不可。

第一，一体推进理论基础和基础理论研究。思想政治教育学科交叉研究是思想政治教育学整合升华的必要过程，思想政治教育交叉研究者必须坚持以理论基础为指导，以基础理论研究为主体，注意“研究对象的相关性、价值目标的共向性、实践问题的交融性”[①]，推动思想政治教育学科不断深化、整合、升华，并由此激发思想政治教育学科交叉以现实问题研究为起点。思想政治教育工作是一项复杂的系统工程，要解决的问题也是综合的、复杂的问题。从宏观维度来看，思想政治工作体系包含着理论基础（马克思主义理论作为理论内容同时作为指导思想而存在）和思想政治教育“史、论、方法、比较”等知识内容体系，包括具体的知识体系、知识生产、知识传播等。从中观维度来看，思想政治教育工作体系涉及具体的课程体系、教材体系、教学体系、人才培养体系等体系化、制度化空间存在。从微观维度来看，思想政治工作体系涉及具体的意识形态政治实践活动体系化运行，涵盖主体、客体、载体、内容、方法等基本要素。因此，推进思想政治工作创新要紧紧围绕立德树人和铸魂育人的根本任务，在“十大育人”体系上下功夫，通过提升学科知识生产和知识应用能力，增强解释力和影响力。

第二，提升社会解题能力和服务治国理政能力。思想政治教育学的研究对象是发展着的人及其变化着的思想，必须把这些复杂且影响人的思想行为变化的内外部因素考虑在内，而这些复杂的因素并不是仅仅依靠单一学科的“内在逻辑”就能解释清楚和阐释明白的。因此，思想政治教育学科交叉研究存在的必然性和合理性要求必须以现实问题研究为起点，坚持问题导向和目标导向，整合自然科学和人文社科等多学科的知识和原理范畴体系，通过学术共同体的共同努力，解决回应社会解题能力不足的问题。中国特色社会主义进入新时代，世界百年未有之大变局与中华民族伟大复兴全局相互激荡，世界多极化深入发展，保护主义、民粹主义等思潮不断抬头，逆全球化思潮的“回头浪”风起云涌，作为承载意识形态功能的思想政治教育工作和学科建设，面临着双重机遇与挑战。在更加不稳定不确定的世界中谋求新发展格局，推动高质量发展，满足人的全面发展和人民美好生活的多重需要，迫切需要发挥中国特色、中国气派的思想政治

---

① 陈宗章：《思想政治教育学科交叉研究的“三个自觉”》，《学校党建与思想教育》2021 年第 1 期。

教育学科功能，关注人的思想观念、价值理念和政治认同，引导社会主流意识形态认可，推进思想政治教育学科交叉研究回应社会现代性变迁出现的各种问题。思想政治教育学科建设必须要有战略思维和大局意识，在变局中谋划全局、立足全局、应对变局，推动思想政治教育学科与多学科之间的交叉融合，更好地发挥思想政治教育学科的价值共识、价值认同、价值引领作用，更好地回应社会现实热点和难点问题。

（二）学科交叉研究与交叉学科建设“一体同构”

思想政治教育学科交叉研究需要引入其他学科，通过吸纳多学科的思维方式、理论和方法论，改良思想政治教育的知识“基因”，在全新的知识条件下塑造思想政治教育的学术性格，这一过程就体现了学科建设与学科交叉研究是相互塑造、相互支持的“一体同构”关系，即学科建设为学科交叉塑造前提，学科交叉“反哺”学科建设。

第一，推进思想政治教育学科交叉研究。随着社会现代化进程不断深入，人民日益增长的美好生活需要对思想政治教育工作提出了更高的要求，新方位新矛盾新目标凸显了思想政治教育学科研究、使命任务、功能价值等新要求新变化。仅靠单一的思想政治教育学科视野必然具有很大局限，需要从多个视角，利用多元的知识、采取交叉思维的方式，推进交叉学科研究。“思想政治教育不会掩盖或者故意回避对相邻基础性学科的借鉴”[①]，思想政治教育学科必须重视与其他人文、社会学以及自然学科的交叉、渗透。从学科交叉研究具体的过程来看，至少包括 3 个阶段：第一步是对学科交叉基本概念进行借鉴，主要建设过程是“学着说”；第二步是对学科交叉的理论观点、原理范畴的移植、嫁接或渗透，完成“从无到有”的阶段，处于“从有到优”的阶段；第三步是学科交叉研究方法进行借鉴、应用并解决现实问题，呈现出“自主做”的状态。思想政治教育学科亟须与其他相关学科进行交叉渗透与借鉴融合，形成思想政治教育交叉学科和交叉学科群，提升思想政治教育学科的科学化建设水平和能力。从研究方法论视野来看，思想政治教育学科与自然科学、人文科学、社会科学的研究方法融合趋势明显，但仍然没有形成体系化的研究方法论。更甚者将思想政治教育学科交叉研究方法与思想政治教育研究方法简单等同，进行简单移植、套用和混用。思想政治教育学科交叉研究本身就涉及多学

① 刘学坤：《论思想政治教育知识形态的现代转型》，《甘肃理论学刊》2016 年第 1 期。

科研究方法，需要整合这些研究方法，“通过与语言学交叉，为思想政治教育话语创新发展提供路径依循；通过与传播学交叉，为构建思想政治教育场域提供方法指导；通过与网络信息技术学交叉，为网络思想政治教育创新发展提供可行空间；等等”[①]。通过学科交叉研究的方式形成思想政治教育交叉学科群，将多学科研究方法从杂乱的零散状态升级到有序的集中状态，并在不断地发展中尝试建构思想政治教育交叉学科和学科交叉的研究方法论体系。

第二，推进思想政治教育交叉学科生长。基于学科自觉意识，在思想政治教育学科交叉研究的基础上，推动思想政治教育交叉学科建设，这是合乎思想政治教育学科交叉研究规律性和契合其发展趋势的。“最深意义上的交叉在大学科群之间发生，如自然科学与社会科学、哲学与专门科学、横断科学与专门科学之间的交叉。它们大多藉助于方法的移植和方法论的提炼与运用来实现。”[②]思想政治教育需要打破传统学科壁垒，以大学科视野推进学科之间的交叉融合。孕育生成思想政治教育交叉学科需要的大量基础性、前提性的研究基础，既需要坚守学科立场和学科自觉，又必须发挥交叉性，积极参与多学科的对话与融合，通过思想政治教育交叉学科群建设“反哺”思想政治教育学科建设。一方面，思想政治教育学科交叉研究要坚持独立自主、理论自觉，围绕思想政治教育学科体系建构与理论创新的核心，创新思想政治教育学科的思维方式和研究方法，以与其他相关学科的交叉、渗透，推动学科交叉融合、概念范畴的相互借用、方法论的移植渗透，充分吸取其他学科的知识、理论、思维方式和研究方法的“养分”，在此基础上形成思想政治教育交叉学科和交叉学科群。[③]另一方面，推进思想政治教育交叉学科和交叉学科群的建设助力思想政治教育学科建设，使思想政治教育的理论资源更加丰富、学科基础更加坚固、学术范围更加开阔、学术共同体更加庞大，也在此基础上不断推进思想政治教育学科系统性、整体性、时代性创新与发展的实现。

（三）交叉意识与边界意识辩证统一

推进思想政治教育学科交叉研究，研究主体必须保持强烈的学科交叉意识和清醒的学科边界意识。研究主体的交叉意识是对知识爆炸伴以现代

---

① 郑敬斌：《思想政治教育学科交叉研究的现状评价》，《学术论坛》2020 年第 5 期。

② 叶澜：《教育研究方法论初探》，上海，上海教育出版社 2014 年版，第 248 页。

③ 董雅华：《思想政治教育哲学问题研究》，上海，复旦大学出版社 2019 年版，第 214 页。

社会的复杂性和差异性增长对思想政治教育创新发展抛出严峻考验的一种反应；研究主体的边界意识则是维护思想政治教育学科属性、进行学科交叉研究必须树立的一种学科自觉意识。在拓展交叉意识的基础上牢记边界意识，在坚持边界意识的前提下树立交叉意识。

第一，树立学科交叉意识。思想政治教育是一个系统，其包含的知识体系具有整体性和系统性，人为地精细划分将会对这一本质特征产生负面效应，必须树立学科交叉意识，并在此基础上形成系统的学科交叉思维。一支稳定的研究队伍是思想政治教育学科交叉研究成果高质量产出的基础条件，这既表现在研究者数量持续稳定的增长，也表现在研究者素质持续稳定的增强。综观当前的研究队伍，一方面，从事思想政治教育学科交叉研究者的数量还远远不够，研究者是指长期从事交叉研究活动的“专注者”，而非浅尝辄止、仅产出屈指可数成果的“兴趣者”。之所以缺乏专注者，究其根本原因就是研究者本身缺乏交叉意识，没有长期系统地进行交叉研究的自觉性。另一方面，当前思想政治教育学科交叉队伍人才的综合素质还有待进一步提升。思想政治教育学科交叉研究是一项综合性极强的科研活动，它要求研究者必须树立强烈的学科交叉意识、扎实的思想政治教育知识以及相关学科的专业知识等。但从当前的研究成果来看，不乏出现一些研究者交叉意识不强，自说自话，甚至有在缺乏相关理论基础的情况下机械套用、简单移植、生搬硬套的错误倾向。

第二，树立学科边界意识。思想政治教育学的综合性和交叉性极为突出，但这种专业特性并不能无视和抹煞其学科边界性。“在思想政治教育学科建设中学科边界不清、学科交叉混乱的现象屡见不鲜，应当正确厘定思想政治教育学科建设的学科边界和学科交叉。”[①] 要树立学科本位意识，“即‘以解决思想政治教育学科问题为本’‘以思想政治教育专业化的学科逻辑为本’‘以服务思想政治教育学科建设为本’”[②]。“要坚守思想政治教育的学科特质，不能简单地‘借船出海’、‘借鸡下蛋’，更不能‘种了别人的田、荒了自己的地’。”[③] 多数研究者已形成共识，即以新的理论增长点夯实学科地位，形成学科规范，达到有效破解思想政治教育发展难题的阶段。从学科归属、内容本质、研究方法、研究目标等维度正确理解和

① 郭绍均：《论增进思想政治教育学科建设的学科自觉》，《湖北社会科学》2016 年第 8 期。

② 叶方兴：《论思想政治教育学科交叉研究中的“学科本位”意识》，《学校党建与思想教育》2021 年第 1 期。

③ 冯刚：《交叉学科视野下思想政治教育的创新发展》，《思想理论教育导刊》2011 年第 11 期。

把握思想政治教育学科边界，进而解决思想政治教育学科交叉研究中模糊边界的错误，并在此基础上树立自觉的思想政治教育学科边界意识。从学术研究来看，要秉持思想政治教育学科特质与学科逻辑的立场，明确思想政治教育学科研究对象和研究范畴、学科规范和研究方法、思维方式和运作机理，建构新的思想政治教育基础理论框架和知识体系。从实践工作来看，要通过转变人的思想进而引导和规范人的行为，以立德树人、促进人的全面发展彰显自身的价值。值得强调的是，研究者要谨慎边界意识的僵化，因为“只强调独特性的学科建设会愈发封闭、孤立，失去与其他学科沟通、对话的机会，最终走向式微或衰落”[①]。

（四）学科原则与运行机制相辅相成

构建思想政治教育学科交叉研究成果评价体系是对交叉研究过程和规律的再审视，是继续推进交叉研究成果积累发展的必要审查，也是科学全面实施学科交叉研究的保障措施、衡量标准和反馈机制。思想政治教育学科交叉研究成果评价体系构建的前提是要确立科学的评价基本原则和系统公正的评价机制。

科学的思想政治教育学科交叉研究成果评价的基本原则必须包括 3 点。一是科学性原则。思想政治教育学科交叉研究成果具有广泛性、复杂性、综合性等特点，科学的评价是首要的原则，它也是思想政治教育学科交叉研究价值实现导向的原则。“警惕学科交叉中单一西方学科朝向以及存在的意识形态导向问题，在坚守马克思主义学科导向前提下实现兼容并包。”[②] 二是过程性原则，或称之为动态性原则。对于思想政治教育学科交叉研究成果的评价，不应仅局限于对最终成果的评价上，也应该包括对研究过程、研究方法、研究目的等因素的评价。评价的目的是要促进思想政治教育学科交叉研究的深入发展，在研究的过程中设定相应的指标，既考虑方法手段的合理性，也考虑内容的适切性，有利于引导最终研究目的的实现。三是预见性原则。评价是一种方法，不是目的。要善于发挥评价的预见性功能，在研究过程中发现问题，指导并帮助研究者修正交叉研究发展过程中错误的方向；在研究成果中区分优劣，筛选出有价值的成果，以促进研究成果向实践转化的效率。

---

① 孙清华：《跨学科视阈下思想政治教育基础理论创新的机遇与要求》，《思想理论教育》2019 年第 8 期。

② 祝大勇：《思想政治教育学科交叉发展趋势探析》，《学校党建与思想教育》2021 年第 1 期。

系统公正的运行机制是思想政治教育学科交叉研究成果评价的规范模式。一是要推动思想政治教育学科交叉研究成果评价机制综合化以体现系统性。思想政治教育学科交叉研究本就是一项综合性的学术活动，形成综合化的成果评价机制不可或缺。综合化的成果评价机制应该包括评价主体的多元化、评价内容的全面化、评价方式的多样化等。需要建立思想政治教育学科制度建设、组织运行管理、学术资源配置、学术交流平台等其他子系统之间非线性的相互作用。二是要推动思想政治教育学科交叉研究成果评价机制差异化以体现公正性。面对复杂性、整体性、多变性对象，单一的评价体制显然是不适用于思想政治教育学科交叉研究成果评价的，公正的评价机制应该是在统一性基础上的差异性。要以实现人的现代化为核心，尊重思想政治教育学科交叉和交叉学科的客观发展规律和学科价值，既从思想政治教育这门学科出发，也将不同学科不同的发展方式考虑在内。三是要推动思想政治教育学科交叉研究成果评价机制的国际化。学科交叉研究兴起于西方，其研究成果以及各方面体制机制已经相对完善，在这样的环境下，学科交叉获得了充分的发展条件。思想政治教育虽然具有强烈的中国特色，但其交叉研究的发展也可以借鉴西方相对成熟的做法和经验。

第十章　新时代思想政治教育学自主知识体系创新

党的十八大以来，以习近平同志为核心的党中央强调要加强思想政治工作体系建设，推进学术理论创新，加快构建中国特色哲学社会科学等重要论断。党的二十大报告强调要“加快构建中国特色哲学社会科学学科体系、学术体系、话语体系”。建构“自主知识体系”对于铸魂育人具有重大意义，能够提供“独立自主意识、文化自信和民族自尊”[①]。思想政治教育学自主知识体系是学科体系、学术体系和话语体系的综合集成表达，推进思想政治教育学自主性、知识性、体系化建设需要进一步系统推进并布局合理的学科体系、体现原创能力的学术体系和融通中外的话语体系，一体推动中国特色、中国气派、中国风格的思想政治教育学自主知识体系建设。要以思想政治教育学科体系为根本，探索思想政治教育学元理论、学科发展史、主干学科和分支学科体系、研究方法论等，明晰思想政治教育学科体系的理论基础与基础理论；要以思想政治教育学术体系为核心，在学术、学科、专业与学理阐释基础上，阐明思想政治教育学术研究范式和理论体系；要以思想政治教育话语体系为枢纽，构筑思想政治教育理论话语、学术话语、生活话语等话语体系，推动思想政治教育话语体系建设。

一、推进中国特色的思想政治教育学科体系创新

回望思想政治教育学科建设40年，思想政治教育学知识体系建构是在移植和模仿的语境中探索理论基础、基础理论和应用理论创新。“构

① 吴宏政、丛林:《“建构自主知识体系”在铸魂育人中重大意义》,《思想理论教育导刊》,2024年第3期。

建思想政治教育自主知识体系是推进思想政治教育学科建设的关键环节。”[①] 思想政治教育学作为具有中国特色、中国风格、中国气派的哲学社会科学之一，迫切需要推进学科研究方法论创新研究，以更好地推动思想政治教育学科体系、教学体系、教材体系、人才培养体系建设，服务治国理政需要。习近平总书记强调，“为谁培养人、培养什么人、怎样培养人”始终是教育的根本问题。思想政治教育系统作为一种社会子系统存在，随着社会现代化转型以及思想政治教育学科化发展，思想政治教育系统内部结构日益完善，理论与实践创新持续推进并取得创新发展。思想政治教育学科在学科理论建设、专业人才培养、学术话语规范等方面取得了巨大进展，学科发展目标与社会和人的发展需要之间的契合度提升。但同时，在学科历史发展研究、学科交叉研究、基础理论研究、工作实践研究等方面有待进一步加强，尤其是关于思想政治教育本质、范畴、起源等元理论研究，学术界有待形成共识。同时，学科借鉴目前已经成为思想政治教育学科发展的基本方式之一，通过多学科知识借鉴和方法借鉴内化基础上进行借鉴式创新、原创性创新和集成式创新。如学科交叉过程中，思想政治教育学科与教育学、管理学、社会学和心理学等一直保持亲缘关系之外，还从哲学、文艺学、新闻传播等学科进行了积极的知识借鉴，学科交叉基础上形成的思想政治教育交叉学科范式雏形初具。运用习近平新时代中国特色社会主义思想指导思想政治教育学科现代化建设，推进高校思想政治工作守正创新，为社会主义意识形态建设贡献中国智慧和中国方案。思想政治教育学科是既顶天又立地的综合性社会科学。学科体系建设中的这些子系统建设，主要包括理论体系建设、话语体系建设、课程体系建设、教材体系建设、教学体系建设、人才队伍建设和保障体系建设等方面。[②] 当前，随着经济社会现代化进程与数字化技术不断推进，针对学科发展与实践创新既有许多正面的、积极的评价，也不可忽视学科发展面临存在的“内卷化、边缘化、科学性、公共性”等问题，如何推动新时代思想政治教育学科守正创新发展成为亟待推进的问题。

一是站稳中国立场。“不识庐山真面目，只缘身在此山中。”这句诗说的不仅是自然现象，更是思想上的“盲点”现象。因而，站在世界之外部来体会世界之内部，从外向内看的研究立场，会使我们跳出“当局者迷”

① 高国希：《构建思想政治教育自主知识体系的理论思考》，《思想理论教育》2023 年第 12 期。

② 刘景泉、张健：《对中共党史党建研究和学科建设的思考》，《马克思主义理论教学与研究》2023 年第 3 期。

的经验事实局限或“一叶障目”。但同时，研究中国问题，既需要借鉴他山之石和域外视野，但更需要的是将西方世界优秀理论知识和研究成果进行本土化转型。毛泽东在《如何研究中共党史》一文中强调，“我们研究中国就要拿中国做中心”。[①]所以毛泽东当时就提出以中国为中心来研究中国的事物，反对王明的教条主义，反对机械地生吞活剥地把外国的东西搬到中国来，反对生吞活剥地理解马克思主义。习近平总书记在2013年就强调，“独特的文化传统、独特的历史命运、独特的基本国情，注定了我们必然要走适合自己特点的发展道路”。[②]但我们从来不排斥任何有利于中国发展进步的其他国家的治理经验，而是坚持以我为主、为我所用，取其精华、去其糟粕。社会学专家曹锦清先生强调以中国为方法，或者以中国为中心，以中国为立场，提出的口号是“返回国情，返回历史，返回实证”[③]。“中国应该如何”的判断要以“中国是如何”的判断为基础。思想政治教育学科创新问题研究，我们一方面要借鉴西方优秀理论成果，拥有全球化和国际化的世界视野，推动构建人类命运共同体，坚定文化自信，实现“美美与共”；又要聚焦中国问题，用思想政治教育政治话语、学术话语、生活话语等对西方话语进行修正，形成具有中国特色、中国气派、中国风格的意识形态研究方法与理论模式。坚持本土立场、实践立场、原创立场，“绝不能盲目照搬西方教育理论中所谓流行的概念、分配框架、理论体系，而必须坚持马克思主义立场、观点、方法，从实际出发，批判地吸收借鉴，而不是简单地移植、消化和吸收”[④]。

二是体现中国特色。中国特色的思想政治教育学要将马克思主义、社会主义和中华民族伟大复兴贯通起来，既从理论和实践层面总结概括“中国道路”“中国经验”“中国方案”蕴含的世界观和方法论，又要探究全面建设社会主义现代化国家、实现中华民族伟大复兴的规律性和独特性。中国特色的思想政治教育学科不是可有可无的，“学科对象、学科基础、学科地位、学科体系、学科价值，都是独特而不可替代的”[⑤]，“赋予中国式现代化价值引领力、精神推动力、理论指导力和关键保障力”[⑥]。因此，在

① 《毛泽东文集》（第二卷），北京，人民出版社1993年版，第407页。

② 中共中央文献研究室编：《十八大以来重要文献选编（上）》，北京，中央文献出版社2014年版，第458页。

③ 曹锦清：《如何研究中国》，上海，上海人民出版社2010年版，第112页。

④ 沈壮海等：《学术话语体系建设的理与路》，北京，人民出版社2019年版，第354页。

⑤ 刘建军：《思想政治教育学科独立性探源》，《教学与研究》2022年第12期。

⑥ 黄蓉生、耿靖：《思想政治教育赋能中国式现代化》，《理论与改革》2023年第1期。

方法论上，坚持立破并举，按照“立足中国、借鉴国外，挖掘历史、把握当代”的基本思路，从学科理论体系和概念体系的建设做起，“改变刻舟求剑、照猫画虎、生搬硬套、依样画葫芦的状况”[①]，善于打造能够反映我国经济社会发展规律的、反映中国特色社会主义丰富实践的思想政治教育新概念、新范畴、新表述，使之在解读中国实践、分析中国问题、阐释中国观点、建构中国理论方面作出有力回应和体现学科自主性。

三是研究中国问题。毛泽东曾就国内研究和出国研究先后问题写长信道，“暂时在国内研究各种学问的纲要”，“如果要在现今的世界稍为尽一点力，当然脱一浦东‘中国’这个地盘。关于这地盘内的情形，似不可不加以实地的调查，及研究”。[②]贺雪峰强调，将理论认识应用于中国经验和中国实践，在这一过程中，形成理论认识与经验和实践之间无穷的往返互动，从而使理论认识更为系统深刻，理论可以更好地认识经验，指导实践。这样，中国社会科学就具有了中国的主体性。[③]要以在实践中形成的对中国问题的概括、判断为基础，深入下去，由浅入深、由表及里、由现象到本质，形成对中国经验的内核和中国实践逻辑特殊性和一般性的抽象、概括、推理、判断，形成关于中国经验的专门认识，以此为基础形成基于中国经验基础之上的思想政治教育学。要加强对思想政治教育理论基础的组成部分，即坚持马克思主义基本原理、马克思恩格斯等经典作家思想的“源头”的研究，又要加强对马克思主义中国化理论成果“潮头”的研究，坚持用习近平新时代中国特色社会主义思想指导，坚持“两个结合”将“根脉”和“魂脉”贯通起来，既坚持“老祖宗”“好办法”，又坚持守正与创新相结合，摒弃“洋教条”和“古教条”倾向。思想政治工作作为治党治国的重要方式，推动新时代思想政治工作守正创新发展，要推动思想政治工作与国家治理现代化同向而行，充分发挥思想政治工作在国家治理中的功能与优势。思想政治工作在国家治理中承担着围绕中心、

---

① 黄蓉生：《在建构中国自主的知识体系中展现新作为》，《中国高校社会科学》2023 年第 4 期。

② 中共中央文献研究室编：《毛泽东年谱（1893 ~ 1949）（修订本）》上册，北京，中央文献出版社 2013 年版，第 53、54 页。

③ 贺雪峰：《新乡土中国》，北京，北京大学出版社 2013 年版，第 415 页。

服务大局的“角色”，发挥着凝心聚力、团结奋斗的“功能”[①]，实现以人为本、民族复兴的“目标”，推动改革创新、同向而行的“发展”问题[②]，完善学科体系、学术体系、话语体系和工作体系的一体化。

二、推进中国特色的思想政治教育学术体系创新

（一）增加学科学术知识增量

学科是学术共同体，是社会组织中的一种，与其他社会组织相区别，但总体上属于社会组织，是社会学术组织。思想政治教育学科是思想政治教育学术的学术共同体，由从事思想政治工作研究、教学、实践工作者组成的学术性社会共同体，承担着思想政治教育学科知识生产和知识增量任务。

一是运用对象化进行前提性反思。运用系统方法论研究思想政治教育学科前沿和重大问题。将思想政治教育系统看作是由若干要素构成而又彼此联系的部分构成的系统性整体，将复杂的思想政治教育学科系统进行结构主义和功能主义分析，如对理论、学科、实践、人、环境等学科系统要素进行分析，通过学科共同体意识和学科自觉将知识生产和知识应用整合在一起，包括问题意识的科学把握、研究的学术精神以及对学术责任和社会责任的自觉担当，探索思想政治教育的规律与发展问题。研究对象如何进一步科学规定、概念范畴如何进一步科学抽象、基本原理如何进一步科学完善等，都是基本理论研究的前沿问题，如理论界对思想政治教育元理论中的元概念、范畴、价值、理念、环境等进行重新审视，这是对思想政治教育学前沿结构的不断拓展。

二是丰富思想政治教育学科理论体系。第一，深化认识思想政治教育理论基础。坚持以中国化时代化马克思主义为指导，坚持问题导向，坚持守正创新，与时俱进地丰富和发展思想政治教育学科理论基础。同时，借

① 注：充分在加强思想引领、坚定理想信念、增进政治认同、引导主流价值、凝聚社会共识、促进生态和谐、提高人才能力等方面的“软治理”功能，增强思想政治工作的“思想治理”意蕴。（转引自王学俭：《新时代国家治理与思想政治工作创新发展》，《马克思主义研究》2021 年第 8 期。佘双好提出，“社会主义革命和建设时期，中国共产党形成了以说理教育为核心的思想政治教育方法；改革开放以后，形成了以疏导为特点的思想政治教育方法；新时代形成融入渗透为特征的思想政治教育方法”。）

② 王学俭：《新时代国家治理与思想政治工作创新发展》，《马克思主义研究》2021 年第 8 期。

鉴相关学科理论知识作为支撑，拓展思想政治教育学理论知识体系。第二，深化思想政治教育基本理论研究。既要加强思想政治教育概念与范畴、功能与价值、目的与任务、内容与方法、环境与生态、实施方法与研究方法论等学科理论问题的研究，又要加强学科基础理论转化。近年来，思想政治教育学基本原理的专题化研究已经取得积极进展，如思想政治教育环境、过程、本质、规律、范畴、文化、系统、生态等，但是专题化研究的成果未能及时在总论性、体系性的原理教材中得以吸收和反映，也使得原理体系的更新赶不上研究的前沿进展，从而也使得理论发展及理论认同认知相对滞后。[①]第三，充实丰富思想政治教育理论知识。优化丰富思想政治教育史研究，开拓交叉学科研究，创新发展思想政治教育社会学、心理学、管理学、传播学、文化学等分支学科知识体系，不断完善思想政治教育学科理论体系。思想政治教育学原理以揭示思想政治教育概念、范畴、规律、目标、内容、过程等为其主要任务，为思想政治教育提供基本观点和一般方法论的指导。思想政治教育哲学以哲学的思维方式和方法探究思想政治教育普遍性和基础性问题以及建立基本的元问题研究论域，关注“思想政治教育的智慧研究、合逻辑研究、概念预设的意义及价值实现的研究”[②]。思想政治教育心理学主要研究思想政治教育的心理机制、功能、效应等，运用心理学理论知识和方法，从心理学的角度揭示思想政治教育规律性。思想政治教育社会学运用社会学基本理论和方法对思想政治教育理论与实践进行分析和研究，分析思想政治教育与社会分层、社会结构、社会变迁、社会控制、社会治理、社会群体及促进人的社会化等问题，提升思想政治教育学对于社会发展的影响力。思想政治教育管理学探讨教育与管理的相互关系，促进思想政治教育过程的科学化。

（二）优化学科结构建设

加强思想政治教育学术共同体建设，“以学术共同体的方式服务国家、服务社会、服务学科发展”[③]。从结构功能主义角度来看，思想政治教育学科结构应包括学科理论、专业、教学、工作结构等，承担知识生产和知识应用的系统化结构运行体系。

---

① 杨增岽、杨国辉:《当代思想政治教育若干前沿论域》，北京，中国财富出版社 2020 年版，第 219 页。

② 董雅华:《思想政治教育哲学问题研究》，上海，复旦大学出版社 2019 年版，第 3 页。

③ 冯刚:《深化新时代思想政治教育基础理论研究》，《思想政治教育研究》2020 年第 1 期。

第一，推进学科共同体建设。重点推进学科组织机构、队伍、科研、人才培养、课程、教材等体系化建设，推动学科知识生产增量、学科研究方向的凝练、学科学术方法的集聚和学科制度规范的形成。第二，发挥思想政治教育学术引领作用，增强思想政治教育学科的学术影响力和政治影响力。围绕思想政治教育科学化主题，开展思想政治教育基础理论研究、研究方法和重大现实问题研究，发挥思想政治教育学科决策咨询和学术引领作用。第三，推进学科体系现代化发展。思想政治教育学科现代化是建设社会主义现代化国家的有机组成部分，既是一个全面、深刻的现代化变革过程，也是一个系统整合运行的过程，主要包括 5 个方面的内容。一是新时代思想政治教育理论体系的现代化，即在夯实思想政治教育理论基础上推进思想政治教育基本原理、思想政治教育历史发展、思想政治教育方法理论、思想政治教育治理理论等理论研究科学化；二是新时代思想政治教育队伍建设的现代化，即运用现代科学文化知识武装思想政治教育学科队伍，加快推进思想政治教育专业建设和思想政治教育科学研究、专家队伍和平台建设等，打造学术共同体和“育人共同体”；三是新时代思想政治教育思维方式的现代化，即具有现代化的思维方式和工作方式，使党的思想政治领导和思想政治工作更加符合客观规律，更好承担立德树人根本任务；四是新时代思想政治教育工作体系的现代化，即运用现代科学和信息技术推动思想政治教育工作的系统化、体系化和时代化；五是新时代思想政治教育治理的现代化，即适应培养社会主义现代化建设人才的需要，服务社会主义现代化强国建设。

（三）培养学术团队

一是培养一批从事研究方法之“研究”的老中青搭配的学术队伍。老中青相匹配的学术梯队是思想政治教育学科研究方法乃至思想政治教育学科建设的主力军。“思想政治教育研究的青年人才数量近几年虽然有所提升，但整体上全心致力思想政治教育研究的还是不多，或陷身于日常琐碎之事、或身在曹营心在汉，难以体现老一辈学者的那种担当。”[①] 因此，加强学科队伍建设特别是居于重要地位的研究生导师队伍建设和青年人才研究方法学科规训显得尤为重要。

① 杨增岽、杨国辉：《当代思想政治教育若干前沿论域》，北京，中国财富出版社 2020 年版，第 223 页。

二是做好学科研究方法的顶层设计。“既有的思想政治教育方法成果基本上是学者们出于各自的兴趣偏好和关注视点探索的，这种研究方式犹如没有计划性的自发的‘市场’行为……要对思想政治教育方法研究的方向进行合理的规划，通过对研究方向的规划和设计，适度地解决人力和物力不必要的浪费问题。”① 因此，适度开展重点主题的专项委托，进行专题协同攻关研究显得尤为重要。通过选择亟待取得突破的前沿论题或短板问题进行专项委托，可以基于理论旨趣、研究取向、核心观点等方面特点，选取这方面有研究基础的学术流派或团队进行定点委托，辅以公开招标相结合的形式，加强研究协同攻关和考核反馈。

三是加强学术共同体学术自律与行业协会指导相结合。思想政治教育学科共同体学术自律建设与行业协会指导作用主要体现在相关评奖评优的正向激励作用，而对相关研究的学术自律与行业自律督促方面的作用有待进一步发挥。在学术交流方面，加强学术真问题的研究交流，而非纠结于一些已基本达成共识的“老问题”。针对一些本已经解决的问题或已不是问题的“问题”还被作为问题来讨论，杨增岽批评了这种现象，认为这就是“‘学术汇总机制’的人为性障碍因素阻碍了学术研究新成果的普及。这也带来了学科研究中的‘自说自话’，或研究行动中的‘我行我素’，学科规范的缺失和学科边界的客观上的认知模糊”②。在成果发表方面，也应强化学术规范和论文发表的规范要求，杜绝不规范论文发表，杜绝低水平重复选题行为，强化专业研究会和行业自律监管。思想政治教育以继承优良传统和改革创新为基础，只有坚持继承优良传统与改革传统相结合，思想政治教育才能得以更好地实现科学化发展。

三、推进中国特色的思想政治教育话语体系创新

（一）强化学科话语认同

学科话语认同是对思想政治教育学科的认同意识。内在的强烈意识必

① 王习胜、杨晓帆：《思想政治教育方法探索的面相描画与取向审思》，《安徽师范大学学报（人文社会科学版）》2021 年第 6 期。

② 杨增岽、杨国辉：《当代思想政治教育若干前沿论域》，北京，中国财富出版社 2020 年版，第 219 页。

然会产生积极的自觉行为，反之，没有意识不可能产生自觉的行为。学科话语认同意识的强弱包括情感的强度、认识、行为的层次。情感层次，即对学科的认同感、归属感、态度倾向；认识层次，即对学科的了解程度和认同程度直至信念状态；行为层次，即从事学科建设和工作的状态，自觉地从事学科工作的状态。思想政治教育学科自成立以来，在短时期内实现跨越式的发展，走上一条外推式发展道路，即在行政的强有力推动下的发展道路。新形势新阶段，思想政治教育学科要实现在发展战略上的转变，改变以往依附性过强、独立性缺乏、内向性的发展模式。

第一，从依附性发展向自主发展转变。国家政策的扶持和保护对学科的发展至关重要，但随着思想政治教育学科发展成为一门独立的学科，过度的政策依赖会导致学科丧失其自身的自主性，例如在学科研究上更侧重于跟随政策的步伐，研究领域在政策的框架下被束缚，缺少自身的创新性研究。因此，实现自主性发展是思想政治教育学科创新的关键一步。

第二，从依托式发展向独立发展的转变。思想政治教育学科发展到一定阶段，成为一门独立学科后应该具有自身的本体意识，而过度的依托将会导致学科失去独立性和主体性，不利于学科的创新发展。从学科定位来看，思想政治教育学兼有社会科学体系里的学科性质和交叉科学体系里的学科横断性质。“思想政治工作学是社会科学体系中横向伸展的学科。”[①] 思想政治教育工作存在于社会生活各个领域之中（不存于自然界的横断面），横向伸展到社会生活的方方面面。推进新时代思想政治教育学科的独立发展，要更侧重于对思想政治教育学元理论的研究，区分思想政治教育学科与其他学科的本质，切忌混淆学科界限，既防“窄化”，又防“泛化”。

第三，从内向性发展向外向性拓展的转变。佘双好提出，“内向性发展指向主要侧重于学科自我发展，而外向性指向学科对社会的贡献和对社会生活产生的影响”[②]。思想政治教育学科建设初期，由于学科基础薄弱，学者们更注重学科基础理论的建设，走学科内涵式、内向性发展模式的道路。我们不仅要关注学科的理论知识、课程建设、人才培养，更要注重思想政治教育在现实生活领域的功能，例如发挥学科在服务社会、国际交流、文化传承创新等方面的作用，使思想政治教育学科由内向发展道路向外向发展道路转变。外向发展模式可以使思想政治教育学科在新的历史条

① 余仰涛：《思想政治工作学研究方法论》，武汉，武汉大学出版社 2006 年版，第 29 页。

② 佘双好：《关于思想政治教育学科发展的战略思考》，《学校党建与思想教育》2014 年第 23 期。

件下逐渐树立学科自信、理论自信，立足于中国特色社会主义的伟大实践中，实现更大的创新发展。

（二）应用思想政治教育学科思维

一是确立系统思维。系统观点、系统方法、系统工程等是社会活动的基本观点和基本思维。尽管如此，人们未必自觉地运用系统论。“社会主义道德是一个体系，建设社会主义道德是一个系统工程。”[①] 新时代思想政治教育相异于以往时代思想政治教育的一个突出特点就是已经形成了一个空前庞大的整体系统，特别是大数据时代，“思政系统的结构和功能将随着大数据而得到优化改进，系统的运行因精准数据传输和处理变得更加高效快捷”[②]。作为社会复杂系统子系统而存在的思想政治教育系统，“学科建设是一个宏大的系统工程，需要各高校该学科学位点的共同努力，形成学科建设的‘合力’”[③]。需要坚持系统思维，坚持新发展理念，从中国式现代化视野中推动学科内部化结构耦合和外部化生态建设，遵循学科系统建设规律推进学科系统发展。

二是进行整体规划。思想政治教育学科是包括思想政治教育学知识体系、学科共同体体系和社会实践活动体系的系统化存在。其内部结构包括 3 个层次：一是作为知识形态存在的思想政治教育学知识体系，包括形成思想政治教育理论基础、思想政治教育基本原理知识体系、思想政治教育分支科学知识体系等；二是作为知识生产形态而存在的思想政治教育学科共同体体系，主要包括思想政治教育学术组织、学术平台、学术成员、科研活动方式等；三是作为知识应用形态而存在的思想政治教育社会实践活动体系，包括思想政治教育专业活动、社会组织、教育教学活动和社会实践活动等。在第三个层次，根据现实经验，思想政治教育社会实践活动大体分为两个部分。一部分在思想政治教育学科系统内，另一部分进入社会，即嵌入社会体系之中。思想政治教育学科任务是推进学科建设、人才培养和专业服务，通过学术成果和人才向社会宣示思想政治教育学科的价

---

① 注：2000 年中央思想政治工作会议上，江泽民指出：“建设社会主义道德体系是一个系统工程……不断推动社会主义道德体系的形成和完善。”（《江泽民文选》（第三卷），北京，人民出版社 2006 年版，第 92 页。）

② 黄欣荣：《大数据时代思政系统理论的创新研究》，《江南大学学报（人文社会科学版）》2019 年第 5 期。

③ 张雷声：《关于“马克思主义基本原理”及其学科建设》，《思想理论教育导刊》2006 年第 6 期。

值，作出思想政治教育学科的应有贡献。社会复杂适应系统中的思想政治教育社会实践活动具有广泛性和普遍性，大多数是结合人们的社会实践活动开展思想政治教育。要有一个整体规划，对思想政治教育学、思想政治教育学科和思想政治教育社会实践活动既有整体规划，又有分项目标和对策，全力推进思想政治教育学科发展。

三是创新方法应用。传统思想政治教育多是坚持理论教育法，即通过思想政治教育理论教学的形式对教育对象进行系统的马克思主义教育，纠正教育对象错误的思想观念，引导其掌握马克思主义思维方法。结合实践教育方式，如开展集体社会实践活动，将理论知识融入其中，使教育对象在实践中感受理论的真理性。列宁指出，“工人本来也不可能有社会民主主义的意识。这种意识只能从外面灌输进去”。[①] 灌输式的教育方法是极具针对性的教育手段之一，是学习贯彻马克思主义的根本方法。渗透教育法是一种隐形的教育方法，发挥渗透式教育方式的实效性需要协同教育场域以及教育主体，将一种观念、思想、道德要求融入教育对象的生活工作与学习中，使其在日常生活中接受特定观念的潜移默化的影响，并将这种新的观念与原有的认识相结合。灌输与渗透式的教育方式是相互联系、相互作用的，教育在接受灌输与渗透教育的过程中他们会自觉地将教育内容上升为理性认识，进而实现对理论知识的内化。

（三）丰富思想政治教育学科话语实践

思想政治教育学科建设具有深厚的社会实践基础和社会科学属性，但学科理论与实践相对脱节、不能满足社会需要的现象在一定程度上阻碍了科学化发展。因此，推动学科创新发展，必须要坚持理论与实践的双向驱动，以理论推动实践，以实践升华理论，将两者紧密结合促进学科的创新发展。

第一，增强话语主体的政治认同。作为在意识形态领域展开的教育实践过程，体现为一种政治社会化的主体心理的政治认同过程。政治认同由政治认知、情感、和行为等要素构成。人的社会化实践过程，是个体主动、积极接受主流思想、政治观念、道德规范，并将社会意识内化为个体的自我意识，以适应社会发展与变化的过程。因而，在思想政治教育实践中，需要找准思想认识、情感交流和利益关系的交汇点，加强对话语受众

① 《列宁选集》（第一卷），北京，人民出版社 2012 年版，第 317 页。

的政治引领和情感共鸣。

第二，增进话语主体的情感体验。情感使人们有着共同的心理基础，促进群体之间、群体内部的对话交流和情感相通，提升效率，使其更好地理解他人心理、思想。要关注教育对象的心理诉求及思想变化，注意话语主体的态度、情绪、情感，通过关注话语主体面临的思想难点、理论热点和个性特点，把握话语受众的思想动态、政治心态和精神状态，对思想困惑予以充分的答疑解惑，对负面情绪予以积极引导，增进话语主体情感认同。

第三，增进话语主体的价值认同。新时代学科话语体系建设要将思想政治教育话语内容、话语表达、话语传播与网络媒介进行结合，提升自身的专业和网络素养，用大众喜闻乐见、切实反映主体需求的话语内容来充实思想政治教育话语理论，把价值、思想与“说理”贯穿于共情之中，既要保留语言的思想性、逻辑性和深刻性，由浅入深、由表及里，增进利益共识、思想共识，增进政治认同、话语认同和情感认同。

四、系统推进新时代思想政治教育现代化创新

马克思从整体性的社会变革、全球性的社会变迁、多样性的文化形态等维度出发隐晦地阐述了关于现代化过程及其表征。“国家现代化、社会现代化以及人的现代化都迫切需要思想政治教育实现由传统向现代的转变。”[①] 随着现代化研究的深入，从宏观视角审视现代化进程，从整体视角考察现代化表现成为研究的切入点。其中，运用系统分析方法澄清现代化蕴含，将现代化看作从一个封闭、无序、缺乏宏观信息交流的社会向开放、有序、协同的现代社会转变。就研究论域而言，转型研究内含于现代化研究论域中，并经常被作为现代化研究中的具体表现。从过程维度来看，现代化是社会工业化、科技化的表征，是一种新的“文明的形式”[②]，是对社会诸要素在社会场域中的动态发展的描述。基于对现代化的理解，可将思想政治教育现代化看作是在把握传统性与现代性发展张力的过程中的“延续性与变革性、方向性与历史性、内在生成性与外部导向性的有机

① 项久雨:《思想政治教育现代化要素的解释之维》,《思想理论教育》，2024 年第 2 期。

② 罗荣渠:《现代化新论——世界与中国的现代化进程》，北京，商务印书馆 2004 年版，第 15 页。

统一”[①]，而这种统一的发展模式正是思想政治教育形态现实特征的彰显。现代性作为思想政治教育发展的精神性价值指向，在指明思想政治教育形态演变方向的同时，也为思想政治教育诸形态的现实性彰显提供了合法性支持。从宏观上看，思想政治教育现代化是变革演进的过程，外在表现为思想政治教育形态的细分与多样呈现；从微观上看，其也是思想政治教育学科系统整合发展的过程，是思想政治教育目标、手段、模式等多方面的现代化。在这一进程中，一方面，思想政治教育现代化进程体现了发展的基本趋势。具体表现为思想政治教育诸要素以社会与人的现代化需要为根据，转变运行方式，并趋向于打破自组织的无序状态，追求要素之间的协同，以实现思想政治教育实践形态高质量发展。此时体现出思想政治教育现代化与思想政治教育发展在本质上的一致性。另一方面，思想政治教育现代化过程中存在现代性困扰。而这些过程性矛盾的存在正是推进思想政治教育现代化的内在动力。因此，从现代化社会转型视野中运用系统思维推动思想政治教育学科现代化成为应有之义。

（一）前瞻性思考：坚持现代化的发展导向

中国式现代化赋能高校思想政治工作体系创新，思想政治教育服务推动中国式现代化发展。新时代要坚持以中国式现代化完善思想政治工作体系创新，推动大中小学思想政治教育一体化建设。正如黄蓉生提出：“对标中国式现代化的中国特色、本质要求和重大原则，把准高校思想政治工作体系的主要目标、内容要素，切实完善全面支撑中国式现代化的高校思想政治工作体系。”[②]

一是思想政治教育现代化发展必须面向中国式现代化。思想政治教育系统的自我发展表现为思想政治教育诸要素的分化与整合趋势，面对中国式现代化的时代背景，思想政治教育的分化与整合也必须要坚持现代化导向，发挥社会关系的调节作用。思想政治教育系统是社会系统的一部分，其现代化是社会现代化的一部分。一方面，思想政治教育现代化要坚持中华民族优秀文化这个根脉和马克思主义这个魂脉，植根于中华民族现代文明，“突出的连续性、创新性、统一性、包容性、和平性”赋予思想政治教育学理论命题、思想观点以原创性的理论内容，构建中国特色的思想政

① 李伟：《思想政治教育现代化转型及其构建》，北京，中国社会科学出版社 2018 年版，第 51 页。

② 黄蓉生：《中国式现代化视域下完善高校思想政治工作体系论析》，《思想理论教育导刊》2023 年第 8 期。

治教育学自主知识体系；另一方面，思想政治教育系统转型必须把握好现代化背景下国家发展状况，着眼于解决社会主要矛盾，在满足人民精神需求的同时，调动人们参与社会主义现代化建设的积极性、主动性，发挥人民的实践性、创造性，为全面推进“五位一体”总体布局与“四个全面”战略布局创造主观条件，用中国道理总结好中国经验，把中国经验提升为中国理论，自觉承担建设中华民族现代文明的新的文化使命。

二是思想政治教育现代化发展必须满足人民日益增长的美好生活的需要。中国式现代化视野中的思想政治教育现代化转型归根到底是为了满足人与社会发展的需要，是为现实实践活动服务的。因此，必须发挥思想政治教育在美好生活建设中的作用。现代化社会转型的时代背景下，思想政治教育既要服务于治国理政需要，也要回归现实生活，从现实生活中获取转型发展力量，从人民的需要中创新转型方向，从实践活动中找寻转型方式，通过丰富人民的精神生活为美好生活建设注入动力。具体而言，在思想政治教育工作中必须摆脱传统的抽象化、教条化、学理化的话语表达形式，避免落入纯粹理性的“窠臼”，通过切合时代性的生活话语联结思想政治教育话语与生活实际，使思想政治教育“落地”，通过朴实的话语表达满足人们对建设美好社会生活需要的精神力量的需要。

三是思想政治教育现代化转型必须面向人的现代化发展需要。新时代条件下，社会诸要素的转变必然会对社会主体思想带来冲击。一方面，社会全面发展对思想政治教育者素质提出了更高的要求，这也为思想政治教育现代化转型发展提供了目标。思想政治教育对象是人，因此，在教育实践过程中，应立足于对教育对象的主体性、人文素养、政治素养的提升，缩减人的思想政治素质与社会发展所需要的思想政治水平的差距，同时满足实现个人价值的需要。另一方面，社会的转型对受教育者思想带来了冲击，尤其是当前社会中的“内卷”现象，使社会主体倍感压力，对此，部分主体出现了“躺平”即消极、懈怠、无关紧要的处事心理。“内卷”也是近些年来社会主体“佛系”思想，以及“蹲族”现象产生的主要原因。必须针对当前社会主体的心理进行疏导，基于社会现实有针对性地开展教育实践，疏导消极情绪。总之，中国式现代化强国建设背景下，思想政治教育学科建设与实践发展不仅要满足人与社会发展对思想政治教育素质的需要，还要关注人的现实思想状况，及时解决人的思想矛盾，缓解现代化为人们带来的焦虑情绪，从而更好地适应现代化。

（二）整体性谋划：注重系统要素整体性布局

思想政治教育系统作为一个整体性的系统结构，其内部是由多种场域、主体、实践方式、组织方式等结构组成的，思想政治教育系统的现代化转型发展必须正视系统结构，纠正传统思想政治教育习惯性地以特定的场域以及既定的视角考察思想政治教育对象，将思想政治教育系统的整体与部分的发展相结合，以突出思想政治教育学科建设整体性形态。

一是注重学科建设目标的整体性规划。思想政治教育学科建设系统内部包含着不同的教育场域，不同场域的思想政治教育具体目标不同且具有差异性。总体考察不同场域不同空间的现实需求，通过把握教育目标的交互性、整体性特征，根据不同场域对主体的特殊性要求设立符合组织发展的微观教育目标。具体而言，推动大中小学思想政治教育一体化，激发思想政治教育学术共同体建设内生力量。大中小学思想政治教育一体化建设是“横向贯通学校、家庭与社会各场域，纵向衔接大中小学各学段的系统工程，是全方位、全过程、全员性的一体化”[①]，是推进思想政治教育学科整体性发展与系统性建构的创造性实践。大中小学思想政治教育一体化建设这一命题蕴含了丰富的辩证思维、系统观念、问题意识和创新品格。在一体化育人实践中必然会培养出一批懂得融会贯通、承前启后的专业化、一体化的教育队伍。这支队伍作为学科建设的关键支撑，通过不断创新发展思想政治教育学科的基础理论和实践范式，能更好地发挥学科的育人功能。统筹推进大中小学思想政治教育一体化建设需要搭建跨学段、跨学校、跨学科的理论研究平台、协同创新平台、集体备课平台等教研资源平台和教学资源数据库，通过对各类学科资源平台的深度整合，大力推进学科建设系统化、科学化、制度化。对于新时代思想政治教育学学科建设而言，要在理论研究与实践总结的基础上，进一步加大对交叉学科和学科交叉的研究力度，充分吸收其他学科的理论资源、历史资源、实践资源，丰富完善思想政治教育学科体系。大中小学思想政治教育一体化建设需要一体推进理论基础与基础理论融通发展、思政课程与课程思政同向同行，为深化学科基础理论研究和完善学科基础理论研究体系贡献力量。由此可见，大中小学思想政治教育一体化建设既是思想政治教育实践问题，又是

---

① 王易、田雨晴：《推进大中小学思想政治教育一体化建设的思考》，《思想理论教育》2023 年第 3 期。

思想政治教育学科问题。推进一体化建设对于转换思想政治教育学科研究范式，拓展学科实践领域，推动学科队伍、平台、体系创新发展，合力建构中国特色思想政治教育学科具有重要意义。

二是注重组织机构的整体性规划。思想政治教育需要依靠全社会来共同开展和推动工作。毛泽东强调："思想政治工作，各个部门都要负责任。"[①] 邓小平提出，"从事教育工作的同志，各个有关部门的同志，整个社会的家家户户，都来关心青少年思想政治的进步"。[②] 以习近平同志为核心的党中央阐明了"为谁培养人、培养什么样的人、怎样培养人"的问题，强调完善思想政治工作体系，推进大中小学思想政治教育一体化建设。思想政治教育学科系统建设在明确了统一的教育目标的前提下，必须明确组织分工，发挥自上而下的统摄型的组织机构的有效性，通过有效的组织人员管理实现。特别是要从制度层面进行系列政策性、制度化建设，具体彰显为"循序渐进、整体衔接、梯级递进、统筹规划"等制度话语与治理目标，为大中小学思想政治教育一体化建设提供更多具体的实践指导和制度保障。同时，通过明确规定部门思想政治教育工作职责，细化工作分工，界定职权范围，避免部门之间"相互扯皮"，防止思想政治教育工作出现"缺失"与"遗漏"。明确的职责定位保障了思想政治教育工作系统内部组织结构的优化整合，为高校思想政治教育工作主体协同配合提供了组织指引。明确的组织分工能及时把握思想政治教育系统的运行形况以及实践效果，及时化解思想政治教育组织系统运行中的矛盾。

三是注重立场观点方法的整体运用。党的二十大报告提出"六个必须坚持"，集中体现了习近平新时代中国特色社会主义思想的世界观、方法论和贯通其中的立场观点方法。"六个必须坚持"是新时代中国共产党人对马克思主义世界观和方法论的具象化表达与具体化呈现[③]，集中体现了中国共产党人的世界观和方法论中的"人民性、自主性、辩证性、实践性、整体性、世界性"[④] 等典型特征，这为推进新时代思想政治教育理论研究和实践创新提供了方法论指导。孙来斌从思政课维度进行分析，他认为："必须坚持人民至上，落实立德树人根本任务；必须坚持自信自立，

① 《毛泽东文集》（第七卷），北京，人民出版社 1999 年版，第 226 页。

② 《邓小平文选》（第二卷），北京，人民出版社 1994 年版，第 105~106 页。

③ 张明：《"六个必须坚持"对马克思主义世界观方法论的创新性发展》，《南京大学学报》2023 年第 3 期。

④ 成龙：《"六个必须坚持"的内在逻辑》，《求索》2023 年第 4 期。

着力增强学生和教师的双重自信；必须坚持守正创新，推动思想政治工作传统优势同信息技术高度融合；必须坚持问题导向，着力回答学生关注的、有疑惑的问题；必须坚持系统观念，推进一体化、打好组合拳；必须坚持胸怀天下，把握中国和世界的发展大势。”[①] 社会现代化转型发展为思想政治教育提供了众多有效的平台与载体，但是在现实运用中，应注重多样化载体的协同运用，尤其是网络载体与现实载体的协调、多样化手段之间的配合，通过优化各方法的运用彰显教育手段的实效性。

（三）战略性布局：发挥多元主体协同作用

思想政治教育的现代化创新对思想政治教育系统提出了完善主体协同机制的要求。可以说，协同的程度以及协同的有效性的发挥是判断思想政治教育系统发展的重要标准。现代化转型发展视域下完善学科系统建设多元主体协同机制，是有效应对思想政治教育人员组织分化以及系统要素相互掣肘现象的重要一环。在对思想政治教育系统进行协同性调适时必须清楚，组织协同力量的形成并不是通过机械的叠加就能产生，而是要对组织系统进行优化，以激发各个部门功能发挥最大化，而且协同合力的形成不是一部分人努力的结果，而是诸多个体在共同的目标指引下协同发力的结果。要从完善学科队伍整合机制入手，建立思想政治教育工作者的网络平台或成立专门的组织团队，通过发挥多主体的智慧形成思想政治教育合力。思想政治教育主体的协同是在共同目标的指引下通过对多方资源的有效协同以及不同部门的合作实现对主体关系的梳理与整合。完善主体协同机制符合现代化视域下主体分工细化的客观趋势，有利于发挥主体间的联动效用，破解垂直化线性管理的体制机制弊端，为思想政治教育价值的彰显提供人员组织动力。

为实现空间资源创造性使用，必须遵循思想政治教育实践活动规律，从网络虚拟空间、实践工作空间、思想精神空间等方面出发加强思想政治教育力量整合。第一，网络虚拟空间力量整合。当前，基于 5G 算法、大数据、ChatGPT 等信息技术而衍生的慕课平台、智慧微课、仿真课堂、虚拟学习社区，深刻影响着思想政治教育空间的变革。健全多样化网络虚拟空间智慧平台，推进教育数字化能够满足人们从职场技能到兴趣喜好等多

---

① 孙来斌：《“六个必须坚持”对高校思想政治理论课的理念指引》，《思想理论教育导刊》2023 年第 8 期。

元化、个性化的学习需求。第二，实践工作力量整合。整合思想政治教育实践工作空间就是既要建构大中小学日常思想政治教育的多元主体（校党委办公室、组织部、宣传部、学生工作处、团委、学生社团等具体工作组织）协同模式，也要整合形成校党政领导承担学生思想政治教育的主要领导责任体制机制，打造校际联动、家校联动、校地联动的整合与协同机制，“不断增强学校思想政治理论课的创新动力、不断增强学校日常思想政治教育工作创新动力、不断增强思想政治工作协同创新动力”[①]。第三，思想精神空间整合。在社会空间与个人空间的冲突下，衍生出众多的宅文化、二次元、佛系、躺平等边缘空间、亚空间。在这些衍生出来的空间之间存在一定程度的思想壁垒，并与社会主流价值观之间存在一定冲突，因而要从落实落细社会主义核心价值观教育和青年奋斗精神培育等多方面着手，科学把握、精准定位、融通融合思想政治教育思想精神空间。在实践应用创新方面，推进大中小学思想政治教育一体化建设。应坚持系统性、协同性、开放性思维，既要解决学段隔阂断裂与错位问题，又要做好邻学段、同学段和跨学段的衔接与进阶工作，使阶段性目标统一于立德树人的总体目标。一体化建设应以“纵向衔接、横向贯通、循序渐进、螺旋上升”为原则遵循，在目标设置、教育内容、评价体系、队伍建设、空间整合等方面协同创新，切实架构起大中小学思想政治教育的一体化育人体系，推动大中小学思想政治教育工作高质量发展。

（四）方法论创新：创新研究方法与工作方法

“守正”首先从理论逻辑来看，要体现坚持思想政治教育的政治立场与政治方向，体现意识形态性；其次从学术研究来看，要体现思想政治教育研究方法的科学性，以学术讲政治；最后从实践工作来看，要体现思想政治教育实践工作的实效性。“创新”即思想政治教育学是科学性与应用性、继承性与发展性、传统性与现代性并存的社会科学，遵循守正与创新相统一的逻辑，在继承传统思想政治教育理论体系与理论框架的基础上进行理论创新、理论创造与学科建设，推进理论形态、学术形态、实践形态和智能形态发展的与时俱进。张耀灿提到新时代思想政治教育要“在坚持马克思主义的立场、观点和方法之上，坚持史论结合，运用统筹兼顾的根本方法，推进思想政治教育学科建设、专业建设和学科理论的创新发展，

① 冯刚：《思想政治教育学科 40 年创新发展的历程与经验》，《南京大学学报》2023 年第 4 期。

提升思想政治教育质量”[①]。思想政治教育理论子系统的发展与完善离不开思想政治研究方法的创新。尤其是在思想政治教育分化与整合的发展局势下，要想用创新性理论充实思想政治教育学科框架，打破思想政治学科发展壁垒，就必须在原有的研究方法的基础上进行创新。思想政治教育学科发展中的交叉学科的发展与完善为学科系统建设提供了新的思路，即运用其他学科的研究方法开展思想政治教育理论研究，利用新的研究视角审视思想政治教育系统。“社会科学因导源于西方文明转型而带有的这块天生的‘胎记’，……用西方中心论的观点和西方的经验来看待包括中国在内的非西方世界的变迁。”[②] 贺雪峰教授的华中乡土派提出建立有中国主体性的社会科学，其口号是“田野的灵感、野性的思维、直白的文风”[③]。这为思想政治教育学科系统建设与发展创新提供参考借鉴。

一是创新知识范式研究路向，即学者主导的学科建设思路，以思想政治教育为主线的理论体系化和学科组织化共同推进的建设思路。从思想政治教育学科的学科体系内容和分支学科内容两个方面进行推进包括“主干学科和分支学科”[④] 在内的思想政治教育学科理论的发展与分支学科建设。二是创新共同体范式研究路向。这是学科管理者主导的学科建设思路。学科管理者从学科管理出发，指向学科建设整体。通过科研项目、课题经费、成果获奖、研究生数量、学科发展等级（校级重点学科、省级重点学科和国家重点学科）、学科杰出人才（如国务院学位委员会评议组成员、各种人才计划）等，以这些为指标和导向进行评估和建设。三是创新现代化研究范式路向。“思想政治教育现代化研究范式是由现代化观、现代化原理和现代化应用性知识有机构成的。”[⑤] 要进一步推进思想政治教育学科研究方法的理论转化与实践应用。建构立体、开放、动态的思想政治教育方法论体系，提升理论张力与回应现实能力，如在推动应对世界经济政治新形势、经济高质量发展、社会治理格局转换、信息技术快速发展、文化软实力等方面，提升在新时代新征程实践中推动理论创新与实践发展的能力。随着互联网、大数据、人工智能、元宇宙等科学技术的发展，诸

① 万美容：《中国共产党百年历程中思想政治教育的守正与创新——访华中师范大学马克思主义学院张耀灿教授》，《马克思主义理论学科研究》2021 年第 12 期。

② 周晓虹等：《中国体验——全球化、社会转型与中国人社会心态的嬗变》，北京，社会科学文献出版社 2017 年版，第 20 页。

③ 贺雪峰：《新乡土中国》，北京，北京大学出版社 2013 年版，第 402~403 页。

④ 张耀灿：《思想政治教育学科理论体系发展创新探析》，《思想教育研究》2007 年第 4 期。

⑤ 金林南：《面向新征程的思想政治教育现代化研究论要》，《思想理论教育》2021 年第 2 期。

多科学元素开始融入思想政治教育领域，而人工智能不仅凭借其智能特性对教育领域进行赋能，更是与思想政治教育进行深度融合，形成“智能思政”“数智思政”等新的发展形态。人工智能驱动下的思想政治教育“决策更具科学性、管理更显有效性、实施凸显精细化、评估提升实效性”[①]，同时，思想政治教育学科也呈现“分化—整合”基础上的“再分化—整合”的趋势，这是基础理论、方法论、研究范式等领域出现的新格局、新任务。

总之，守正创新是思想政治教育学科创新发展的现实境遇与实践要求。一方面，既要运用科学思维推进思想政治教育学科创新研究。创新思维是善于因时制宜、知难而进、开拓创新的能力，是在继承、借鉴基础上的守正创新。继承是思想政治教育发展的基础，思想政治教育所有的发展都是继承基础上的前进。没有继承的发展是割裂历史、切断文化、放弃优秀传统的发展。建构具有中国特色、中国风格、中国气派的思想政治教育学，“必须增强学科自主性意识，扎根中国大地、立足中国实践、体现中国特色；必须注重知识性化约，使学科内容更加规范并具有通约性；必须推进体系性建构”[②]，一体推动思想政治教育学科体系、学术体系和话语体系建设创新，建构思想政治教育学自主知识体系。

① 罗亮：《人工智能驱动思想政治教育创新的时代价值与实践策略》，《思想理论教育》2021年第3期。

② 刘建军：《试论思想政治教育学科自主知识体系的建构》，《思想理论教育》2023年第10期。

参考文献

（一）著作类

[1]《马克思恩格斯选集》（第一卷），北京，人民出版社 2012 年版。
[2]《马克思恩格斯选集》（第二卷），北京，人民出版社 2012 年版。
[3]《马克思恩格斯选集》（第三卷），北京，人民出版社 2012 年版。
[4]《马克思恩格斯全集》（第二十七卷），北京，人民出版社 1972 年版。
[5]《列宁选集》（第一卷），北京，人民出版社 2012 年版。
[6]《列宁全集》（第三十九卷），北京，人民出版社 1990 年版。
[7]《斯大林选集》（下卷），北京，人民出版社 1979 年版。
[8]《毛泽东选集》（第一卷），北京，人民出版社 1991 年版。
[9]《毛泽东文集》（第二卷），北京，人民出版社 1993 年版。
[10]《毛泽东选集》（第四卷），北京，人民出版社 1991 年版。
[11]《毛泽东文集》（第七卷），北京，人民出版社 1999 年版。
[12]《邓小平文选》（第二卷），北京，人民出版社 1994 年版。
[13]《陈云文选》（第一卷），北京，北京人民出版社 1995 年版。
[14] 习近平:《习近平谈治国理政》（第一卷），北京，外文出版社 2018 年版。
[15] 习近平:《习近平谈治国理政》（第二卷），北京，外文出版社 2017 年版。
[16] 习近平:《习近平谈治国理政》（第三卷），北京，外文出版社 2020 年版。
[17] 习近平:《习近平著作选读》（第二卷），北京，人民出版社 2023 年版。
[18] 习近平:《高举中国特色社会主义伟大旗帜　为全面建设社会主义现代化国家而团结奋斗——在中国共产党第二十次全国代表大会上的报告》，北京，人民出版社 2022 年版。
[19] 习近平:《干在实处走有前列——推进浙江新发展的思考与实践》，北京，中共中央党校出版社 2006 年版。
[20] 习近平:《决胜全面建成小康社会　夺取新时代中国特色社会主义伟大胜利——在中国共产党第十九次全国代表大会上的报告》，北京，人民出版社 2017 年版。
[21] 中共中央文献研究室编:《十八大以来重要文献选编（上）》，北京，中央文献

出版社 2014 年版。

［22］教育部社会科学司组编：《普通高校思想政治理论课文献选编（1978—2014）》，北京，知识产权出版社 2015 年版。

［23］骆郁廷：《思想政治教育贯通论》，北京，人民出版社 2023 年版。

［24］冯刚：《思想政治教育研究热点年度发布（2021）》，北京，团结出版社 2022 年版。

［25］张耀灿、郑永廷、吴潜涛、骆郁廷等：《现代思想政治教育学》，北京，人民出版社 2006 年版。

［26］冯刚：《思想政治教育学学科发展新论域》，广州，中山大学出版社 2022 年版。

［27］沈壮海等：《新编思想政治教育学原理》，北京，中国人民大学出版社 2022 年版。

［28］冯刚等：《思想政治教育学科 40 年发展报告》，北京，中国人民大学出版社 2024 年版。

［29］孙其昂：《思想政治工作学概论》，南京，江苏人民出版社 2001 年版。

［30］张哲：《思想政治教育空间论》，北京，中国社会科学出版社 2019 年版。

［31］郑永廷：《思想政治教育方法论》，北京，高等教育出版社 2010 年版。

［32］李俊伟：《思想政治工作现代化与科学化》，北京，红旗出版社 2007 年版。

［33］万美容：《思想政治教育方法发展研究》，北京，中国社会科学出版社 2007 年版。

［34］叶方兴：《社会之镜：思想政治教育社会整合研究》，上海，人民出版社 2018 年版。

［35］吴满意、徐先艳等：《高校思想政治教育数据治理研究》，北京，团结出版社 2022 年版。

［36］金林南：《思想政治教育学科范式的哲学沉思》，南京，江苏人民出版社 2013 年版。

［37］沈壮海：《思想政治教育发展报告 2014/2015》，北京，高等教育出版社 2016 年版。

［38］杨生平、隋淑芬：《思想政治教育理论研究》，北京，首都师范大学出版社 1999 年版。

［39］刘书林、陈立思：《青年思想政治教育学原理》，北京，中国青年出版社 1999 年版。

［40］秦在东：《思想政治教育管理论》，武汉，湖北人民出版社 2003 年版。

［41］王勤：《思想政治教育学新论》，杭州，浙江大学出版社 2004 年版。

［42］岳忠强：《思想政治工作学原理》，北京，解放军出版社 1989 年版。

[43] 范吉雨、宋连群:《思想政治工作学教程》,上海,上海人民出版社 1991 年版。
[44] 徐志远:《现代思想政治教育学范畴研究》,北京,人民出版社 2009 年版。
[45] 李维昌:《现代思想政治教育学理论基础微探》,北京,中国社会科学出版社 2015 年版。
[46] 张蔚萍:《思想政治工作学教程》,北京,中共中央党校出版社 2008 年版。
[47] 余仰涛:《思想政治工作学研究方法论》,武汉,武汉大学出版社 2006 年版。
[48] 李红:《思想政治教育质性研究及其应用》,天津,天津人民出版社 2018 年版。
[49] 邱柏生:《高校思想政治教育的生态分析》,上海,上海人民出版社 2009 年版。
[50] 孙其昂:《思想政治教育社会学概论》,北京,科学出版社 2023 年版。
[51] 孙其昂:《社会学视野中的思想政治工作》,北京,中国物价出版社 2002 年版。
[52] 孙其昂:《思想政治教育学基本原理》,南京,河海大学出版社 2004 年版。
[53] 孙其昂:《思想政治教育现代转型研究》,北京,学习出版社 2015 年版。
[54] 张国启:《思想政治教育发展研究》,北京,中国社会科学出版社 2019 年版。
[55] 叶方兴:《思想政治教育的社会视界》,桂林,广西师范大学出版社 2020 年版。
[56] 倪愫襄:《思想政治教育元问题研究》,北京,中国社会科家出版社 2014 年版。
[57] 卢岚:《断裂处的光缆——现代思想政治教育社会生态论》,武汉,湖北人民出版社 2010 年版。
[58] 陈寿灿:《方法论导论》,大连,东北财经大学出版社 2007 年版。
[59] 倪志安等:《马克思主义哲学方法论研究》,北京,人民出版社 2007 年版。
[60] 风笑天:《社会研究方法》,北京,高等教育出版社 2010 年版。
[61] 张耀灿、郑永廷、吴潜涛、骆郁廷:《现代思想政治教育学》,北京,人民出版社 2006 年版。
[62] 陈华洲:《思想政治教育方法论》,武汉,华中师范大学出版社 2010 年版。
[63] 陈秉公:《思想政治教育学基本原理》,沈阳,辽宁人民出版社 2000 年版。
[64] 杨增岽、杨国辉:《当代思想政治教育若干前沿论域》,北京,中国财富出版社 2020 年版。
[65] 翟学伟:《人情、面子与权力的再生产(第 2 版)》,北京,北京大学出版社 2013 年版。
[66] 汪霞:《世界一流大学研究生培养模式和课程体系研究》,南京,南京大学出版社 2015 年版。
[67] 曹锦清:《如何研究中国》,上海,上海人民出版社 2010 年版。
[68] 沈壮海等:《学术话语体系建设的理与路》,北京,人民出版社 2019 年版。
[69] 贺雪峰:《新乡土中国》,北京,北京大学出版社 2013 年版。
[70] 董雅华:《思想政治教育哲学问题研究》,上海,复旦大学出版社 2019 年版。

[71] 罗荣渠:《现代化新论——世界与中国的现代化进程》，上海，商务印书馆 2004 年版。

[72] 李伟:《思想政治教育现代化转型及其构建》，北京，中国社会科学出版社 2018 年版。

[73] 周晓虹等:《中国体验——全球化、社会转型与中国人社会心态的嬗变》，北京，社会科学文献出版社 2017 年版。

[74] 李合亮:《解析与建构：当代中国思想政治教育的哲学反思》，北京，人民出版社 2010 年版。

[75] 邱伟光:《思想政治教育学概论》，天津，天津人民出版社 1988 年版。

[76] 王礼湛:《思想政治教育学》，杭州，浙江大学出版社 1989 年版。

[77] 陆庆壬:《思想政治教育学原理》，北京，高等教育出版社 1991 年版。

[78] 袁礼周:《思想政治工作学理论基础》，北京，团结出版社 1991 年版。

[79] 张耀灿、陈万柏:《思想政治教育学原理》，北京，高等教育出版社 2001 年版。

[80] 王学俭等:《新时代思想政治教育基本问题研究》，北京，人民出版社 2021 年版。

[81] 侯勇:《社会视野中的思想政治教育系统研究》，北京，人民出版社 2016 年版。

[82] 侯勇:《思想政治教育学理论前沿问题研究》，北京，中国社会科学出版社 2018 年版。

[83] 骆郁廷:《思想政治教育贯通论》，北京，人民出版社 2024 年版。

[84]〔法〕皮埃尔·布迪厄、〔美〕华康德:《实践与反思：反思社会学导引》，李猛、李康译，北京，中央编译出版社 2004 年版。

[85]〔美〕戴维·伊斯顿:《政治生活的系统分析》，王浦劬译，北京，人民出版社 2012 年版。

[86]〔法〕让 – 查尔斯·拉葛雷:《青年与全球化》，陈玉生、冯跃译，北京，社会科学文献出版社 2007 年版。

[87]〔美〕托马斯·库恩:《科学革命的结构》，金吾伦、胡新和译，北京，北京大学出版社 2003 年版。

[88]〔美〕图恩·梵·迪克:《话语研究：多学科导论》，周翔译，重庆，重庆大学出版社 2015 年版。

[89]〔美〕C. 赖特·米尔斯:《社会学的想象力》(第 3 版)，陈强、张永强译，北京，生活·读书·新知三联书店 2016 年版。

(二)期刊论文类

[1] 董雅华:《中国共产党思想政治教育的时代品质》，《思想理论教育》2021 年第

11 期。

[2] 黄蓉生:《中国式现代化视域下完善高校思想政治工作体系论析》,《思想理论教育导刊》2023 年第 8 期。

[3] 王永贵、尤文梦:《百年大党领导意识形态工作的成功密码》,《教学与研究》2022 年第 8 期。

[4] 李艳艳:《深刻把握高校思想政治工作的时、势、事》,《思想理论教育导刊》2017 年第 6 期。

[5] 万美容:《中国共产党百年历程中思想政治教育的守正与创新》,《马克思主义理论学科研究》2020 年第 12 期。

[6] 傅安洲、李战胜:《建设自主科学的中国特色思想政治教育理论》,《国家教育行政学院学报》2017 年第 5 期。

[7] 王学俭:《新时代国家治理与思想政治工作创新发展》,《马克思主义研究》2021 年第 8 期。

[8] 张智:《新时代加强和改进思想政治工作论略》,《思想理论教育导刊》2021 年第 9 期。

[9] 骆郁廷、项敬尧:《论新时代思想政治教育创新发展的基本遵循》,《思想理论教育》2018 年第 4 期。

[10] 武东生、余一凡:《经典作家关于“思想政治教育”的思想述要》,《高校理论战线》2008 年第 2 期。

[11] 孙其昂:《论思想及思想政治教育内生机制》,《思想政治教育研究》2014 年第 30 期。

[12] 余仰涛:《论思想政治工作科学的研究对象——思想关系》,《江汉论坛》1992 年第 9 期。

[13] 叶方兴:《精神世界的政治呈现——思想政治教育的精神本性初论》,《思想理论教育》2018 年第 10 期。

[14] 王军:《思想政治教育学科期刊高被引论文分析》,《思想教育研究》2014 年第 8 期。

[15] 李维军:《返本、对话、实践、创新:完善思想政治教育基础理论研究的四条路径》,《教育理论与实践》2021 年第 3 期。

[16] 叶方兴:《坚持马克思主义思想政治教育观》,《思想政治教育研究》2020 年第 6 期。

[17] 冯刚:《深化新时代思想政治教育基础理论研究》,《思想政治教育研究》2020 年第 1 期。

[18] 李春华、刘爱玲、林敏:《思想政治教育现实热点研究述论》,《广西社会科学》

2020 年第 9 期。
[19] 叶方兴:《论思想政治教育学科交叉研究中的“学科本位”意识》,《学校党建与思想教育》2021 年第 1 期。
[20] 孙清华:《跨学科视域下思想政治教育基础理论创新的机遇与要求》,《思想理论教育》2019 年第 8 期。
[21] 王仓、孟楠:《思想政治教育的跨学科创新研究》,《广西社会科学》2019 年第 4 期。
[22] 侯勇等:《“思想政治教育”概念学科辨析与新认识》,《学术论坛》2010 年第 5 期。
[23] 侯勇、孙其昂:《思想政治教育概念学科认识的三维路径》,《探索》2012 年第 6 期。
[24] 万美容、贺钟霖:《科学界定思想政治教育概念的学科基础论析》,《思想理论教育》2023 年第 7 期。
[25] 史宏波、谭帅男:《“思想政治教育”概念重述与研究范式的转向》,《思想教育研究》2021 年第 10 期。
[26] 刘基、汪玉峰:《“人性”还是“党性”——分层视域下对思想政治教育本质的追问》,《理论与改革》2011 年第 6 期。
[27] 郑永廷:《论思想政治教育的本质及其发展》,《教学与研究》2001 年第 3 期。
[28] 李辽宁:《解读思想政治教育本质的多重维度》,《思想理论教育》2007 年第 21 期。
[29] 郭春娥:《思想政治教育学范畴层次性探微》,《高等函授学报(哲学社会科学版)》1997 年第 1 期。
[30] 王炎:《中国共产党九十年思想政治教育的历史回顾与宝贵经验》,《思想教育研究》2011 年第 7 期。
[31] 张晓昀、颜吾佴:《中国共产党思想政治教育的历史经验浅议》,《北京交通大学学报(社会科学版)》2012 年第 3 期。
[32] 冯刚:《思想政治教育学科 40 年创新发展的历程与经验》,《南京大学学报》2023 年第 4 期。
[33] 黄蓉生、颜叶甜:《改革开放 40 年思想政治教育学科发展的历史演进、宝贵经验与前行路径》,《思想理论教育导刊》2019 年第 4 期。
[34] 戴艳军、张社争:《党在延安时期思想政治教育工作的历史经验与当代启示》,《思想理论教育导刊》2011 年第 10 期。
[35] 王东维、张欣:《延安时期党开通思想政治教育文化渠道的历史经验与启示》,《思想理论教育》2014 年第 6 期。

[36] 张连侠、王东维:《延安时期党运用思想政治教育典型教育方法的历史经验》,《思想理论教育》2011 年第 7 期。

[37] 卢忠萍、周珊、曹京燕:《中央苏区思想政治教育的历史经验与启示》,《思想理论教育导刊》2015 年第 4 期。

[38] 王树荫:《论中国共产党 90 年思想政治教育的基本经验》,《思想理论教育导刊》2011 年第 8 期。

[39] 沈江平:《人工智能:一种意识形态视角》,《东南学术》2019 年第 2 期。

[40] 王树荫:《中国共产党百年思想政治教育基本经验》,《教学与研究》2021 年第 5 期。

[41] 杨仁财:《人工智能赋能高校思想政治教育的挑战与应对》,《国家教育行政学院学报》2020 年第 5 期。

[42] 刘建华:《论智能思想政治教育的可能与限度》,《思想理论教育》2022 年第 4 期。

[43] 崔建西、白显良:《智能思政:思想政治教育创新发展的新形态》,《思想理论教育》2021 年第 10 期。

[44] 吴凯:《区块链赋能思想政治教育的技术逻辑、风险挑战与实践策略》,《思想教育研究》2021 年第 6 期。

[45] 吴慧娟:《智能思政的目标指向和价值实现》,《中学政治教学参考》2021 年第 43 期。

[46] 袁周南:《人工智能嵌入思想政治教育:背景、依据与路径》,《思想理论教育》2020 年第 8 期。

[47] 王新宏:《"人工智能 + 思政教育":面向未来的高校思政教育新模式》,《学校党建与思想教育》2021 年第 6 期。

[48] 王学俭、郭绍均:《思想政治教育研究范式:体系、问题与建构》,《思想理论教育》2015 年第 3 期。

[49] 钱广荣:《思想政治教育学的文明样式与研究范式析论》,《思想教育研究》2013 年第 9 期。

[50] 司忠华:《思想政治教育研究方法研究述评》,《思想政治教育研究》,2017 年第 3 期。

[51] 张一苇、赵野田:《实证还是非实证?——论思想政治教育研究方法的选择与运用》,《思想教育研究》2018 年第 5 期。

[52] 张瑜:《近 10 年来思想政治教育研究方法的新进展》,《思想教育研究》2019 年第 5 期。

[53] 孙红艳:《社会主义核心价值体系与高校思想政治教育方法创新研究》,《思想

教育研究》2014 年第 9 期。
[54] 王学俭、刘珂:《融入日常生活：思想政治教育的微观建构》,《思想教育研究》2015 年第 2 期。
[55] 崔建西、邹绍清:《论基于大数据的思想政治教育信息传播方法创新》,《学校党建与思想教育》2017 年第 1 期。
[56] 胡艺华、杜敏:《论习近平用典艺术对思想政治教育方法的拓新》,《理论月刊》2020 年第 9 期。
[57] 祖嘉合:《思想政治教育方法研究中的基本概念及理论体系刍议》,《思想政治教育研究》2010 年第 5 期。
[58] 孟婷、张澍军:《思想政治教育方法论体系刍议》,《思想教育研究》2014 年第 9 期。
[59] 邹绍清:《思想政治教育方法论体系建构研究——以复杂系统论为视角》,《思想理论教育》2016 年第 1 期。
[60] 史宏波、谭帅男:《思想政治教育学高质量发展的学科身份反思》,《马克思主义理论学科研究》2023 年第 8 期。
[61] 张智:《新形势下做好思想政治教育工作的科学思维》,《中国高等教育》2017 年第 5 期。
[62] 杨晓慧、张泽强:《"四个服务"：高校思想政治工作新理念》,《中国青年社会科学》2017 年第 3 期。
[63] 冯刚:《思想政治教育创新的四个着力点》,《教学与研究》2017 年第 1 期。
[64] 侯勇、张腾飞:《新时代高校思想政治教育理论的创新发展》,《河海大学学报(哲学社会科学版)》2019 年第 6 期。
[65] 刘宏达:《新时代思想政治教育的历史使命、理论基础与实践要求》,《学校党建与思想教育》2017 年第 23 期。
[66] 王爱莲、康秀云:《思想政治教育学理论基础的建构逻辑探究》,《黑龙江高教研究》2018 第 5 期。
[67] 邱柏生:《思想政治教育学原理体系优化的学理抉择》,《思想理论教育》2016 年第 4 期。
[68] 胡心红、王习胜:《思想政治教育方法论：层次结构与功能阈限》,《湖北社会科学》2016 年第 5 期。
[69] 马超、娄淑华:《思想政治教育方法论现代性探析》,《思想教育研究》2016 年第 7 期。
[70] 冯刚、张欣:《中国共产党百年思想政治教育史研究的经验与展望》,《重庆大学学报(社会科学版)》2020 年第 4 期。

[71] 叶方兴:《推进思想政治教育理论史研究的方法论省思》,《马克思主义理论教学与研究》2022 年第 3 期。
[72] 金林南、刘娟:《思想政治教育比较研究的三重学理根据》,《思想理论教育》2018 年第 8 期。
[73] 李远杰、高峰:《比较方法的探索与创新——比较思想政治教育比较方法研究回顾与展望》,《思想理论教育导刊》2019 年第 9 期。
[74] 崔燕:《习近平青年观与高校青年马克思主义者培养》,《思想教育研究》2016 年第 1 期。
[75] 徐建平、赵盈:《以习近平青年观为指引开拓高校思政工作新局面》,《高校辅导员学刊》2017 年第 1 期。
[76] 黄蓉生、石海君:《党的十八大以来习近平青年论述浅析》,《思想教育研究》2016 年第 8 期。
[77] 毛俊、双传学:《论习近平的青年观及启示》,《江苏师范大学学报(哲学社会科学版)》2015 年第 1 期。
[78] 韩喜平、周颖:《习近平关于青年成长思想研究》,《思想教育研究》2016 年第 3 期。
[79] 曹中秋:《习近平教育思想研究》,《学校党建与思想教育》2017 年第 4 期。
[80] 李庚全、范博华:《习近平思想教育理念及其特点探析》,《辽宁师范大学学报(社会科学版)》2016 年第 1 期。
[81] 陈桂花、王东维:《论习近平系列讲话中的思想政治教育元素》,《思想政治工作研究》2014 年第 8 期。
[82] 顾海良:《思想政治教育学科建设的新起点》,《教学与研究》2014 年第 9 期。
[83] 石书臣:《论习近平治国理政的青少年学生德育工作思想》,《教学与研究》2017 年第 1 期。
[84] 张智:《〈习近平谈治国理政〉蕴含的思想政治教育理论》,《北京教育》2015 年第 10 期。
[85] 董静:《〈摆脱贫困〉中的思想政治教育意蕴》,《北京教育》2015 年第 10 期。
[86] 孙清华:《〈干在实处,走在前列〉中的思想政治工作原则》,《北京教育》2015 年第 10 期。
[87] 曹金龙:《〈之江新语〉中的思想政治教育意蕴及启示》,《北京教育》2015 年第 10 期。
[88] 索春艳、张耀灿:《习近平思想政治教育主导性思想研究》,《学校党建与思想教育》2017 年第 3 期。
[89] 冯刚:《增强高校思想政治工作的文化力量》,《思想理论教育》2017 年第 7 期。

[90] 王天恩:《Sora 的世界模拟及其教育运用》,《思想理论教育》2024 年第 4 期。
[91] 王光彦:《加强和改进高校思想政治工作的强大思想武器》,《中国高等教育》2017 年第 1 期。
[92] 王永贵:《掌握高校思想政治工作主导权的现实思考》,《思想理论教育》2017 年第 4 期。
[93] 佘双好:《高校思想政治工作的新变化、新观点和新趋向》,《青年发展论坛》2017 年第 1 期。
[94] 陈秉公:《探索哲学社会科学育人的规律》,《马克思主义理论学科研究》2017 年第 2 期。
[95] 刘建军:《论高校思想政治工作的育人格局》,《思想理论教育》2017 年第 3 期。
[96] 张雷声:《在改进中加强思想政治理论课建设的协同研究》,《思想理论教育导刊》2017 年第 7 期。
[97] 佘双好:《习近平关于思想政治工作思想形成过程探析》,《思想政治教育研究》2016 年第 5 期。
[98] 戴锐、曹红玲:《“立德树人”的理论内涵与实践方略》,《思想教育研究》2017 年第 6 期。
[99] 冯培:《思想政治教育该如何面对今天的 95 后》,《北京教育(德育)》2017 年第 1 期。
[100] 吴潜涛、潘一坡:《新时代社会主义核心价值观建设的成就、经验与展望》,《社会主义核心价值观研究》2023 年第 2 期。
[101] 王伟光:《加快推进中国特色哲学社会科学话语体系建设巩固马克思主义思想舆论阵地》,《国家行政学院学报》2017 年第 3 期。
[102] 侯勇:《新时代高校思想政治工作理论创新的哲学向度》,《思想理论教育导刊》2018 年第 9 期。
[103] 韩华:《习近平论思想政治工作的辩证法》,《思想教育研究》2017 年第 11 期。
[104] 吴正国、侯勇:《高校思想政治教育系统整合：理论分析、现实诉求与优化路径》,《思想教育研究》2022 年第 11 期。
[105] 黄明理:《论习近平关于理想信念思想的创新》,《江海学刊》2015 年第 2 期。
[106] 杨晓慧:《加强高校党委在思想政治工作中的顶层设计》,《思想理论教育》2017 年第 3 期。
[107] 孙其昂:《论思想政治教育基础理论研究再出发》,《扬州大学学报》2021 年第 4 期。
[108] 黄蓉生:《新时代思想政治教育学科创新发展若干思考》,《思想理论教育导刊》2018 年第 3 期。

[109] 董雅华、舒练:《建构中国特色思想政治教育学科自主知识体系论析》,《思想理论教育》2023 年第 2 期。

[110] 郑永廷:《思想政治教育基础理论研究进展与综述》,《思想教育研究》2014 年第 4 期。

[111] 金林南、赵文静:《思想政治教育学科知识理论体系的实践性建构》,《思想理论教育》2020 年第 9 期。

[112] 蔡如军:《思想政治教育应用型知识的定位与生成》,《思想理论教育》2021 年第 5 期。

[113] 孟婷、张澍军:《论思想政治教育理论与方法的辩证关系》,《思想理论教育》2018 年第 2 期。

[114] 吴育林、赵悦彤:《思想政治实践教育方法研究的三重进路》,《思想政治教育研究》2017 年第 3 期。

[115] 王学俭、张哲:《多维空间视阈下的思想政治教育研究》,《马克思主义研究》2014 年第 4 期。

[116] 吴正国、侯勇:《新时代高校思想政治教育制度化建设探究》,《思想教育研究》2019 年第 9 期。

[117] 宇文利:《论现代思想政治教育学的学科制度》,《思想理论教育》2012 年第 9 期。

[118] 骆郁廷:《论高校党组织思想政治工作的主体责任》,《思想理论教育》2017 年第 3 期。

[119] 杨晓慧:《加强高校党委在思想政治工作中的顶层设计》,《思想理论教育》2017 年第 3 期。

[120] 冯虞章:《探究人类社会现代化进程的历史逻辑》,《红旗文稿》2023 年第 8 期。

[121] 徐海楠:《论新媒体境遇下高校思想政治工作话语的转型》,《学校党建与思想教育》2017 年第 11 期。

[122] 洪银兴:《中国式现代化:目标、进程和道路》,《学海》2023 年第 3 期。

[123] 黄蓉生、耿靖:《思想政治教育赋能中国式现代化》,《理论与改革》2023 年第 1 期。

[124] 刘宏达:《中国式现代化与思想政治工作的使命》,《学校党建与思想教育》2022 年第 21 期。

[125] 陈华洲、赵耀:《社会主要矛盾转化视域下思想政治教育的现代转型》,《思想理论教育》2019 年第 2 期。

[126] 李敬煊、黄平森:《新时代中国式现代化话语体系的建构与发展》,《社会主义研究》2022 年第 1 期。

[127] 张有奎:《三种类型的历史虚无主义及其批判》,《马克思主义与现实》2019年第1期。

[128] 杨军:《历史虚无主义思潮的兴起、实质、危害与抵制》,《湖北社会科学》2017年第8期。

[129] 袁银传等:《论马克思意识形态话语建构的历史演进、基本特征和当代启示》,《马克思主义理论学科研究》2021年第12期。

[130] 陈凯泉等:《教育人工智能(EAI)中的多模态学习分析、适应性反馈及人机协同》,《远程教育杂志》2019年第5期。

[131] 唐良虎、吴满意:《数据思政:基本意涵、生成逻辑与实践样态》,《思想理论教育》2022年第5期。

[132] 赵建波:《智能算法推荐视域下思想政治教育的问题研判与应对策略》,《思想教育研究》2019年第12期。

[133] 王少:《ChatGPT介入思想政治教育的技术线路、安全风险及防范》,《深圳大学学报(人文社会科学版)》2023年第2期。

[134] 常宴会:《思想政治教育应用大数据技术的风险及其化解路径》,《河海大学学报(哲学社会科学版)》2022年第3期。

[135] 令小雄、王鼎民、袁健:《ChatGPT爆火后关于科技伦理及学术伦理的冷思考》,《新疆师范大学学报》2023年第4期。

[136] 成伯清:《自我、中介与社会:作为情感机器的互联网》,《福建论坛(人文社会科学版)》2021年第10期。

[137] 刘旸、喻国明:《智能互联时代舆论治理的价值重构》,《传媒观察》2023年第4期。

[138] 蓝江:《生成式人工智能与人文社会科学的历史使命——从ChatGPT智能革命谈起》,《思想理论教育》2023年第4期。

[139] 刘建军:《论中国特色社会主义创造了人类文明新形态》,《中国社会科学》2023年第3期。

[140] 张爱军、贾璐:《ChatGPT的公共政治舆论情感驱动及其调适》,《探索》2023年第3期。

[141] 唐爱军:《习近平关于意识形态工作的方法论》,《中国特色社会主义研究》2014年第6期。

[142] 孙迎光:《思想政治教育的三种形态》,《河海大学学报(哲学社会科学版)》2016年第2期。

[143] 孙其昂:《关于思想政治教育本质的探讨》,《南京师大学报》2002年第5期。

[144] 萧功秦:《改革开放以来意识形态创新的历史考察》,《天津社会科学》2006年

第 4 期。
[145] 侯惠勤:《意识形态的变革与话语权》,《马克思主义研究》2006 年第 1 期。
[146] 任志锋、姜泓滢:《思想政治教育自主知识体系建构的依据、方法与切入点》,《思想理论教育》2023 年第 3 期。
[147] 郑洁、黄必琼:《习近平语言艺术对思想政治教育话语优化的启示》,《学校党建与思想教育》2023 年第 5 期。
[148] 韩庆祥:《话语建设的核心首要是理论建设》,《理论视野》2018 年第 10 期。
[149] 叶方兴:《思想政治教育学术形态及其建构理路探微》,《思想理论教育》2020 年第 7 期。
[150] 郑洁:《提升高校思想政治理论课亲和力与针对性的路径》,《高校辅导员》2017 年第 5 期。
[151] 王淑芹、李静:《中国共产党百年政治认同建设的基本经验》,《求实》2022 年第 6 期。
[152] 孟茹玉:《论价值认同的生成机制与教育理路》,《思想理论教育》2019 年第 5 期。
[153] 叶方兴:《论思想政治教育形态》,《学术论坛》2019 年第 4 期。
[154] 杨威、陈毅:《思想政治教育形态问题初探》,《思想理论教育》2020 年第 1 期。
[155] 王哲:《思想政治教育形态的历史嬗变》,《黑龙江高教研究》2020 年第 4 期。
[156] 刘建军:《试论思想政治教育学科自主知识体系的建构》,《思想理论教育》2023 年第 10 期。
[157] 杨威:《思想政治教育发生论初探》,《思想理论教育》2006 年第 3 期。
[158] 杨彦斌、陈勇:《从出场语境到出场形态:思想政治教育研究范式的出场学视域呈现》,《学术论坛》2015 年第 11 期。
[159] 段建斌、祝黄河:《思想政治教育起源分析的三重维度》,《思想教育研究》2012 年第 4 期。
[160] 沈壮海:《论思想政治教育理论研究的新范式与新形态》,《思想理论教育导刊》2007 年第 2 期。
[161] 张毅翔:《新时代思想政治教育实践形态的辩证发展》,《马克思主义理论学科研究》2021 年第 1 期。
[162] 代玉启、李济沅:《思想政治教育的工作形态及优化理路》,《思想教育研究》2021 年第 2 期。
[163] 赵贵臣、张楚楚:《大学生思想政治教育制度规范体系的形态表征分析》,《辽宁大学学报》2020 年第 6 期。
[164] 丁玉峰、黄蓉生:《略论思想政治教育文化形态的类别、特性与功能》,《思想

教育研究》2019 年第 5 期。

[165] 巩茹敏、林铁松:《课程思政：隐性思想政治教育的新形态》,《教学与研究》2019 年第 6 期。

[166] 刘梅:《论思想政治教育的社会教育形态》,《思想教育研究》2011 年第 9 期。

[167] 石书臣:《主体间性视域下思想政治教育主客体关系的新形态及其建构》,《学校党建与思想教育》2017 年第 5 期。

[168] 熊建生:《论思想政治教育内容形态的层次结构》,《思想理论教育导刊》2006 年第 9 期。

[169] 刘建军:《论思想政治教育内容的基本形态》,《思想理论教育导刊》2020 年第 9 期。

[170] 刘云林:《思想政治教育内容的形态及其功能向度》,《学校党建与思想教育》2015 年第 10 期。

[171] 杨志平、张澍军:《略论思想政治教育信息的主要形态》,《东北师大学报》2013 年第 6 期。

[172] 贺才乐:《思想政治教育载体的形态及其特点》,《理论与改革》2003 年第 6 期。

[173] 褚凤英:《论思想政治教育的人本价值形态》,《思想政治教育研究》2021 年第 3 期。

[174] 冯开甫、李小双:《高校思想政治教育文化价值的表现形态》,《思想政治教育研究》2017 年第 5 期。

[175] 侯丽羽、张耀灿:《论思想政治教育话语的三种基本形态》,《马克思主义研究》2018 年第 12 期。

[176] 宋友文:《思想政治教育发展的历史逻辑、理论逻辑和实践逻辑》,《教学与研究》2021 年第 10 期。

[177] 沈壮海:《思想政治教育学科的新自觉与新未来》,《马克思主义理论学科研究》2015 年第 1 期。

[178] 石书臣、靖守侠:《论主导性思想政治教育形态》,《广西教育学院学报》2009 年第 2 期。

[179] 骆郁廷、李恩:《论网络思想政治教育的作用机理》,《马克思主义与现实》2021 年第 5 期。

[180] 戴锐、韩聪颖:《面向行动的思想政治教育学原理体系擘划》,《思想理论教育》2017 年第 2 期。

[181] 陈清:《论人工智能融入高校思想政治教育的深层逻辑》,《江苏高教》2022 年第 1 期。

[182] 黄世虎、丛婷:《当代青年网络“圈层化”的困境与出路》,《理论导刊》2023

年第 10 期。

[183] 王国成:《数字世界中的人文社会科学研究》,《天津社会科学》2020 年第 6 期。

[184] 周如俊、苏云升:《论优化思想政治教育的社会整合功能》,《唯实》2006 年第 6 期。

[185] 杨威:《论阶层分化条件下思想政治教育的社会整合功能》,《中南民族大学学报》2013 年第 7 期。

[186] 刘惠:《思想政治教育:执政党社会整合的软权力》,《求实》2009 年第 7 期。

[187] 马关生、张世洲:《思想政治教育制度的哲学探讨》,《思想教育研究》2011 年第 4 期。

[188] 朱其东、孙其昂:《思想政治教育本质论的制度分析》,《探索》2011 年第 3 期。

[189] 王学俭、孙茵:《思想政治教育制度化探析》,《思想教育研究》2015 年第 6 期。

[190] 邱柏生:《试论思想政治教育生态研究的方法论意义》,《思想教育研究》2011 年第 8 期。

[191] 蔡志强:《思想政治教育生态与思想政治教育发展》,《福建师范大学学报》2006 年第 3 期。

[192] 张洪春、胡凯:《思想政治教育生态观》,《河北学刊》2009 年第 2 期。

[193] 李辉:《思想政治教育价值与功能研究进展》,《思想教育研究》2014 年第 6 期。

[194] 王贤卿、赵盛润:《论思想政治教育价值实现的障碍及其克服路径》,《毛泽东邓小平理论研究》2009 年第 8 期。

[195] 周立军:《思想政治教育价值与高校突发事件善后治理机制研究》,《思想教育研究》2011 年第 2 期。

[196] 陈培新:《高校思想政治教育空间功能简论》,《学校党建与思想教育》2010 年第 16 期。

[197] 朱志刚:《论思想政治教育的文化整合功能》,《理论学刊》2007 年第 11 期。

[198] 崔华华、张翼:《思想政治教育话语及其现代转型》,《理论探索》2016 年第 1 期。

[199] 孙其昂:《论思想政治教育基础理论的“体系”研究》,《马克思主义与现实》2021 年第 5 期。

[200] 邱柏生:《关于思想政治教育基础理论创新的若干思考》,《思想理论教育》2019 年第 8 期。

[201] 叶方兴:《当前思想政治教育基础理论研究的“悬浮化”状态及其反思》,《湖北社会科学》2020 年第 5 期。

[202] 邵彦涛、王寓凡:《思想政治教育本科专业课程设置的现状与优化》,《中国大学教学》2023 年第 5 期。

[203] 蔡志强：《思想政治教育生态与思想政治教育发展》，《福建师范大学学报》2006年第3期。

[204] 戴锐：《思想政治教育生态论》，《理论与改革》2007年第2期。

[205] 刘宏达：《以体系思维推进高校思想政治工作体系的创新发展》，《思想理论教育》2020年第8期。

[206] 孙清华：《跨学科视域下思想政治教育基础理论创新的机遇与要求》，《思想理论教育》2019年第8期。

[207] 孙其昂：《论思想政治教育学科的系统建构》，《思想教育研究》2010年第3期。

[208] 陈杰、叶战备、黄信瑜：《善治视角下的网络政治参与》，《探索》2010年第4期。

[209] 胡洪彬：《系统思维与新时代思想政治教育资源的整合优化》，《思想理论教育》2021年第12期。

[210] 燕连福、温海霞：《高校各类课程与思政课同向同行育人的问题及对策》，《高校辅导员》2017年第4期。

[211] 李辉：《思想政治教育学科自主知识体系的建构逻辑》，《思想教育研究》2024年第3期。

[212] 张毅翔：《思想政治教育学科自主知识体系建构的三重进路》，《思想教育研究》2024年第3期。

[213] 钟启东：《思想政治教育学科自主知识体系的建构内容》，《思想教育研究》2024年第3期。

[214] 魏华：《人工智能深度融合思想政治教育的实现路径》，《理论视野》2021年第12期。

[215] 冯刚、聂小雄：《"数字思政"的生成背景、基本内涵和实践运用》，《西华大学学报》2023年第5期。

[216] 刘建军：《论思想政治教育的科学化》，《教学与研究》2011年第3期。

[217] 申晓腾：《人工智能时代思想政治教育生态转变与创新方略》，《未来与发展》2019年第12期。

[218] 周良发：《智能思政：人工智能时代的思想政治教育变革》，《重庆邮电大学学报》2019年第5期。

[219] 林峰：《人工智能时代思想政治教育的价值定位与发展》，《思想理论教育》2020年第1期。

[220] 秦蕾、朱进东：《人工智能：高校思想政治教育的时代趋向与应对策略》，《江苏高教》2020年第2期。

[221] 张淼：《人工智能时代大学生劳动教育的范式转换与实践理路》，《当代青年研

究》2021年第6期。
[222] 宫长瑞、轩宣:《数智化思想政治教育的图景展现及其实践策略》,《思想教育研究》2021年第11期。
[223] 蒋笃运、杜社娟、谢梦菲:《思政课教学智能化建设研究》,《中国电化教育》2021年第1期。
[224] 邓国峰、高安安:《技术逻辑与价值定位: 算法时代网络思想政治教育新展望》,《思想教育研究》2022年第2期。
[225] 陈坤、李旖旎:《人工智能语境下思想政治教育者的角色定位》,《思想教育研究》2018年第9期。
[226] 温旭:《VR技术赋能高校思想政治教育的价值与应用》,《思想理论教育》2021年第11期。
[227] 王峰:《人工智能科幻叙事的三种时间想象与当代社会焦虑》,《社会科学战线》2019年第3期。
[228] 张磊、王建新:《从释放到赋权: 人工智能嵌入网络主流意识形态话语权建构研究》,《新疆社会科学》2021年第1期。
[229] 崔聪:《人工智能时代思想政治教育的算法风险及其应对》,《思想理论教育》2020年第5期。
[230] 王天恩:《论人工智能发展的伦理支持》,《思想理论教育》2019年第4期。
[231] 于亚新、丁义浩:《以课程思政重塑大数据与智能时代的数据科学思维体系》,《中国高等教育》2020年第8期。
[232] 吴满意、王丽鸽:《精准到智慧: 思想政治教育创新发展的根本态势分析》,《马克思主义与现实》2019年第4期。
[233] 常宴会:《人工智能在思想政治教育中的应用前景和价值前提探析》,《思想理论教育》2019年第8期。
[234] 王天夫:《数字时代的社会变迁与社会研究》,《中国社会科学》2021年第12期。
[235] 胡华:《人工智能嵌入大学生思想政治教育的SWOT分析及应对策略》,《思想政治教育研究》2021年第4期。
[236] 王丽鸽:《思想政治教育数字化发展的生成动因、态势特征与创变展望》,《思想理论教育》2023年第5期。
[237] 王学俭、冯瑞芝:《数字技术与思想政治教育高质量发展的耦合逻辑及风险防范》,《北京工业大学学报》2023年第3期。
[238] 祖嘉合:《思想政治教育方法理论体系求臻》,《学校党建与思想教育》2007年第9期。

［239］祖嘉合:《思想政治教育方法研究中三个基本概念辨析》,《思想理论教育导刊》2007年第6期。

［240］虞滢、金林南:《从方法到方法论——思想政治教育学科方法论研究分析》,《思想教育研究》2016年第5期。

［241］祖嘉合、代玉启:《尽精微考量而致思想政治教育方法体系的建构》,《学校党建与思想教育》2009年第5期。

［242］李林英、石丽萍:《马克思主义理论学科博士学位论文研究方法运用的实证分析》,《马克思主义理论学科研究》2016年第3期。

［243］张耀灿:《思想政治教育学科理论体系发展创新探析》,《思想教育研究》2007年第4期。

［244］王霞娟、赵宗凌:《关于思想政治教育研究方法发展的思考》,《广西社会科学》2013年第3期。

［245］张智:《科学抽象法：思想政治教育学研究的主导方法》,《教学与研究》2016年第1期。

［246］何志敏、卢黎歌:《建立“宏观思想政治教育学”与“微观思想政治教育学”的思考》,《思想教育研究》2011年第1期。

［247］李艳春、刘军:《论思想政治教育学的研究方法》,《学术探索》2013年第2期。

［248］常宴会:《思想政治教育学科方法论新探——基于马克思实践哲学的视角》,《思想教育研究》2020年第4期。

［249］向征:《现代思想政治教育研究方法述评》,《山东青年政治学院学报》2013年第6期。

［250］李武装:《近十年来思想政治教育“基础理论问题”研究走向及其历史效应》,《江西师范大学学报》2013年第1期。

［251］刘建军、朱建婷:《思想政治教育学科建设与发展研究综述》,《思想理论教育导刊》2009年第2期。

［252］吴朝国、孙群:《论思想政治教育的泛化》,《思想教育研究》2013年第9期。

［253］张耀灿、钱广荣:《思想政治教育研究范式论纲——思想政治教育研究方法的基本问题》,《思想教育研究》2014年第7期。

［254］高立伟、郑大俊:《思想政治教育研究方法论研究述要》,《思想理论教育导刊》2011年第2期。

［255］祖嘉合:《思想政治教育学科发展中存在问题的思考》,《思想政治教育研究》2011年第1期。

［256］虞滢:《思想政治教育学科方法论意识的演进与展望》,《湖北社会科学》2019年第4期。

[257] 金林南:《经验科学、意义理解与实践批判——思想政治教育学科知识的三重维度》,《江西师范大学学报》2015 年第 2 期。
[258] 王霞娟、赵宗凌:《关于思想政治教育研究方法发展的思考》,《广西社会科学》2013 年第 3 期。
[259] 魏永强、魏思琪:《思想政治教育学科泛化现象研究》,《思想政治教育研究》2017 年第 2 期。
[260] 杨增崇、生态学方法:《思想政治教育研究的一种视野》,《理论与改革》2010 年第 5 期。
[261] 胡菊华、裘杰:《思想政治教育学科视野中的研究方法创新》,《思想教育研究》2010 年第 9 期。
[262] 单文鹏:《关于思想政治教育学科研究方法深化发展的思考》,《思想教育研究》2020 年第 1 期。
[263] 高立伟:《思想政治教育方法论现代转换》,《思想教育研究》2010 年第 5 期。
[264] 邓泽惠:《试论思想政治教育学研究方法的转型》,《理论与改革》2004 年第 1 期。
[265] 佘双好:《思想政治教育的科学研究现状、特点及发展趋势探析》,《思想理论教育导刊》2009 年第 10 期。
[266] 代玉启:《论思想政治教育研究的规范性》,《学校党建与思想教育》2010 年第 32 期。
[267] 吴倩、刘建军:《扎根理论在我国思想政治教育研究中的运用》,《学校党建与思想教育》2017 年第 11 期。
[268] 屈陆、戴钢书:《认知神经科学与思想政治教育研究方法的创新》,《学术论坛》2016 年第 8 期。
[269] 张月等:《论思想政治教育研究方法科学化的困局与出路》,《思想教育研究》2022 年第 5 期。
[270] 戴锐:《思想政治教育学科的“中国气派”之路》,《思想理论教育》2009 年第 13 期。
[271] 吴艳东:《当前思想政治教育理论研究现状检视》,《学校党建与思想教育》2009 年第 1 期。
[272] 王习胜、杨晓帆:《思想政治教育方法探索的面相描画与取向审思——以 2020 年的研究为视点》,《安徽师范大学学报（人文社会科学版）》2021 年第 6 期。
[273] 刘宏达、彭嘉琪:《思想政治教育大数据定量分析方法的内涵、特征及实施策略》,《学校党建与思想教育》2020 年第 2 期。
[274] 刘宏达、隆梅凤:《大数据助推思想政治教育定性分析方法创新》,《思想政治

教育研究》2020 年第 5 期。

[275] 康超、佘双好:《大数据方法在思想政治教育研究中的科学性及其争议探讨》,《中国电化教育》2021 年第 9 期。

[276] 叶方兴:《寻找社会成员的思想政治教育记忆——作为思想政治教育研究方法的口述史》,《思想政治教育研究》2022 年第 1 期。

[277] 侯勇、景丝丝:《利益分析:思想政治教育研究的新视角——作为思想政治教育研究创新的利益分析法》,《思想政治教育研究》2022 年第 3 期。

[278] 李基礼:《思想政治教育的权力谱系分析》,《思想政治教育研究》2022 年第 3 期。

[279] 王永友、宋燕:《思想政治教育个案史研究:历史审思、本质意义与重点方向》,《青年学报》2022 年第 5 期。

[280] 侯勇、肖洋:《扎根中国"田野"的思想政治教育学探索——作为思想政治教育学研究方法的田野调查》,《思想教育研究》2023 年第 7 期。

[281] 杨威、魏道:《思想政治教育学应注重田野调查》,《思想政治教育研究》2022 年第 1 期。

[282] 张建晓、孙其昂:《思想政治教育思想空间结构探析》,《思想教育研究》2017 年第 6 期。

[283] 阮博:《现代思想政治教育思维方式建构》,《思想教育研究》2013 年第 2 期。

[284] 周晓虹:《口述史作为方法:何以可能与何以可为——以新中国工业建设口述史研究为例》,《社会科学研究》2021 年第 5 期。

[285] 刘谦、梁超锋:《改革开放以来高校思想政治工作口述史研究的意义、原则和方法》,《思想教育研究》2020 年第 5 期。

[286] 左玉河:《固化、中介与建构:口述历史视域中的记忆问题》,《史学理论研究》2021 年第 5 期。

[287] 王炳林、石卓群:《运用口述史方法深化中共党史研究》,《中国青年社会科学》2021 年第 4 期。

[288] 胡洁:《个人叙事与集体记忆:口述史的多维建构》,《学术月刊》2021 年第 11 期。

[289] 钱广荣:《论思想政治教育学科研究之批评及其意义》,《思想理论教育》2006 年第 10 期。

[290] 侯勇:《思想政治教育研究中的热点、趋势及高频作者群分析——基于人大复印报刊资料〈思想政治教育〉的研究》,《马克思主义理论学科》2017 年第 5 期。

[291] 侯勇、蒋春芝:《思想分析法:探索思想政治教育学科研究对象的"思想之

谜"》,《思想政治教育研究》2022 年第 4 期。
[292] 佘双好:《关于思想政治教育学科发展的战略思考》,《学校党建与思想教育》2014 年第 23 期。
[293] 黄欣荣:《大数据时代思政系统理论的创新研究》,《江南大学学报(人文社会科学版)》2019 年第 5 期。
[294] 张雷声:《关于"马克思主义基本原理"及其学科建设》,《思想理论教育导刊》2006 年第 6 期。
[295] 王易、田雨晴:《推进大中小学思想政治教育一体化建设的思考》,《思想理论教育》2023 年第 3 期。
[296] 张明:《"六个必须坚持"对马克思主义世界观方法论的创新性发展》,《南京大学学报》2023 年第 3 期。
[297] 成龙:《"六个必须坚持"的内在逻辑》,《求索》2023 年第 4 期。
[298] 孙来斌:《"六个必须坚持"对高校思想政治理论课的理念指引》,《思想理论教育导刊》2023 年第 8 期。
[299] 金林南:《面向新征程的思想政治教育现代化研究论要》,《思想理论教育》2021 年第 2 期。
[300] 罗亮:《人工智能驱动思想政治教育创新的时代价值与实践策略》,《思想理论教育》2021 年第 3 期。
[301] 孙来斌:《"六个必须坚持"对高校思想政治理论课的理念指引》,《思想理论教育导刊》2023 年第 8 期。
[302] 吴宏政、丛林:《"建构自主知识体系"在铸魂育人中重大意义》,《思想理论教育导刊》2024 年第 3 期。
[303] 罗亮:《人工智能驱动思想政治教育创新的时代价值与实践策略》,《思想理论教育》2021 年第 3 期。
[304] 向静林、艾云:《数字社会发展与中国政府治理新模式》,《中国社会科学》2023 年第 11 期。
[305] 项久雨:《思想政治教育现代化要素的解释之维》,《思想理论教育》2024 年第 2 期。

索　引

C

创新思维　4，43，61，80，94，140，160，161，234，288

D

大中小学思想政治教育一体化　67，281，283，284，286，309

F

方法论　4，7，8，19，32，40，41，43，46，47，48，49，51，55，56，68，70，73，74，75，80，111，127，133，134，151，153，160，161，167，170，176，196，198，203，204，216，217，218，219，220，221，222，223，224，225，226，227，228，229，230，231，232，233，237，243，245，246，247，252，253，255，261，264，265，269，270，271，272，273，274，277，284，286，287，288，290，291，296，297，300，303，306，307，309

G

高质量发展　9，18，46，66，68，188，189，210，246，263，281，286，287，296，305，319

H

话语体系　5，7，9，10，14，44，62，72，92，97，98，99，102，103，104，105，112，113，114，115，154，162，172，248，269，270，271，273，276，280，288，291，298，299，320，321

J

机制　3，5，6，14，16，17，23，40，45，46，47，50，57，62，65，68，69，70，72，74，75，77，78，81，83，84，85，86，87，88，89，90，91，92，93，94，95，96，111，113，116，117，119，120，121，123，135，136，145，146，149，150，152，153，154，157，158，165，166，168，169，173，174，175，176，177，178，179，180，181，182，185，186，191，202，203，205，206，210，211，214，223，228，239，244，245，256，267，268，274，276，285，286，293，301，303

基础理论　4，6，9，10，21，32，33，43，45，46，47，48，49，69，70，71，72，73，74，75，76，89，136，140，141，143，149，159，160，

161，166，167，171，172，173，202，203，216，223，225，226，227，234，243，244，249，252，263，267，269，270，274，275，277，283，288，293，294，298，299，303，304，306，320

交叉学科 9，15，17，21，32，40，42，44，48，71，79，127，133，134，137，140，144，146，151，156，160，161，162，167，172，173，200，201，213，247，248，249，250，252，253，254，260，264，265，266，268，270，274，283，287

交叉研究 6，7，16，17，33，43，72，125，146，151，157，158，160，161，173，193，200，204，229，230，247，248，249，250，251，252，253，254，256，259，261，262，263，264，265，266，267，268，270，294，320

教育强国 67，95，188

K

空间 3，56，60，61，68，70，77，85，89，92，95，96，98，103，104，106，107，110，111，115，119，120，127，129，130，131，132，133，138，141，142，145，147，148，149，151，154，155，158，163，164，167，174，180，181，182，183，184，185，186，188，189，190，191，198，206，209，210，211，212，213，214，215，233，234，239，240，241，250，263，265，283，285，286，290，299，303，308，319

L

理论创新 1，4，5，6，7，8，9，10，32，33，38，43，47，48，49，54，56，63，69，72，75，76，160，172，173，188，201，205，229，246，258，265，267，269，286，287，294，298，303，304，320

理论基础 4，5，9，10，27，31，32，38，43，45，47，48，69，70，71，72，73，74，76，115，125，128，143，145，148，149，157，159，160，161，166，167，168，171，173，189，202，203，222，248，251，263，266，269，272，273，275，278，283，291，292，296，320

立德树人 1，3，5，10，18，23，24，27，31，52，56，61，64，67，68，79，91，93，95，102，138，139，149，163，175，184，185，194，199，205，251，254，263，267，275，284，286，298，319

六个必须坚持 284，285，309

M

马克思主义理论 4，10，19，31，37，46，48，49，52，55，59，63，71，72，73，78，89，105，112，115，117，127，128，130，135，143，144，159，160，171，172，179，180，181，202，222，223，230，243，251，253，263，270，287，293，296，297，298，300，301，302，306，308

马克思主义中国化 3，10，38，71，171，272

R

人工智能 2，27，31，39，74，105，

106，107，110，120，131，141，147，148，188，190，191，192，193，194，195，196，197，198，199，200，201，202，203，204，205，206，211，215，250，254，287，288，295，300，302，304，305，309

S

社会视野 7，8，9，15，16，43，125，134，144，149，152，155，172，227，251，257，292，320

守正创新 1，2，3，5，27，103，160，270，272，273，285，288

思想政治工作 1，2，3，4，5，10，14，15，16，17，21，23，24，31，33，34，36，37，44，45，46，47，50，51，52，53，54，55，56，57，58，59，60，61，62，63，64，66，67，68，69，70，71，73，74，75，78，79，82，83，84，89，90，91，92，93，94，95，96，97，98，99，100，103，112，118，119，127，128，129，130，143，149，151，163，164，165，170，171，173，175，178，179，181，182，184，185，186，192，218，230，240，246，250，252，258，259，263，269，270，272，273，275，277，278，281，284，285，286，290，291，292，293，296，297，298，299，304，308

思想政治教育 1，2，3，4，5，6，7，8，9，10，11，12，13，14，15，16，17，18，19，21，22，23，24，25，26，27，28，29，30，31，32，33，34，35，36，37，38，39，40，41，42，43，44，45，46，47，48，49，50，51，52，53，54，55，56，57，58，59，60，62，63，64，65，66，67，68，69，70，71，72，73，74，75，76，77，78，79，80，81，82，83，84，85，86，87，88，89，90，91，92，93，94，95，96，97，98，99，100，101，102，103，104，105，106，107，108，109，110，111，112，113，114，115，116，117，118，119，120，121，123，124，125，126，127，128，129，130，131，132，133，134，135，136，137，138，139，140，141，142，143，144，145，146，147，148，149，150，151，152，153，154，155，156，157，158，159，160，161，162，163，164，165，166，167，168，169，170，171，172，173，174，175，176，177，178，179，180，181，182，183，184，185，186，188，189，190，191，192，193，194，195，196，197，198，199，200，201，202，203，204，205，206，207，208，209，210，211，212，213，214，215，216，217，218，219，220，221，222，223，224，225，226，227，228，229，230，231，232，233，234，235，236，237，238，239，240，241，242，243，244，245，246，247，248，249，250，251，252，253，254，255，256，257，258，259，260，261，262，263，264，265，266，267，268，269，270，271，272，273，274，275，276，277，278，279，280，281，282，283，284，285，286，287，288，290，291，292，293，

294, 295, 296, 297, 298, 299, 300, 301, 302, 303, 304, 305, 306, 307, 308, 309, 318, 319, 320, 321

思想政治教育本质 36, 74, 77, 112, 125, 140, 141, 147, 153, 156, 249, 260, 270, 294, 300, 303

思想政治教育创新 2, 3, 4, 5, 6, 7, 8, 9, 11, 18, 32, 39, 43, 105, 131, 188, 189, 199, 201, 247, 265, 266, 288, 293, 295, 296, 305, 309, 320, 321

思想政治教育话语 6, 67, 68, 97, 98, 99, 100, 101, 102, 103, 104, 105, 106, 107, 108, 109, 110, 111, 113, 114, 115, 116, 117, 118, 119, 120, 121, 123, 124, 130, 137, 154, 162, 168, 198, 209, 210, 265, 269, 276, 280, 282, 301, 302, 303

思想政治教育实践 15, 21, 30, 32, 36, 45, 46, 47, 63, 70, 74, 75, 100, 106, 114, 115, 127, 128, 130, 137, 138, 139, 148, 149, 154, 163, 164, 173, 174, 177, 180, 182, 189, 206, 208, 224, 250, 252, 254, 279, 281, 283, 285, 286, 301

思想政治教育系统 1, 7, 8, 9, 15, 16, 32, 42, 43, 45, 65, 83, 87, 88, 90, 92, 95, 96, 112, 125, 126, 127, 130, 132, 133, 134, 135, 136, 138, 139, 140, 142, 144, 145, 156, 161, 164, 165, 166, 167, 169, 171, 172, 174, 175, 176, 177, 178, 179, 180, 182, 183, 184, 185, 188, 255, 256, 257, 258, 259, 260, 261, 262, 270, 273, 278, 281, 282, 283, 284, 285, 287, 292, 298, 320

思想政治教育现代化 15, 131, 155, 177, 254, 280, 281, 282, 287, 292, 309

思想政治教育形态 6, 125, 126, 127, 128, 129, 130, 131, 132, 133, 134, 135, 137, 138, 139, 140, 141, 142, 143, 144, 145, 146, 147, 148, 149, 159, 191, 193, 281, 301, 302

思想政治教育学 1, 2, 3, 4, 5, 6, 7, 8, 9, 10, 11, 12, 15, 16, 18, 19, 20, 21, 25, 27, 29, 30, 31, 32, 33, 34, 35, 36, 37, 38, 39, 40, 42, 43, 45, 46, 47, 48, 49, 51, 62, 71, 72, 73, 74, 75, 77, 78, 79, 80, 84, 85, 86, 87, 88, 89, 90, 92, 95, 96, 98, 99, 103, 105, 112, 113, 114, 125, 128, 130, 133, 134, 135, 136, 137, 138, 139, 140, 142, 143, 144, 145, 146, 147, 148, 149, 151, 152, 154, 155, 156, 157, 158, 159, 160, 161, 162, 163, 164, 165, 166, 167, 168, 169, 170, 171, 172, 173, 174, 175, 176, 177, 178, 179, 181, 182, 183, 186, 188, 189, 190, 192, 193, 199, 200, 201, 203, 204, 205, 212, 213, 215, 216, 217, 219, 220, 223, 224, 225, 226, 227, 228, 229, 230, 231, 233, 234, 235, 237, 238, 239, 240, 241, 242, 243, 244, 245, 246, 247, 248, 249, 250, 251, 252, 253, 254, 255, 256, 257, 258, 259, 260, 261, 262, 263, 264, 265,

266，267，268，269，270，271，272，273，274，275，276，277，278，279，281，282，283，284，286，287，288，290，291，292，293，294，295，296，297，298，299，301，302，304，306，307，308，309，318，319，320，321

思想政治教育学科 1，2，3，4，5，6，7，8，9，10，11，15，16，18，19，20，21，25，27，29，30，31，32，33，36，37，38，39，40，42，43，45，46，47，48，49，51，71，72，73，74，75，77，78，79，80，84，85，86，87，88，89，90，92，96，98，99，103，105，112，113，114，125，128，130，133，134，135，136，137，138，139，140，142，143，144，145，146，147，148，149，151，152，154，155，156，157，158，159，160，161，162，163，164，165，166，167，168，169，170，171，172，173，174，175，176，177，178，179，181，182，183，186，188，189，190，191，192，193，199，200，203，204，205，213，215，216，217，219，220，223，224，225，226，227，229，230，231，233，234，239，240，243，244，245，246，247，248，249，250，251，252，253，254，255，256，257，258，259，260，261，262，263，264，265，266，267，268，269，270，271，273，274，275，276，277，278，279，281，282，283，284，286，287，288，290，293，294，297，298，299，301，302，304，306，307，308，309，318，319，320，321

思想政治教育研究 3，5，6，7，10，15，16，17，18，19，21，22，23，24，25，26，27，28，29，30，32，33，34，36，37，39，40，41，42，43，44，45，46，55，73，74，75，77，89，125，127，128，129，130，133，138，139，147，153，156，160，161，172，176，179，181，188，189，190，192，194，195，196，199，200，201，202，204，205，216，217，219，220，221，222，223，224，225，226，227，228，229，230，231，232，233，234，236，238，240，242，243，244，245，246，248，249，264，274，275，286，290，293，295，296，298，299，301，302，305，306，307，308，309，318，320

思想政治教育制度 6，77，78，79，80，81，82，83，84，85，86，87，88，89，90，91，92，93，95，128，133，149，152，153，299，301，303

T

体系 1，2，3，4，5，6，7，8，9，10，14，15，16，17，18，21，24，27，30，31，32，36，37，39，40，41，42，43，44，45，46，47，48，49，55，56，58，59，60，62，63，65，66，67，68，69，70，71，72，73，74，75，76，77，78，79，81，83，84，85，87，88，89，90，91，92，93，95，96，97，98，99，102，103，104，105，106，110，111，112，113，114，115，120，125，128，136，137，140，141，143，144，145，146，151，152，153，

154，155，156，157，158，159，160，161，162，163，164，166，167，168，170，171，172，173，175，177，179，181，182，184，186，188，190，192，193，197，199，200，201，202，203，204，206，208，212，213，214，217，218，219，220，222，223，224，225，227，228，230，231，232，233，234，238，243，244，245，246，247，248，249，250，252，253，254，256，257，258，259，261，263，264，265，266，267，269，270，271，272，273，274，275，276，277，278，280，281，282，283，284，286，287，288，291，293，295，296，298，299，301，302，303，304，305，306，309，318，319，320，321

体制 5，6，14，45，47，57，68，69，75，77，78，79，85，86，88，89，93，95，152，163，165，166，169，173，174，178，179，180，181，182，191，206，211，256，268，285，286

X

系统观念 1，3，4，10，45，173，175，234，283，285

系统思维 4，7，9，43，45，49，94，125，137，140，142，149，161，168，169，175，177，182，184，255，257，261，262，278，281，304

系统整合 5，6，10，15，65，91，146，151，152，154，155，156，157，158，165，166，167，168，169，170，171，172，174，175，176，177，178，181，234，257，275，281，298，320

信息技术 1，6，10，31，98，100，105，107，111，115，119，131，138，141，148，168，170，189，190，192，194，196，246，250，253，254，265，275，285，287

叙事 43，98，100，101，103，104，109，115，117，120，171，186，198，215，232，237，238，239，242，305，308

学科建设 1，4，8，9，10，11，15，16，17，20，21，25，30，31，36，37，38，42，51，53，55，63，68，85，86，89，103，112，113，114，115，125，132，136，137，146，151，155，161，162，163，168，172，173，178，181，186，222，226，244，248，251，252，253，256，258，263，264，265，266，267，269，270，275，277，278，279，282，283，286，287，297，306，309，319，320，321

学科交叉 6，7，15，16，17，33，42，71，72，73，74，79，89，125，137，140，146，151，152，156，160，162，172，173，193，199，200，201，204，206，223，229，230，247，248，249，250，251，252，253，254，256，258，259，260，261，262，263，264，265，266，267，268，270，283，294

学科体系 1，3，5，7，9，10，15，17，41，42，44，62，63，72，78，92，136，137，144，146，158，160，161，171，173，177，181，253，254，265，269，270，271，273，275，283，287，288，318，319，321

学术体系　3，5，7，9，10，43，44，62，92，146，160，254，269，273，288，320，321

Y

研究范式　6，7，8，9，10，21，36，39，40，43，49，72，73，74，77，113，127，135，137，140，160，162，189，193，200，201，202，204，205，219，222，224，226，227，228，231，242，246，247，248，249，250，253，254，262，269，284，287，288，294，295，301，306，320

研究方法　3，4，5，6，7，8，9，10，15，16，17，18，32，40，41，42，43，44，45，54，72，73，74，77，113，125，127，132，134，135，137，143，146，156，160，161，162，167，170，171，172，173，177，189，190，192，193，200，202，203，204，215，216，217，218，219，220，221，222，224，225，226，227，228，229，230，231，232，233，234，236，237，238，240，241，242，243，244，245，246，247，248，249，251，252，253，254，256，258，260，262，264，265，266，267，269，270，271，274，275，276，277，286，287，291，295，306，307，308，318，319，320

研究方法论　40，41，74，127，160，161，167，170，218，219，220，221，225，226，229，230，233，243，245，247，252，253，264，265，269，270，274，277，291，306

意识形态　1，3，12，13，17，18，31，34，35，36，39，50，52，57，58，64，65，66，69，71，85，93，97，98，99，101，104，105，106，107，109，110，111，112，113，114，115，119，121，124，130，132，133，134，135，136，141，151，155，159，160，163，164，165，166，167，169，171，173，179，180，182，183，186，190，191，193，198，200，203，205，207，209，212，213，214，219，236，239，253，260，262，263，264，267，270，271，279，286，293，295，300，301，305

Z

中国风格　7，9，44，51，62，63，112，269，270，271，288

中国共产党　2，3，4，5，9，14，16，21，31，36，37，38，44，49，53，57，62，65，73，103，105，121，122，123，130，131，223，250，273，284，287，289，292，293，294，295，296，301

中国气派　7，9，44，51，62，63，112，231，263，269，270，271，288，307

中国式现代化　2，5，10，27，98，100，101，102，103，104，155，160，171，271，278，281，282，293，299

中国特色　1，2，3，4，7，9，18，27，29，32，38，44，47，48，51，52，53，54，56，57，58，59，61，62，63，65，66，67，71，72，80，92，97，101，102，103，105，111，112，113，122，123，136，202，203，212，262，263，268，269，

270，271，272，273，276，278，281，284，288，289，293，298，299，300，319，320

自我教育 60，86，91，115，175，179，187，207，212

自主知识体系 1，7，8，9，62，72，113，269，270，282，288，299，301，304，309，320，321

后　记

从事思想政治教育学科研究是我笃定的学术志业。从2003年攻读思政本科师范学士学位到后来攻读硕博士学位及博士毕业工作，20余年来一直从事的学业、专业、职业和事业。在攻读硕博士期间，授业恩师孙其昂教授一直勉励我要“热衷于学术活动，潜心于学术研究，专心于学术致思”。此书研究论题、研究内容和研究方法也深受先生的影响。回望20余年的“林中来时路”，的确是“苍苍横翠微”，感慨颇深。2011年年底，从一位博士生角色转变为一位高校的“青椒”，既要站稳站好讲台，又要买房成家结婚生子……作为现任中央团校副校长廉思教授称为“工蜂”群体的一分子，多重角色如教学科研、社会服务、行政管理等诸多事情迟滞了本论题的研究。特别是博士毕业刚走上工作岗位时，连续两年申请思想政治教育主题研究项目“石沉大海”，后来换了另外一个“横跨一步”且也具有研究基础的廉政研究选题，竟然一报即中“国家社科基金青年项目”，而后的5年间，就一直围绕党风廉政建设研究进行知识积累、学习、调研与研究，完成社科研究书稿，思想政治教育研究创新论题只能处理零星的收集资料或是写下零星灵感迸发记录。在这期间，我看到一些同行逐渐转去其他学科发展，内心也有一些踯躅不前，加之思想政治教育学科本身发展的稚嫩性、初生性甚至理论研究的“内卷化”，一段时间内个人也对思想政治教育学科未来发展忧心忡忡，充满着迷茫与困惑。

2017年，我曾在中国人民大学高精尖中心参加思想政治教育青年学者论坛，长江学者刘建军教授作主旨报告，其中谈到青年人要有青年自信、学者自信、论坛自信，印象非常深刻，也更以此坚定笃行。刘建军教授在《思想政治教育学科独立性探源》一文再次强调思想政治教育的学科独立性，强调在学科对象、学科基础、学科体系和学科价值等方面的独立性[①]，这是高屋建瓴地对思想政治教育学科建设的再次确证。推动学科内涵式建设与高质量发展首要的就是要以中国化时代化的马克思主义为指导，坚持问题意识和问题导向，回应时代问题与时代要求，研究解决思想教育、政治教育、道德教育、心理健康、劳动教育等重大而紧迫的现实问题，推进解决思想政治教育“理论的内卷”“学科肌无力”现象。思想政治教育学作为中国特色社会主义学科体系重要组成部分，不仅有“术”，也有“学”，更有“道”，既需要推进工作方法研究，也需要推进思政特色的学科研究方法创新理念、路径等，更好地推动学科体系、教学体系、人才培养体系建设，服务立德树人与治国理政需要。

2020年将第一个主持的国家社科项目提交结项后，对自己未来的学科研究方向进行重新反思与重新定位，特别是经历了在中央部委、省委、市委党的重要机关部门借调工作的经验和基层教学、下村蹲点等理论研究与社会实践的贯通融合下，决定还是回到专业聚焦主业。作为一位接受思想政治教育学科培养多年的“书生”，觉得自己有责任回到思政学科主业，期冀能够为思想政治教育学科化、科学化、体系化和现代化发展贡献一份绵薄之力。在2021年评上教授、2022年获聘博士生导师后，更觉得有一份使命和担当，要做一些事情，特别是在解决职称问题实现了所谓“学术自由”“论文自由”“研究自由”后，将心中一直惦记着的思想政治教育学科创新研究问题提上日程，正如习近平总书记在2022年新年致辞里所言“踔厉奋发、笃行不怠”，逐渐要将研究视野、研究重心和学术关注点回归到思想政治教育学科研究主业。当然，这都离不开我称之为思政“河海学派”的饱和式学术阅读、交流、研讨训练……授业恩师硕士生导师颜素珍教授[②]、博士生导师孙其昂教授对我的指导关怀，既严厉又饱含深情，既耳提面命又醍醐灌顶。孙其昂教授经常勉励我们要具备世界的眼光、中国现实的视野，脚踏实地，顶天立地。从我博士生进入门下修学修行，先生就给予我许多的学术训练实践锻炼与学术空间成长机会，一直勉励我做持续追踪和开拓性研究，鼓励我们做人要脚踏实地、顶天立地，做学问要多关注社会、多走向社会，这也深深影响我的研究风格和研究

① 刘建军:《思想政治教育学科独立性探源》,《教学与研究》2022年第12期。

② 注：先生对我的关怀与指导无微不至，“先做人，后做事”的谆谆教诲铭记于心，只是遗憾在博士毕业时，恩师罹患重病不久后驾鹤仙游，在她人生最后半年中，我几乎每周末从无锡回南京时抽空探望，仍不足以回报她的教诲之恩，唯有认真学习进步以报师恩。此书也是献给驾鹤仙游多年的素珍先生。

论域。

理论工作者是理论战线的战士，必须置身时代大潮，时刻关注党和国家发展大局。这些年，我作为教育工作者始终坚持与党的理论创新、实践创新同行，与社会热点和重大事件同步，注重理论与实践相结合。特别是借调中央宣传部工作的两年时间，通过密集地参加党的十九大系列理论宣传、研究与教育等工作，在领导同志、良师益友们的“饱满交流研讨”中提升了理论境界、知识素养，这也进一步督促我需要坐下来沉淀，做到修身修行、真学真懂、活学活用、见言见行。作为思想政治教育学习者和工作者，近年来主要聚焦思想政治教育元理论方面，先后出版思想政治教育研究专著《社会视野中的思想政治教育系统研究》《思想政治教育学理论前沿问题研究》，第三部也即本部书稿，作为国家社科基金后期资助成果《新时代思想政治教育创新问题研究》。在2022年6月提交2022年国家社科基金后期资助项目申报及2023年年底提交申请结项过程中，对本书内容进行压缩和调整，特别是感谢书稿结项评审过程中的鉴定专家指导意见。在书稿初稿、修改稿的增删之间，对思想政治教育学科创新研究的内容结构分析有了更进一步的了解和思考。从宏观维度来看，思想政治教育学科创新涉及思想政治教育学科的学术理论、教学理论、工作理论、人才培养体系、学术体系、话语体系等内容；从中观维度来看，思想政治教育学科创新涉及理论基础、基础理论（基本原理）和应用理论等理论体系；从微观维度来看，思想政治教育学科创新涉及思想政治教育学科理论创新问题，主要涉及具体的学科基本原理的内容体系问题。因而，如何建构一个思想政治教育学科创新的研究分析框架就显得尤为重要。

全书坚持以习近平新时代中国特色社会主义思想为指导，聚焦习近平总书记关于教育系列重要论述，关注思想政治教育学科重要问题创新研究动态，运用结构功能主义方法进行逻辑架构，围绕思想政治教育理论创新、学科建设创新、制度创新、话语创新、系统整合创新、研究方法创新等重点问题进行研究。全书目前内容共10章，分别是创新研究动态分析（第一章）、理论创新（第二章）、制度建设创新（第三章）、话语创新（第四章）、形态发展创新（第五章）、学科系统整合创新（第六章）、数智化思想政治教育创新（第七章）、研究方法创新（第八章）、交叉研究范式创新（第九章）、自主知识体系创新（第十章），这些学科理论与实践问题。本研究旨在阐明新时代思想政治教育学科理论与实践创新的重要意义，揭示其学科创新的内涵、结构、功能及与社会互动关系，一体推进新时代思想政治教育学科体系、学术体系、话语体系建设，以期为思想政治教育学科现代化和人才培养现代化提供参考借鉴。总体来看，本书结合新时代思想政治教育学科建设实际，建立了一个研究分析框架，提出了一些新的研究观点，以期能为思想政治教育本科专业建设40周年献礼，引发学人关注思想政治教育学科建设与思想政治教育学自主知识体系建设。

本书的完稿感谢中宣部借调时的领导和同事的指点关心；感谢结项评审专家的意见；感谢江南大学领导、学院同事的关怀帮助；感谢研究团队的上海大学孙君、安徽医科大学钱锦、华中师范大学贺钟霖、无锡大桥实验学校赵宇洁、无锡锡山实验学校景丝丝老师等；感谢合著者徐海楠副教授；感谢博硕士研究生柯增金、肖洋、蒋春芝、王莹、邹小娟、蔡慧琳、张悦、张晶、潘欣瑜、王国雨、吴迪等参与阅读校对及内容、数据更新等工作。学习出版社彭绍骏、沈潇萌等编辑团队在本书编辑出版过程中付出了辛苦劳动，体现了高超的专业水准和职业水平。本书写作过程中参考了学界诸多专家学者的优秀成果，在此对他们表示衷心感谢。

由于思想政治教育创新问题是一个复杂且常议常新的话题，且作者水平有限，研究中还存在整体性不强、逻辑建构不系统、对策建议不成熟等问题，敬请同行专家与读者批评指正。谨以此书的出版向思想政治教育学科老一辈学者郑永廷、张耀灿、林泰、陈秉公、张澍军、吴潜涛、罗洪铁、邱柏生、邱伟光、孙其昂、祖嘉合、张再兴、王学俭、卢黎歌、陈立思等先生们致以崇高的敬意！